U0447042

教育部人文社会科学重点研究基地成果
中国语言文学国家"双一流"建设学科成果

汉语方言语法研究丛书

顾问 邢福义 张振兴

主编 汪国胜

衡阳方言语法研究

彭兰玉 ◎ 著

中国社会科学出版社

图书在版编目（CIP）数据

衡阳方言语法研究 / 彭兰玉著 . —北京：中国社会科学出版社，2024.3
（汉语方言语法研究丛书）
ISBN 978 – 7 – 5227 – 3001 – 1

Ⅰ.①衡⋯　Ⅱ.①彭⋯　Ⅲ.①湘语—语法—研究—衡阳　Ⅳ.①H174

中国国家版本馆 CIP 数据核字（2024）第 033985 号

出 版 人	赵剑英
责任编辑	张　林
责任校对	王　龙
责任印制	戴　宽

出　　版	中国社会科学出版社
社　　址	北京鼓楼西大街甲 158 号
邮　　编	100720
网　　址	http://www.csspw.cn
发 行 部	010 – 84083685
门 市 部	010 – 84029450
经　　销	新华书店及其他书店
印刷装订	北京君升印刷有限公司
版　　次	2024 年 3 月第 1 版
印　　次	2024 年 3 月第 1 次印刷
开　　本	710×1000　1/16
印　　张	22.5
插　　页	2
字　　数	355 千字
定　　价	129.00 元

凡购买中国社会科学出版社图书，如有质量问题请与本社营销中心联系调换
电话：010 – 84083683
版权所有　　侵权必究

总　　序

　　20世纪80年代以来，随着汉语方言研究的拓展和深化，方言语法的研究越来越受到学界的关注和重视。这一方面是方言语法客观上存在着不同程度的不容小视的差异，另一方面是共同语（普通话）语法和历史语法的深入研究需要方言语法研究的支持。

　　过去人们一般认为，跟方言语音和词汇比较而言，方言语法的差异很小。这是一种误解，它让人忽略了对方言语法事实的细致观察。实际上，在南方方言，语法上的差异还是不小的，至少不像过去人们想象的那么小。当然，这些差异大多是表现在一些细节上，但就是这样一些细节，从一个侧面鲜明地映射出方言的特点和个性。比如，湖北大冶方言的情意变调，[1] 青海西宁方言的左向否定，[2] 南方方言的是非型正反问句，[3] 等等，这些方言语法的特异表现，既显示出汉语方言语法的丰富性和复杂性，也可以提升我们对整体汉语语法的全面认识。

　　共同语语法和方言语法都是对历史语法的继承和发展，它们密切联系，又相互区别。作为整体汉语语法的一个方面，无论是共同语语法还是历史语法，有的问题光从本身来看，可能看不清楚，如果能将视线投向方言，则可从方言中获得启发，找到问题解决的线索和证据。朱德熙和邢福义等先生关于汉语方言语法的许多研究就是明证。[4] 由此可见方言语法对于共同语语法和历史语法研究的重要价值。

---

[1] 汪国胜：《大冶话的情意变调》，《中国语文》1996年第5期。
[2] 汪国胜：《从语法角度看〈现代汉语方言大词典〉》，《方言》2003年第4期。
[3] 汪国胜、李娶：《汉语方言的是非型正反问句》，《方言》2019年第1期。
[4] 朱德熙：《从历史和方言看状态形容词的名词化》，《方言》1993年第2期；邢福义：《"起去"的普方古检视》，《方言》2002年第2期。

本《丛书》由教育部人文社会科学重点研究基地华中师范大学"语言与语言教育研究中心"筹划实施并组织编纂，主要收录两方面的成果：一是单点方言语法的专题研究（甲类），如《武汉方言语法研究》；二是方言语法的专题比较研究（乙类），如《汉语方言疑问范畴比较研究》。其中有的是国家或教育部社科基金项目的结项成果，有的是作者多年潜心研究的学术结晶，有的是博士学位论文。就两类成果而言，应该说，当前更需要的是甲类成果。只有把单点方言语法研究的工作做扎实了，调查的方言点足够多了，考察足够深了，有了更多的甲类成果的积累，才能更好地开展广泛的方言语法的比较研究，才能逐步揭示汉语方言语法及整体汉语语法的基本面貌。

　　出版本《丛书》，一方面是想较为集中地反映汉语方言语法的研究成果，助推方言语法研究；另一方面是想为将来汉语方言语法的系统描写做点基础性的工作。《丛书》能够顺利面世，得力于中国社会科学出版社张林编辑的全心支持，在此表示衷心的感谢。《丛书》难免存在这样或那样的问题，盼能得到读者朋友的批评指正。

汪国胜
2021 年 5 月 1 日

目　　录

第1章　绪论 …………………………………………… (1)
1.1　衡阳人文地理概况 …………………………………… (1)
1.2　衡阳方言语音概况 …………………………………… (4)
1.2.1　概说 ……………………………………………… (4)
1.2.2　声母系统 ………………………………………… (4)
1.2.3　韵母系统 ………………………………………… (6)
1.2.4　声调系统 ………………………………………… (7)
1.2.5　衡阳方言的连读变调 …………………………… (8)
1.3　衡阳方言语音的历史流变特点 ……………………… (10)
1.4　语料来源和体例说明 ………………………………… (12)

第2章　语缀 …………………………………………… (15)
2.1　概说 …………………………………………………… (15)
2.1.1　"语缀"的性质 ………………………………… (15)
2.1.2　"语缀"的功能 ………………………………… (15)
2.1.3　"语缀"的典型性 ……………………………… (17)
2.1.4　本章范围 ………………………………………… (17)
2.2　中偏褒义的"唧"类 ………………………………… (18)
2.2.1　唧 ………………………………………………… (19)
2.2.2　息唧 ……………………………………………… (24)
2.2.3　把唧 ……………………………………………… (28)
2.2.4　点唧 ……………………………………………… (30)
2.2.5　下唧 ……………………………………………… (36)

2.3 中偏贬义的"子"类 …………………………………… (38)
　　2.3.1 子 ……………………………………………… (38)
　　2.3.2 巴子 …………………………………………… (49)
　　2.3.3 法子 …………………………………………… (49)
2.4 价值判断的"手"类 …………………………………… (57)
　　2.4.1 手/场 ………………………………………… (57)
　　2.4.2 头 ……………………………………………… (66)
2.5 阴性的"婆"类 ………………………………………… (69)
　　2.5.1 婆 ……………………………………………… (69)
　　2.5.2 婆子 …………………………………………… (71)
　　2.5.3 婆娘　娘婆 …………………………………… (72)
　　2.5.4 婆婆 …………………………………………… (72)
2.6 雄性牲畜的"公"类 …………………………………… (73)
2.7 雄性人类的"倌"类 …………………………………… (74)
2.8 无性别的"鬼" ………………………………………… (75)
2.9 纯贬义的"气" ………………………………………… (76)
2.10 硬实的"鼓" …………………………………………… (78)
2.11 成套的"数" …………………………………………… (79)
2.12 插入性的"老巴" ……………………………………… (79)

第3章　状态词 …………………………………………… (82)
3.1 概说 …………………………………………………… (82)
3.2 组合性状态词 ………………………………………… (83)
　　3.2.1 双音节组合性状态词 ………………………… (83)
　　3.2.2 四音节组合性状态词 ………………………… (88)
3.3 黏合性状态词 ………………………………………… (91)
　　3.3.1 aaxy 式 ………………………………………… (92)
　　3.3.2 bba 式 ………………………………………… (94)
　　3.3.3 abb 式 ………………………………………… (95)
　　3.3.4 aabb 式 ………………………………………… (97)
　　3.3.5 bxya 式 ………………………………………… (99)

  3.3.6 axay 式 …………………………………………………… (101)
  3.3.7 baxa 式 …………………………………………………… (103)
  3.3.8 axyz 式 …………………………………………………… (104)
  3.3.9 xyab 式 …………………………………………………… (105)
  3.3.10 axab 式 ………………………………………………… (106)

第4章 代词 ………………………………………………………… (108)
 4.1 人称代词 ……………………………………………………… (108)
  4.1.1 衡阳话的人称代词系统 ………………………………… (108)
  4.1.2 人称代词的系统对应性 ………………………………… (109)
  4.1.3 反身代词"自家"的不确定性 ………………………… (109)
  4.1.4 另指代词"别个"的不确定性 ………………………… (110)
  4.1.5 尊称 ……………………………………………………… (110)
  4.1.6 语法功能 ………………………………………………… (112)
 4.2 指示代词 ……………………………………………………… (113)
  4.2.1 衡阳话的指示代词系统 ………………………………… (113)
  4.2.2 近指与远指 ……………………………………………… (114)
  4.2.3 "箇""那"与处所、时间 …………………………… (115)
  4.2.4 数量性指代词 …………………………………………… (116)
  4.2.5 性状语气性指代词 ……………………………………… (118)
 4.3 疑问代词 ……………………………………………………… (120)
  4.3.1 衡阳话的疑问代词系统 ………………………………… (120)
  4.3.2 疑问代词在疑问句中的表现 …………………………… (121)
  4.3.3 疑问代词的基本式 ……………………………………… (122)

第5章 副词 ………………………………………………………… (126)
 5.1 概说 …………………………………………………………… (126)
 5.2 范围副词 ……………………………………………………… (126)
  5.2.1 范围副词的量 …………………………………………… (126)
  5.2.2 范围副词的句法表现与语义所指 ……………………… (128)
  5.2.3 范围副词"下" ………………………………………… (129)

5.3 程度副词 …… (134)
　5.3.1 程度副词的"量" …… (134)
　5.3.2 程度副词的句法与语义所指的一致性 …… (135)
　5.3.3 常用的非弱量程度副词 …… (136)
5.4 其他副词 …… (142)
　5.4.1 时间副词 …… (142)
　5.4.2 否定副词 …… (143)
　5.4.3 语气副词 …… (144)
　5.4.4 情态副词 …… (146)
　5.4.5 频率副词 …… (147)

第6章 介词 …… (149)

6.1 概说 …… (149)
6.2 衡、普系统比较分类 …… (149)
　6.2.1 衡阳话与普通话词源用法一致的介词 …… (149)
　6.2.2 衡阳话与普通话词形相近，用法一致的介词 …… (150)
　6.2.3 普通话有，衡阳话无的介词 …… (150)
　6.2.4 衡普词形、用法不同的介词 …… (150)
　6.2.5 衡阳话有而普通话无的介词 …… (152)
6.3 词形不同，用法殊异的类 …… (152)
　6.3.1 捞 …… (152)
　6.3.2 得 …… (155)
　6.3.3 在、到、哒 …… (157)
　6.3.4 把 …… (160)
　6.3.5 打　打从 …… (162)
6.4 衡阳话有普通话无的介词 …… (164)
　6.4.1 粘、希、巴、削、凭 …… (164)
　6.4.2 走、丢、放、歇、听、直 …… (165)
6.5 关于"在、到、哒"的讨论 …… (167)
　6.5.1 方言现象的比较 …… (168)
　6.5.2 普通话对格式的反应 …… (170)

6.5.3 历史的演变 …………………………………… (171)
    6.5.4 "哒"的性质 …………………………………… (172)
  6.6 结语 ……………………………………………………… (175)

第7章 语气词 ……………………………………………… (177)
  7.1 语气、语气手段、语气词 ………………………………… (177)
    7.1.1 问题 ……………………………………………… (177)
    7.1.2 语气 ……………………………………………… (178)
    7.1.3 语气手段 ………………………………………… (178)
    7.1.4 语气词 …………………………………………… (179)
  7.2 衡阳方言语气词系统 …………………………………… (180)
    7.2.1 单用 ……………………………………………… (180)
    7.2.2 合用 ……………………………………………… (194)
    7.2.3 语气短语词 ……………………………………… (197)
  7.3 结论与余论 ……………………………………………… (202)
    7.3.1 语气词轻重不定，位置不一 …………………… (202)
    7.3.2 语气意义具有相对性 …………………………… (202)
    7.3.3 语气功能有足调、羡余之别 …………………… (202)
    7.3.4 语气表达有自发、他控之别 …………………… (203)
    7.3.5 升调不是衡阳话疑问语气的充足条件 ……… (203)

第8章 体貌的表达 ………………………………………… (204)
  8.1 概说 ……………………………………………………… (204)
  8.2 线性描写 ………………………………………………… (204)
    8.2.1 与普通话用法一致的体貌标记 ………………… (205)
    8.2.2 咖 ………………………………………………… (207)
    8.2.3 哒 ………………………………………………… (211)
    8.2.4 咖哒 ……………………………………………… (218)
    8.2.5 咖……哒 ………………………………………… (219)
    8.2.6 起 ………………………………………………… (221)
    8.2.7 紧 ………………………………………………… (224)

8.2.8　下 ································· (225)
　　8.2.9　嗟 ································· (225)
　　8.2.10　吁 ································ (229)
　　8.2.11　咯 ································ (232)
　　8.2.12　不啰 ······························ (235)
　　8.2.13　去哒 ······························ (237)
　8.3　网状分析 ································ (238)
　　8.3.1　体貌形式表 ························ (238)
　　8.3.2　时间序列上的体貌层次 ············ (239)
　　8.3.3　体貌的交互关系 ··················· (242)

第9章　程度的表达 ···························· (244)
　9.1　概说 ······································ (244)
　9.2　强程度肯定式 ···························· (244)
　　9.2.1　状态词法 ··························· (244)
　　9.2.2　前加程度标记 ······················ (247)
　　9.2.3　后加程度标记 ······················ (254)
　　9.2.4　固定格式法 ························ (257)
　9.3　强程度否定式 ···························· (258)
　　9.3.1　连不、连冇、连莫 ················· (258)
　　9.3.2　箇不 ································ (260)
　　9.3.3　蛮不 ································ (261)
　　9.3.4　很不　好不 ························ (262)
　9.4　弱程度肯定式 ···························· (263)
　　9.4.1　状态词法 ··························· (263)
　　9.4.2　前加程度法 ························ (264)
　　9.4.3　固定格式法 ························ (267)
　9.5　弱程度否定式 ···························· (268)
　　9.5.1　不吗、不太、不蛮 ················· (268)
　　9.5.2　冇好、冇蛮 ························ (269)

第10章　疑问句 (271)

- 10.1　概说 (271)
- 10.2　是非问 (271)
  - 10.2.1　衡阳话是非问的格式 (271)
  - 10.2.2　衡阳话与普通话是非问的比较 (274)
- 10.3　特指问 (275)
  - 10.3.1　衡阳话特指问句的两种类型 (275)
  - 10.3.2　衡阳话与普通话特指问的比较 (277)
- 10.4　选择问 (278)
- 10.5　正反问 (279)
  - 10.5.1　衡阳话正反问句的类型 (279)
  - 10.5.2　衡阳话与普通话的比较 (282)

第11章　"得"字句　"有"字句 (284)

- 11.1　概说 (284)
- 11.2　"得"字句 (284)
  - 11.2.1　"得$_1$"字句 (285)
  - 11.2.2　"得$_2$"字句 (287)
  - 11.2.3　"得$_3$"字句 (288)
  - 11.2.4　"得$_4$"字句 (289)
  - 11.2.5　"得$_5$"字句 (290)
- 11.3　"有"字句 (291)
  - 11.3.1　有 + NP (291)
  - 11.3.2　有 + VP (292)
  - 11.3.3　有 + 箇 + A (292)
  - 11.3.4　有 + 箇 + N (293)

第12章　汉语方言语法研究的比较 (295)

- 12.1　概说 (295)
- 12.2　方言语法材料的识别 (295)
  - 12.2.1　方言现象与普通话现象 (295)

      12.2.2　规范用法与不规范用法 …………………………………… (297)
      12.2.3　词汇现象与语法现象 …………………………………… (298)
      12.2.4　语序倒装与语序类型 …………………………………… (299)
    12.3　方言语法的用字 ……………………………………………… (302)
      12.3.1　用字关乎语法分析 ………………………………………… (302)
      12.3.2　合理性关系 ………………………………………………… (305)
    12.4　方言语法材料的收集 ………………………………………… (307)
      12.4.1　广泛记录 …………………………………………………… (308)
      12.4.2　认真核对 …………………………………………………… (308)
      12.4.3　归纳分类 …………………………………………………… (309)
    12.5　方言语法的研究方法 ………………………………………… (310)
      12.5.1　传统描写法 ………………………………………………… (310)
      12.5.2　比较法 ……………………………………………………… (310)
      12.5.3　认知分析法 ………………………………………………… (310)
      12.5.4　变换分析法 ………………………………………………… (310)
      12.5.5　配价分析法 ………………………………………………… (311)

附录一 …………………………………………………………………… (312)

附录二 …………………………………………………………………… (320)

参考文献 ………………………………………………………………… (336)

后　记 …………………………………………………………………… (343)

第1章 绪论

1.1 衡阳人文地理概况

衡阳位于湖南省中南部，湘江中游，地处东经110°32′16″—113°16′32″，北纬26°07′05″—27°28′24″，因地位于南岳衡山的南面而得名，南北长150千米、东西宽173千米。东邻株洲市攸县，南接郴州市安仁县、永兴县、桂阳县，西毗永州市冷水滩区、祁阳县以及邵阳市邵东县，北靠娄底市双峰县和湘潭市湘潭县。地势从西南向东北倾斜，除部分山地海拔1000米以上外，大部分为岗峦起伏的丘陵地，大义山、阳明山、塔山延伸于南，南岳衡山亘于北，五峰山、凤凰山立于东，四明山、岐山屏于西，总面积1.531万平方千米，中心城区建成面积137平方千米，林地面积894.18万亩，森林覆盖率达42.44%，湘江纵贯全境，纳祁水、舂陵水、耒水、蒸水、洣水等一级支流21条。按照2020年第七次人口普查结果，衡阳常住人口为6645243人，主城区为1290715人[①]。全市有42个少数民族，少数民族人口1.79万人，占全市总人口0.25%。人口较多的瑶族主要聚居在常宁塔山瑶族乡，回族相对集中居住在珠晖区火车站至飞机坪一带，土家族、苗族、壮族等杂居各处。

"衡阳"二字最早出现在成书于春秋战国时期的《禹贡》中，但作为郡名首见于孙吴，作为县名始见于隋，作为市名初见于民国。秦始皇统一中国时分天下为36郡，衡阳为长沙辖境，名为耒县。三国时，孙权分长沙立湘东郡，衡阳属之，其后又立衡阳郡。接着又辗转分合，到梁天监七年（公元508年）置衡州。陈天嘉元年（公元506年）分衡州为

---

① 与2010年第六次人口普查相比减少7.04%。

东衡州、西衡州，东衡州皆广州地，西衡州为湘州地。隋大业初改西衡州为衡山郡，设置衡阳县。唐代几易其置，天宝初改衡山郡为衡阳郡。宋为衡州衡阳郡，元为衡州路，明置衡州府。清乾隆二十一年（公元1755年）析衡阳县置清泉县，即以西、北乡为衡阳县，以东、南乡为清泉县。民国几经分合，于1942年从衡阳县分置衡阳市，为省直辖，1947年又并入衡阳县。历朝历代尽管时郡时州，名称更易，治所迁转，辖境分合，但湘江中下游、衡阳盆地、蒸耒流域，始终是它的主要地域范围。

1949年，复置衡阳市，同时设衡阳专区，1970年，衡阳专区改称衡阳地区，行政公署驻衡阳市，衡阳市称市区或城区，包括城南区、城北区、江东区和郊区。1983年地市机构合并，实行市管县体制，1984年南岳从衡山划出独立成区（风景旅游特区），衡阳市辖衡阳、衡南、衡山、衡东、祁东、耒阳、常宁九县和江东、城南、城北、郊区、南岳五个区。2001年，衡阳市辖有五区、两市、五县，五区包括城区（市区）的珠晖区（湘江以东）、蒸湘区（蒸湘路以西）、雁峰区（解放路以南）、石鼓区（解放路以北）等东西南北四区，以及南岳区，两市包括耒阳市（1986年县改市）、常宁市（1996年县改市），五县有衡阳县、衡南县、衡山县、衡东县、祁东县。

衡阳交通发达。南岳机场开通直航城市达31个；铁路京广线贯穿南北、湘桂线东西交汇于京广线，是重要的交通枢纽地；公路也是四通八达，有高速公路8条，国道5条，省道18条；水路有湘江、耒水、蒸水、舂陵水、洣水5条通航河流。衡阳是全国著名的现代化综合交通枢纽、京广湘江经济走廊的中点。

坐落于衡阳北部的五岳之一南岳衡山为全国重点风景名胜区，史有南岳七十二峰之说，七十二峰盘绕八百里，以衡阳回雁峰为首，以长沙岳麓峰为足，而以衡山祝融峰为最高，海拔1290米。南岳山上佛教、道教共存共荣，为国内罕见；山中的自然风光祝融峰高、方广寺深、藏经殿秀、水帘洞奇，被誉为南岳"四绝"，历代文人骚客留迹于此；香炉峰下的忠烈祠是国内纪念抗日阵亡将士的唯一大型烈士陵园，被列为国家重点文物保护单位；南岳有寿山之称，新开辟的南岳寿文化广场上矗立着的万寿大鼎收入吉尼斯纪录。

作为南岳第一峰的回雁峰，就在衡阳市城南，相传"北雁南飞，至此歇翅停回",市区又以此名为雁城。雁城素有八景：回雁峰、岳屏岭、朱陵洞、青草桥、西湖水、东洲岛、花药溪、石鼓嘴,明清以来流传着一首八景诗："雁峰烟雨实堪夸,石鼓江山锦绣华；花药春溪龙现爪,岳屏雪岭鸟喧哗；朱陵洞内诗千首,青草桥头酒百家；试看东洲桃浪暖,西湖夜放白莲花。"现在,回雁峰、岳屏岭、西湖水、石鼓嘴已辟为公园,其余仍为自然状态,不为人所注目。

衡阳历史悠久,文物和纪念地遍布城乡。四大发明之一造纸术发明家蔡伦的故乡在衡阳的耒阳,现有蔡伦祠（墓）、蔡子池、石凿宝鼎；唐代诗人杜甫的杜陵书院和杜甫墓也在耒阳；明末清初著名历史唯物主义哲学家、思想家王夫之（自号船山老人）生于衡阳,故于衡阳,今有船山故居、书院等；罗荣桓、夏明翰、欧阳海、毛泽建、毛泽东等也都在衡阳留下他们的足迹。

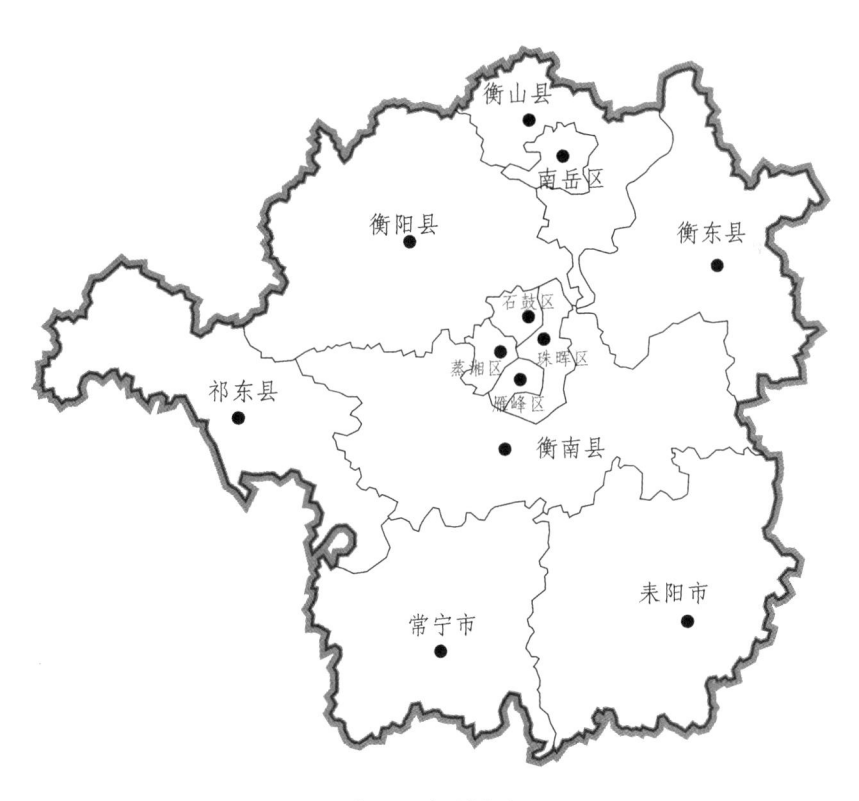

衡阳行政区划图

1.2 衡阳方言语音概况

1.2.1 概说

衡阳人使用的汉语方言，主要有湘语和赣语。耒阳话、常宁话属赣语区，其他属湘语区，其中祁东话属湘语永全片，市区、南岳区、衡阳县、衡南县、衡山县、衡东县属衡州片。① 本书的研究对象为衡阳小片的衡阳方言。衡州片语音的主要特征是古全浊声母基本清化，逢古全浊塞音塞擦音声母不论平仄都不送气，声调都是 6 类，虽然同属衡州片，南岳、衡山、衡东话在语音上与市区、衡阳、衡南话不同，比如二者调值相差甚远，南岳、衡山、衡东话舌面前音声母较发达，有塞音、鼻音 [ȶ][ȶʰ][ȵ]，而衡阳衡南没有，相互之间沟通不很方便。所以在衡州片中，市区、衡阳县、衡南县属衡阳小片，南岳区、衡山县（前山话）、衡东县属衡山小片。本书所说的衡阳方言指的是衡阳小片两县一市的方言，也是当地一般人理解的衡阳话。由于衡阳县、衡南县把城区环抱着，衡阳人通常按方位把这两个县称为东西南北四乡，东乡以衡南县泉溪镇为代表，西乡以衡阳县西渡镇为代表，南乡以衡南县车江街道②为代表，北乡以衡阳县集兵镇为代表，四乡方音在某些惯用的语气词和语调上稍有不同，但音系没有多大差别。现今城区人口约 129.07 万，衡阳县人口约 88.84 万，衡南县人口约 79.63 万③，如果对边缘语言混合渗透现象忽略不计，共约 297.54 万人说衡阳话。

1.2.2 声母系统

衡阳方言包括零声母在内有 19 个声母：

---

① 1987 年和 1989 年分两次出版的《中国语言地图集》把湘语分为长益、娄邵、吉溆三片，衡阳市、衡阳县、衡南县、衡东县、衡山县都划为长益片。《方言》2005 年第 3 期"湘语的分区（稿）"认为湘语分区应该更细化，分为长益片、娄邵片、衡州片、辰溆片、永州片，其中永州片在 2007 年与广西全州等地归到一片成为"永全片"，衡州片是从长益片分出来的，因为它处于湘北、湘中、湘南等湘语以及湘东、湘南赣语和客家话的包围之中，具有明显的过渡地带性质。本书从细分。

② 原为车江镇，于 2019 年 10 月 31 日经湖南省人民政府批准，设立为车江街道。

③ 此数据为 2020 年第七次全国人口普查结果。

	塞音		塞擦音		鼻音	擦音	边音
唇　　音	p 把	pʰ 叭			m 马	f 发	
舌尖中音	t 打	tʰ 塔			n 哪		l 拉
舌尖前音			ts 杂	tsʰ 擦		s 叔	
舌面前音			tɕ 姐	tɕʰ 扯		ɕ 写	
舌面后音	k 夹	kʰ 卡			ŋ 牙	x 傻	
零 声 母	∅① 也						

说明：

衡阳话［t］［tʰ］［n］［l］的发音部位比普通话的［t］［tʰ］［n］［l］略前。

塞音［t］［tʰ］的受阻力度通常较弱，爆破力不强。

普通话的［n］［l］在衡阳话中表现为三个声母：［n］［l］［t］。具体表现为：

①普通话［l］［n］与开口呼韵母配合的字，除了"奶"读鼻音声母（［ne］）外，其他鼻音边音混读，属自由变体，如"拉｜来｜兰｜狼｜肋｜类｜累｜泪｜雷｜擂｜耒｜儡｜磊｜冷｜哪｜难｜脑｜内｜能｜龙｜笼｜聋｜浓｜农｜脓"。

②普通话［l］［n］与合口呼韵母配合的字，衡阳话一般也混读，属自由变体，如"路｜炉｜露｜录"读［lu/nu］、"卵｜李｜乱｜銮"读［luen/nuen］、"罗｜落｜箩｜乐"读［lo/no］，"怒｜努｜奴"读［nu/lu］、"暖"读［nuen/luen］、"挪"读［no/lo］。

③普通话［l］与齐齿呼韵母配合的字，衡阳城区的年轻人受普通话影响有读［l］的，但老派衡阳读法是［t］，如"里｜离｜礼｜理｜历｜立｜利"的基本音节是［ti］，"连｜莲｜怜｜脸｜联｜练"的基本音节是［tien］，"凉｜两｜亮｜辆｜粮｜良｜谅"的基本音节是［tian］，"料｜聊｜廖"的基本音节是［tiau］，"林｜临｜邻｜淋｜领｜另｜零"的基本音节是［tin］，"刘｜六｜流｜留｜瘤"的基本音节

---

① 本书零声母音节直接标出音值，不标∅。

是［tiu］。

④普通话［n］与齐齿呼韵母配合的字，衡阳话不与［l］混读，读［n］或［t］，如"你［ni］｜泥［ni/ti］｜年［nien/tien］｜念［nien/tien］｜娘［nian］｜鸟［niau/tiau］｜尿［niau］｜牛［niu］｜扭［niu］｜聂［nie］｜孽［nie］｜宁［nin］"。

⑤普通话［l］与撮口呼韵母配合的字，老派衡阳话读［t］，如"率｜律｜吕｜铝"读［ty］。

⑥普通话［n］与撮口呼韵母配合的字，衡阳话也读［n］，如"女"读［ny］。

因为［l］［n］的分布不像普通话那样截然清楚，衡阳人对［l］［n］的区分并不敏感。由于［l］［n］的分读并不是遗迹，本书记音时从分不从混。

［k］［kʰ］［ŋ］［x］的发音部位比普通话的［k］［kʰ］［ŋ］［x］略前，普通话没有［ŋ］声母，但在语流音变中会作为临时声母出现，如"行啊"中的"啊"。

古全浊塞音塞擦音在老派衡阳话中逢阳平11、阳去213还残留浊音，但不稳定，新派衡阳话基本清化，本书的语料记音以新派为准。

1.2.3 韵母系统

衡阳方言有37个韵母，包括自成音节的鼻韵母［m̩］［n̩］在内：

ɿ 子	i 几	u 五	y 雨
a	ia 野	ua 蛙	ya 抓
o 窝	io 药		
e 耳	ie 冶	ue 热①	ye 月
ər 儿			
ai 矮	uai 挖		
ei 飞	ui 围		
au 老	iau 舀		
əu 呕	iu 有		

---

① "热"有几个读音，"好热很热"的"热"既可说 ue²², 也可说 ɕie¹¹。

an 眼　　　ian 养　　　uan 王
en 恩　　　ien 演　　　uen 碗　　　yen 远
ən 文　　　in 影　　　uən 稳　　　yn 云
əŋ 董①
m̩ 姆
n̩ 嗯

说明：

[o] 唇形比普通话的 [o] 随意，圆唇度稍弱。

[e] [ie] [ue] [ye] [en] [ien] [uen] [yen] 的实际读音是 [ɛ] [iɛ] [uɛ] [yɛ] [ɛn] [iɛn] [uɛn] [yɛn]。

[ər] 是老派读法，卷舌程度比普通话的 [ər] 略减，老派虽然认定读 [ər] 但有发音不舒服不方便的感觉，典型的新派衡阳话都不卷舌，而是读成 [e]，也有人介于新老之间读成 [ə]，所以，"耳"就有读 [ər] [ə] [e] 的三种情况，也属于自由变体。

[i] [y] 的唇形也比普通话随意，[i] 不必刻意展唇，[y] 的圆唇度稍弱。[iu] 中间有过渡音 [ə]，[ui] 中间有过渡音 [e]。

[əŋ] 的实际读音是 [əŋ]，老派发音稍靠后，但不同于普通话的 [əŋ]，新派尾音全都前移，韵腹受普通话影响圆唇化，更接近 [on]，有语音知识的人干脆说衡阳话没有后鼻音，[əŋ] 也有混读为 [ən] 的。

自成音节的 [n̩]，只有一个字"嗯"。

自成音节的 [m̩] 也只有一个字，即"姆妈"的"姆"。

1.2.4　声调系统

衡阳方言有 6 个单字调：

调类	调值	例字
阴平	˧˦˥ 45	蓖鸡春通
阳平	˩ 11	皮齐六月
上声	˧ 33	比几草买
阴去	˨˦ 24	毙寄去四

---

①　əŋ 韵新派读法较多说成 on，这里按老派读法，书中根据发音人实际读法可能记为 on。

| 阳去 | ˨˩˧ 213 | 被技饭事 |
| 入声 | ˨˨ 22 | 逼急刻谷 |

说明：

阴平［45］，尾部上扬较明显，时长较长。阳平［11］，尾部略升，实际音值近［112］。阴去调值［24］，前段时长有时略有降势，后段升势明显，近［224］，其屈折不明显。古全浊上归阳去，浊入归阳平。入声失去塞音韵尾，为舒声。

1.2.5　衡阳方言的连读变调

阴去在阴平、阳平、上声、阴去、阳去和入声前，如果不是定中结构，则该词语的轻重格式为"中重"型，前面的阴去调值由中升的［24］变为次低平调［22］，甚至［21］，如：

下面词语的第一音节阴去调值变为［24→22］：

竞争 tɕin$^{24→22}$ tsen^{45}　　　　竞走 tɕin$^{24→22}$ tsəu^{33}

去吃 k^{h}e$^{24→22}$ tɕ^{h}ia^{22}　　　　唱歌 tɕ^{h}ian$^{24→22}$ ko^{45}

付款 fu$^{24→22}$ k^{h}uen^{33}　　　　爱坐 ai$^{24→22}$ tso^{213}

付账 fu$^{24→22}$ tɕian^{24}　　　　送客 səŋ$^{24→22}$ k^{h}e^{22}

告状 kau$^{24→22}$ tsuan^{213}　　　　告倒 kau$^{24→22}$ tau^{33}

告钟 调试钟 kau$^{24→22}$ tsəŋ^{45}　　　　费衣 fei$^{24→22}$ i^{45}

费米 fei$^{24→22}$ mi^{33}　　　　费电 fei$^{24→22}$ tien^{213}

费钱 fei$^{24→22}$ tɕien^{11}　　　　费裤 fei$^{24→22}$ k^{h}u^{24}

费笔 fei$^{24→22}$ pi^{22}　　　　看病 k^{h}an$^{24→22}$ pian^{213}

看书 k^{h}an$^{24→22}$ ɕy^{45}　　　　过细 ko$^{24→22}$ ɕi^{24}

架船 撑船 ka$^{24→22}$ tɕyen^{11}　　　　听话 t^{h}ian$^{24→22}$ fa^{213}

唱戏 tɕ^{h}ian$^{24→22}$ ɕi^{24}　　　　剃脑 t^{h}i$^{24→22}$ nau^{33}

剃头 t^{h}i$^{24→22}$ təu^{11}　　　　听音 t^{h}ian$^{24→22}$ in^{45}

做事 tsu$^{24→22}$ sɿ^{213}　　　　做客 tsu$^{24→22}$ k^{h}e^{22}

做完 tsu$^{24→22}$ uen^{11}　　　　放淤 fan$^{24→22}$ y^{45}

欠账 tɕ^{h}ien$^{24→22}$ tɕian^{24}　　　　欠钱 tɕ^{h}ien$^{24→22}$ tɕien^{11}

过生 ko$^{24→22}$ sen^{45}　　　　算八字 suen$^{24→22}$ pa^{22}·tsɿ

信迷信 ɕin$^{24→22}$ mi^{11}·ɕin　　　　调削皮 t^{h}iau$^{24→22}$ ɕio^{24}·pi

上面这些词有的第一音节可以重读，如果重读，则调值不变。如：告状、听话、架船、唱戏、剃头、做事、做完、欠账、算八字、信迷信等。

下面阴去构成的词大多为定中结构，有的为联合结构，都是名词性词语，轻重格分别为"重中""重中轻"和"中轻重"，第一音节阴平不变调：

重中：

信纸 ɕin²⁴tsʅ³³　　　　　　信壳 ɕin²⁴kʰo²²

罩裤 tsau²⁴kʰu²⁴　　　　　太婆 tʰai²⁴po¹¹

太爷 tʰai²⁴ie¹¹　　　　　　气色 tɕʰi²⁴se²²

重中轻：

裤带子 kʰu²⁴tai²⁴·tsʅ

冻豆腐 təŋ²⁴təu²¹³·fu

中轻重：

怪味豆 kuai²⁴fei²¹³təu²¹³

阳去在阴平、阳平、上声、阴去前，如果不构成偏正结构，整个词语的轻重格式为"中重"，阳去调值由降升的［213］变为低降调［21］，如：

［213→21］：

亮灯 lian²¹³⁻²¹ten⁴⁵　　　　炼钢 tien²¹³⁻²¹kan⁴⁵

造车 tsau²¹³⁻²¹tɕʰie⁴⁵　　　肾衰 ɕin²¹³⁻²¹suai⁴⁵

肾炎 ɕin²¹³⁻²¹ian¹¹　　　　背时 pei²¹³⁻²¹sʅ¹¹

在行 懂事 tsai²¹³⁻²¹xan¹¹　　造船 tsau²¹³⁻²¹tɕyen¹¹

护短 fu²¹³⁻²¹tuen³³　　　　造假 tsau²¹³⁻²¹tɕia³³

坐好 tso²¹³⁻²¹xau³³　　　　坐稳 tso²¹³⁻²¹uən³³

办案 pan²¹³⁻²¹ŋan²⁴　　　　外调 uai²¹³⁻²¹tiau²⁴

地震 ti²¹³⁻²¹tɕin²⁴　　　　睡觉 sui²¹³⁻²¹kau²⁴

否定词"冇"构成的词语，有变调和不变调两读，一般情况下需要变调，如：

冇去 mau²¹³⁻²¹kʰe²⁴　　　　冇吃 mau²¹³⁻²¹tɕʰia²²

冇洗 mau²¹³⁻²¹ɕi³³　　　　冇来 mau²¹³⁻²¹lai¹¹

当"冇"为强调重音时,需要重读,这时的"冇去""冇吃""冇要""冇来"不变调。

阳去构成的偏正式或轻声词不变调,其轻重格为"重中""重中轻":

硬要 ŋen²¹³ iau²⁴   □要 故意 pai²¹³ iau²⁴
饭瓢 fan²¹³ piau¹¹   舅爷 tɕiu²¹³ ia¹¹
舅娘 tɕiu²¹³ nian¹¹   坏人 fai²¹³ xin¹¹
下壳 下巴 xa²¹³ kʰo²²   现客 老客人 ɕien²¹³ kʰe²²
现饭 剩饭 ɕien²¹³ fan²¹³   未必 fei²¹³ pi²²
卫生 uei²¹³·sen   位子 uei²¹³·tsɿ
件把唧 tɕien²¹³ pa³³·tɕi   病壳子 pian²¹³ kʰo²²·tsɿ
那前唧 nat²¹³ ɕien¹¹·tɕi   近挡唧 tɕin²¹³ tan²⁴·tɕi

以上阴去、阳去不变的词语,以及其他连读音节,往往是前重后低式,后一音节弱化,弱化过程中调值不饱满不完全,或低或高,这也是衡阳话的连读规律。

衡阳话有的两字组连读模式是前重后轻,这些轻读的音节记音时前面用"·"标记,一般不标调值。但实际读音还有高低的差异,如:

保佑 pau³³·iu¹   和尚 xo¹¹·xan¹
运气 yn²¹³·tɕhi²   俫唧 男孩儿 lai³³·tɕi²
尼姑 ni¹¹·ku³   毛毛 婴儿 mau¹¹·mau³
相信 tɕian⁴⁵·tɕin²   坨坨 mau¹¹·mau¹

轻声的高低较多以该字字调的低音为基础,如"佑213-1""气24-2""姑45-3",重叠的轻声则不受此限。

衡阳话三字组连读模式有两种,一种是"中重轻",如:扯卵谈 tɕhia³³ luen³³·tan,第二个音最长,词汇中前两个记原调,后一个轻声。另一种是前重后轻,模式可以描写为"重轻中",节奏可以读成两拍,如:水丨鸡公 ɕy³³ tɕi⁴ kon⁴⁵,第一个音最长,中间音节最短,因为不是真正的轻声,词汇中都记为原调。

1.3 衡阳方言语音的历史流变特点

关于衡阳方言在声母方面的历史流变及与普通话的分合比较,衡阳方言在韵母方面的变化及与其他方言的比较，李永明先生（1986）作了合理的归纳分析，为了了解方便，这里摘录性借用，只是个别地方作了修改，李先生说①：

从是否保存中古全浊声母的角度看，一般认为，长沙话变化较快，已全部清化，代表"新派湘语"；双峰话变化较慢，还保存一整套全浊声母，代表"老派湘语"。如果这种说法不错的话，那么衡阳话则是这两者的中间类型，"半新不老"。古音的几个全浊声母，如［b］［d］［dz］［dʐ］［g］等，发展到现在的衡阳话，正在逐渐趋向清化，即向清声母过渡。除此之外，衡阳话的声母，还有如下一些特点：

［f］［x］混读。［xu→f］（皇），［f（əŋ）→x］（风）。

［n］［l］混读。但洪混细不混，而且不是所有的人都混读，一般是老年不混青年混。

不分尖团：精＝经［tɕin⁴⁵］，清＝轻［tɕʰin⁴⁵］，心＝欣［ɕin⁴⁵］。

精组和知、庄、章组的非腭化音，全都念舌尖前音［ts］［tsʰ］［s］，不像普通话那样分成舌尖前和舌尖后两套。如：瓷＝迟［tsɿ¹¹］②，私＝师＝尸［sɿ⁴⁵］。

庄、章两组（即照二照三）的读音，在衡阳话中分得比较清楚。除蟹、止、通三摄以及臻开三等韵无法区别之外，其余庄组一律念［ts］［tsʰ］［s］，章组一律念［tɕ］［tɕʰ］［ɕ］，经纬分明，互不相混。即二等拼开合，三等拼齐撮。如庄［tsuan⁴⁵］、初［tsʰu⁴⁵］、生［sen⁴⁵］，章［tɕian⁴⁵］、昌［tɕʰian⁴⁵］、书［ɕy⁴⁵］。

见系字开口二等，北京话绝大部分已变成舌面音［tɕ］［tɕʰ］［ɕ］，衡阳话却绝大部分还保存舌根音［k］［kʰ］［x］。如：皆［kai⁴⁵］、敲［kʰau⁴⁵］、鞋［xai¹¹］。

疑、影二纽开口一、二等，北京话绝大部分念零声母，衡阳话

---

① 见《衡阳方言》第1—3页。送气符号原文用'，本书改用h，声调用调值表示。
② "迟"衡阳话实际读音为［tɕi11］。

绝大部分念舌根鼻音［ŋ］。如：我［ŋo³³］、眼［ŋan³³］、矮［ŋai³³］、安［ŋan⁴⁵］。

衡阳话在声调方面，也居于"中庸"地位。普通话只有四个调，广州话有九个调，潮州话有八个调，衡阳话则有六个调：平、去分阴阳，上、入不分阴阳。

衡阳话已没有以［-m］收尾的鼻尾韵，也失去了以［-p］［-t］［-k］收尾的塞尾韵。但它有两个比较特殊的鼻音韵［m̩］［n̩］①。北京话有 39 个韵母，如果加上合音的［-m］尾韵和儿化韵，则有 66 个之多。广州话有 51 个韵母。潮州话有 79 个韵母。衡阳话只有 37 个韵母，如除去两个只在极个别情况下使用的鼻音韵，实际上常用的只有 35 个。和潮州话相比，那真是"小巫见大巫"了，连一半都不到。这就不免使人感到惊异了。在客观事物越来越繁复的情况下，作为衡阳人交际工具的衡阳话，也没有发生什么困难；而作为潮州人交际工具的潮州话，也不见得有什么特殊的优越性。这就使人提出一个疑问：那又何必要那么多韵母呢？但是语言是约定俗成的，使用方言的人，其目的只在于表情达意，使对方理解，……。他们说者自说，至于声韵的多寡，是并不清楚的。

1.4　语料来源和体例说明

衡阳话的语法研究不像上海话、广州话那么研究者众，但李永明先生的《衡阳方言》（1986）所辟语法专章已为先行者，使我们得以对某些问题展开较深入的讨论。本书的主要目标是：以衡阳方言口语为对象，不在于全面展示衡阳方言语法面貌，而是重点描写带地方特色的子系统。根据不同需要，从形态构造、句法分布、转换关系、语义表现、语音影响、认知解释、历史层次、方言比较、方普比较等方面对相关语法现象展开描写、分析和讨论，尽可能深化对方言语法现象的认识，总结出规律性的东西来，在格局安排上则采取有话多说无话少说的办法。

---

① 原文为ṅ，现在实际读音为n̩。

本书的语料来源有四：一是随谈录音，笔者多次找没有离开过衡阳的老年"活语料"聊天，在自然状态下录入谈话内容。二是专项调查，本书大部分内容都是在衡阳完成的，遇到问题随时设计专项调查材料向父母、朋友、衡阳籍学生调查。三是民间文献，笔者收集了衡阳、衡南两县民间故事集和一些方言小品资料，使用其中口语性强的材料。四是自拟语料，笔者祖父为衡阳县人，外祖父为衡南县人，父母自少年起在衡阳市读书，之后参加工作，一直生活在衡阳市，笔者自己生在衡阳市、长在衡阳市，在衡阳市工作多年，对母语方言很熟，自拟语料都经过核对验证。

行文过程中，自成音节的辅音加下标表示，轻声音节不标调，音节前用"·"，有的音节轻读不轻读两可，则根据实际情况标调，送气用上标符号"ʰ"表示，如：姆妈 m^{33}·ma、看 $k^h an^{24}$。例词或例句中不易理解的或与普通话不同的在后面用小号字标出普通话说法或解释性词语。例子本体使用的圆括号表示可有可无的成分，例子之外还使用圆括号表示另加说明的内容，分别如："渠拕箇里吃（咖）区区光哒"，"买哒车票。（动作实现）"。讨论同一个问题，词语举例不止一个时，用"、"或"｜"隔开。例句用数字加单括号"）"隔开，如："5）肉唧鱼唧紧渠吃。"用于作比较的同类例句组用一个标号。例子前加星号"＊"表示没有这样的说法，如："＊手帕崽唧"。"/"表示"或"的意思，如："箇里这里 ko^{33}·ni/ti""诶[$e^{33/21}$]"表示该语气词的音素或调值可有两读。所举方言例子尽量使用本字或学界通用字，必要时也按形声方式造字，如"拷"。不方便造字的有音无字现象用"□"代表，并用国际音标注音，如：□子台阶 $t^h en^{33}$·tsᵢ、□活 $nan^{45} fe^{11}$ 形容非常灵活。声调调值在介绍衡阳方言声调系统时使用线段符号，其他用阿拉伯数字标示，作方言比较的声调不方便标出调值的只标调类。要着重指示的词语或姓名下加横线，如："一状告哒朝廷""石生唧在开货车"，重读音节用加点的方式表示，如："吃咖三只"。

V 代表动词，A 或 a 代表形容词或形容词性成分，VP 代表谓词性成分，N 与 NP 代表名词与名词性成分，num 代表数量词语，pre 代表介词短语，O 代表宾语，C 代表补语。

A 或 a 除了在必要的时候代表形容词或形容词性成分外，也用来与

BCD、bcd 等形成系列，对例句进行分类。其他符号随文说明。

"衡阳方言"的名称比较正式，"衡阳话"的名称比较通俗，二者所指相同，书中不限一格，可根据情境换用。

本书在分析相关事实时，无意与其他方言进行系统比较，但较大程度上与普通话语法特点进行比较。

按理，普通话不是一个地点的自然语言，它是综合各项因素建立的、可以进行规范干预的全民通用语，方言与方言之间的比较是平行的，方言与普通话不是平行比较关系，本书仍然采用与普通话比较而非与北京话比较的方式讨论衡阳话，因为如果与北京话进行比较可能不一定符合北京话的事实，而普通话一定程度上反映了北京话的特点，普通话在全国的推广也使方言的表现产生新派风格或增加新的元素，方言语法与官话语法的比较更能让人明白所述方言的特点或变化。

第 2 章 语缀

2.1 概说

2.1.1 "语缀"的性质

"语缀"在学界常用来指"词缀",词缀是对词内成分语素的分类,表示合成词里面附着在词根语素前后或插入在中间的一个虚义的词缀语素,如汉语前缀的"阿_"(阿姨)、后缀的"_子"(桌子)、中缀的"_里_"(糊里糊涂),但方言里同一个缀的形式,其功能范围可能不限于传统的缀成词,还可能缀成短语或句子,衡阳话的"唧",在"姑唧""妹唧"里面是词内成分,在"局长唧""只把唧""那要吗样做法唧?"里面是词外成分,这样的"唧"宜进行系统讨论而不是仅仅限于词缀。本章所设"语缀"以此为出发点,基于语言事实考察有补充或装饰作用的语缀在衡阳方言的表现。实际上,语缀是一种具有普遍意义的语言现象,根据位置,可以分为前缀、中缀和后缀;根据所缀的对象,可以分为词缀、结构缀和句缀。作为词缀,主要是语缀入词、缀词,即附加在别的语素的前后,这是狭义的语缀;结构缀是语缀入结构、缀结构,即附加在短语(包括零短语)的前后,比如"的、得、地"是常缀在词或短语后的,而"你可知道"的"可"是缀在动词之前的;句缀是语缀入句、缀句,指附加在句子的前后,"据说、听说"总是缀在句子之前,"吧、吗、呢"常常缀在句子之后,结构缀和句缀都属于句法范畴。

2.1.2 "语缀"的功能

李小凡先生(1998)曾对语缀的构词机制进行讨论,把语缀的作用归结为四种：成词、转类、变义，外加衍音，这使得语缀更具系统性。对衡阳方言的考察结果是：第一，入词语缀的功能可以覆盖入句语缀的功能，第二，入词语缀的功能有七种。七种功能简单陈述如下：

一是自足功能，自足功能在句缀中表现为成语、成句，在词中表现为成词，即不用语缀就不能成为独立的词。如"舅 tçiu²¹³"在衡阳话里不能单独充当句子成分，充当句子成分有三种方式：重叠成"舅舅"，后加词缀变成"舅唧 tçiu²¹³·tçi"，前加限定词变成"大舅""二舅"①，"唧"在"舅唧"里具有成词功能。

二是转类功能，即用不用语缀在语法上所属的类别性质不同，如："老 lau³³"是形容词，"老唧 lau³³·tçi"是名词，指上了年纪的男子，"唧"的作用是让"老"转类变成新词。

三是变义功能，即不用语缀本来就是独立单位，用了语缀后也没有改变语言单位的类别性质，但改变了语言单位的内容，如：白读的"爷 ia¹¹"指"父亲"②，而白读的"爷崽唧 ia¹¹tsai³³·tçi"指"非长辈者"，两个词都是指人名词，身份不同。

四是增义功能，即独立单位的类别和内容没变，但增添了一些附加色彩，比如昵称的人名要加"唧·tçi"，略去姓氏直呼人名的时候，"秋松 tçʰiu⁴⁵sən⁴⁵"和"秋松唧 tçʰiu⁴⁵sən⁴⁵·tçi"是有区别的，虽然都有亲切态度，但前者的社交距离略大于后者。

五是分类功能，即语缀所起作用是标记大类之下分小类的属种关系，如："鸡婆 tçi⁴⁵·po"③是鸡中雌性的一类。

六是指义功能，即意义指示功能，语缀可以使语言单位的多义性消除并标示出该单位表义所在，如："那边 na²¹³pien⁴⁵"与"那边唧 na²¹³pien⁴⁵·tçi"同样是方位义，但前者是相对于"箇边这边 ko³³pien⁴⁵"而言的，后者是相对于"中间 tsəŋ⁴⁵kan⁴⁵"而言的，"唧"的作用是指出该词的意义重点是"边"而不是"箇"。

七是衍音功能，即语义和语法性质都不变，语缀是因声律、语气或

---

① 用于排行的"大""二"独立性很差。
② 衡阳话的"爷"单独用音 [ia¹¹]，指父亲，重叠成"爷爷"音 [ie¹¹·ie]，指祖父。
③ "鸡婆"在与"鸭婆"相对的时候"婆"轻读，在与"鸡公"相对的时候"婆"重读。

习惯等的需要而衬垫进去的,如:你走哪挡去耍去哒 ni^{33} tsəu^{33} na^{33} tan^{24} k^{h}e^{24}sua^{33}k^{h}e^{24}ta = 你走哪挡唧去耍去哒 ni^{33} tsəu^{33} na^{33} tan^{24} · tçi k^{h}e^{24} sua^{33} k^{h}e^{24}ta。这里的"哪挡"换成"哪挡唧"意义没有不同,但后者语气柔和一些。

这七种作用中增义功能可能与其他功能并现,如:"耗子 xau^{24} · tsʅ"的"子"既有转类功能又增添了贬义色彩。

2.1.3 "语缀"的典型性

关于词缀的典型性,学界也有不同观点。有的已形成共识,如"子""儿""头",它们的词缀地位无人怀疑,是典型的词缀,至于"员""夫""手"就不一样了,有的认为它们是后缀(邢福义,1991),有的认为是词根(北京大学中文系现代汉语教研室,2003),有的认为它们处于中间状态,叫类词缀(张斌,2002)。笔者以为"中间状态"说比较能反映语言发展的现状。不过词缀多由词根演化而来,当语法化的进程到了临界状态时,单位原来性质的纯粹性减弱,不纯粹特征增强,原来性质与新的性质共存的时候,既不是典型的甲,也不是典型的乙,怎么定性都是有根据的。本书为了称说方便,将临界现象都归为词缀,根据上面所述词缀的七种功能,加上位置要素,可以给出以下判别标准:

定位 + 成词/转类/变义/增义/分类/指义/衍音

作为词缀,它应该是不自由的定位语素,此外,它还应该具有一定的语法功能,所以,上面公式中的左项是词缀的必有要素,右项是词缀的或有要素,左项的"定位"特点与右项任何一种功能结合而形成的单位都可归为词缀。

2.1.4 本章范围

"前缀、中缀、后缀"跟"词缀、结构缀、句缀"在语形上有时是交叉的,同一个语缀形式,可能既作前缀又作中缀,也可能既缀词又缀结构乃至缀句子。

本章讨论的衡阳方言语缀体例上以特色标记为目,讨论衡阳方言中有特点的一些语缀,不一定局限于词缀。要说明的是,衡阳方言作为词缀的前缀不发达，几乎与普通话无异，可能是全盘借用，不用赘言。词缀中的中缀，如"苦老巴咸""飞老巴快""土里土气""婶里婶气""死辣巴辣""稀里糊涂"我们放在"状态词"一章中讨论，后缀是最丰富的，句子后缀中的语气缀放在"语气词"作专章讨论。这样，本章讨论的语缀主要有以下 11 组：

中偏褒义的"唧·tɕi"类
中偏贬义的"子·tsʅ"类
价值判断的"手·ɕiu"类
阴性的"婆 po¹¹"类
雄性牲畜的"公 kən⁴⁵"类
雄性人类的"倌 kuen³³"类
无性别的"鬼·kui"
纯贬义的"气·tɕʰi"
硬实的"鼓 ku³³"
成套的"数·su"
插入性的"老巴 lau³³·pa"

2.2　中偏褒义的"唧"类

李永明先生（1986）① 把衡阳话的"桃子""桌子""假哭子""走下子""个把子""点点子"的"子"都记为［·tsʅ］，认为表示小称的时候有时变读为［·tɕi］（唧），如"一点子（唧）""大点子（唧）"，紧接着说"一般说来，凡带子尾的东西，都不是什么大家伙。"本书认为作为语缀，"子［·tsʅ］"与"唧［·tɕi］"是文白两种轻读，其语缀表现宜分开讨论，理据有四：第一，衡阳人的语感上是两个；第二，两个活动能力都很强，使用频率都很高；第三，"唧""子"的功能也是不同的；第四，这种文白分用现象在湖南其他方言里如益阳，在别的方言区话中如连城客家话都有。

"唧·tɕi"作为后缀，有较强的口头色彩，活动能力很强，既能入

---

① 参见《衡阳方言》，湖南人民出版社，第 375—403 页。

词又能入句，还可以与别的固定成分结合，结合后或成为另一相关语缀，或成为语句的语气衬垫，本节讨论"唧"以及相关语缀"崽唧 tsai^{33}·tçi"，顺带讨论与"把""点""下"结合的"把唧 pa^{33}·tçi""点唧 tie^{33}·tçi""下唧 xa^{33}·tçi"。

2.2.1　唧

入词的"唧 [·tçi]"带中偏褒义色彩，入句的"唧"可以表示约数、揣摩、诙谐、列举等。

（1）用于称呼女性亲属长辈，属于专称，如：

姑唧 姑姑 ku^{45}·tçi　　　婶唧 婶婶 çin^{33}·tçi
姨唧 阿姨 i^{22}·tçi　　　姨妹唧 姨妹子 i^{22}mei^{213}·tçi

这里的"唧"具有成词作用。并非所有的女性亲属长辈都带"唧"，隔代女性长辈不带"唧"，不说"奶唧/奶奶唧"；非隔代女性长辈，含有[+男性]语素义的不带"唧"，如"伯、舅"是[+男性]语素，由此构成的"伯娘 伯母 [pɛ^{22}nian^{11}]、舅娘 舅母 [tçiu^{213}nian^{11}]"不说成"伯娘唧、舅娘唧"。

（2）用于称呼男性亲属长辈，属于特称，如：

叔唧 su^{22}·tçi　　　舅唧 tçiu^{213}·tçi

这里的"唧"也具有成词作用。男性亲属长辈带"唧"的较少，隔代男性长辈不带"唧"，不说"爷唧""外公唧"，非隔代男性长辈的"伯父""姨父"等不带"唧"，"伯父"可称"伯伯""伯爷"，"姨父"称"姨爷"。

（3）用于人名后，表昵称，如：

石生唧 çia^{11}sen^{45}·tçi　　秋松唧 tçʰiu^{45}sən^{45}·tçi
莲英唧 tien^{11}in^{45}·tçi　　桂秀唧 kui^{24}çiu^{24}·tçi
花香唧 fa^{45}çian^{45}·tçi　　镜明唧 tçin^{24}min^{11}·tçi
阳春唧 ian^{11}tçʰyn^{45}·tçi　　甲林唧 tçia^{22}tin^{11}·tçi
小青唧 çiau^{33}tçʰin^{45}·tçi　　小军唧 çiau^{33}tçyn^{45}·tçi
南福唧 nan^{11}fu^{22}·tçi　　兰幼唧 nan^{11}iu^{24}·tçi
四清唧 sɿ^{24}tçʰin^{45}·tçi　　解放唧 kai^{33}fan^{24}·tçi

这里的"唧"具有增义作用。称呼某人的时候免姓呼名，加"唧"

后多了一种语用色彩，这种叫法不分大人小孩，不分男女，只要是晚辈或熟悉的同辈，可能从小叫到大，小的时候昵称性强，大了有亲近、熟悉的语用意义，甚至有时候叫惯了，丢了"唧"单独叫名叫不出口。

（4）用于男性年长名词中，表通称，如：

老唧 lau^{33}·tɕi

"老+tɕi"有重读轻读之分，重读写作"老几 lau^{33} tɕi^{33}"，表示"你排行老几""你算老几"的意思，是"前缀+词根"式，轻读写作"老唧 lau^{33}·tɕi"，是"词根+后缀"式，"老"是形容词，这里的后缀"唧·tɕi"具有转类成名词的作用，"老唧 lau^{33}·tɕi"表示上了年纪的男子。一般是背称，用于面称的时候是极为不敬的，如：

1）坪里有四只老唧在打牌。坪里有四个老人在打牌。

　　pian^{11} li^{33} iu^{33} sʅ^{24} tɕia^{22} lau^{33}·tɕi tsai^{213} ta^{33} pai^{11}.

2）你箇只老唧吗不讲理啊？你这老头儿怎么不讲理呢？

　　ni^{33} ko^{33} tɕia^{22} lau^{33}·tɕi ma^{45} pu^{22} kuan^{33} li^{33} a^{11}?

例1）是客观称呼，例2）带有不满意、责备的意思。

（5）用于年少者名词中，表通称，如：

细阶唧小孩儿 ɕi^{24} kai^{45}·tɕi

这里的"唧"有成词功能，衡阳方言中，把婴儿称为"毛毛"，大于毛毛小于青年的人群统称为"细阶唧"。通常也是背称。不说"细阶唧，你过来一下"，可说"箇些细阶唧连不听话这些小孩儿一点儿也不听话 ko^{33}·ɕi ɕi^{24}kai^{45}·tɕi lien^{11} pu^{22} tʰian^{24} fa^{213}"。

（6）用于青年人群，表分称，如：

妹唧女孩/小姐 mei^{213}·tɕi

俫唧男孩 nai^{33}·tɕi

这里的"唧"也起成词作用，可面称，如："妹唧啊，李明走哪去哒晓得不？小姐，李明上哪儿去了知道吗？mei^{213}·tɕi a^{11}, li^{33} min^{11} tsəu^{33} na^{33} kʰe^{24} ta^{22} ɕiau^{33} te^{22} pu^{22}?""俫唧，你过来一下。小孩，你过来一下。nai^{33}·tɕi ni^{33} ko^{24} lai^{11} i^{22} xa^{213}."随着现代化、都市化的推进，不少人的口头上已经用"小姐"取代了"妹唧"。

（7）用作处所后缀，如：

　　A. 箇挡唧这儿 ko^{33} tan^{24}·tɕi

那挡唧 那儿 na²¹³ tan²⁴ ·tçi

哪挡唧 哪儿 na³³ tan²⁴ ·tçi

B. 箇边唧 这边 ko³³ pien⁴⁵ ·tçi

那边唧 那边 na²¹³ pien⁴⁵ ·tçi

A 组应分析为"箇挡 + 唧",代词重读,"唧"只有衍音的作用,它加在"指代词 + 挡"的后面,润滑语气。B 组应分析为"箇 + 边唧","边"重读,"唧"有意义指示作用,因为"箇边"有两个意思,一是相对于那边而言,二是相对于中间而言,而"箇边唧"指的是非中间的意思,是单义的,"唧"限定了该词的语义指向。

(8) 用作时间后缀,如:

A. (一) 刻唧 一会儿 (i²²) kʰe²² ·tçi

刻刻唧 一会儿 kʰe²² kʰe²² ·tçi

箇前唧 这时候 ko³³ tçien¹¹ ·tçi

那前唧 那时候 na²¹³ tçien¹¹ ·tçi

吗前唧 什么时候 ma⁴⁵ tçien¹¹ ·tçi

B. (一) 下唧 一会儿 i²² xa²¹³ ·tçi

两天唧 tian³³ tʰien⁴⁵ ·tçi

A 组的"唧"是词缀,有成词作用,"唧"附于表时间的"刻"后,或附于"指代 + 前"后,表示不确定的短时。B 组的"唧"是结构缀,严格地说,"唧"是附在数量短语之后的语缀,与数量短语一起表示约数,"等一下"与"等一下唧"都是不确定的时间量,但前者的时间量可长可短,后者的时间量是比较短的约数;"两天"是具体的时间数,"两天唧"相当于说大约两天、两天左右。

(9) 用于数量后,表约数,如:

3) 煮起只有半鼎唧。煮了后约摸只有半锅。

tçy³³ tçʰi³³ tsʅ²² iu³³ pen²⁴ tian³³ ·tçi.

4) 有吗两抓唧。大约有两把的样子。

iu³³ ma⁴⁵ tian³³ ya⁴⁵ ·tçi.

5) 二三十块钱一天唧。大约二三十块钱一天。

e²¹³ san⁴⁵ çi¹¹ kʰuai³³ tçien¹¹ i²² tʰien⁴⁵ ·tçi.

这里的"唧"有增义功能,前两句可以单说"半辆唧""两抓唧",

"唧"是附在数量结构后面的，后一句不能说成"一天唧"，应理解为"二三十块钱一天＋唧"，"唧"是附在句子后面的，是句缀。

（10）用于物品名词后，表列举，如：

6）肉唧鱼唧紧渠吃。肉，鱼，由他吃。

　　çiu^{11}·tçi y^{11}·tçi tçin^{33} tçi^{33} tç^{h}ia^{22}.

7）买点花生、瓜子唧好歇客。买点花生、瓜子之类的以接待客人。

　　mai^{33} tie^{33} fa^{45} sen^{45}、kua^{45}·tsʅ·tçi xau^{33} çie^{22} k^{h}e^{22}.

这里的"唧"也有增义功能。

（11）用于官位名词后，表示官不大，并带诙谐色彩，如：

8）渠得只箇局长唧当起，好神气。他当了个小局长，很神气。

　　tçi^{33} te^{22} tçia^{22} ko^{33} tçy^{11} tçian^{33}·tçi tan^{45} tç^{h}i^{33}, xau^{33} çin^{11}·tç^{h}i.

9）我得只箇厅长唧当起，连冇空。我当了个厅长，一点儿空都没有。

　　ŋo^{33} te^{22} tçia^{22} ko^{33} t^{h}in^{45} tçian^{33}·tçi tan^{45} tç^{h}i^{33}, lien^{11} mau^{213} k^{h}ən^{24}.

无论职位高低，主观认为官不大，自称时带谦虚意味，背称时有不以为然的意思。"唧"具增义功能。

（12）用于状态词后，起增义作用，为语句增加各种褒义色彩，如：

10）箇麸子肉蒸起铜黄唧，好香。麸子肉蒸得黄黄的，也很香。

　　ko^{33} fu^{45}·tsʅ çiu^{11} tçin^{45}·tç^{h}i tən^{11} uan^{11}·tçi, xau^{33} çian^{45}.

11）拷场捡咖清清白白唧。把屋子收拾得很整洁。

　　lau^{45} tçian^{11} tçien^{33} ka^{33} tç^{h}in^{45} tç^{h}in^{45} pe^{11} pe^{11}·tçi.

12）箇只梨子黄黄的唧。这个梨黄黄的。

　　ko^{33} tçia^{22} ti^{11}·tsʅ uan^{11} uan^{11}·ti·tçi.

13）渠咯皮肤白白唧。她的皮肤白白的。

　　tçi^{33} ko^{22} pi^{11}·fu pe^{11} pe^{11}·ti·tçi.

前两句的"唧"可加可不加，不加"唧"则程度强，加"唧"后表示程度合适，第一句是双音偏正式状态词后加"唧"，表示达到了心目中理想的色泽要求，第二句是双音形容词重叠后加"唧"，表示看起来舒服。后两句可以看作单音形容词重叠后加连音后缀，即"AA＋的唧"（参见3.3.1），不加"的唧"则句子不能说①，两句都表示程度合适，即比较黄和比较白，而且这样的程度是令人喜欢的。

状态词显示的状态是积极的，让人接受的，还是消极的，让人不满意的，有时可以根据后加成分来区分，比较：

14）箇只苹果酸溜溜咯，吃不得。这个苹果很酸，吃不得。

ko^{33} tɕia^{22} pin^{11} ko^{33} suen^{45} liu^{45} liu^{45} · ko, tɕ^{h}ia^{22} pu^{22} te^{22}.

15）箇只苹果酸溜溜的唧，好爽口咯。这个苹果酸酸的，口感很好。

ko^{33} tɕia^{22} pin^{11} ko^{33} suen^{45} liu^{45} liu^{45} · ti · tɕi, xau^{33} suan^{33} kəu^{33} ko^{22}.

上句认为不好，"酸"是消极的，下句认为不错，"酸"是积极的。

(13) 用于"箇 + A"之后，削减程度，增加描摹性，如：

16）剁担柴箇大唧。砍了一担柴，大约这么大。

to^{24} tan^{24} tsai^{11} ko^{33} tai^{213} · tɕi.

17）做只钩子有箇长唧。做了一个钩子，大约这么长。

tsu^{24} tɕia^{22} kəu^{45} · tsʅ iu^{33} ko^{33} tɕian^{11} · tɕi.

"箇 + A"有两种可能的意义：一是加强程度，表示很大或很长；二是比划、描摹状态，如同"这么这么大""这么这么长"，加了后缀"唧"就只能是后面的意思，所以"唧"具有意义指示功能。进入此式的应是可测量性单音形容词，而且常见的是积极形容词如"长、高、胖、大、深、多"。"箇 + A + 唧"具有摹状性，但它与状态词的摹状是不同的，状态词是单纯用语言来状物，是"言有所述"，"箇 + A + 唧"的表达要有伴随动作，否则会有交际障碍，是"言有所为"。

(14) 用于特指疑问句末，表示估摸、揣测语气，如：

18）不晓得吗味道唧？不知道味道会怎样？

pu^{22} ɕiau^{33} te^{22} ma^{45} fei^{213} tau^{213} · tɕi?

19）箇有好多唧？这东西有多少？

ko^{33} iu^{33} xau^{33} to^{45} · tɕi?

20）要好多钱唧？要多少钱？

iau^{24} xau^{33} to^{45} tɕien^{11} · tɕi?

---

① 北京话可说"梨子黄黄的""皮肤白白的"，但衡阳话不这么说。

21）那吗做唧？那怎么办？

　　na²¹³ ma⁴⁵ tsu²⁴·tɕi？

总体上，这四句"唧"都有增义作用，增加了揣摩色彩，但结构关系有所不同。例18）加不加"唧"都是能说的疑问句，加了"唧"则疑问色彩减弱，增加了揣摩、想象、探讨色彩。例19）和例20）不加"唧"则既可能表示疑问也可能不表疑问，加"唧"表示疑问且添加了估摸、大约的语义色彩。例21）"那吗做"不能单独说，"那吗做唧"有那怎么做才好的意思。

2.2.2 崽唧

"崽唧 [tsai³³·tɕi]"只能入词，不能直接入句，一般用于实物名词和表人名词后，表示小称或其他修辞意义。

（1）N物 + 崽唧

鸡崽唧 tɕi⁴⁵ tsai³³·tɕi

鸟崽唧 niau³³ tsai³³·tɕi

鸭崽唧 ŋa²² tsai³³·tɕi

鱼崽唧 y¹¹ tsai³³·tɕi

鞋崽唧 xai¹¹ tsai³³·tɕi

狗崽唧 kəu³³ tsai³³·tɕi

牛崽唧 niu¹¹ tsai³³·tɕi

衣崽唧 i⁴⁵ tsai³³·tɕi

羊崽唧 ian¹¹ tsai³³·tɕi

猪崽唧 tɕy⁴⁵ tsai³³·tɕi

蛋崽唧 tan²¹³ tsai³³·tɕi

灯崽唧 ten⁴⁵ tsai³³·tɕi

凳崽唧 ten²⁴ tsai³³·tɕi

床崽唧 tsuan¹¹ tsai³³·tɕi

碗崽唧 uen³³ tsai³³·tɕi

屋崽唧 u²² tsai³³·tɕi

石头崽唧 ɕia¹¹·təu tsai³³·tɕi

芋子崽唧 y²¹³·tsɿ tsai³³·tɕi

梨子崽唧 ti¹¹·tsʅ tsai³³·tɕi

杯子崽唧 pei⁴⁵·tsʅ tsai³³·tɕi

桌子崽唧 tso²²·tsʅ tsai³³·tɕi

勾子崽唧 kəu⁴⁵·tsʅ tsai³³·tɕi

茄子崽唧 tɕia¹¹·tsʅ tsai³³·tɕi

粑子崽唧 pa⁴⁵·tsʅ tsai³³·tɕi

箍子崽唧 ku⁴⁵·tsʅ tsai³³·tɕi

柜子崽唧 kui²¹³·tsʅ tsai³³·tɕi

箱子崽唧 ɕian⁴⁵·tsʅ tsai³³·tɕi

镜子崽唧 tɕin²⁴·tsʅ tsai³³·tɕi

苹果崽唧 pin¹¹ko³³tsai³³·tɕi

红薯崽唧 xən¹¹ɕy¹¹tsai³³·tɕi

萝卜崽唧 lo¹¹·po tsai³³·tɕi

眼鼓崽唧 小洞ŋan³³·ku tsai³³·tɕi

摸落鼓古崽唧 鹅卵石 mo³³lo¹¹·ku tsai³³·tɕi

构成：

① "崽唧"不可拆开成"崽……唧"。

② "N物"是物品名词。抽象名词不加"崽唧"，不说：﹡原则崽唧｜﹡思想崽唧。

同样的物品名词中，有时可加"崽唧"，有时不加，下列 A 组可说，B 组一般不说：

A. 帽子崽唧 mau²¹³·tsʅ tsai³³·tɕi

　　帕子崽唧 pʰa²⁴·tsʅ tsai³³·tɕi

　　桌子崽唧 tso²²·tsʅ tsai³³·tɕi

　　箱子崽唧 ɕian⁴⁵·tsʅ tsai³³·tɕi

　　盒子崽唧 xo¹¹·tsʅ tsai³³·tɕi

　　篙子崽唧 kau⁴⁵·tsʅ tsai³³·tɕi

　　桶子崽唧 tʰən³³·tsʅ sai³³·tɕi

B. ﹡草帽崽唧 tsʰau³³ mau²¹³sai³³·tɕi

　　﹡手帕崽唧 ɕiu³³ pʰa²⁴tsai³³·tɕi

　　﹡圆桌崽唧 luen¹¹ tso²²tsai³³·tɕi

* 木箱崽唧 mu²² ɕian⁴⁵ tsai³³ ·tɕi

* 饭盒崽唧 fan²¹³ xo¹¹ tsai³³ ·tɕi

* 短篙子崽唧 tuen³³ kau⁴⁵ ·tsɿ tsai³³ ·tɕi

* 灰桶崽唧 fei⁴⁵ tʰən³³ tsai³³ ·tɕi

B 组与 A 组不同的是，B 组含有一个修饰性语素。由此再观察，下列词一般也不加"崽唧"：

* 白菜崽唧 pe¹¹ tsʰai²⁴ tsai³³ ·tɕi

* 电视崽唧 tien²¹³ sɿ²¹³ tsai³³ ·tɕi

* 电话崽唧 tien²¹³ fa²¹³ tsai³³ ·tɕi

* 食堂崽唧 ɕi¹¹ tan¹¹ tsai³³ ·tɕi

* 学校崽唧 ɕio¹¹ ɕiau²¹³ tsai³³ ·tɕi

* 工厂崽唧 kən⁴⁵ tɕʰian³³ tsai³³ ·tɕi

* 点心崽唧 tien³³ ·ɕin tsai³³ ·tɕi

* 米花崽唧 mi³³ fa⁴⁵ tsai³³ ·tɕi

* 小货崽唧 猪内脏 ɕiau³³ xo²⁴ tsai³³ ·tɕi

* 冰棒崽唧 pin⁴⁵ pan²¹³ tsai³³ ·tɕi

* 稿荐崽唧 稻草垫 kau³³ tɕien²⁴ tsai³³ ·tɕi

* 豆腐崽唧 təu²¹³ ·fu tsai³³ ·tɕi

* 汗衫衣崽唧 xan²¹³ san⁴⁵ i⁴⁵ tsai³³ ·tɕi

* 绳子裤崽唧 ɕyn¹¹ ·tsɿ kʰu²⁴ tsai³³ ·tɕi

可见，能加"崽唧"的物品名词很少是复合式名词。此外，非复合式物品名词所代表的事物若为液体的、粉状的、长条的或电器，也很少加"崽唧"。如：

* 酒崽唧 tɕiu³³ tsai³³ ·tɕi

* 油崽唧 iu¹¹ tsai³³ ·tɕi

* 汤崽唧 tʰan⁴⁵ tsai³³ ·tɕi

* 雨崽唧 y³³ tsai³³ ·tɕi

* 河崽唧 xo¹¹ tsai³³ ·tɕi

* 饭崽唧 fan²¹³ tsai³³ ·tɕi

* 面崽唧 mien²¹³ tsai³³ ·tɕi

* 粉崽唧 fen³³ tsai³³ ·tɕi

* 灰崽唧 fei^{45} tsai^{33}·tɕi

* 雪崽唧 ɕye^{22} tsai^{33}·tɕi

* 泥巴崽唧 ni^{11}·pat sai^{33}·tɕi

* 烟崽唧 ien^{45} tsai^{33}·tɕi

* 书崽唧 ɕy^{45} tsai^{33}·tɕi

* 门崽唧 min^{11} tsai^{33}·tɕi

* 菜崽唧 tsʰai^{24} tsai^{33}·tɕi

* 肉崽唧 ɕiu^{11} tsai^{33}·tɕi

* 街崽唧 kai^{45} tsai^{33}·tɕi

* 带子崽唧 tai^{24}·tsɿ tsai^{33}·tɕi

* 板子崽唧 pan^{33}·tsɿ tsai^{33}·tɕi

* 席子崽唧 tɕia^{11}·tsɿ tsai^{33}·tɕi

* 筷子崽唧 kʰuai^{24}·tsɿ tsai^{33}·tɕi

* 手机崽唧 ɕiu^{33} tɕi^{45} tsai^{33}·tɕi

* 风扇崽唧 xon^{45} ɕian^{24} tsai^{33}·tɕi

"N物 + 崽唧"一般具有可比性，要么是大物品里的小物品，如"帽子、桌子、箱子、桶子"，要么物品原本就是小的，如"弹子小圆球、芝麻、耳子、胡椒"。

语义功能：

"崽唧"没有成词、转类作用，只有增义作用，"N物 + 崽唧"一般是小称，表示"小"而"可爱"，前面还可再加"小"。除非在对比的场合重说"小"，否则这里加"小"并不表示东西更小，而是强调喜爱的感情色彩，如：小鸡崽唧｜小鸟崽唧｜小屋崽唧。

（2）N人 + 唧：

A. 妹（唧）崽唧 mei^{213}·tɕi tsai^{33}·tɕi

  俫（唧）崽唧 lai^{33}·tɕi tsai^{33}·tɕi

  人崽唧 ɕin^{11} tsai^{33}·tɕi

  细阶崽唧 ɕi^{24} kai^{45} tsai^{33}·tɕi

B. 爷崽唧 ia^{11} tsai^{33}·tɕi

由表人名词加"崽唧"构成的词很有限，A组"崽唧"具有增义作用，表小称，"俫崽唧、妹崽唧"通常用来指男女少年，语缀"唧"

和"崽唧"可以连用为"俫唧崽唧、妹唧崽唧",也可单用。单用的"俫唧、妹唧"只表少年,用"崽唧"多了一分怜爱色彩。"人崽唧、细阶崽唧"用来统称小孩儿,语缀不连用,"人崽唧"不能说成"人唧崽唧",也不说"人唧","细阶崽唧"不可说成"细阶唧崽唧"但可以说成"细阶唧",用"崽唧"多一分情感色彩。B组"崽唧"有变义作用,"爷"有两读,单用时白读 ia^{11},指父亲,重叠时(爷爷)文读 ie^{11},指祖父,单用的"爷"加上"崽唧"不再指父亲,而是对平辈或小字辈的戏称,通过变义手段表示一种容忍、戏噱、无奈何的心理色彩,不限男女,不是小称。例如:

22)爷崽唧,快走啦!
　　ia^{11}tsai^{33}・tɕi a^{11}, k^{h}uai^{24} tsəu^{33} la^{33}!

23)你箇只爷崽唧走哪去哒?
　　ni^{33} ko^{33} tɕia^{22} ia^{11}tsai^{33}・tɕi tsəu^{33} na^{33} k^{h}e^{24} ta^{22}?

24)箇只爷崽唧,硬挵渠冇法。这人哪,拿他没辙。
　　ko^{33} tɕia^{22} ia^{11}tsai^{33}・tɕi a^{11}, ŋen^{213} lau^{45} tɕi^{33} mau^{213} fa^{22}.

2.2.3 把唧

"唧"常附在"把"后,构成"把唧[pa^{33}・tɕi]","把唧"仍具有附着性,但它不入词,主要用于量词、数词后,起增义作用,表约数描摹,"数量+把+唧"是名词性短语,一般不直接成句,可充当句子的宾语、主语或定语。其构成式可分为四种:

物量+把+唧:

个把唧 ko^{24} pa^{33}・tɕi　　　　只把唧 tɕia^{22} pa^{33}・tɕi

块把唧 k^{h}uai^{33} pa^{33}・tɕi　　条把唧 tiau^{11} pa^{33}・tɕi

件把唧 tɕien^{213} pa^{33}・tɕi　　粒把唧 li^{24} pa^{33}・tɕi

米把唧 mi^{33} pa^{33}・tɕi　　　坨把唧 to^{11} pa^{33}・tɕi

尺把唧 tɕ^{h}ia^{22} pa^{33}・tɕi　　里把唧 li^{33} pa^{33}・tɕi

样把唧 ian^{213} pa^{33}・tɕi　　抓把唧—握的样子 ya^{33} pa^{33}・tɕi

担把唧 tan^{24} pa^{33}・tɕi　　　台把唧 tai^{11} pa^{33}・tɕi

部把唧 pu^{213} pa^{33}・tɕi　　　口把唧 k^{h}əu^{33} pa^{33}・tɕi

篇把唧 p^{h}ien^{45} pa^{33}・tɕi　　双把唧 suan^{45} pa^{33}・tɕi

瓶把唧 pin¹¹pa³³·tɕi　　栋把唧 tən²⁴pa³³·tɕi

本把唧 pin³³pa³³·tɕi　　爽把唧—截 suan³³pa³³·tɕi

时量+把+唧：

天把唧 tʰien⁴⁵pa³³·tɕi　　年把唧 nien¹¹pa³³·tɕi

月把唧 ye¹¹pa³³·tɕi　　分把唧 fən⁴⁵pa³³·tɕi

秒把唧 miau³³pa³³·tɕi

数词+把+唧：

千把唧 tɕʰien⁴⁵pa³³·tɕi　　万把唧 fan²¹³pa³³·tɕi

百把唧 pe²²pa³³·tɕi

动量+把+唧：

回把唧 fa¹¹pa³³·tɕi　　次把唧 tsʰɿ²⁴pa³³·tɕi

转把唧 tɕyen³³pa³³·tɕi　　步把唧 pu²¹³pa³³·tɕi

脚把唧 tɕio²²pa³³·tɕi　　拳把唧 tɕyen¹¹pa³³·tɕi

刀把唧 tau⁴⁵pa³³·tɕi

"数量+把+唧"的特点：

①"唧"的黏着性强，在上述式中不可缺，表示约数不能只说"*尺把、*千把、*回把"，也就是说，"把"不能独立表约数。"数量+把+唧"等于"大概这么多的样子"，"天把唧"即"大概一天的样子"。

②以上四式都隐含了一个"一"，量词和数词前都不能出现小于或大于一的数量，不说"*半里把唧｜*半瓶把唧｜*半天把唧｜*三年把唧｜*四担把唧｜*五百把唧｜*两转把唧｜*半回把唧"等。

③"把唧"具有一定的离合性，当数量所修饰的事物出现时，该事物词可插在"把唧"中间，如：个把人唧｜只把苹果唧｜块把钱唧｜件把衣服唧｜米把长唧｜口把饭唧｜百把人唧｜千把块钱。动量式不出现名词。这样的"把唧"在句中的时候"唧"可以不说，如"文章一年发吗篇把唧""一年发吗篇把文章唧""一年发吗篇把文章还是可以的"。

④所有的量词都应该是非复合量词，复合量词具有较强的术语性、书面性，后面不加"把唧"，不说"*架次把唧｜*人次把唧｜*吨海里把唧"。

⑤"物量+把唧"在满足前几个条件的情况下，除了量词"把"因同音相斥的原因不说"把把唧"外，一般加"把唧"是不受限制的。时量中的"小时"不能说成"小时把唧"，只能说"个把小时唧"。

⑥能加"把唧"的数词限于"百、千、万"，不过，如果将"把唧"拆开，表十数的"炮"可以进入此约数式，构成"炮+把+X+唧"，如：炮把只唧+来个 $p^hau^{24}pa^{33}tɕia^{22}\cdot tɕi$ ｜ 炮把人唧 $p^hau^{24}pa^{33}ɕin^{11}\cdot tɕi$ ｜ 炮把天唧 $p^hau^{24}pa^{33}t^hien^{45}\cdot tɕi$。

⑦能加"把唧"的动量词所指的动作应是可控的且可多发可持续的动作，否则修饰该动词的动量词不能加"把唧"。比如可以说：走吗回把唧 ｜ 去吗次把唧 ｜ 踢吗脚把唧 ｜ 捅吗刀把唧 ｜ 打吗拳把唧 ｜ 看吗眼把唧，因为动词"走、去、踢、捅、打"等可以在人的控制下多次或持续进行，不可以说："＊绊一颤摔一跤把唧 $pan^{24}i^{22}tɕian^{24}pa^{33}\cdot tɕi$"，因为动词"绊"不可控，且一般不会持续多发。

2.2.4 点唧

"唧"常用在"点"后衬垫"点"，"点唧 $[tie^{33}\cdot tɕi]$"也不入词，用于动词、形容词后，表程度弱（参见第9章），"X+点+唧"可直接成句，"点唧"也可在句中作补语或宾语。

（1）A+点+唧：

轻点唧 $tɕ^hian^{45}tie^{33}\cdot tɕi$　　重点唧 $tən^{213}tie^{33}\cdot tɕi$

少点唧 $ɕiau^{33}tie^{33}\cdot tɕi$　　多点唧 $to^{45}tie^{33}\cdot tɕi$

精点唧 $tɕin^{45}tie^{33}\cdot tɕi$　　恶点唧 $o^{22}tie^{33}\cdot tɕi$

猛点唧 $mən^{33}tie^{33}\cdot tɕi$　　挤点唧 $tɕi^{33}tie^{33}\cdot tɕi$

缓点唧 $fen^{33}tie^{33}\cdot tɕi$　　慢点唧 $man^{213}tie^{33}\cdot tɕi$

快点唧 $k^huai^{24}tie^{33}\cdot tɕi$　　高点唧 $kau^{45}tie^{33}\cdot tɕi$

矮点唧 $ŋai^{33}tie^{33}\cdot tɕi$　　歪点唧 $uai^{45}tie^{33}\cdot tɕi$

粗点唧 $ts^hu^{45}tie^{33}\cdot tɕi$　　淡点唧 $tan^{213}tie^{33}\cdot tɕi$

急点唧 $tɕi^{22}tie^{33}\cdot tɕi$　　松点唧 $sən^{45}tie^{33}\cdot tɕi$

紧点唧 $tɕin^{33}tie^{33}\cdot tɕi$　　近点唧 $tɕin^{213}tie^{33}\cdot tɕi$

远点唧 $yen^{33}tie^{33}\cdot tɕi$　　亮点唧 $tian^{213}tie^{33}\cdot tɕi$

满点唧 $men^{33}tie^{33}\cdot tɕi$　　偏点唧 $p^hien^{45}tie^{33}\cdot tɕi$

生点唧 sen⁴⁵tie³³·tɕi　　弯点唧 uen⁴⁵tie³³·tɕi
早点唧 tsau³³tie³³·tɕi　　蠢点唧 tɕʰyn³³tie³³·tɕi
老点唧 lau³³tie³³·tɕi　　丑点唧 tɕʰiu³³tie³³·tɕi
臭点唧 tɕʰiu²⁴tie³³·tɕi　　陡点唧 təu³³tie³³·tɕi
光点唧 kuan⁴⁵tie³³·tɕi　　滑点唧 ua¹¹tie³³·tɕi
贵点唧 kui²⁴tie³³·tɕi　　暗点唧 ŋan²⁴tie³³·tɕi
黑点唧 xe²²tie³³·tɕi　　哈点唧 xa³³tie³³·tɕi
旧点唧 tɕiu²¹³tie³³·tɕi　　久点唧 tɕʰiu³³tie³³·tɕi
嫩点唧 nən²¹³tie³³·tɕi　　密点唧 mi¹¹tie³³·tɕi
清点唧 tɕʰian⁴⁵tie³³·tɕi　　穷点唧 tɕin¹¹tie³³·tɕi
热点唧 ɕie¹¹tie³³·tɕi　　冷点唧 len³³tie³³·tɕi
爄烫点唧 lai²⁴tie³³·tɕi　　干点唧 kan⁴⁵tie³³·tɕi
湿点唧 ɕi²²tie³³·tɕi　　脆点唧 tsʰui²⁴tie³³·tɕi
甜点唧 tien¹¹tie³³·tɕi　　辣点唧 la¹¹tie³³·tɕi
烂点唧 lan²¹³tie³³·tɕi　　难点唧 nan¹¹tie³³·tɕi
浓点唧 nən¹¹tie³³·tɕi　　瘦点唧 səu²⁴tie³³·tɕi
胖点唧 pʰan²⁴tie³³·tɕi　　壮点唧 tsuan²⁴tie³³·tɕi
软点唧 nyen³³tie³³·tɕi　　硬点唧 ŋen²¹³tie³³·tɕi
小点唧 ɕiau³³tie³³·tɕi　　薄点唧 po¹¹tie³³·tɕi
扁点唧 pia³³tie³³·tɕi　　鼓点唧 ku³³tie³³·tɕi
厚点唧 xəu²¹³tie³³·tɕi　　短点唧 tuen³³tie³³·tɕi
长点唧 tɕian¹¹tie³³·tɕi　　宽点唧 kʰuen⁴⁵tie³³·tɕi
窄点唧 tse³³tie³³·tɕi　　空点唧 kʰən²⁴tie³³·tɕi
深点唧 ɕin⁴⁵tie³³·tɕi　　浅点唧 tɕʰien³³tie³³·tɕi
足点唧 tsu³³tie³³·tɕi　　好点唧 xau³³tie³³·tɕi
平点唧 pian¹¹tie³³·tɕi　　稳点唧 uən³³tie³³·tɕi
勇敢点唧 in³³kan³³tie³³·tɕi
大胆点唧 tai²¹³tan³³tie³³·tɕi
大方点唧 tai²¹³fan⁴⁵tie³³·tɕi
清白点唧 tɕʰin⁴⁵pe¹¹tie³³·tɕi
老实点唧 lau³³ɕi¹¹tie³³·tɕi

高兴点唧 kau⁴⁵ ɕin²⁴ tie³³·tɕi

谦虚点唧 tɕʰien⁴⁵ ɕy⁴⁵ tie³³·tɕi

豪爽点唧 xau¹¹ suan³³ tie³³·tɕi

积极点唧 tɕi²² tɕi¹¹ tie³³·tɕi

认真点唧 ɕin²¹³ tɕin⁴⁵ tie³³·tɕi

"A+点+唧"的特点：

①"唧"的黏着性比较强，"A+点+唧"可直接用作祈使句，但如果没有"唧"则句子往往不自足，可以说，"A+点"语义自足但语用不能自足，比如"多点"可以表示命令的意思，但不能作为命令句来用。具有自足功能的"唧"并非语气词，它后面还可以再追加语气词"多点唧啰"，如果说"唧"在"数量+把+唧"中是成语（结构）的话，可以说"唧"在这里的作用是成句。

②A所代表的不能是状态词，如："马虎点唧"可以，而"马马虎虎点唧"不说。双音节形容词加"点唧"比单音形容词加"点唧"更具命令色彩。

③"点唧"可与普通话的"点儿"对转：

轻点唧→轻点儿　　　重点唧→重点儿

少点唧→少点儿　　　多点唧→多点儿

但普通话的"点儿"中间不可插入，黏合性更强，衡阳话的"点唧"都可直接插入"咖"说成"A+点咖唧"（轻点咖唧=轻点唧），直接成句的祈使意义不变，也可能"A+点唧"是"A+点咖唧"的简省形式。在"有"字句的条件下，"A+点唧"还可以变换为"有点A气唧"，可见衡阳话的"A+点唧"具有一定的离合性。

④A后可以加"咖[ka]"构成"A咖点唧（哒）"，不再有祈使意义，表示A的量在原来的基础上起了变化，这一量的变化随A的褒贬而有所升降，如"少咖点唧"表示量减少了，"多咖点唧"表示量增加了。

⑤A后可加"哒[ta]"构成"A哒点唧"，也没有祈使意义，表示一种结果，而且这种结果带有评议性质，指说话人认为稍微有些过头，或者不符合心理要求。

普通话"A+点儿"中间只能加"了"，构成"A了点儿"，这是一个歧义式，比如"少了点儿"既可表示事物的量减少了，又可表示主观上认为事物量太少了。衡阳方言用"咖"和"哒"两个标记词分担两种意义，简单明了。比较：

衡阳方言　　　　　　　　　　　普通话
厚咖点唧　　　　　　　　　　　厚了点儿（量增加了）
厚哒点唧　　　　　　　　　　　厚了点儿（量过头了）

（2）V+点+唧：

A. 加点唧 tɕia⁴⁵tie³³·tɕi　　　　吃点唧 tɕʰia²²tie³³·tɕi
　　买点唧 mai³³tie³³·tɕi　　　　卖点唧 mai²¹³tie³³·tɕi
　　倒点唧 tau²⁴tie³³·tɕi　　　　煮点唧 tɕy³³tie³³·tɕi
　　炒点唧 tsʰau³³tie³³·tɕi　　　补点唧 pu³³tie³³·tɕi
　　称点唧 tɕʰin⁴⁵tie³³·tɕi　　　带点唧 tai²⁴tie³³·tɕi
　　减点唧 kan³³tie³³·tɕi　　　　留点唧 liu¹¹tie³³·tɕi
　　切点唧 tɕʰie³³tie³³·tɕi　　　添点唧 tʰien⁴⁵tie³³·tɕi
　　选点唧 ɕyen³³tie³³·tɕi　　　 蒸点唧 tɕin⁴⁵tie³³·tɕi
　　尝点唧 ɕian¹¹tie³³·tɕi　　　 凑点唧 tsʰəu²⁴tie³³·tɕi
　　捡点唧 tɕien³³tie³³·tɕi　　　捞点唧 lau⁴⁵tie³³·tɕi
　　赔点唧 pei¹¹tie³³·tɕi　　　　讨点唧 tʰau³³tie³³·tɕi

B. 争点唧 tsen⁴⁵tie³³·tɕi　　　　懂点唧 tən³³tie³³·tɕi
　　走点唧 tsəu³³tie³³·tɕi　　　 读点唧 tu¹¹tie³³·tɕi
　　看点唧 kʰan²⁴tie³³·tɕi　　　 抽点唧 tɕʰiu⁴⁵tie³³·tɕi
　　出点唧 tɕʰy²²tie³³·tɕi　　　 办点唧 pan²¹³tie³³·tɕi
　　摆点唧 pai³³tie³³·tɕi　　　　包点唧 pau⁴⁵tie³³·tɕi
　　拨点唧 po²²tie³³·tɕi　　　　 擦点唧 tsʰa²²tie³³·tɕi
　　采点唧 tsʰai³³tie³³·tɕi　　　俙藏点唧 pian²⁴tie³³·tɕi
　　插点唧 tsʰa²²tie³³·tɕi　　　 扯点唧 tɕʰia³³tie³³·tɕi
　　冲点唧 tsʰən⁴⁵tie³³·tɕi　　　穿点唧 tɕʰyen⁴⁵tie³³·tɕi
　　吹点唧 tɕʰy⁴⁵tie³³·tɕi　　　 存点唧 tsən¹¹tie³³·tɕi
　　搓点唧 tsʰo⁴⁵tie³³·tɕi　　　 打点唧 ta³³tie³³·tɕi
　　挑点唧 tʰiau⁴⁵tie³³·tɕi　　　得点唧 给点儿 te²²tie³³·tɕi
　　等点唧 ten³³tie³³·tɕi　　　　点点唧 点一点儿 tien³³tie³³·tɕi

垫点唧 tien²¹³ tie³³ ·tɕi   调点唧 tiau¹¹ tie³³ ·tɕi
赶点唧 kan³³ tie³³ ·tɕi   写点唧 ɕia³³ tie³³ ·tɕi
学点唧 ɕio¹¹ tie³³ ·tɕi   抄点唧 tsʰau⁴⁵ tie³³ ·tɕi
捞点唧 lau¹¹ tie³³ ·tɕi   钓点唧 tiau²⁴ tie³³ ·tɕi
钉点唧 tian²⁴ tie³³ ·tɕi   订点唧 tin²⁴ tie³³ ·tɕi
丢点唧 tiu⁴⁵ tie³³ ·tɕi   端点唧 tuan⁴⁵ tie³³ ·tɕi
剁点唧 to²⁴ tie³³ ·tɕi   罚点唧 fa¹¹ tie³³ ·tɕi
犯点唧 fan²¹³ tie³³ ·tɕi   搞点唧 kau³³ tie³³ ·tɕi
改点唧 kai³³ tie³³ ·tɕi   割点唧 ke²⁴ tie³³ ·tɕi
刮点唧 kua³³ tie³³ ·tɕi   雇点唧 ku²⁴ tie³³ ·tɕi
挂点唧 kua²⁴ tie³³ ·tɕi   关点唧 kuen⁴⁵ tie³³ ·tɕi
管点唧 kuen³³ tie³³ ·tɕi   喊点唧 xan³³ tie³³ ·tɕi
糊点唧 fu¹¹ tie³³ ·tɕi   画点唧 fa²¹³ tie³³ ·tɕi
还点唧 fen¹¹ tie³³ ·tɕi   换点唧 fen²¹³ tie³³ ·tɕi
寄点唧 tɕi²⁴ tie³³ ·tɕi   记点唧 tɕi²⁴ tie³³ ·tɕi
捡点唧 tɕien³³ tie³³ ·tɕi   讲点唧 kuan³³ tie³³ ·tɕi
浇点唧 tɕiau⁴⁵ tie³³ ·tɕi   交点唧 tɕiau⁴⁵ tie³³ ·tɕi
教点唧 kau²⁴ tie³³ ·tɕi   嚼点唧 tɕiau¹¹ tie³³ ·tɕi
接点唧 tɕie²² tie³³ ·tɕi   借点唧 tɕia²⁴ tie³³ ·tɕi
进点唧 tɕin²⁴ tie³³ ·tɕi   敬点唧 tɕin²⁴ tie³³ ·tɕi
救点唧 tɕiu²⁴ tie³³ ·tɕi   举点唧 tɕy³³ tie³³ ·tɕi
开点唧 kʰai⁴⁵ tie³³ ·tɕi   砍点唧 kʰan³³ tie³³ ·tɕi
抠点唧 kʰəu⁴⁵ tie³³ ·tɕi   扣点唧 kʰəu²⁴ tie³³ ·tɕi
拉点唧 la⁴⁵ tie³³ ·tɕi   拦点唧 lan¹¹ tie³³ ·tɕi
炼点唧 tien²¹³ tie³³ ·tɕi   练点唧 lien²¹³ tie³³ ·tɕi
量点唧 lian¹¹ tie³³ ·tɕi   淋点唧 tin¹¹ tie³³ ·tɕi
留点唧 tiu¹¹ tie³³ ·tɕi   埋点唧 mai¹¹ tie³³ ·tɕi
磨点唧 mo¹¹ tie³³ ·tɕi   排点唧 pai¹¹ tie³³ ·tɕi
派点唧 pʰan²⁴ tie³³ ·tɕi   跑点唧 pʰau³³ tie³³ ·tɕi
泡点唧 pʰau²⁴ tie³³ ·tɕi   配点唧 pʰei²⁴ tie³³ ·tɕi
喷点唧 pʰen²⁴ tie³³ ·tɕi   批点唧 pʰi⁴⁵ tie³³ ·tɕi

砌点唧 tɕʰi²⁴tie³³·tɕi　　欠点唧 tɕʰien²⁴tie³³·tɕi
抢点唧 tɕʰian³³tie³³·tɕi　　请点唧 tɕʰian³³tie³³·tɕi
取点唧 tɕʰy³³tie³³·tɕi　　染点唧 nien³³tie³³·tɕi
洒点唧 suai³³tie³³·tɕi　　塞点唧 se²²tie³³·tɕi
杀点唧 sa²²tie³³·tɕi　　删点唧 suen⁴⁵tie³³·tɕi
烧点唧 ɕiau⁴⁵tie³³·tɕi　　省点唧 sen³³tie³³·tɕi
剩点唧 ɕin²¹³tie³³·tɕi　　收点唧 ɕiu⁴⁵tie³³·tɕi
受点唧 ɕiu²¹³tie³³·tɕi　　数点唧 su³³tie³³·tɕi
刷点唧 sua²²tie³³·tɕi　　送点唧 sən²⁴tie³³·tɕi
抬点唧 tai¹¹tie³³·tɕi　　贪点唧 tʰan⁴⁵tie³³·tɕi
弹点唧 tan¹¹tie³³·tɕi　　探点唧 tʰan²⁴tie³³·tɕi
提点唧 tia²²tie³³·tɕi　　添点唧 tʰien⁴⁵tie³³·tɕi
挑点唧 tʰiau⁴⁵tie³³·tɕi　　跳点唧 tʰiau²⁴tie³³·tɕi
贴点唧 tʰie²²tie³³·tɕi　　听点唧 tʰian²⁴tie³³·tɕi
偷点唧 tʰəu⁴⁵tie³³·tɕi　　投点唧 təu¹¹tie³³·tɕi
涂点唧 tu¹¹tie³³·tɕi　　吐点唧 tʰu²⁴tie³³·tɕi
退点唧 tʰui²⁴tie³³·tɕi　　脱点唧 tʰo²²tie³³·tɕi
拖点唧 tʰo⁴⁵tie³³·tɕi　　托点唧 tʰo²²tie³³·tɕi
挖点唧 uai⁴⁵tie³³·tɕi　　喂点唧 uei²⁴tie³³·tɕi
问点唧 fen²¹³tie³³·tɕi　　洗点唧 ɕi³³tie³³·tɕi
选点唧 ɕyen³³tie³³·tɕi　　压点唧 ŋa²¹³tie³³·tɕi
演点唧 ien³³tie³³·tɕi　　咽点唧 ien²⁴tie³³·tɕi
养点唧 ian³³tie³³·tɕi　　印点唧 in²⁴tie³³·tɕi
赢点唧 ian¹¹tie³³·tɕi　　用点唧 in²¹³tie³³·tɕi
有点唧 iu³³tie³³·tɕi　　运点唧 yn²¹³tie³³·tɕi
载点唧 tsai²⁴tie³³·tɕi　　炸点唧 tsa²⁴tie³³·tɕi
摘点唧 tsua²²tie³³·tɕi　　沾点唧 tɕien⁴⁵tie³³·tɕi
招点唧 tɕiau⁴⁵tie³³·tɕi　　找点唧 tsau³³tie³³·tɕi
蒸点唧 tɕin⁴⁵tie³³·tɕi　　织点唧 tɕi²²tie³³·tɕi
抓点唧 tɕya⁴⁵tie³³·tɕi　　转点唧 tɕyen²⁴tie³³·tɕi
赚点唧 tsuen²¹³tie³³·tɕi　　装点唧 tsuan⁴⁵tie³³·tɕi

捉点唧 tso^{22}tie^{33}·tɕi　　　　做点唧 tsu^{24}tie^{33}·tɕi

"V+点+唧"的特点：

①"唧"在式中也是不可缺少的，"唧"有成句作用。

②V应为行为他动词（邢福义，1991），下面动词类不行：

行为自动词：＊瞓点唧　＊咳嗽点唧　＊飞点唧

心理动词：＊爱点唧　＊恨点唧　＊喜欢点唧

行止动词：＊开始点唧　＊停点唧

比似动词：＊像点唧

判断动词：＊是点唧

能愿动词：＊会点唧　＊可以点唧

③A组动词支配的对象可以省略不说，以"点唧"充当宾语，B组的宾语名词如果不说就需在动词前面加"再、多"之类增量副词，"加点唧"可以独立成句，"敬点唧"要么说"敬点唧酒"要么说"再敬点唧"，B组的独立性弱于A组。

两组的V后都可加"哒"，但不加"咖"，如：

留点唧→留哒点唧→＊留咖点唧

尝点唧→尝哒点唧→＊尝咖点唧

④两组的"点唧"也可与普通话的"点儿"对转，与具有一定离合性的"A+点唧"一样，"点儿"的黏合性强，而"V点唧"的黏合性弱，"V点唧"常说成"V点O唧"，如：脱点衣唧｜请点客唧｜听点广播唧｜留点菜唧，如果"A点唧"叫作"点唧$_1$"，"V点唧"叫作"点唧$_2$"，则"点唧$_2$"比"点唧$_1$"更松散，插入的宾语可以换位，"唧$_2$"还可能脱落，比较：

A+点唧$_1$：

快点唧→快点咖唧→＊快点唧咖→＊快点咖

V+点唧$_2$：

加点唧→加点菜唧→加点唧菜→加点菜

可是虽然"点唧$_2$"比"点唧$_1$"更松散，"V+点唧"的独立性却弱于"A+点唧"。

2.2.5　下唧

"唧"常用在"下"的后面构成"下唧［xa^{213}·tɕi］"，"下唧"只能用于动词后，表示量少。如：

看下唧 k^han^{24} xa^{213} ·tɕi　　走下唧 $tsəu^{33}$ xa^{213} ·tɕi

搞下唧 kau^{33} xa^{213} ·tɕi　　耍下唧 sua^{33} xa^{213} ·tɕi

做下唧 tsu^{24} xa^{213} ·tɕi　　吃下唧 $tɕ^hia^{22}$ xa^{213} ·tɕi

答下唧 ta^{22} xa^{213} ·tɕi　　讲下唧 $kuan^{33}$ xa^{213} ·tɕi

喊下唧 xan^{33} xa^{213} ·tɕi　　骂下唧 ma^{213} xa^{213} ·tɕi

念下唧 $nien^{213}$ xa^{213} ·tɕi　　抄下唧 ts^hau^{45} xa^{213} ·tɕi

写下唧 $ɕia^{33}$ xa^{213} ·tɕi　　画下唧 fa^{213} xa^{213} ·tɕi

唱下唧 $tɕ^hian^{24}$ xa^{213} ·tɕi　　数下唧 su^{33} xa^{213} ·tɕi

考下唧 k^hau^{33} xa^{213} ·tɕi　　查下唧 tsa^{11} xa^{213} ·tɕi

练下唧 $tien^{213}$ xa^{213} ·tɕi　　洗下唧 $ɕi^{33}$ xa^{213} ·tɕi

炒下唧 ts^hau^{33} xa^{213} ·tɕi　　垫下唧 $tien^{213}$ xa^{213} ·tɕi

找下唧 $tsau^{33}$ xa^{213} ·tɕi　　收下唧 $ɕiu^{45}$ xa^{213} ·tɕi

刷下唧 sua^{22} xa^{213} ·tɕi　　盖下唧 kai^{24} xa^{213} ·tɕi

租下唧 tsu^{45} xa^{213} ·tɕi　　借下唧 $tɕia^{24}$ xa^{213} ·tɕi

问下唧 $fən^{213}$ xa^{213} ·tɕi　　捞下唧 lau^{45} xa^{213} ·tɕi

催下唧 ts^hui^{45} xa^{213} ·tɕi　　梭溜下唧 so^{45} xa^{213} ·tɕi

墙 把东西㩜起来下唧 $tɕian^{11}$ xa^{213} ·tɕi

挀 拖延时间下唧 $ŋai^{11}$ xa^{213} ·tɕi

学习下唧 $ɕio^{11}$ ·ɕi xa^{213} ·tɕi

研究下唧 $nien^{45}$ ·tɕiu xa^{213} ·tɕi

分析下唧 fen^{45} ·ɕi xa^{213} ·tɕi

考虑下唧 k^hau^{33} ·lui xa^{213} ·tɕi

参观下唧 ts^han^{45} $kuen^{45}$ xa^{213} ·tɕi

介绍下唧 kai^{24} $ɕiau^{24}$ xa^{213} ·tɕi

安排下唧 $ŋan^{45}$ pai^{11} xa^{213} ·tɕi

动员下唧 $tən^{213}$ yen^{11} xa^{213} ·tɕi

支持下唧 $tsɿ^{45}$ $tɕi^{11}$ xa^{213} ·tɕi

克服下唧 k^he^{22} fu^{11} xa^{213} ·tɕi

表扬下唧 $piau^{33}$ ian^{11} xa^{213} ·tɕi

宣传下唧 $ɕyen^{45}$ $tɕyen^{11}$ xa^{213} ·tɕi

改造下唧 kai³³ tsau²¹³ xa²¹³ ·tɕi
招待下唧 tɕiau⁴⁵ tai²¹³ xa²¹³ ·tɕi
利用下唧 li²¹³ in²¹³ xa²¹³ ·tɕi
统计下唧 tʰən³³ tɕi²⁴ xa²¹³ ·tɕi

"V+下+唧"的特点：

①这里的"唧"也有成句作用，不赘。

②能加"下唧"的动词很多，一般应是自主动词（表示有意识或有心的动作行为）（马庆株，1992），非自主动词不加"下唧"，如：

* 差下唧 tsʰa⁴⁵ xa²¹³ ·tɕi　　　　* □丢失下唧 tɕio¹¹ xa²¹³ ·tɕi
* 够下唧 kəu²⁴ xa²¹³ ·tɕi　　　　* 梦下唧 mən²¹³ xa²¹³ ·tɕi
* 是下唧 sɿ²⁴ xa²¹³ ·tɕi　　　　　* 肯下唧 kʰen³³ xa²¹³ ·tɕi
* 敢下唧 kan³³ xa²¹³ ·tɕi　　　　* 嫌下唧 ɕien²⁴ xa²¹³ ·tɕi
* 在下唧 tsai²¹³ xa²¹³ ·tɕi　　　* 死下唧 sɿ³³ xa²¹³ ·tɕi
* 绊摔跤下唧 pan²⁴ xa²¹³ ·tɕi

③"下唧"也可以换说成"一下"，语义不变，"一下"后面也可再加"唧"构成"一下唧"，如：看一下唧｜走一下唧｜介绍一下唧，这是与普通话不同的。普通话可以用重叠的方式表示"V一下"的意思：看看｜走走，衡阳通常不这么用。

2.3　中偏贬义的"子"类

文读的"子"既可以入词，也可以入句，它的结合面非常广，功能也多样，还可以与"巴""法"结合，形成新的语缀，本节讨论"子"及相关的"巴子""法子"。

2.3.1　子

单音后、双音后、三音后、名词后、动词后、形容词后、量词后都可以附"子［·tsɿ］"，子尾词又可以作为修饰性语素与另一词组合成新词。除了积极入词外，"子"还可附在部分谓词性结构后面。其语用色彩一般是中性的，也有贬义的。

2.3.1.1　单音+子

（1）名+子：

A. 桶子 tʰən³³·tsʅ　　　　　鞋子 xai¹¹·tsʅ
　　裤子 kʰu²⁴·tsʅ　　　　　刀子 tau⁴⁵·tsʅ
　　网子 uan³³·tsʅ　　　　　凳子 ten²⁴·tsʅ
　　鸭子 ŋa³³·tsʅ　　　　　 爪子 tɕya³³·tsʅ
　　车子 tɕʰe⁴⁵·tsʅ　　　　 茧子 tɕien³³·tsʅ
　　牙子 ŋa¹¹·tsʅ　　　　　 孙子 sən³³·tsʅ
B. 鬼子笑骂词 kui³³·tsʅ　　　票子钱 pʰiau²⁴·tsʅ
　　皮子角质物 pi¹¹·tsʅ　　　口子裂缝 kʰəu³³·tsʅ
　　脚子剩余物 tɕio³³·tsʅ
C. 面子 mien²¹³·tsʅ　　　　里子 ti³³·tsʅ
　　底子基础 ti³³·tsʅ　　　　池子 tɕi¹¹·tsʅ
　　港子小水湾 kan³³·tsʅ　　 芋子 y²¹³·tsʅ
　　帕子 pʰa²⁴·tsʅ　　　　　篙子 kau⁴⁵·tsʅ
　　粑子 pa⁴⁵·tsʅ　　　　　 庵子 ŋan⁴⁵·tsʅ
　　步子 pu²¹³·tsʅ　　　　　坛子 tan¹¹·tsʅ
　　屑子 ɕie²²·tsʅ　　　　　星子 ɕian⁴⁵·tsʅ
　　麦子长相 me¹¹·tsʅ　　　　□子皱痕 nan²⁴·tsʅ
　　板子 pan³³·tsʅ　　　　　箱子 ɕian⁴⁵·tsʅ
　　杯子 pei⁴⁵·tsʅ　　　　　桌子 tso²²·tsʅ
　　筷子 kʰuai²⁴·tsʅ　　　　柜子 kui²¹³·tsʅ
　　茄子 tɕia¹¹·tsʅ　　　　 席子 tɕia¹¹·tsʅ
　　棍子 kuən²⁴·tsʅ　　　　 孙子 sən⁴⁵·tsʅ
　　巷子 xan²¹³·tsʅ　　　　 竹子 tsu²²·tsʅ
　　兔子 tʰu²⁴·tsʅ　　　　　椅子 i³³·tsʅ
　　盘子 pen¹¹·tsʅ　　　　　橘子 tɕy²²·tsʅ
　　李子 ti³³·tsʅ　　　　　 桃子 tau¹¹·tsʅ
　　柿子 sʅ²¹³·tsʅ　　　　　椰子 ie³³·tsʅ
　　绸子 tɕiu¹¹·tsʅ　　　　 缎子 tuen²¹³·tsʅ
　　呢子 ni¹¹·tsʅ　　　　　 帽子 mau²¹³·tsʅ
　　领子 tin³³·tsʅ　　　　　袖子 tɕiu²¹³·tsʅ
　　馆子 kuen³³·tsʅ　　　　 饺子 tɕiau³³·tsʅ

麯子 tɕʰy²² · tsɿ　　　　麸子 fu⁴⁵ · tsɿ

芯子 ɕin⁴⁵ · tsɿ　　　　壳子 kʰo²² · tsɿ

狮子 sɿ⁴⁵ · tsɿ　　　　燕子 ien²⁴ · tsɿ

鸽子 ko²² · tsɿ　　　　蚊子 fən¹¹ · tsɿ

虱子 se²² · tsɿ　　　　胆子 tan³³ · tsɿ

影子 ian³³ · tsɿ　　　　肚子 tu³³ · tsɿ

肠子 tɕian¹¹ · tsɿ　　　　腰子 iau⁴⁵ · tsɿ

扉子 小票 fei⁴⁵ · tsɿ　　　　毫子 硬币 xau¹¹ · tsɿ

"子"加在单音名词性语素后，有三种作用，A、B组的词根语素都是成词语素，A的"子"满足了词的双音需要，起衍音作用；B的"子"具有变义作用，"口"指五官之一，"口子"则泛指破裂处，如：

25）我咯脚开口子哒。我的脚皴了。

　　ŋo³³ ko²² tɕio²² kʰai⁴⁵ kəu³³ · tsɿ ta²².

26）渠咯衣服开哒只口子。他的衣服开口子了。

　　tɕi³³ ko²² i⁴⁵ · fu kʰai⁴⁵ ta²² tɕia²² kəu³³ · tsɿ.

27）那双鞋开口子哒。那双鞋裂开了。

　　na²¹³ suan⁴⁵ xai¹¹ kʰai⁴⁵ kəu³³ · tsɿ ta²².

"脚[tɕio²²]"指人体下肢接触地面的部分，"脚子[tɕio²² · tsɿ]"指剩下来的汤水，如：酒脚子｜汤脚子｜油脚子；C组的词根语素是不成词语素，"子"有成词作用。

以上名词大多数是色彩中性的事物（实物）名词，但有例外："麦子[me¹¹ · tsɿ]"不是实物名词，作为五谷之一的"麦子"，因属北方物产，衡阳方言很少用到，即便使用也是借用北语，衡阳口语中常用到的"麦子"是个抽象概念，表示人的长相，只作"有/无"类动词的宾语，如：

28）那只人还有点麦子唧嘞。那个人比较漂亮。

　　na²¹³ tɕia²² ɕin¹¹ xai¹¹ iu³³ tie³³ me¹¹ · tsɿ · tɕi le¹¹.

29）渠好有麦子咯。她很漂亮。

　　tɕi³³ xau³³ iu³³ me¹¹ · tsɿ ko²².

30）渠五十岁哒，有点老麦子嗟。她五十岁了，还是那么漂亮。

　　tɕi³³ u³³ ɕi¹¹ sui²⁴ ta²², iu³³ tie³³ lau³³ me¹¹ · tsɿ tɕia³³.

31）那只妹唧吖连冇麦子啦。那个女孩一点儿也不漂亮。

　　na²¹³ tɕia²² mei²¹³ ·tɕi ta³³ lien¹¹ mau²¹³ me¹¹ ·tsɿ la³³.

"有麦子"等于漂亮，"冇麦子"等于不漂亮。

"孙子｜嫂子｜狮子｜燕子｜鸽子｜蚊子｜虱子"也不是物品，是与普通话通用的亲属类专称词和动物名词，"嫂子"在衡阳常用"嫂嫂"这样重叠的方式表达。"鬼子"是个戏谑性的表人名词，经常用于关系密切或亲近的人，是个笑骂词。

（2）动 + 子：

A. 　□子 台阶 tʰen³³ ·tsɿ　　　　码子 ma³³ ·tsɿ

　　叫子 哨子 tɕiau²⁴ ·tsɿ　　　弹子 tan²¹³ ·tsɿ

　　销子 榫子 ɕiau⁴⁵ ·tsɿ　　　印子 痕迹 in²⁴ ·tsɿ

　　卷子 tɕyen³³ ·tsɿ　　　　摺子 tɕie²² ·tsɿ

　　带子 tai²⁴ ·tsɿ　　　　　架子 ka²⁴ ·tsɿ

　　冻子 tən²⁴ ·tsɿ　　　　　摆子 pai³³ ·tsɿ

B. 　夹子 ka²² ·tsɿ　　　　　梳子 su⁴⁵ ·tsɿ

　　推子 理发工具 tʰui⁴⁵ ·tsɿ　　箍子 ku⁴⁵ ·tsɿ

　　抓子 抓挠 ya⁴⁵ ·tsɿ　　　筛子 sai⁴⁵ ·tsɿ

　　兜子 təu⁴⁵ ·tsɿ　　　　　叉子 tsʰa⁴⁵ ·tsɿ

　　套子 tʰau²⁴ ·tsɿ　　　　罩子 tsau²⁴ ·tsɿ

　　盖子 kai²⁴ ·tsɿ　　　　　垫子 tien²¹³ ·tsɿ

　　耙子 pa¹¹ ·tsɿ　　　　　碾子 nien³³ ·tsɿ

　　磨子 mo²¹³ ·tsɿ　　　　滚子 kuən³³ ·tsɿ

　　凿子 tso¹¹ ·tsɿ　　　　　钻子 钻头 tsuen²⁴ ·tsɿ

　　刨子 pau²¹³ ·tsɿ　　　　起子 tɕʰi³³ ·tsɿ

　　锤子 tsui¹¹ ·tsɿ　　　　探子 泥匠工具 tʰan²⁴ ·tsɿ

　　刷子 sua²² ·tsɿ　　　　　扣子 kʰəu²⁴ ·tsɿ

　　担子 tan²⁴ ·tsɿ　　　　　划子 小船 fa¹¹ ·tsɿ

C. 　跛子 腿残者 pai⁴⁵ ·tsɿ　　　瘸子 手残者 tɕya¹¹ ·tsɿ

　　拐子 嘴残者 ye¹¹ ·tsɿ　　　瞎子 xa²² ·tsɿ

　　睃子 弱视者 tɕʰy⁴⁵ ·tsŋ　　驼子 to¹¹ ·tsɿ

　　拐子 骗子 kuai³³ ·tsɿ　　　骗子 pʰien²⁴ ·tsɿ

贩子 fan²⁴·tsʅ　　　　　　耗子 老鼠 xau²⁴·tsʅ

"子"加在动词性单音语素后，表示与该动作相关的物品或人，中心语素都是成词语素，"子"起转类作用。比如，"叫"是动词，"叫子"是名词，"叫"与"叫子"里的词根同形，我们称为同形动词。

A、B 组的物品名词无所谓褒贬，非物品名词极少，"摆子"是含有消极心理的名词。A 组用在句中不能受同形动词支配，B 组入句后可以使用同形动词，其工具性强，比较：

A：量码子　　　　　　　　＊码码子
　　插销子　　　　　　　　＊销销子
　　打摆子　　　　　　　　＊摆摆子
　　留印子　　　　　　　　＊印印子

B：夹夹子　　得夹子夹
　　梳梳子　　得梳子梳
　　盖盖子　　得盖子盖
　　垫垫子　　得垫子垫

C 组为生物名词，除了"耗子"是小动物，其余都是表人名词，这里的"子"除了转类还有增义作用，具有贬义色彩，表示有缺陷的或有恶劣行为的人、令人讨厌的小动物。

（3）形+子：

A：

猛子 mən³³·tsʅ　　　　　　癫子 tien⁴⁵·tsʅ

懂子 呆子 tən³³·tsʅ　　　　　蠢子 tɕʰyn³³·tsʅ

癞子 lai²¹³·tsʅ　　　　　　麻子 ma¹¹·tsʅ

胖子 pʰan⁴⁵·tsʅ　　　　　　瘦子 səu²⁴·tsʅ

长子 tɕian¹¹·tsʅ　　　　　　矮子 ŋai³³·tsʅ

B：

老子 lau³³·tsʅ　　　　　　尖子 tɕien⁴⁵·tsʅ

C：

怪痛子 kuai²⁴ kʰən²⁴·tsʅ　　怪闷子 kuai²⁴ mən²¹³·tsʅ

怪热子 kuai²⁴ ɕie¹¹·tsʅ　　怪冷子 kuai²⁴ len³³·tsʅ

怪怕子 kuai²⁴ pʰa²⁴·tsʅ　　怪甜子 kuai²⁴ tien¹¹·tsʅ

怪苦子 kuai²⁴ kʰu³³ ·tsʅ　　　怪臭子 kuai²⁴ tɕʰiu²⁴ ·tsʅ

怪慢子 kuai²⁴ man²¹³ ·tsʅ　　　怪滑子 kuai²⁴ ua¹¹ ·tsʅ

怪乱子 kuai²⁴ luen²¹³ ·tsʅ　　　怪好子 kuai²⁴ xau³³ ·tsʅ

怪难子 kuai²⁴ nan¹¹ ·tsʅ　　　怪懒子 kuai²⁴ lan³³ ·tsʅ

  A、B 组的"子"加在性状词后面，表示与该性状相关的人，中心语素都是成词语素，"子"起转类作用，是词缀。A 组是单义名词，"子"除了转类还有增义作用，带有消极色彩，表示具有不良性格、资质欠佳、有不如意标记或不合一般标准。B 组是多义名词，衡阳"尖子"有三个意思：一是指出类拔萃的人；二是指锥状顶端，这两个意思与普通话相当；三是指蔬菜很嫩的部分，与老的部分相对，如择菜的时候常说：

  32）老咯不要，要点<u>尖子</u>唧。老的不要，要点嫩的。

    lau³³ ·ko pu²² iau²⁴, iau²⁴ tie³³ <u>tɕien⁴⁵ ·tsʅ</u> ·tɕi.

  "老子""尖子"的"子"是词缀，"唧"是句缀。"老子"也有三个意思：一是背称父亲；二是骄傲的人自称，这两个意思与普通话相同；三是用于蔬菜，与菜叶相对，如：只要老子不要叶子。"老子、尖子"指物时无所谓褒贬，指父亲的"老子"与"男子"相仿也无所谓褒贬，自称的"老子"具有主观褒义色彩，只有指人的"尖子"是客观褒义的，这也是"子"表褒义的例外，一般是比较文气的说法，可以认为是普通话的渗透。

  C 组的"子"是入句的语缀，其结构是"怪热+子"，不能理解为"怪+热子"，"子"是个衍音成分，可以使语势缓和。C 组中的"A"一般为单音形容词，而且贬义的居多。

  （4）量+子：

个子 ko²⁴ ·tsʅ　　　　　　片子 pʰien²⁴ ·tsʅ

对子 tui²⁴ ·tsʅ　　　　　　粒子 li²⁴ ·tsʅ

（凑）份子 fən²¹³ ·tsʅ　　　句子 tɕy²⁴ ·tsʅ

盒子 xo¹¹ ·tsʅ　　　　　　条子 tiau¹¹ ·tsʅ

格子 ke²² ·tsʅ　　　　　　团子 tuen¹¹ ·tsʅ

本子 pin³³ ·tsʅ　　　　　　场子 tɕian¹¹ ·tsʅ

班子 pan⁴⁵ ·tsʅ

"子"附于量词后面，表示与该计量单位相关的事物，中心语素都是成词语素，"子"也起转类作用，无所谓褒贬。"子"前面的量词不能是动量词，不说：＊回子｜＊顿子｜＊次子｜＊转子。也不能是表度量衡的量词，不说：＊斤子｜＊米子｜＊元子｜＊亩子｜＊尺子｜＊升子。

2.3.1.2 双音+子

（1）名+子：

A_1：

孙女子 sən⁴⁵ny³³·tsɿ　　　　　蚂蚁子 ma³³ni³³·tsɿ
丝瓜子 sɿ⁴⁵kua⁴⁵·tsɿ①　　　　石螺子田螺 ɕia¹¹lo⁴⁵·tsɿ
鸡菌子 tɕi⁴⁵tɕyn²¹³·tsɿ　　　　麻雀子赤子阴 ma¹¹tɕʰio²²·tsɿ
田干子田埂 tien¹¹kan³³·tsɿ　　　祖堆子祖坟 tsu³³tui⁴⁵·tsɿ
篾片子竹条 mie¹¹pʰien²⁴·tsɿ　　　土夫子挑土的 tʰu³³fu⁴⁵·tsɿ

A_2：

短裤子 tuen³³kʰu²⁴·tsɿ　　　　长袍子 tɕian¹¹pau¹¹·tsɿ
皮袍子 pi¹¹pau¹¹·tsɿ　　　　　竹篙子 tɕiu²²kau⁴⁵·tsɿ
床板子 tsuan¹¹pan³³·tsɿ　　　　鞋面子 xai¹¹mien²¹³·tsɿ
茶叶子 tsa¹¹ie²²·tsɿ　　　　　烟叶子 ien⁴⁵ie²²·tsɿ
篾席子竹席 me¹¹tɕia¹¹·tsɿ　　　豆壳子 təu²¹³kʰo²²·tsɿ
信壳子 ɕin²⁴kʰo²²·tsɿ　　　　　草皮子 tsʰau³³pi¹¹·tsɿ
纸屑子 tsɿ³³ɕie²²·tsɿ　　　　　水池子 ɕy³³tɕi¹¹·tsɿ
菜秧子 tsʰai²⁴ian⁴⁵·tsɿ　　　　树干子 ɕy²¹³kan³³·tsɿ
网袋子 uan³³tai²¹³·tsɿ　　　　眼珠子 Nan³³tɕy⁴⁵·tsɿ
瓦片子 ua³³pʰien²⁴·tsɿ　　　　墨盒子 me¹¹xo¹¹·tsɿ
饭盒子 fan²¹³xo¹¹·tsɿ　　　　　汤钵子 tʰan⁴⁵pe²²·tsɿ
老底子 lau³³ti³³·tsɿ　　　　　纸条子 tsɿ³³tiau¹¹·tsɿ

B_1：

孙伢子 sən⁴⁵ŋa¹¹·tsɿ　　　　　祸佗子爱闯祸的人 xo²¹³to¹¹·tsɿ
豆干子 təu²¹³kan⁴⁵·tsɿ　　　　香干子 ɕian⁴⁵kan⁴⁵·tsɿ

---

① 丝瓜、豆角都可以说"丝瓜子""豆瓜子"，但是"黄瓜"不说"黄瓜子"。

河干子 河堤 xo¹¹kan²⁴·tsʅ　　菜苔子 tsʰai²⁴tai¹¹·tsʅ
菜蕻子 tsʰai²⁴xən²¹³·tsʅ　　皂窝子 山窝 tsau²¹³o⁴⁵·tsʅ
豆瓜子 豆角 təu²¹³kua⁴⁵·tsʅ　　土狗子 tʰu³³kəu³³·tsʅ
灾狗子 tsai⁴⁵kəu³³·tsʅ　　夜猫子 ia²¹³man⁴⁵·tsʅ
秋蟟子 知了 tɕʰiu⁴⁵tan¹¹·tsʅ　　雪头子 冰雪粒 ɕye²²təu¹¹·tsʅ
糖粒子 tan¹¹li²⁴·tsʅ　　荸粒子 荸荠 pu¹¹li²⁴·tsʅ
漂刁子 浮在水面的鱼（比喻不踏实的人）pau¹¹tiau⁴⁵·tsʅ

B₂：
高帽子 kau⁴⁵mau²¹³·tsʅ　　脚肚子 tɕio²²tu³³·tsʅ
脑瓜子 nau³³kua⁴⁵·tsʅ　　汗褂子 xan²¹³kua²⁴·tsʅ
鲇拐子 tien¹¹kuai³³·tsʅ　　脸拐子 脸 tien³³kuai³³·tsʅ
脸架子 模样 tien³³ka²⁴·tsʅ　　齆鼻子 ən²⁴pi¹¹·tsʅ
药引子 io¹¹in³³·tsʅ　　弹珠子 tan²¹³tɕy⁴⁵·tsʅ
糖珠子 tan¹¹tɕy⁴⁵·tsʅ　　鱼丸子 y¹¹uen¹¹·tsʅ
煤炉子 mei¹¹lu¹¹·tsʅ　　尿罐子 niau²¹³kuen²⁴·tsʅ
油渣子 iu¹¹tsa⁴⁵·tsʅ　　酒坛子 tɕiu³³tan¹¹·tsʅ
扁壳子 pia³³kʰo²²·tsʅ　　手箍子 手镯 ɕiu³³ku⁴⁵·tsʅ
光板子 kuan⁴⁵pan³³·tsʅ　　肉包子 ɕiu¹¹pau⁴⁵·tsʅ
衣挂子 i⁴⁵kua²⁴·tsʅ　　煤钩子 mei¹¹kəu⁴⁵·tsʅ
汽划子 汽艇 tɕʰi²⁴fa¹¹·tsʅ　　长条子 tɕian¹¹tiau¹¹·tsʅ
大个子 tai²¹³ko²⁴·tsʅ　　小个子 ɕiau³³ko²⁴·tsʅ
病壳子 身体不好的人 pian²¹³kʰo²²·tsʅ

A组为双音成词语素加"子"，有两种情况，A₁的结构为"XX+子"，A₂的结构可以有两种切分：一是偏正式名词加"子"，即"XX+子"，"XX"可以单说；二是带"子"名词加修饰限定性语素，即"X+X子"，"X"和"X子"都可以单说。A组的"子"总体上说是衍音成分，因为"子"大面积用于日常生活中的名词词缀，所以习惯于在日用名词后加"子"。

B组为双音不成词语素加"子"，也有两种情况，B₁只能分析为"XX+子"，B₂可以分析为"XX+子"，"XX"不单说，也可以分析为"X+X子"，"X"和"X子"可单说，但是"X子"并非都与"XX

子"同义，如：拐子骗子≠脸拐子脸蛋儿，瓜子≠脑瓜子，壳子≠病壳子有病的人。总体上说，B组的"子"具有成词作用。

（2）谓+子：

A：

抖匣子 对孩子的骂名 təu³³ xa¹¹·tsʅ

告化子 乞丐 kau²⁴ fa⁴⁵·tsʅ

结巴子 tɕie³³ pa⁴⁵·tsʅ

罩蛛子 蚱蜢 tsau²⁴ tɕy⁴⁵·tsʅ

络蛛子 蜘蛛 lo⁴⁵ tɕy⁴⁵·tsʅ

滚链子 滚儿 kun³³ lien²¹³·tsʅ

B：

乱搞子 luen²¹³ kau³³·tsʅ

假哭子 tɕia³³ kʰu²²·tsʅ

哈笑子 xa³³ ɕiau²⁴·tsʅ

饿骂子 ŋo²¹³ ma²¹³·tsʅ

阴捏子 背着人搞名堂 in⁴⁵ nie³³·tsʅ

蠢讲子 tɕʰyn³³ kuan³³·tsʅ

乱来子 luen²¹³ lai¹¹·tsʅ

C：

酸甜子 suen⁴⁵ tien¹¹·tsʅ

淡辣子 tan²¹³ la¹¹·tsʅ

怪臭子 kuai²⁴ tɕʰiu²⁴·tsʅ

双音节谓词性成分加"子"有三种情况，A组的第一音节为动词性语素，"XX"一般为不成词动词性结构，"子"有成词作用，还有增义作用，带有贬义色彩，"抖匣子［təu³³ xa¹¹·tsʅ］"是骂名，"告花子"是流落街头的乞丐，"结巴子"是有语言缺陷的人，"罩蛛子""络蛛子"是有毒的或讨厌的虫子，"滚链子"总与"打"组合为"打滚链子"，是在地上打滚耍赖的不雅举止。

B组的第二音节为动词性成分，"XX"为动词性状中式结构，"子"在这里实际上是入句的语缀，具有增义作用，表示否定语气，如：

33）箇只人有点阴捏子。这个人有点喜欢背着人搞名堂。

ko³³ tɕia²² ɕin¹¹ iu³³ tie³³ in⁴⁵ nie³³ ·tsɿ.

34）渠一来就是一顿饿骂子。他一来就是一顿臭骂。

tɕi³³ i²² lai¹¹ tɕiu²¹³ sɿ²¹³ i²² tən²⁴ ŋo²¹³ ma²¹³ ·tsɿ.

35）渠在那里乱搞子。他在那里瞎搞。

tɕi³³ zai²¹³ na²¹³ li luen²¹³ kau³³ ·tsɿ.

C组的第二音节为形容词性成分，"XX"为形容词性状中式结构，"子"在这里也是入句的语缀，但既不表程度也不表褒贬，是个衍音成分。如：

36）箇只辣椒淡辣子，还可以。

ko³³ tɕia²² la¹¹ tɕiau⁴⁵ tan²¹³ la¹¹ ·tsɿ, xai¹¹ kʰo³³ i³³.

37）箇只地方怪臭子，难闻死哒。

ko³³ tɕia²² ti²¹³ ·fan kuai²⁴ tɕʰiu²⁴ ·tsɿ, nan¹¹ fen¹¹ sɿ³³ ta²².

2.3.1.3 四音节带"子"词

"子"可以构成多层复合名词，如：

靠把椅子 kʰau²⁴ pa³³ i³³ ·tsɿ

氓焦拍子 苍蝇拍 min⁴⁵ tɕiau⁴⁵ pʰe²² ·tsɿ

南瓜秧子 nan¹¹ kua⁴⁵ ian⁴⁵ ·tsɿ

以上名词可以分析为"XX｜X‖子"，"XX"为修饰成分，表示所属或所用等关系。

2.3.1.4 包裹性的"子"字词

"子"尾词还可作为修饰成分与另一中心名词组成新名词，如：

A：

绷子床 pən⁴⁵ ·tsɿ tsuan¹¹

对子眼 tui²⁴ ·tsɿ ŋan³³

弹子锁 tan²¹³ ·tsɿ so³³

绳子衣 ɕyn¹¹ ·tsɿ i⁴⁵

栀子花 tɕi³³ ·tsɿ fa⁴⁵

兜子裤 短裤 təu⁴⁵ ·tsɿ kʰu²⁴

B：

茄子干 tɕia¹¹ ·tsɿ kan⁴⁵

料子衣 tiau²¹³ ·tsɿ i⁴⁵

尾子布 ui^{33}·ts̩ pu^{24}

C：

苦楝子树 k^{h}u^{33} lia^{11}·ts̩ ɕy^{213}

开胸子衣 k^{h}ai^{45} ɕin^{45}·ts̩ i^{45}

旋涡子风 tɕyen^{213} o^{45}·ts̩ xən^{45}

桐子粑子 tən^{11}·ts̩ pa^{45}·ts̩

C组为四音节词。A、B组为三音词，A组词只能单向修饰，B组可以双向修饰，既可以说"茄子干、料子衣、尾子布"，也可以说"干茄子、衣料子、布尾子"。

2.3.1.5 "子"与"唧"

"子"与"唧"同是语缀，而有文白两读，在分布及功能上也都有不同，不同主要表现在以下几方面。

同是入词，"唧"用于表人、处所、时间等名词性成分后面，起成词、转类、增义、衍音等作用，"子"用于名词性成分、量词性成分、谓词性成分后面，起成词、转类、变义、增义、衍音等作用，其分布形成微观上的对立、宏观上的互补。

同是入句，"唧"可用在数量后表约数，在物品后表列举，在官名后表小看，在状态词后表喜爱，在"箇+A"后表比划，在疑问句中表揣测，"子"则在由动词、形容词为中心语的偏正式结构后表否定或衍音，其分布也是对立的。

在色彩上"唧"是可褒可中，"子"是可中可贬。上文中多处提及贬义褒义色彩，贬义褒义等色彩义素的提取，更多的是从义境对"唧"和"子"的选择中体现的，不一定能从原型与加缀型的对比中得出结论。比如，同是表人名词，所有的骂名不用"唧"只用"子"，所以有"鬼子｜抖匣子｜告花子"，没有"＊鬼唧｜＊抖匣唧｜＊告花唧"，所有的昵称不用"子"只用"唧"，所以有"石生唧｜秋松唧｜小青唧｜小军唧"，没有"＊秋松子｜＊小青子｜＊小军子"。"你箇只蠢子"不说"＊你箇只蠢唧"，"渠一来就是一顿饿骂子他一来就是一顿乱骂"不说"＊渠一来就是一顿饿骂唧"。

有一对同根词"老唧"和"老子"，它们的词义与色彩都有区别，"老唧"用于称上年纪的老人或上年纪的配偶，"唧"带有柔和语气，

"老子"有三个意思,表示父亲和菜帮时语气中性,表神气的自称时,"子"的语气显得刚硬。

2.3.2 巴子

语缀"巴子 [pa⁴⁵⁻³³·tsʅ]"只能入词,且能产性相当有限,如:

A:
嘴巴子 tsui³³pa⁴⁵·tsʅ　　耳巴子 e³³pa⁴⁵·tsʅ
手巴子胳膊 ɕʰiu³³pa⁴⁵·tsʅ　脚巴子 tɕio²²pa⁴⁵·tsʅ

B:
烂巴子 lan²¹³pa⁴⁵·tsʅ　　扯巴子口吃者 tɕʰia³³pa⁴⁵·tsʅ

A组是名词性语素加"巴子",其中词根语素"耳"为不成词语素,其余为成词语素,这组的"巴子"有变义作用,比较:

嘴巴嘴≠嘴巴子说的话

耳≠耳巴子耳光

手≠手巴子胳膊

脚整个下肢≠脚巴子接触地面的部分

腿整个下肢≠腿巴子大腿

B组是谓词性成分加"巴子",中心语素都是成词语素,"巴子"有转类功能,动词形容词加了"巴子"即成为名词。

2.3.3 法子

与"巴子"不同,"法子 [fa²²·tsʅ]"只能入句,固定地与"箇只"或"那只"一起形成句套子,构成"箇只/那只 + X + 法子","法子"也可说成"法唧",而表义没有什么不同,这个套子能产性相当高,一般单音形容词和动词都可入套。下面以"箇只"为代表列举:

(1) 箇只 + A + 法子:

箇只热法子 ko³³ tɕia²² ɕie¹¹ fa²²·tsʅ

箇只冷法子 ko³³ tɕia²² len³³ fa²²·tsʅ

箇只闷法子 ko³³ tɕia²² mən²¹³ fa²²·tsʅ

箇只捏法子 ko³³ tɕia²² nie²² fa²²·tsʅ

箇只蠢法子 ko³³ tɕia²² tɕʰyn³³ fa²²·tsʅ

箇只神气法子 ko³³ tɕia²² ɕin¹¹·tɕʰi fa²²·tsʅ
箇只粗法子 ko³³ tɕia²² tsʰu⁴⁵ fa²²·tsʅ
箇只矮法子 ko³³ tɕia²² ŋai³³ fa²²·tsʅ
箇只亮法子 ko³³ tɕia²² lian²¹³ fa²²·tsʅ
箇只贵法子 ko³³ tɕia²² kui²⁴ fa²²·tsʅ
箇只惨法子 ko³³ tɕia²² tsʰan³³ fa²²·tsʅ
箇只长法子 ko³³ tɕia²² tɕian¹¹ fa²²·tsʅ
箇只重法子 ko³³ tɕia²² tsən²¹³ fa²²·tsʅ
箇只丑法子 ko³³ tɕia²² tɕʰiu³³ fa²²·tsʅ
箇只臭法子 ko³³ tɕia²² tɕʰiu²⁴ fa²²·tsʅ
箇只大法子 ko³³ tɕia²² tai²¹³ fa²²·tsʅ
箇只淡法子 ko³³ tɕia²² tan²¹³ fa²²·tsʅ
箇只刁法子 ko³³ tɕia²² tiau⁴⁵ fa²²·tsʅ
箇只毒法子 ko³³ tɕia²² tu¹¹ fa²²·tsʅ
箇只短法子 ko³³ tɕia²² tuen³³ fa²²·tsʅ
箇只胖法子 ko³³ tɕia²² pʰan²⁴ fa²²·tsʅ
箇只穷法子 ko³³ tɕia²² tɕin¹¹ fa²²·tsʅ
箇只高法子 ko³³ tɕia²² kau⁴⁵ fa²²·tsʅ
箇只可怜法子 ko³³ tɕia²² kʰo³³ lien¹¹ fa²²·tsʅ
箇只怪法子 ko³³ tɕia²² kuai²⁴ fa²²·tsʅ
箇只暗法子 ko³³ tɕia²² ŋan²⁴ fa²²·tsʅ
箇只厚法子 ko³³ tɕia²² xəu²¹³ fa²²·tsʅ
箇只坏法子 ko³³ tɕia²² fai²¹³ fa²²·tsʅ
箇只大方法子 ko³³ tɕia²² tai²¹³ fan⁴⁵ fa²²·tsʅ
箇只挤法子 ko³³ tɕia²² tɕi³³ fa²²·tsʅ
箇只紧法子 ko³³ tɕia²² tɕin³³ fa²²·tsʅ
箇只久法子 ko³³ tɕia²² tɕiu³³ fa²²·tsʅ
箇只高兴法子 ko³³ tɕia²² kau⁴⁵ ɕin²⁴ fa²²·tsʅ
箇只苦法子 ko³³ tɕia²² kʰu³³ fa²²·tsʅ
箇只烂法子 ko³³ tɕia²² lan²¹³ fa²²·tsʅ
箇只老法子 ko³³ tɕia²² lau³³ fa²²·tsʅ

箇只乱法子 ko³³ tɕia²² luen²¹³ fa²² ·tsʅ
箇只慢法子 ko³³ tɕia²² man²¹³ fa²² ·tsʅ
箇只难法子 ko³³ tɕia²² nan¹¹ fa²² ·tsʅ
箇只偏法子 ko³³ tɕia²² pʰien⁴⁵ fa²² ·tsʅ
箇只巧法子 ko³³ tɕia²² tɕʰiau³³ fa²² ·tsʅ
箇只轻法子 ko³³ tɕia²² tɕʰian⁴⁵ fa²² ·tsʅ
箇只软法子 ko³³ tɕia²² nyen³³ fa²² ·tsʅ
箇只湿法子 ko³³ tɕia²² ɕi³³ fa²² ·tsʅ
箇只酥法子 ko³³ tɕia²² su⁴⁵ fa²² ·tsʅ
箇只痛法子 ko³³ tɕia²² tʰən²⁴ fa²² ·tsʅ
箇只婶婆婆妈妈法子 ko³³ tɕia²² ɕin³³ fa²² ·tsʅ
箇只阴法子 ko³³ tɕia²² in⁴⁵ fa²² ·tsʅ
箇只松法子 ko³³ tɕia²² sən⁴⁵ fa²² ·tsʅ
箇只闹法子 ko³³ tɕia²² nau²¹³ fa²² ·tsʅ
箇只干法子 ko³³ tɕia²² kan⁴⁵ fa²² ·tsʅ
箇只猛法子 ko³³ tɕia²² mən³³ fa²² ·tsʅ
箇只窄法子 ko³³ tɕia²² tse³³ fa²² ·tsʅ
箇只壮法子 ko³³ tɕia²² tsuan²⁴ fa²² ·tsʅ
箇只香法子 ko³³ tɕia²² ɕian⁴⁵ fa²² ·tsʅ

（2）箇只+V+法子：
箇只搞法子 ko³³ tɕia²² kau³³ fa²² ·tsʅ
箇只做法子 ko³³ tɕia²² tsu²⁴ fa²² ·tsʅ
箇只摆法子 ko³³ tɕia²² pai³³ fa²² ·tsʅ
箇只放法子 ko³³ tɕia²² fan²⁴ fa²² ·tsʅ
箇只绑法子 ko³³ tɕia²² pan³³ fa²² ·tsʅ
箇只包法子 ko³³ tɕia²² pau⁴⁵ fa²² ·tsʅ
箇只背法子 ko³³ tɕia²² pei⁴⁵ fa²² ·tsʅ
箇只逼法子 ko³³ tɕia²² pi²² fa²² ·tsʅ
箇只比法子 ko³³ tɕia²² pi³³ fa²² ·tsʅ
箇只变法子 ko³³ tɕia²² pien²⁴ fa²² ·tsʅ
箇只编法子 ko³³ tɕia²² pien⁴⁵ fa²² ·tsʅ

箇只补法子 ko³³ tɕia²² pu³³ fa²² ·tsɿ
箇只踩法子 ko³³ tɕia²² tsʰai³³ fa²² ·tsɿ
箇只傽藏法子 ko³³ tɕia²² pian²⁴ fa²² ·tsɿ
箇只唱法子 ko³³ tɕia²² tɕʰian²⁴ fa²² ·tsɿ
箇只抄法子 ko³³ tɕia²² tsʰau⁴⁵ fa²² ·tsɿ
箇只炒法子 ko³³ tɕia²² tsʰau³³ fa²² ·tsɿ
箇只吵法子 ko³³ tɕia²² tsʰau³³ fa²² ·tsɿ
箇只扯法子 ko³³ tɕia²² tɕʰia³³ fa²² ·tsɿ
箇只称法子 ko³³ tɕia²² tɕʰin⁴⁵ fa²² ·tsɿ
箇只吃法子 ko³³ tɕia²² tɕʰia²² fa²² ·tsɿ
箇只穿法子 ko³³ tɕia²² tɕʰyen⁴⁵ fa²² ·tsɿ
箇只传法子 ko³³ tɕia²² tɕyen¹¹ fa²² ·tsɿ
箇只吹法子 ko³³ tɕia²² tɕʰy⁴⁵ fa²² ·tsɿ
箇只存法子 ko³³ tɕia²² tsən¹¹ fa²² ·tsɿ
箇只搓法子 ko³³ tɕia²² tsʰo⁴⁵ fa²² ·tsɿ
箇只打法子 ko³³ tɕia²² ta³³ fa²² ·tsɿ
箇只戴法子 ko³³ tɕia²² tai²⁴ fa²² ·tsɿ
箇只当法子 ko³³ tɕia²² tan⁴⁵ fa²² ·tsɿ
箇只挡法子 ko³³ tɕia²² tan³³ fa²² ·tsɿ
箇只得给法子 ko³³ tɕia²² te²² fa²² ·tsɿ
箇只等法子 ko³³ tɕia²² ten³³ fa²² ·tsɿ
箇只垫法子 ko³³ tɕia²² tien²¹³ fa²² ·tsɿ
箇只绊摔倒法子 ko³³ tɕia²² pan²⁴ fa²² ·tsɿ
箇只顶法子 ko³³ tɕia²² tin³³ fa²² ·tsɿ
箇只钉法子 ko³³ tɕia²² tian²⁴ fa²² ·tsɿ
箇只斗法子 ko³³ tɕia²² təu²⁴ fa²² ·tsɿ
箇只读法子 ko³³ tɕia²² tu¹¹ fa²² ·tsɿ
箇只堆法子 ko³³ tɕia²² tui⁴⁵ fa²² ·tsɿ
箇只偻蹲法子 ko³³ tɕia²² ləu⁴⁵ fa²² ·tsɿ
箇只躲法子 ko³³ tɕia²² to³³ fa²² ·tsɿ
箇只饿法子 ko³³ tɕia²² ŋo²¹³ fa²² ·tsɿ

箇只罚法子 ko³³ tɕia²² fa¹¹ fa²² ·tsղ
箇只飞法子 ko³³ tɕia²² fei⁴⁵ fa²² ·tsղ
箇只费法子 ko³³ tɕia²² fei²⁴ fa²² ·tsղ
箇只分法子 ko³³ tɕia²² fən⁴⁵ fa²² ·tsղ
箇只缝法子 ko³³ tɕia²² xən¹¹ fa²² ·tsղ
箇只扶法子 ko³³ tɕia²² fu¹¹ fa²² ·tsղ
箇只改法子 ko³³ tɕia²² kai³³ fa²² ·tsղ
箇只盖法子 ko³³ tɕia²² kai²⁴ fa²² ·tsղ
箇只赶法子 ko³³ tɕia²² kan³³ fa²² ·tsղ
箇只割法子 ko³³ tɕia²² ke²⁴ fa²² ·tsղ
箇只刮法子 ko³³ tɕia²² kua²² fa²² ·tsղ
箇只挂法子 ko³³ tɕia²² kua²⁴ fa²² ·tsղ
箇只关法子 ko³³ tɕia²² kuen⁴⁵ fa²² ·tsղ
箇只管法子 ko³³ tɕia²² kuen³³ fa²² ·tsղ
箇只跪法子 ko³³ tɕia²² kui²¹³ fa²² ·tsղ
箇只滚法子 ko³³ tɕia²² kuən³³ fa²² ·tsղ
箇只喊法子 ko³³ tɕia²² xan³³ fa²² ·tsղ
箇只恨法子 ko³³ tɕia²² xen²¹³ fa²² ·tsղ
箇只哄法子 ko³³ tɕia²² xən³³ fa²² ·tsղ
箇只糊法子 ko³³ tɕia²² fu¹¹ fa²² ·tsղ
箇只寄法子 ko³³ tɕia²² tɕi²⁴ fa²² ·tsղ
箇只记法子 ko³³ tɕia²² tɕi²⁴ fa²² ·tsղ
箇只算法子 ko³³ tɕia²² suen²⁴ fa²² ·tsղ
箇只夹法子 ko³³ tɕia²² ka²² fa²² ·tsղ
箇只剪法子 ko³³ tɕia²² tɕien³³ fa²² ·tsղ
箇只加法子 ko³³ tɕia²² tɕia⁴⁵ fa²² ·tsղ
箇只减法子 ko³³ tɕia²² kan³³ fa²² ·tsղ
箇只讲法子 ko³³ tɕia²² kuan³³ fa²² ·tsղ
箇只交法子 ko³³ tɕia²² tɕiau⁴⁵ fa²² ·tsղ
箇只教法子 ko³³ tɕia²² kau²⁴ fa²² ·tsղ
箇只解法子 ko³³ tɕia²² kai³³ fa²² ·tsղ

箇只举法子 ko³³ tɕia²² ɕy³³ fa²² ·tsɿ
箇只砍法子 ko³³ tɕia²² kʰan³³ fa²² ·tsɿ
箇只看法子 ko³³ tɕia²² kʰan²⁴ fa²² ·tsɿ
箇只考法子 ko³³ tɕia²² kʰau³³ fa²² ·tsɿ
箇只烤法子 ko³³ tɕia²² kʰau³³ fa²² ·tsɿ
箇只哭法子 ko³³ tɕia²² kʰu²² fa²² ·tsɿ
箇只捆法子 ko³³ tɕia²² kʰuən³³ fa²² ·tsɿ
箇只拦法子 ko³³ tɕia²² lan¹¹ fa²² ·tsɿ
箇只练法子 ko³³ tɕia²² lien²¹³ fa²² ·tsɿ
箇只炼法子 ko³³ tɕia²² lien²¹³ fa²² ·tsɿ
箇只流法子 ko³³ tɕia²² tiu¹¹ fa²² ·tsɿ
箇只漏法子 ko³³ tɕia²² ləu²¹³ fa²² ·tsɿ
箇只落法子 ko³³ tɕia²² lo¹¹ fa²² ·tsɿ
箇只骂法子 ko³³ tɕia²² ma²¹³ fa²² ·tsɿ
箇只埋法子 ko³³ tɕia²² mai¹¹ fa²² ·tsɿ
箇只买法子 ko³³ tɕia²² mai³³ fa²² ·tsɿ
箇只卖法子 ko³³ tɕia²² mai²¹³ fa²² ·tsɿ
箇只吐法子 ko³³ tɕia²² tʰu²⁴ fa²² ·tsɿ
箇只爬法子 ko³³ tɕia²² pa¹¹ fa²² ·tsɿ
箇只摸磨蹭法子 ko³³ tɕia²² mo⁴⁵ fa²² ·tsɿ
箇只怕法子 ko³³ tɕia²² pʰa²⁴ fa²² ·tsɿ
箇只配法子 ko³³ tɕia²² pʰei²⁴ fa²² ·tsɿ
箇只陪法子 ko³³ tɕia²² pei¹¹ fa²² ·tsɿ
箇只捧法子 ko³³ tɕia²² pʰən³³ fa²² ·tsɿ
箇只批法子 ko³³ tɕia²² pʰi⁴⁵ fa²² ·tsɿ
箇只骑法子 ko³³ tɕia²² tɕi¹¹ fa²² ·tsɿ
箇只气法子 ko³³ tɕia²² tɕʰi²⁴ fa²² ·tsɿ
箇只签法子 ko³³ tɕia²² tɕʰien⁴⁵ fa²² ·tsɿ
箇只敲法子 ko³³ tɕia²² kʰau⁴⁵ fa²² ·tsɿ
箇只亲法子 ko³³ tɕia²² tɕʰin⁴⁵ fa²² ·tsɿ
箇只请法子 ko³³ tɕia²² tɕʰian³³ fa²² ·tsɿ

箇只求法子 ko³³ tɕia²² tɕiu¹¹ fa²² ·tsʅ
箇只挠法子 ko³³ tɕia²² lau⁴⁵ fa²² ·tsʅ
箇只转绕法子 ko³³ tɕia²² tɕyen²⁴ fa²² ·tsʅ
箇只扫法子 ko³³ tɕia²² sau²⁴ fa²² ·tsʅ
箇只杀法子 ko³³ tɕia²² sa²² fa²² ·tsʅ
箇只筛法子 ko³³ tɕia²² sai⁴⁵ fa²² ·tsʅ
箇只烧法子 ko³³ ɕiau⁴⁵ ɕiau⁴⁵ fa²² ·tsʅ
箇只升法子 ko³³ tɕia²² ɕin⁴⁵ fa²² ·tsʅ
箇只守法子 ko³³ tɕia²² ɕiu³³ fa²² ·tsʅ
箇只刷法子 ko³³ tɕia²² sua²² fa²² ·tsʅ
箇只死法子 ko³³ tɕia²² sʅ³³ fa²² ·tsʅ
箇只睏法子 ko³³ tɕia²² kʰuən²⁴ fa²² ·tsʅ
箇只送法子 ko³³ tɕia²² sən²⁴ fa²² ·tsʅ
箇只锁法子 ko³³ tɕia²² so³³ fa²² ·tsʅ
箇只抬法子 ko³³ tɕia²² tai¹¹ fa²² ·tsʅ
箇只套法子 ko³³ tɕia²² tʰau²⁴ fa²² ·tsʅ
箇只跳法子 ko³³ tɕia²² tʰiau²⁴ fa²² ·tsʅ
箇只退法子 ko³³ tɕia²² tʰui²⁴ fa²² ·tsʅ
箇只脱法子 ko³³ tɕia²² tʰo²² fa²² ·tsʅ
箇只挖法子 ko³³ tɕia²² uai⁴⁵ fa²² ·tsʅ
箇只望法子 ko³³ tɕia²² man²¹³ fa²² ·tsʅ
箇只喂法子 ko³³ tɕia²² ui²⁴ fa²² ·tsʅ
箇只问法子 ko³³ tɕia²² fen²¹³ fa²² ·tsʅ
箇只洗法子 ko³³ tɕia²² ɕi³³ fa²² ·tsʅ
箇只下法子 ko³³ tɕia²² xa²¹³ fa²² ·tsʅ
箇只嫌法子 ko³³ tɕia²² ɕien¹¹ fa²² ·tsʅ
箇只想法子 ko³³ tɕia²² ɕian³³ fa²² ·tsʅ
箇只笑法子 ko³³ tɕia²² ɕiau²⁴ fa²² ·tsʅ
箇只写法子 ko³³ tɕia²² ɕia³³ fa²² ·tsʅ
箇只选法子 ko³³ tɕia²² ɕyen³³ fa²² ·tsʅ
箇只学法子 ko³³ tɕia²² ɕio¹¹ fa²² ·tsʅ

箇只养法子 ko^{33} tçia^{22} ian^{33} fa^{22} ·ts ɿ

箇只摇法子 ko^{33} tçia^{22} iau^{11} fa^{22} ·ts ɿ

箇只炸法子 ko^{33} tçia^{22} tsa^{24} fa^{22} ·ts ɿ

箇只摘法子 ko^{33} tçia^{22} tsua^{22} fa^{22} ·ts ɿ

箇只站法子 ko^{33} tçia^{22} tsan^{24} fa^{22} ·ts ɿ

箇只照法子 ko^{33} tçia^{22} tçiau^{24} fa^{22} ·ts ɿ

箇只蒸法子 ko^{33} tçia^{22} tçin^{45} fa^{22} ·ts ɿ

箇只种法子 ko^{33} tçia^{22} tsən^{24} fa^{22} ·ts ɿ

箇只煮法子 ko^{33} tçia^{22} tçy^{33} fa^{22} ·ts ɿ

箇只赚法子 ko^{33} tçia^{22} tsuen^{213} fa^{22} ·ts ɿ

箇只追法子 ko^{33} tçia^{22} tsui^{45} fa^{22} ·ts ɿ

箇只捉法子 ko^{33} tçia^{22} tso^{22} fa^{22} ·ts ɿ

箇只走法子 ko^{33} tçia^{22} tsəu^{33} fa^{22} ·ts ɿ

语法上，第一，无论是哪一式，由于受到"箇只"的制约，"法子"在结构上是必需的；第二"箇只……法子"往往需要背景或先行句，后面也总是接否定意义的句子，也就是说"箇只……法子"是不自足的。如：

38）箇只讲法子，讲起冇边。这么说，说得没边。

ko^{33} tçia^{22} kuan^{33} fa^{22} ·ts ɿ, kuan^{33} tç^{h}i^{33} mau^{213} pien^{45}.

39）箇只热法子，热起冇垱去得。这么热，热得没地方去。

ko^{33} tçia^{22} çie^{11} fa^{22} ·ts ɿ, çie^{11} tç^{h}i^{33} mau^{213} tan^{24} k^{h}e^{24} te^{22}.

40）你下棋从早下到晚，从晚下到早，箇只下法子，还要命不啰？

ni^{33} xa^{213} tçi^{11} tsən^{11} tsau^{33} xa^{213} tau^{24} uen^{33}, tsən^{11} uen^{33} xa^{213} tau^{24} tsau^{33}, ko^{33} tçia^{22} xa^{213} fa^{22} ·ts ɿ, xai^{11} iau^{24} mian^{213} pu^{22} lo^{33}?

41）百信商场今日打折，你冇看到那只挤法子诶，吓死人。

pe^{22} çin^{24} çian^{45} tçian^{11} tçi^{45} çi^{11} ta^{33} tçie^{33}, ni^{33} mau^{213} k^{h}an^{24} tau^{33} na^{213} tçia^{22} tçi^{33} fa^{22} ·ts ɿ e^{21}, xa^{22}s ɿ^{33} çin^{11}.

以上四句，前两句有环境有背景，后两句有先行句，先行句的作用也是交代背景。前两句的后面直接接否定句，第三句用反问句表示否定，第四句用极度表示法来体现否定的意思。

语用上，"箇只……法子"是陈述加感叹的句式，既说明了某种性状或行为，又抒发出说话人的情感。比如：

箇只讲法子 = 某人在这么说 + 他怎么这么说

箇只热法子 = 天气很热 + 天气怎么这么热

语义上，由于"箇只 A/V 法子"是陈述并感叹的句子，所以有两个语义特征，一是程度性，二是贬义性，表示程度高，且高过了头，意想不到，或不如意，不对。

前面说一般的单音动词形容词都可入句套子，但下面的单音谓词不能入套：

* 箇只对法子　　　　　　* 箇只醒法子

* 箇只姓法子　　　　　　* 箇只冇法子

* 箇只□丢/掉 [tʰen] 法子　* 箇只敢法子

* 箇只犯法子　　　　　　* 箇只是法子

* 箇只会法子　　　　　　* 箇只断法子

* 箇只胜法子　　　　　　* 箇只派法子

* 箇只起法子　　　　　　* 箇只懂法子

2.4　价值判断的"手"类

这类语缀有三个："手""场"和"头"。

前面所述具有转类功能的语缀都是名词化的语缀，这里所要说的"手 [·ɕiu]""场 [·tɕian]""头 [·təu]"也具有转类功能，动词、形容词后面附加这一类语缀，能使该动词或形容词具有名词功能，表示某种动作、心理、性质的价值性。这类语缀的能产性比较强，当说话需要进行肯定或否定的价值判断时，在动词后加"手""场""头"相当方便，如"冇搞手""冇搞场""冇搞头"，但这类语缀的凝固性差，离开句子，"X 手""X 场"总是不单独说，只有"X 头"有时候可以单说。为了与前面的名词化的语缀相区别，将此类语缀称之为名类化的语缀。其中"手""场"的用法一致，都不能入词，放在一起说，"头"有的可以入词单说，另立一项。

2.4.1　手/场

"手""场"都有转类作用，"手"的适用面比"场"宽，下面以

"手"为代表进行分析,"场"的限制随文说明。

2.4.1.1　V+手

A：

熬手 ŋau^{11}·çiu	拔手 pa^{11}·çiu
掰手 pan^{45}·çiu	摆手 pai^{33}·çiu
撒手 ts^{h}e^{33}·çiu	办手 pan^{213}·çiu
帮手 pan^{45}·çiu	包手 pau^{45}·çiu
抱手 pau^{213}·çiu	背手 pei^{45}·çiu
逼手 pi^{22}·çiu	比手 pi^{33}·çiu
补手 pu^{33}·çiu	擦手 ts^{h}a^{22}·çiu
猜手 ts^{h}ai^{45}·çiu	裁手 tsai^{11}·çiu
采手 ts^{h}ai^{33}·çiu	踩手 ts^{h}ai^{33}·çiu
查手 tsa^{11}·çiu	拆手 ts^{h}e^{22}·çiu
尝手 çian^{11}·çiu	唱手 tç^{h}ian^{24}·çiu
抄手 ts^{h}au^{45}·çiu	炒手 ts^{h}au^{33}·çiu
吵手 ts^{h}au^{33}·çiu	称手 tç^{h}in^{45}·çiu
吃手 tç^{h}ia^{22}·çiu	抽手 tç^{h}iu^{45}·çiu
锄手 tsu^{11}·çiu	穿手 tç^{h}yen^{45}·çiu
传手 tçyen^{11}·çiu	吹手 ts^{h}ui^{45}·çiu
凑手 ts^{h}əu^{24}·çiu	催手 ts^{h}ui^{45}·çiu
存手 tsən^{11}·çiu	搓手 ts^{h}o^{45}·çiu
打手 ta^{33}·çiu	戴手 tai^{24}·çiu
带手 tai^{24}·çiu	当手 tan^{45}·çiu
等手 ten^{33}·çiu	垫手 tien^{213}·çiu
钓手 tiau^{24}·çiu	顶手 tin^{33}·çiu
订手 tin^{24}·çiu	钉手 tian^{24}·çiu
动手 tən^{213}·çiu	斗手 təu^{24}·çiu
逗手 təu^{45}·çiu	读手 tu^{11}·çiu
堆手 tui^{45}·çiu	躲手 to^{33}·çiu
发手 fa^{22}·çiu	罚手 fa^{11}·çiu
翻手 fan^{45}·çiu	放手 fan^{24}·çiu

飞手 fei⁴⁵·ɕiu 　　分手 fən⁴⁵·ɕiu
扶手 fu¹¹·ɕiu 　　改手 kai³³·ɕiu
盖手 kai²⁴·ɕiu 　　赶手 kan³³·ɕiu
摘手 tsua²²·ɕiu 　　跟手 ken⁴⁵·ɕiu
刮手 kua²²·ɕiu 　　挂手 kua²⁴·ɕiu
关手 kuen⁴⁵·ɕiu 　　管手 kuen³³·ɕiu
跪手 kui²¹³·ɕiu 　　滚手 kuən³³·ɕiu
过手 ko²⁴·ɕiu 　　喊手 xan³³·ɕiu
恨手 xen²¹³·ɕiu 　　哄手 xən³³·ɕiu
画手 fa²¹³·ɕiu 　　还手 fen¹¹·ɕiu
挨手 ŋai¹¹·ɕiu 　　回手 fei¹¹·ɕiu
混手 fən²¹³·ɕiu 　　活手 fe¹¹·ɕiu
挤手 tɕi³³·ɕiu 　　寄手 tɕi²⁴·ɕiu
记手 tɕi²⁴·ɕiu 　　夹手 ka²²·ɕiu
加手 tɕia⁴⁵·ɕiu 　　咽手 ien²⁴·ɕiu
减手 kan³³·ɕiu 　　卡手 kʰa³³·ɕiu
煎手 tɕien⁴⁵·ɕiu 　　捡手 tɕien³³·ɕiu
见手 tɕien²⁴·ɕiu 　　讲手 kuan³³·ɕiu
交手 tɕiau⁴⁵·ɕiu 　　教手 kau²⁴·ɕiu
嚼手 tɕio¹¹·ɕiu 　　叫手 tɕiau²⁴·ɕiu
按手 ŋan²⁴·ɕiu 　　借手 tɕia²⁴·ɕiu
敬手 tɕin²⁴·ɕiu 　　救手 tɕiu²⁴·ɕiu
举手 tɕy³³·ɕiu 　　卷手 tɕyen³³·ɕiu
开手 kʰai⁴⁵·ɕiu 　　砍手 kʰan³³·ɕiu
考手 kʰau³³·ɕiu 　　烤手 kʰau³³·ɕiu
练手 lien²¹³·ɕiu 　　量手 lian¹¹·ɕiu
笛手 ti¹¹·ɕiu 　　骂手 ma²¹³·ɕiu
埋手 mai¹¹·ɕiu 　　买手 mai³³·ɕiu
摸手 mo⁴⁵·ɕiu 　　磨手 mo¹¹·ɕiu
闹手 nau²¹³·ɕiu 　　捏手 ne²²·ɕiu
爬手 pa¹¹·ɕiu 　　匍手 pu¹¹·ɕiu

怕手 pʰa²⁴·ɕiu	拍手 pʰe²²·ɕiu
盼手 pʰan²⁴·ɕiu	跑手 pʰau³³·ɕiu
赔手 pei¹¹·ɕiu	陪手 pei¹¹·ɕiu
拼手 pʰian²⁴·ɕiu	评手 pin¹¹·ɕiu
骑手 tɕi¹¹·ɕiu	气手 tɕʰi²⁴·ɕiu
签手 tɕʰien⁴⁵·ɕiu	抢手 tɕʰian³³·ɕiu
撬手 tɕʰiau²⁴·ɕiu	切手 tɕʰie²²·ɕiu
请手 tɕʰian³³·ɕiu	求手 tɕiu¹¹·ɕiu
敢手 kan³³·ɕiu	去手 kʰe²⁴·ɕiu
劝手 tɕʰyen²⁴·ɕiu	染手 nien³³·ɕiu
让手 nian²¹³·ɕiu	走手 ɕie¹¹·ɕiu
忍手 in³³·ɕiu	扫手 sau²⁴·ɕiu
杀手 sa²²·ɕiu	晒手 sai²⁴·ɕiu
烧手 ɕiau⁴⁵·ɕiu	升手 ɕin⁴⁵·ɕiu
撕手 sɿ⁴⁵·ɕiu	试手 sɿ²⁴·ɕiu
上手 ɕian²¹³·ɕiu	审手 ɕin³³·ɕiu
收手 ɕiu⁴⁵·ɕiu	数手 su³³·ɕiu
刷手 sua²²·ɕiu	耍手 sua³³·ɕiu
拴手 suen⁴⁵·ɕiu	送手 sən²⁴·ɕiu
算手 suen²⁴·ɕiu	缩手 su²²·ɕiu
锁手 so³³·ɕiu	抬手 tai¹¹·ɕiu
贪手 tʰan⁴⁵·ɕiu	叹手 tʰan²⁴·ɕiu
谈手 tan¹¹·ɕiu	挡手 tan³³·ɕiu
烂烫手 lai²⁴·ɕiu	逃手 tau¹¹·ɕiu
讨手 tʰau³³·ɕiu	套手 tʰau²⁴·ɕiu
踢手 tʰi²²·ɕiu	剃手 tʰi²⁴·ɕiu
填手 tien¹¹·ɕiu	挑手 tʰiau⁴⁵·ɕiu
跳手 tʰiau²⁴·ɕiu	听手 tʰian²⁴·ɕiu
贴手 tʰie²²·ɕiu	捅手 tʰən³³·ɕiu
偷手 tʰəu⁴⁵·ɕiu	涂手 tu¹¹·ɕiu
吐手 tʰu²⁴·ɕiu	推手 tʰui⁴⁵·ɕiu

退手 tʰui²⁴·ɕiu　　　脱手 tʰo²²·ɕiu
拖手 tʰo⁴⁵·ɕiu　　　托手 tʰo²²·ɕiu
挖手 uai⁴⁵·ɕiu　　　望手 man²¹³·ɕiu
问手 fen²¹³·ɕiu　　　喂手 ui²⁴·ɕiu
洗手 ɕi³³·ɕiu　　　下手 xa²¹³·ɕiu
上手 ɕian²¹³·ɕiu　　　嫌手 ɕien¹¹·ɕiu
想手 ɕian³³·ɕiu　　　笑手 ɕiau²⁴·ɕiu
歇手 ɕie²²·ɕiu　　　写手 ɕia³³·ɕiu
谢手 ɕie²¹³·ɕiu　　　信手 ɕin²⁴·ɕiu
修手 ɕiu⁴⁵·ɕiu　　　绣手 ɕiu²⁴·ɕiu
选手 ɕyen³³·ɕiu　　　学手 ɕio¹¹·ɕiu
压手 ŋa²¹³·ɕiu　　　演手 ien³³·ɕiu
养手 ian³³·ɕiu　　　摇手 iau¹¹·ɕiu
要手 iau²⁴·ɕiu　　　印手 in²⁴·ɕiu
赢手 ian¹¹·ɕiu　　　怪手 kuai²⁴·ɕiu
栽手 tsai⁴⁵·ɕiu　　　炸手 tsa²⁴·ɕiu
找手 tsau³³·ɕiu　　　照手 tɕiau²⁴·ɕiu
蒸手 tɕin⁴⁵·ɕiu　　　织手 tɕi²²·ɕiu
指手 tsʅ³³·ɕiu　　　种手 tsən²⁴·ɕiu
煮手 tɕy³³·ɕiu　　　住手 tɕy²¹³·ɕiu
抓手 tɕya⁴⁵·ɕiu　　　转手 tɕyen²⁴·ɕiu
赚手 tsuen²¹³·ɕiu　　　装手 tsuan⁴⁵·ɕiu
追手 tsui⁴⁵·ɕiu　　　告手 kau²⁴·ɕiu
捉手 tso²²·ɕiu　　　定手 tin²¹³·ɕiu
钻手 tsuen⁴⁵·ɕiu　　　坐手 tso²¹³·ɕiu
做手 tsu²⁴·ɕiu　　　争手 tsen⁴⁵·ɕiu
墙手 tɕian¹¹·ɕiu　　　恶手 o²²·ɕiu
得给手 te²²·ɕiu　　　治治疗/修理手 tɕian³³·ɕiu
俾藏手 pian²⁴·ɕiu　　　揈推手 tsʰən³³·ɕiu

B：

报复手 pau²⁴ fu²²·ɕiu　　　欢喜手 fuen⁴⁵ tɕʰi³³·ɕiu

汇报手 fei²¹³ pau²⁴·ɕiu　　承认手 tɕin¹¹ ɕin²¹³·ɕiu

打听手 ta³³ tʰin²⁴·ɕiu　　登记手 ten⁴⁵ tɕi²⁴·ɕiu

翻译手 fan⁴⁵ i²⁴·ɕiu　　　表扬手 piau³³ ian¹¹·ɕiu

检查手 tɕian³³ tsa¹¹·ɕiu

以上两组，A组的V是单音节的动词，B组的V是双音节的动词。语缀"场"不能进入双音节动词语境。

2.4.1.2 "VP+手"的特点

①从对"VP"的选择上说，能加"手"的动词应是行为他动词或心理活动动词，单音居多，口语色彩浓，而且具有可控性。下列动词不能加"手"：

书面色彩浓的动词：

*献手　　　　*降手　　　　*遇手

*赠手　　　　*吻手　　　　*责备手

*眺望手　　　*暴露手　　　*保卫手

*逮捕手

不可控动词：

*绊摔跤手　　*病手　　　　□丢/掉 [tɕio¹¹] 手

*懂手　　　　*断手　　　　*饿手

*流手　　　　*漏手　　　　*灭手熄灭

*落手　　　　*飘手　　　　*死手

*伤手

非行为动作的虚义动词：

*使手　　　　*是手　　　　*受手

*姓手　　　　*有手　　　　*会手

*在手　　　　*等于手　　　*存在手

结果义动词：

*紧手　　　　*尽手　　　　*晴手

*缺手　　　　*松手　　　　*少手

*塌手　　　　*完手　　　　*忘手

*醒手　　　　*锈手　　　　*哑手

*咽手　　　　*醉手

②从对句式的选择及语义蕴涵上说,"V手"只能进入"有/无"类判断式,作"有""冇"的宾语,具体地说,有五种句式可以接受"V手",以下句式中,S代表主语,P代表谓语,O代表宾语,{ }代表主语或谓语的具体形式,VP代表动词短语:

句式1:S+P{冇(吗咯)+O}

42)箇冇(吗①)搞手。这没什么好搞的。
　　　ko³³ mau²¹³(ma⁴⁵)kau³³·ɕiu.

43)美国冇(吗咯)去手。美国没什么可去的。
　　　mi³³ kue²² mau²¹³(ma⁴⁵ ko²²)kʰe²⁴·ɕiu.

以上句子是直接否定判断。

句式2:S+P{(还)有+詈词+O}

44)箇有屁搞手。这还搞个屁。
　　　ko³³ iu³³ pʰi²⁴ kau³³·ɕiu.

45)箇还有卵搞手!这还有屁搞头!
　　　ko³³ xai¹¹ iu³³ luen³³ kau³³·ɕiu!

46)箇有鬼搞手!这还搞个鬼!
　　　ko³³ iu³³ kui³³ kau³³·ɕiu!

以上句子没有用否定词,但整体意义是通过詈语来强化否定意义的。

句式3:S+P{(又/还)有/有点(唧)+O}:

47)箇事(又)有搞手啰!这事还是能做的呢!
　　　ko³³ sʅ²¹³(iu²¹³)iu³³ kau³³·ɕiu lo³³!

48)愿意学那就还有点(唧)搞手。若愿意学那就还能搞一搞。
　　　yen²¹³·i ɕio¹¹ na²¹³ ɕiu¹¹ xai¹¹ iu³³ tie³³ kau³³·ɕiu.

以上句子是肯定判断。

句式4:S{有/冇+V手+咯+事}+P

49)有搞手咯事就赶快去搞。有搞头的事就赶快去弄。
　　　iu³³ kau³³·ɕiu ko²² sʅ²¹³ tɕiu²¹³ kan³³ kʰuai²⁴ kʰe²⁴ kau³³.

50)冇搞手咯事干脆莫搞哒。没搞头的事就别做了。

---

① 衡阳话的"吗咯"常常省略成"吗"。

mau²¹³ kau³³ · ɕiu ko²²sʅ²¹³ kan⁴⁵tsʰui²⁴ mo¹¹ kau³³ ta²².

以上句子是降级为定语后，定中结构充当主语 S。

句式 5：VP1｛有/冇 + V 手（咯话）｝ + 就 + VP2

51）有搞手（咯话）就赶快去搞。有搞头的事就赶快去弄。

iu³³ kau³³ · ɕiu（ko²²fa²¹³） tɕiu²¹³ kan³³ kʰuai²⁴ kʰe²⁴ kau³³.

52）冇搞手就莫搞哒。没搞头的事就别做了。

mau²¹³ kau³³ · ɕiu tɕiu²¹³ mo¹¹ kau³³ ta²².

以上句子是动宾结构充当条件或前提，全句为条件紧缩句。

"V 手"在句中总是作"有/冇"的宾语。在五种句式中，句式 1 是最常用的，它是直接否定式，句式 2 是肯定形式，但否定语义比直接否定更强，不带詈词的句式 3，其语义是肯定的，前三种句式的"V 手"都处于句尾，充当句子的宾语，三种句式都表示对行为动作、心理的意义、价值、可能性作出否定或肯定的推断。句式 4 和句式 5 将推断结果用作说话的起点，句式 4 嵌入主语中成为话题内容，句式 5 为条件句的前提。

否定语义的否定指向有两种可能：一是对事物的否定，二是对行为的否定，如：

53）箇只锄头冇挖手，挖两下唧，把就脱咖哒。这把锄头没多大用处，挖两下柄就掉了。

ko³³ tɕia²² tsu¹¹ · təu mau²¹³ uai⁴⁵ · ɕiu，uai⁴⁵ lian³³ xa²¹³ · tɕi，ba²⁴ tɕiu²¹³ tʰo²² ka³³ ta²².

54）挖箇东西冇挖手，挖出来也冇得用。这个没什么好挖的，挖出来也没用。

uai⁴⁵ ko³³ tən⁴⁵ · ɕi mau²¹³ uai⁴⁵ · ɕiu，uai⁴⁵ tɕʰy²² lai¹¹ ia³³ mau²¹³ te²² in²¹³.

上一句是对"锄头"质量或功能的否定，下一句是对行为的否定。

"V 手"进入疑问句，基本形式有四种：

有/冇 + V 手 + 吧：有搞手吧？/冇搞手吧？

有 + 吗咯 + V 手 + 冇：箇事还有吗咯讲手冇？

有 + 冇有 + V 手：现在还有冇有去手？

有 + 吗咯 + V 手：箇生意有吗咯谈手？/箇还有吗咯搞手？

"V 手"不能进入是非问句,可以是带"吧"标记的猜度问,可以是由"有……冇"或"有冇有"为标记的正反问句,"有+吗咯+V 手"构成的问句一般都用来反问。

2.4.1.3　A+手

狠霸道手 xen³³·çiu　　　　丑小气手 tçʰiu³³·çiu
傲手 ŋau²⁴·çiu　　　　　　毒手 tu¹¹·çiu
强泼辣手 tçian¹¹·çiu　　　　狂手 kuan¹¹·çiu
怪手 kuai²⁴·çiu　　　　　　急手 tçi²²·çiu
硬手 ŋen²¹³·çiu　　　　　　娇手 tçiau⁴⁵·çiu
冷手 len³³·çiu　　　　　　　热手 çie¹¹·çiu
犟手 tian²⁴·çiu　　　　　　吊手拽 tiau²⁴·çiu
摆革显摆手 pai³³ke³³·çiu　　阔气手 kʰo²²·tçʰi·çiu
高兴手 kau⁴⁵ çin²⁴·çiu　　　伤心手 çian⁴⁵ çin⁴⁵·çiu
老实手 lau³³ çi¹¹·çiu　　　　霸蛮手 pa²⁴ man¹¹·çiu
奇怪手 tçi¹¹ kuai²⁴·çiu　　　大方手 tai²¹³ fan⁴⁵·çiu
小气手 çiau³³·tçʰi·çiu　　　刻苦手 kʰe²² kʰu³³·çiu
热闹手 çie¹¹ nau²¹³·çiu　　　调皮手 tʰiau²⁴ pi¹¹·çiu
嚣张手 çiau⁴⁵ tçian⁴⁵·çiu　　主动手 tçy³³ tən²¹³·çiu
客气手 kʰe²² tçʰi·çiu　　　　神气手 çin¹¹·tçʰi·çiu

以上形容词不管是单音节的还是双音节的,后面一般都不用"场"。

2.4.1.4　"A+手"的特点

①"A"限于性质形容词,状态形容词后面一般不加"手",如:*白手｜*焦干手｜*拍满手｜*客客气气手｜*光溜溜手。而且该类性质形容词一般是用于表示人或人群可控性状的,或者是表示天气性质的。

②"A 手"常进入下面的否定和肯定两种句式,并总是居于宾语位置。如:

句式 1：S+P{冇+吗咯/吗+O}

55) 箇冇吗咯急手。这没什么可急的。
　　　ko³³ iu³³ ma⁴⁵ tçi²²·çiu.

56）箇冇吗嚣张手。这没什么可嚣张的。

　　　ko³³ iu³³ ma⁴⁵ ko²² ɕiau⁴⁵ tɕian⁴⁵ ·ɕiu.

57）箇天冇吗冷手哒。这时候的天气没什么冷的了。

　　　ko³³ tian⁴⁵ mau²¹³ ma⁴⁵ len³³ ·ɕiu ta²².

句式2：S+P｛（还）有+詈词+O｝

58）有钱就傲？有卵傲手！有钱就神气？神气个屁！

　　　iu³³ tɕien¹¹ tɕiu²¹³ ŋau²⁴？iu³³ luen³³ ŋau²⁴ ·ɕiu！

"A手"不像"V手"那样有五种句式，这两种句式都有明显的否定语义，句式1为直接否定的陈述句，否定语义由否定词体现，与"V手"的句式1不同，"A手"句的"吗咯/吗"一般都不能略去。句式2为肯定形式，否定语义由詈词体现，否定语气更强烈。

"A手"进入疑问形式也有限，一是并非所有的"A手"都能进入疑问句；二是疑问句形式不如"V手"多，表示天气性状的词可以在"手"后加"冇"构成正反疑问句，如：

　　有+吗咯+A手+冇：箇天还有吗冷手冇？这时候的天气会冷吗？

也可以进入反问句，如：

　　有+吗咯+A手：箇有吗咯急手？这有什么可急的？

2.4.1.5 "V/A手"的性质

"V/A手"这一语言现象应该说具有普遍性，普通话及各个方言都存在这种价值性语缀，在衡阳方言里，"V/A手"不具备独立性，离开句子，它的价值性也不存在，"手"的价值性意义和转类功能要靠"有、冇"来牵引激活，只有在句中，"手"才体现出将动词性成分名词化的转类功能，所以"手"是入句的语缀。别的方言也相类似，汪国胜（1994）说它凝固性差；徐烈炯、邵敬敏（1998）认为它不是词缀，而是语缀，是助词；李永明（1986）称之为临时名词。句子是语言的使用单位，在语言的使用单位中才能成立的"词"我们称之为"语用词"。"V/A手"是名词性的语用词。

2.4.2 头

衡阳方言的语缀"头〔·təu〕"有多种用法。

（1）N+头：

A：

事物性的"头"：

榔头 lan¹¹·təu　　　斧头 fu³³·təu

日头 ɕi¹¹·təu　　　眉头 mei¹¹·təu

石头 ɕia¹¹·təu　　　骨头 kui³³·təu

由头原因 iu¹¹·təu

B：

方位时间性的"头"：

东头 tən⁴⁵·təu　　　西头 ɕi⁴⁵·təu

南头 nan¹¹·təu　　　北头 pei²²·təu

上头 ɕian²¹³·təu　　　下头 xa²¹³·təu

前头 tɕien¹¹·təu　　　后头 xəu²¹³·təu

里头 li³³·təu　　　外头 uai²¹³·təu

口头外面 kʰəu³³·təu　　　年头 lien¹¹·təu

A 组"头"有成词作用，B 组"头"是个衍音成分。

（2）量＋头：

个头 ko²⁴·təu

块头 kʰuai³³·təu 个子

能加"头"的量词很有限，"头"起转类作用。

（3）V＋头：

A：

念头 nien²¹³·təu　　　来头 lai¹¹·təu

赚头 tsuen²¹³·təu　　　对头 tui²⁴·təu

行头 xan¹¹·təu　　　搭头 ta²²·təu

找头 tsau³³·təu　　　枕头 tɕin³³·təu

插头 tsʰa³³·təu　　　享头 ɕian³³·təu

盼头 pʰan²⁴·təu　　　嚼头 tɕio¹¹·təu

B：

搞头 kau³³·təu　　　熬头 ŋau¹¹·təu

拔头 pa¹¹·təu　　　摆头 pai³³·təu

扯头 tɕʰia³³·təu　　　办头 pan²¹³·təu

帮头 pan⁴⁵·təu　　　包头 pau⁴⁵·təu
抱头 pau²¹³·təu　　背头 pei⁴⁵·təu
逼头 pi²²·təu　　　比头 pi³³·təu
补头 pu³³·təu　　　擦头 tsʰa²²·təu
猜头 tsʰai⁴⁵·təu　　查头 tsa¹¹·təu
拆头 tsʰe²²·təu　　尝头 çian¹¹·təu
唱头 tɕʰian²⁴·təu　抄头 tsʰau⁴⁵·təu
炒头 tsʰau³³·təu　　吵头 tsʰau³³·təu
吃头 tɕʰia²²·təu　　穿头 tɕʰyen⁴⁵·təu
传头 tɕyen¹¹·təu　　吹头 tsʰui⁴⁵·təu
凑头 tsʰəu²⁴·təu　　催头 tsʰui⁴⁵·təu
搓头 tsʰo⁴⁵·təu　　戴头 tai²⁴·təu
当头 tan⁴⁵·təu　　　等头 ten³³·təu
垫头 tien²¹³·təu　　钓头 tiau²⁴·təu
钉头 tian²⁴·təu　　　斗头 kəu²⁴·təu
读头 tu¹¹·təu　　　躲头 to³³·təu
罚头 fa¹¹·təu　　　翻头 fan⁴⁵·təu
飞头 fei⁴⁵·təu　　　分头 fən⁴⁵·təu
扶头 fu¹¹·təu　　　改头 kai³³·təu
盖头 kai²⁴·təu　　　赶头 kan³³·təu

两组的"头"都有转类作用，但A组的"头"是入词的"头"，B组的"头"与"V手"的性质、语义一样，是入句的"头"，能产性强，但限于单音动词。

（4）A+头：

甜头 tien¹¹·təu

苦头 kʰu³³·təu

滑头 ua¹¹·təu

这里的"头"有转类作用。形容词加"头"很有限，只能作为入词手段，不能像"手"那样入句。

总起来说，以上的"手""场""头"在语缀性质上有相同之处，即都具有转类作用，因为"头"可以入词而与"手""场"不同。习惯上,"场"是老式说法,"手""头"是一般说法,所以虽然"场"和"手"都能入句,但"手"的使用频率更高;在附加能力上,"场""头"一般只用于单音动词后,"手"的附加能力更强,既能用于单音动词后,也能用于双音动词后,还能用于形容词后。比较:

冇吗咯帮手没什么值得帮的

冇吗咯帮场

冇吗咯帮头

有点唧盼手有点儿可盼的了

有点唧盼场

有点唧盼头

冇得打听手没什么好打听的

*冇得打听场

*冇得打听头

箇有吗丑手这有什么好小气的(丑:小气,不舍得)

*箇有吗丑场

*箇有吗丑头

渠不领情,以后也冇吗咯大方手他不领情,以后也就不用这么大方了

*渠不领情,以后也冇吗咯大方场

*渠不领情,以后也冇吗咯大方头

2.5 阴性的"婆"类

衡阳方言用于表示性别标记的语缀都是词缀,变化多样,这里讨论阴性的"婆"及"婆子""婆娘""娘婆""婆婆"。

2.5.1 婆

"婆〔·po〕"主要用作性属标记,标记雌性家畜家禽或生活女性(即只在生活交往中称呼,不在工作等正式场合称呼),其次用作非性属标记指动物和人,总体上有分类、转类、变义、成词等功能。

2.5.1.1 "婆"用作性属标记

A. 指雌性家畜家禽,常见的有"鸡婆 tɕi^{45}·po""鸭婆 ŋa^{33}·po"

以及以"鸡"为中心语素的"抱鸡婆 pau^{213} tɕi^{45}·po""子鸡婆 tsղ^{33} tɕi^{45}·po",此类"婆"只用来作性别区分标记,起分类作用。能缀"婆"的家畜家禽限于非哺乳动物。

B. 指生活女性,较多,"婆"的功能与其分布特点不一致,下面先看分布,再说功能。

(1) N+婆:

码婆 作风不好的女性 ma^{33}·po　　　　疤婆 pa^{45}·po
板婆 不灵活的女性 pan^{33}·po　　　　丁板婆 tin^{45} pan^{33}·po
贼婆 tse^{11}·po

(2) V+婆:

呱婆 嘴碎的女性 kua^{11}·po　　　　巴肚婆 孕妇 pa^{45} tu^{213}·po
接生婆 tɕie^{22} sen^{45}·po　　　　拐婆 咒语 kuai^{33}·po
好吃婆 xau^{24} tɕʰia^{22}·po　　　　掐婆 咒语 tɕʰia^{45}·po
瞎婆 xa^{22}·po　　　　带崽婆 tai^{24} tsai^{33}·po

(3) A+婆:

癫婆 疯癫的女性 tien^{45}·po　　　　长婆 个子高的人 tɕian^{11}·po
蠢婆 tɕʰyn^{33}·po　　　　寡婆 kua^{33}·po
洋婆 时髦女性 ian^{11}·po　　　　老婆 lau^{33}·po
野老婆 ia^{33} lau^{33}·po　　　　辣厉婆 厉害的女性 la^{11} li^{45}·po
骚拐婆 咒语 sau^{45} kuai^{33}·po　　　　恶糊婆 凶悍的女性 o^{22} fu^{11}·po
邋遢婆 不讲卫生的女性 la^{11} ta^{22}·po　　　　能干婆 nen^{11} kan^{24}·po
烂糊婆 撒泼的女性 lan^{213} fu^{11}·po

以上"婆"具有成词功能的如:恶糊婆|烂糊婆|洋婆|码婆|骚拐婆|板婆。粤语中有"码子"的说法,笼统指女友,偏于中性用法,衡阳话的"码婆、骚拐婆"意思相同,指在与男性交往上不合传统习俗的青年女性。"洋婆、板婆"亦多指青年女性,"恶糊婆、烂糊婆"多指中青年女性。

具有变义功能的如:疤婆|板婆|丁板婆,这些词里的词根语素不加"婆"时为普通名词,加"婆"后指女性,"疤婆"建立在视觉标记性基础上,"板婆、丁板婆"建立在比喻基础上,比喻性格死板。

具有转类功能的如:呱婆|巴肚婆|接生婆|好吃婆|掐婆|瞎婆

|带崽婆|拐婆|癫婆|蠢婆|长婆|老婆|邋遢婆|辣厉婆|能干婆，不加"婆"表行为动作或性状特征，加"婆"后成为与某行为相关的或具有某性状特征的指人名词。

2.5.1.2 "婆"用作非性属标记

虱婆 虱子 se^{22}·po

偷油婆 蟑螂 t^{h}ou^{45} iu^{11}·po

油渣婆 蟑螂 iu^{11} tsa^{45}·po

此类能产性弱，一般限于非饲养的令人生厌的小动物。"偷油婆、油渣婆"同指一动物，不同的是"油渣婆"还可比喻不整洁、不修边幅、很脏的人。

2.5.1.3 "婆"的语义表现

①自然意义。当"婆"起分类作用时，体现的是事物的自然意义，如：鸡婆|鸭婆。

②社会意义。除了分类作用以外，"婆"在自然意义的基础上更多表现出社会生活给人打上的消极心理烙印，甚至抹掉自然意义只保留消极心理意义。"婆"的生活女性用法与非性属标记用法就是这样。用于生活女性的消极色彩最弱的词是"能干婆、长婆高个子"，如果说"箇只人好能干 这个人很能干""箇只人好高 这个人很高"这是夸奖或羡慕，如果说"箇是只能干婆 这是个能干的人""箇是只长婆 这是个高个子"则给人一种只会忙家务（工作业绩突出的女性叫"女强人"不叫"能干婆"）、很显眼等并不舒服的感觉；貌似中性的"巴肚婆"是具有难看体形的人，"接生婆"是民间不高雅的职业人（医院里称"接生咯医生"），"老婆"是俗气的称呼，"洋婆"是鄙薄的称呼，"寡婆"是生活有缺陷的人，"带崽婆"是不能潇洒的人；其余用于女性的全是骂名。非性属标记的词全都是厌名。

2.5.2 婆子

"婆子 [po^{11}·tsʅ]"只作性属标记。

A. 用于牲畜：

猪婆子 tçy^{45} po^{11}·tsʅ   牛婆子 niu^{11} po^{11}·tsʅ

狗婆子 kəu^{33} po^{11}·tsʅ   羊婆子 ian^{11} po^{11}·tsʅ

B. 用于人：

矮婆子 ŋai³³ po¹¹ ·tsŋ　　　　癫婆子 tien⁴⁵ po¹¹ ·tsŋ
寡婆子 kua³³ po¹¹ ·tsŋ　　　　月婆子 ye¹¹ po¹¹ ·tsŋ
妾婆子 tɕʰie²² po¹¹ ·tsŋ　　　　洋婆子 ian¹¹ po¹¹ ·tsŋ
婆婆子 老年妇女 po¹¹ po¹¹ ·tsŋ

特点：

①哺乳性家畜都不用"婆"，而用"婆子"来起分类性标记作用，且"婆子"除了作词尾，还可单独用来提问：

59）是婆子还是牯子？

②"婆子"词的构词功能和语义表现与"婆"词相仿。

2.5.3　婆娘　娘婆

A. 后缀"婆娘"：

蠢婆娘 tɕʰyn³³ po¹¹ nian¹¹　　　懒婆娘 lan³³ po¹¹ nian¹¹
猪婆娘 tɕy⁴⁵ po¹¹ nian¹¹　　　　狗婆娘 kəu³³ po¹¹ nian¹¹

B. 后缀"娘婆"：

仙娘婆 ɕien⁴⁵ nian¹¹ po¹¹　　　强娘婆 tɕian¹¹ nian¹¹ po¹¹

特点：

①这里，"娘"就是"婆"，"婆"就是"娘"，"婆娘、娘婆"是重言叠语性语缀。

②本来，"娘"在前还是"婆"在前是两可的，但所构的词并不能互换语缀，"仙娘婆"不说成"仙婆娘"，其构词规律是：动物名词后都接"婆娘"，表人名词由形容词性语素与后缀构成，积极意义的形容词性语素后面缀"娘婆"，消极意义的形素后面接"婆娘"。

③语义表现上，与"婆"相仿，牲畜名词体现事物的自然意义，表人名词无论其中心语素是积极还是消极的，入词后一律是贬义的骂名。

④这两个语缀构词虽不多，但分类、转类、成词功能（强娘婆）都有表现。

2.5.4　婆婆

寒婆婆 畏冷的人 xan¹¹ po¹¹ ·po

语缀"婆婆"的能产性极低，具有成词功能，不可类推。"婆婆"可单用，但单用的"婆婆"是对"媳妇"而言的，不等于"寒婆婆"中的"婆婆"。

2.6 雄性牲畜的"公"类

"公 [kən⁴⁵]"作为语缀只能入词，用于牲畜，表示雄性，与它的功能相同的雄性词缀还有：公子 [kən⁴⁵·tsʅ]、牯 [ku³³]、牯子 [ku³³·tsʅ]、浪子 [lan²¹³·tsʅ]。这一系列语缀造词能力都不强，如：

公：
鸡公 tɕi⁴⁵ kən⁴⁵
鸭公 ŋa²² kən⁴⁵
叫鸡公 tɕiau²⁴ tɕi⁴⁵ kən⁴⁵
骚鸡公 sau⁴⁵ tɕi⁴⁵ kən⁴⁵
虾公 xa⁴⁵ kən⁴⁵

公子：
鸭公子 ŋa²² kən⁴⁵·tsʅ

牯：
黄沙牯 fan¹¹ sa⁴⁵ ku³³
同边牯 出现不合规则的双左或双右现象者 tən¹¹ pien⁴⁵ ku³³

牯子：
牛牯子 niu¹¹ ku³³·tsʅ
狗牯子 kəu³³ ku³³·tsʅ
猫牯子 mau⁴⁵ ku³³·tsʅ
羊牯子 ian¹¹ ku³³·tsʅ
郎牯子 女婿 lan¹¹ ku³³·tsʅ

浪子：
猪浪子 配种公猪 tɕy⁴⁵ lan²¹³·tsʅ

特点：
①大多是性属标记，起分类作用，只有"同边牯"是无性属的，含有不合适、可笑等贬义色彩。（同边牯指走路时左手与左脚、右手与

右脚同起同落的人。）

②性属标记词里大多用于动物，只有"郎牯子"是用于人的。

③卵生的用"公"，哺乳的用"牯子"，"牯子"类里的特殊个体用"浪子"，水中的用"牯"。

2.7 雄性人类的"倌"类

"倌［kuen³³］"作为语缀也只能入词，一般表示男性，与它的功能相同的雄性人类词缀还有：老倌（子）［lau³³ kuen³³·tsʅ］、佬［lau³³］、咕佬［ku³³ lau³³］。这一系列语缀造词能力亦不强，例如：

倌：
新郎倌 ɕin⁴⁵ lan¹¹ kuen³³

老倌（子）：
娘老倌子 nan¹¹ lau³³ kuen³³·tsʅ
爷老倌子 父亲 ia¹¹ lau³³ kuen³³·tsʅ
水老倌子 二流子 ɕy³³ lau³³ kuen³³·tsʅ

佬：
和事佬 调解纠纷的人 xo¹¹ sʅ²¹³ lau³³
美国佬 mei³³ kue²² lau³³

古佬：
兵古佬 pin⁴⁵ ku³³ lau³³

分析：

①只用于人不用于牲畜的"倌"类词除了"和事佬""娘老倌"之外，都是雄性词。"和事佬"中性偏贬，因为哪一方都不得罪，反会遭到批评，如：

60）我也来当一盘和事佬嗟。我也当回中间人。
    ŋo³³ ia³³ lai¹¹ tan⁴⁵ i²² pen¹¹ xo¹¹ sʅ²¹³ lau³³ tɕia³³.

61）你就晓得做和事佬，吗咯都不敢讲。你就会做中间人，什么都不敢说。
    ni³³ tɕiu²¹³ ɕiau³³ te²² tsu²⁴ xo¹¹ sʅ²¹³ lau³³, ma⁴⁵ ko²² tu⁴⁵ pu²² kan³³ kuan³³.

②"娘老倌｜爷老倌"都是谐称。"娘老倌"是从"爷老倌"类推

而有的说法。

③ "倌"类词缀有转类、变义、增义、衍音等作用。

④ "倌"在北方话中与家畜名词组合成词,表示专管饲养某些家畜的人,如:羊倌｜牛倌｜猪倌,衡阳不行,只有放牛的有个称呼叫 "睐牛倈唧 [ian^{24} niu^{11} lai^{33} ·tɕi]"。

2.8 无性别的"鬼"

"鬼"的用法多,可以是合成词里的中心语素,如"鬼子"(你箇鬼子跑哪去哒),也可是词缀语素,如"酒鬼",还可用在熟语中,如"鬼头鬼脑"。作为词缀语素的"鬼"较之"公"类"倌"类构词能力强,如:

(1) N+鬼:

海鬼 xai^{33} kui^{33} 牛皮王

酒鬼 tɕiu^{33} kui^{33}

烟鬼 ien^{45} kui^{33}

色鬼 se^{22} kui^{33}

癫子鬼 tien^{45}·tsɿ kui^{33}

洋相鬼 ian^{11} ɕian^{24} kui^{33}

落沙鬼 lo^{11} sa^{45} kui^{33}

蓬毛落沙鬼 pən^{11} mau^{11} lo^{11} sa^{45} kui^{33}

油渣子鬼 iu^{11} tsa^{45}·tsɿ kui^{33}

夜哇子鬼 好嚷嚷者 ia^{213} ua^{45}·tsɿ kui^{33}

(2) V+鬼:

赌鬼 tu^{33} kui^{33}

抠小气鬼 k^{h}əu^{45} kui^{33}

好吃鬼 xau^{24} tɕ^{h}ia^{22} kui^{33}

缔颈鬼 悬梁自尽者 t^{h}ia^{22} tɕian^{33} kui^{33}

讨厌鬼 t^{h}au^{33} ien^{24} kui^{33}

怕死鬼 p^{h}a^{24} sɿ^{33} kui^{33}

替死鬼 t^{h}i^{24} sɿ^{33} kui^{33}

饿痨鬼 ŋo^{213} lau^{11} kui^{33}

（3）A + 鬼：

懒鬼 lan³³ kui³³　　　　　丑小气鬼 tɕʰiu³³ kui³³

恶鬼 o²² kui³³　　　　　　老鬼 lau³³ kui³³

小鬼 ɕiau³³ kui³³　　　　　背时鬼 pei²¹³ sʅ¹¹ kui³³

小气鬼 ɕiau³³·tɕʰi kui³³　　冤枉鬼 yen⁴⁵ uan³³ kui³³

邋遢鬼 la¹¹·ta kui³³　　　癫子鬼 tien⁴⁵·tsʅ kui³³

糊涂鬼 fu¹¹ tu¹¹ kui³³　　　来头鬼 _{不检点的人} lai¹¹ təu¹¹ kui³³

窝囊鬼 o⁴⁵ nan¹¹ kui³³

特点：

①"鬼"亦只用于人，不用于牲畜。

②"鬼"在构词上有转类、变义功能，成词功能弱，只有一个"色鬼"。

③在性属特征上，（1）（2）类的"单音+鬼"及（3）类的"老鬼""小鬼"表男性，其余为非性属标记。

④非性属标记的"鬼"词表示蔑称、憎称，都是骂名；作为男性标记的（1）（2）类的"鬼"除了有否定的感情色彩外，还含有爱好成习的意思；（3）类的"小鬼"是个渗透词，"老鬼"是对男性老人的蔑称、憎称。

⑤此外，从性属标记上说，"鬼"是最弱的性属标记，随着社会生活的进化，酒烟赌场上，吹牛的世界里，男女可能平起平坐，出现女赌鬼、女烟鬼等，这可能使"鬼"的雄性色彩进一步退化，最后只有"色鬼"是雄性了。

2.9　纯贬义的"气"

语缀"气［·tɕʰi］"用于形容词性、名词性成分后面，既可入词也可入句。

A：

官气 kuen⁴⁵·tɕʰi　　　　娇气 tɕiau⁴⁵·tɕʰi

B：

神气 ɕin¹¹·tɕʰi　　　　　小气 ɕiau³³·tɕʰi

C：

妖气 iau⁴⁵·tɕʰi　　　　　丑气小气、喜设阻 tɕʰiu³³·tɕʰi

乡气 ɕian⁴⁵·tɕʰi　　　　　土气 tʰu³³·tɕʰi

哈气 xa³³·tɕʰi　　　　　　流气 liu¹¹·tɕʰi

痞气 pʰi³³·tɕʰi　　　　　　骚气 sau⁴⁵·tɕʰi

宝气 pau³³·tɕʰi　　　　　　水气 ɕy³³·tɕʰi

猛气 mən³³·tɕʰi　　　　　　老气 lau³³·tɕʰi

董傻气 tən³³·tɕʰi　　　　　屌调皮气 tiau³³·tɕʰi

死气 sʅ³³·tɕʰi　　　　　　蠢气 tɕʰyn³³·tɕʰi

婶婆婆妈妈气 ɕin³³·tɕʰi　　削不受欢迎气 ɕio²⁴·tɕʰi

㞌不精明气 sən¹¹·tɕʰi

A 组是入词的"气"，作为词缀，表示人的作风习气，带贬义色彩，在"官气"里起增义作用，在"娇气"里起转类作用。"X 气"都是名词，可作"有"类和"冇"类动词的宾语。比较：

62) a. 渠有点官气。他有点儿官气。tɕi³³ iu³³ tien³³ kuen⁴⁵·tɕʰi.

　　b. 渠好有官气咯。他很有官气。tɕi³³ xau³³ iu³³ kuen⁴⁵·tɕʰi ko²².

　　c. 渠冇点官气。他没一点儿官气。tɕi³³ mau²¹³ tien³³ kuen⁴⁵·tɕʰi.

　　d. 渠连冇得官气。他没一点儿官气。tɕi³³ lien¹¹ mau²¹³ te²² kuen⁴⁵·tɕʰi.

　　e. 渠冇吗官气。他没什么官气。tɕi³³ mau²¹³ ma⁴⁵ kuen⁴⁵·tɕʰi.

B 组也是入词的"气"，起增义作用，用在形容词后面，表示与该形容词性质相关的性格特征，也带贬义色彩。"X 气"都是形容词，可作动词"有点"的宾语，也可受"好"类副词修饰，表示程度。如：

63) 渠有点小气唧。他比较小气。tɕi³³ iu³³ tein³³ ɕiau³³·tɕʰi·tɕi.

64) 渠好小气咯。他很小气。tɕi³³ xau³³ ɕiau³³·tɕʰi ko²².

C 组与"V 手"相似，"气"是入句的语缀，"X 气"可看作语用的形容词，不同的是"手"的作用在于转类，"气"的作用在于增义，表示向某种性状靠近，所显示的性状都是消极性状，与 A、B 组一样带贬义色彩，一般限于表人。C 组在句中充当句子成分时比 A 组 B 组的限制更多，一般只作动词"有点"的宾语。比较：

65) 渠有点屌气。他有点调皮。tɕi³³ iu³³ tein³³ tiau³³·tɕʰi.

＊渠好有屌气咯。
＊渠好屌气咯。
＊渠冇点屌气。

可见：

①C类的"气"表示程度弱，与强程度标记对立。如果要表现程度强，只能丢"气"，如：渠好屌咯_{他很调皮}。

②C类的"气"表示沾染了或主观认为沾染了某性状，与否定标记对立。如果要否定，也只能采取丢"气"的说法：渠一点都不屌｜渠连不屌_{他一点也不调皮}。

2.10 硬实的"鼓"

"鼓［ku^{33}］"只用于名词性成分后，如：

A：

石头鼓_{小石头} ɕia^{11} təu^{11} ku^{33}

砖头鼓_{一截砖} tɕyen^{45} təu^{11} ku^{33}

摸落鼓_{卵石} mo^{33} lo^{11} ku^{33}

拳头鼓 tɕyen^{11} təu^{11} ku^{33}

膝头鼓 tɕʰi^{22} təu^{11} ku^{33}

B：

眼鼓_{小洞}ŋan^{33} ku^{33}

分析：

①造词功能：可成词，如"摸落鼓"；可变义，如"眼鼓"；可衍音，如"石头鼓｜砖头鼓｜拳头鼓｜膝头鼓"。

②结构限制："鼓"的能产性有限，能加后缀"鼓"的一般是团状建筑材料、人体可团起来的部分以及特殊的具有比喻意义的"眼"。

③语义色彩：后缀"鼓"有不大、较小的意思，"石头"如果是大的就只叫"石头"，只有小石头可称为"石头鼓"，而且除了特例"眼鼓"外，带"鼓"的词都具有硬实性特征。

④缩小与增大：如要再说小点儿，可以加个后缀，说成：石头鼓崽唧、小眼鼓崽唧，属重言叠语表达。增大是在词前面加"大"，A组词

前面一般不用增大的说法,"眼鼓"前可加"大",如:

66)箇块布打有只大眼鼓啦! 这块布有个很大的洞呢!

   ko^{33} k^{h}uai^{24} pu^{24} ta^{33} iu^{33} tɕia^{22} tai^{213} Nan^{33} ku^{33} la^{33}!

这是心理认为是大的。

2.11　成套的"数"

作为后缀的"数[·su]"有变义、转类作用,其构词能力相当有限,已找到的有三个:合数[xo^{11}·su] | 下数[xa^{213}·su] | 路数[lu^{213}·su]。这几个词所表意思相差不多,都指办事行为是否系统,是否有规律、有方法。例如:

67)你吗连冇合数啦? 你怎么一点儿也没章法?(无法对等转换成普通话。下同。)

   ni^{33} ma^{45} lien^{11} mau^{213} xo^{11}·su la^{33}?

68)你吗连冇下数啦?

   ni^{33} ma^{45} lien^{11} mau^{213} xa^{213}·su la^{33}?

69)你吗连冇路数啦?

   ni^{33} ma^{45} lien^{11} mau^{213} lu^{213}·su la^{33}?

70)渠做事还有点下数。

   tɕi^{33} tsu^{24} sɿ^{213} xai^{11} iu^{33} tie^{33} xa^{213}·su.

71)我连不晓得渠咯路数。

   ŋo^{33} lien^{11} pu^{22} ɕiau^{33} te^{22} tɕi^{33} ko^{22} lu^{213}·su.

72)你还冇搞清渠只合数。

   ni^{33} xai^{11} mau^{213} kau^{33} tɕ^{h}in^{45} tɕi^{33} tɕia^{22} xo^{11}·su.

2.12　插入性的"老巴"

"老巴[lau^{33}·pa]"是个中缀,它可以入词(参见3.3.5),此外,也常缀于偏正结构中间,构成"X+老巴+A"如:

死+老巴+A:

死老巴辣 sɿ^{33} lau^{33}·pa la^{11}

死老巴重 sɿ^{33} lau^{33}·pa tsən^{213}

死老巴慢 sʅ³³ lau³³·pa man²¹³

死老巴邋遢 sʅ³³ lau³³·pa la¹¹·tʰa

死老巴来头_{不讲卫生} sʅ³³ lau³³·pa lai¹¹ təu¹¹

好+老巴+A：

好老巴高 xau³³ lau³³·pa kau⁴⁵

好老巴辣 xau³³ lau³³·pa la¹¹

好老巴大 xau³³ lau³³·pa tai²¹³

好老巴邋遢 xau³³ lau³³·pa la¹¹·tʰa

好老巴来头 xau³³ lau³³·pa lai¹¹ təu¹¹

很+老巴+A：

很老巴高 xe⁴⁵ lau³³·pa kau⁴⁵

很老巴辣 xe⁴⁵ lau³³·pa la¹¹

很老巴大 xe⁴⁵ lau³³·pa tai²¹³

很老巴邋遢 xe⁴⁵ lau³³·pa la¹¹·tʰa

很老巴来头 xe⁴⁵ lau³³·pa lai¹¹ təu¹¹ _{很不讲究}

箇+老巴+A：

箇老巴高 ko³³ lau³³·pa kau⁴⁵

箇老巴辣 ko³³ lau³³·pa la¹¹

箇老巴大 ko³³ lau³³·pa tai²¹³

箇老巴邋遢 ko³³ lau³³·pa la¹¹·tʰa

箇老巴来头 ko³³ lau³³·pa lai¹¹ təu¹¹

特点：

①"X"常常是"死、好、很、箇"，"A"以单音形容词为首选，双音限于消极形容词。

②整个结构表示程度强，"死"式带有不满意之类的贬义色彩，但这种消极色彩是因"死"而有的，整体上"老巴"是为了满足强调语气而衬垫的衍音成分。

③"X+老巴+A"可变换为"X+A+巴+A"的说法，如：箇大巴大 ko³³ tai²¹³pa⁴⁵tai²¹³｜很高巴高 xe⁴⁵ kau⁴⁵pa⁴⁵kau⁴⁵｜死捏巴捏 _{非常顽皮} sʅ³³ nie²²pa⁴⁵nie²²，变换式限于单音形容词。

语缀一览表

语缀		性质			功能							语义
		词缀	结构缀	句缀	成词	转类	变义	增义	分类	指义	衍音	
唧	唧	+	+	+	+			+		+	+	中偏褒
	崽唧	+					+	+				
	把唧		+					+				
	点唧		+	+				+				
	下唧		+	+				+				
子	子	+	+		+	+	+	+				中偏贬
	巴子	+					+	+				
	法子		+		+							
手	手			+	+							价值
	场			+	+							
	头	+		+	+	+				+		
婆	婆	+			+	+	+		+			阴性
	婆子	+			+	+	+					
	婆娘	+			+			+				
	娘婆	+			+	+		+				
	婆婆	+			+							
公	公	+						+				雄性牲畜
	公子	+						+				
	牯	+				同边牯		+				
	牯子	+						+		郎牯子		
	浪子	+						+				
倌	倌	+				+	+	+			+	雄性人类
	老倌	+					+	+				
	佬	+				+						
	古佬	+								+		
鬼		+			+	+	+					无性人类
气		+	+			+		+				贬义
鼓		+			+		+			+		硬实
数		+					+	+				成套
老巴		+ （中缀）						+		+		贬义

第 3 章 状态词

3.1 概说

状态词这个名称有不同的说法,从功能的角度,不少教科书把它归入形容词而不作细分,朱德熙在《语法讲义》(1982)里把形容词分为性质形容词和状态形容词两类,状态形容词包括五种:(1)单音节形容词重叠式,(2)双音节形容词重叠式,(3)"通红、冰凉"类,(4)带后缀的形容词,(5)"挺好的、很好的"类。这五种中的第五种在语法学界似乎没有得到认可,汪国胜(1994)就只举出前四种,李小凡(1998)把前四种称为状态词,与形容词对立。从形式的角度,吕叔湘(1999)将1、2、4类称为形容词的生动形式,谢自立、刘丹青(1995)称为变形形容词。

本章讨论的状态词除了朱先生的前四类外,还包括带中缀的和不宜归于成语的四音节组合类,如"猪头梦冲槽槽懂懂〔tçy⁴⁵ təu¹¹ mən²¹³ tsʰən⁴⁵〕"。状态词的词根语素不一定是形容词性的,如"稀里哗啦"是象声性词根,"水灵灵"是名词性词根,"笑眯眯"是动词性词根。

衡阳方言状态词很丰富,根据结构关系可将状态词分为组合性状态词和黏合性状态词两种。组合性状态词主要包括原型状态词、ABAB 式状态词,ABAB 式状态词是原型的重叠。黏合性状态词是在原型基础上黏附词缀或复叠某语素,主要包括词缀黏合式状态词(里面再分小类)、BBA 式状态词、ABB 式状态词、AABB 式状态词。ABAB 式与 AABB 式结构关系不同,前者是原型的并列组合,如"喷香喷香",后者是词的变形,如"恭恭敬敬"。本章将所有的双音状态词都归为原型状态词,"冰凉""刮苦〔kua²²ku³³〕"这样的状态词,有的学者认为,分属复合式和附加式，本书将这样的原型状态词都归为组合性状态词，主要理由是：第一，它们都可以用程度副词"很"来替代前一语素，构成"很凉""很苦"等，之所以并不都用"很"来修饰这些性状，是语言满足多姿多彩交际生活需要的表现，增强了语言对事物描摹的形象色彩。第二，笔者调查了很多说方言的人，他们对"冰凉、刮苦类"类双音状态词的语感都是一样的，那就是第一语素是表示程度的。第三，如果说"冰凉"的"冰"是实语素，而"刮苦"的"刮"是前加词缀的话，就会有很多功能相同的词缀，而词缀是具有概括性的东西，除了衍音作用之外，作为语法化的标记，它是一种规律的抽象，同一种功能却用很多的词缀去表现是罕见的。

3.2 组合性状态词

3.2.1 双音节组合性状态词

从构造的角度，双音状态词的目标语素在后一音节，记为 a，整个词要说明 a 的程度，前一音节是表现程度的方式可称为手段语素，记为 b。从使用的角度，双音状态词的表达目的在于强调程度，所以这类状态词都含有程度深的语义特征（量多），前一音节都是重音。

3.2.1.1 元组合模式

我们在汉语教学中说到"冰冷""雪白"这类词的结构时，总是要告诉学生这是偏正式合成词，对它的解释是"像冰一样冷""雪似的白"，其实这种分析是一种程度认知的反应，从衡阳方言的调查中发现，下面的双音状态词都可以判作偏正式，但并非都能用"像""似的""一样"来解释，语言的线性排列与人们对这一线性的语用感知有密切关系但不是简单对应的，从元语层到使用层有一个认知过程，"像冰一样冷"正是对元语层和语用层差异的认知解释。下面元组合模式各异的双音状态词在语用层面上都是偏正的修饰关系。

（1）主谓式 ba

墨黑 me^{45} xe^{22}　　　铁紧 t^hie^{22} $tɕin^{33}$

麻生 ma^{11} sen^{45}　　　梆硬 pan^{45} $ŋen^{213}$

梆老 pan^{45} lau^{33}　　　秧嫩 ian^{45} $nən^{213}$

雪白 ɕya⁴⁵ pe¹¹　　　　铜黄 tən¹¹ uan¹¹
钉重 tian²⁴ tsən²¹³　　锋快 fən⁴⁵ kʰuai²⁴
锋薄 fən⁴⁵ po¹¹　　　　奶嫩 nan⁴⁵ nən²¹³
奶软 nan⁴⁵ nyen³³　　　雷①壮 lui⁴⁵ tsuan²⁴
雷胖 lui⁴⁵ pʰan²⁴

（2）偏正式 ba

A：

清甜 tɕʰin⁴⁵ tien¹¹　　溜酸 liu⁴⁵ suen⁴⁵
抓苦 ya⁴⁵ kʰu³³　　　　贼亮 tse¹¹ lian²¹³
惨白 tsʰan³³ pe¹¹　　　尖痛 tɕien⁴⁵ tʰən²⁴
稀烂 ɕi⁴⁵ lan²¹³　　　　瘪淡 pia⁴⁵ tan²¹³
稀碎 ɕi⁴⁵ sui²⁴　　　　稀乱 ɕi⁴⁵ luen²¹³
稀散 ɕi⁴⁵ san³³　　　　飞恶 fei⁴⁵ o²²
稀泻 人不守规矩或东西烂得流水 ɕi⁴⁵ ɕia²⁴
焦干 tɕiau⁴⁵ kan⁴⁵

B：

黢黑 tɕʰy⁴⁵ xe²²　　　　精苦 tɕin⁴⁵ kʰu³³
精瘦 tɕin⁴⁵ səu²⁴　　　精光 tɕin⁴⁵ kuan⁴⁵
区光 tɕʰy⁴⁵ kuan⁴⁵　　精酸 tɕin⁴⁵ suen⁴⁵
纠酸 tɕiu⁴⁵ suen⁴⁵　　伶尖 lin⁴⁵ tɕien⁴⁵
伶瘦 lin⁴⁵ səu²⁴　　　　伶光 lin⁴⁵ kuan⁴⁵
凄臭 tɕʰi⁴⁵ tɕʰiu²⁴　　共黄 kən²¹³ uan¹¹
糜幼 mi⁴⁵ iu²⁴　　　　　糜劳 蔫了 mi⁴⁵ lau¹¹
糜奶 无精神 mi⁴⁵ lai⁴⁵　糜烂 mi⁴⁵ lan²¹³
糜痒 mi⁴⁵ ian³³　　　　糜烊 皱 mi⁴⁵ ian¹¹
寡黄 kua³³ uan¹¹　　　　寡绿 kua³³ lu¹¹
寡浑 kua³³ fən¹¹　　　　稀臊 难闻之味 ɕi⁴⁵ nau⁴⁵
巴酽 pa⁴⁵ nien²¹³　　　通亮 tʰən⁴⁵ lian²¹³
拉活 lan⁴⁵ fe¹¹　　　　拉薄 lan⁴⁵ po¹¹

---

① "雷"用来说"壮"，有两读 lui⁴⁵、lui¹¹，是任意的，由个人临时喜好决定。

C：

稀恶 çi⁴⁵ o²²   稀滥 撒泼 çi⁴⁵ lan²¹³

（3）动补式 ba

浇湿 tçiau⁴⁵ çi²²   拍饱 pʰa²² pau³³
拍满 pʰa²² men³³   拍实 pʰa²² çi¹¹
拍服 没有空隙 pʰa²² fu¹¹   拉稀 la⁴⁵ çi⁴⁵
拉粗 la⁴⁵ tsʰu⁴⁵   拉活 lan⁴⁵ fe¹¹
捞轻 lau⁴⁵ tçʰian⁴⁵   捞松 lau⁴⁵ sən⁴⁵
捞空 lau⁴⁵ kʰən⁴⁵   撩清 liau⁴⁵ tçʰian⁴⁵
撩生 liau⁴⁵ sen⁴⁵   绷紧 pən⁴⁵ tçin³³
绷脆 pən⁴⁵ tsʰui²⁴   绷燥 pən⁴⁵ tsau⁴⁵
绷老 pən⁴⁵ lau³³   夹白 ka²² pe¹¹
飞快 fei⁴⁵ kʰuai²⁴   劈陡 pʰia²² təu³³
斩齐 tsan³³ tçi¹¹

（4）动宾式 ba

喷香 pʰən²⁴ çian⁴⁵   喷臭 pʰən⁴⁵ tçʰiu²⁴

以上同一 b 可能与不同的 a 组合，同一 a 可能受不同的 b 修饰。

"喷"有两个声调，在"喷香"中为 pʰən²⁴，在"喷臭"中为 pʰən⁴⁵，不可换用。

3.2.1.2 程度认知

在语用层面，以上各组词前一语素都是表程度的语素，音节重读，但程度认知特点不同。

第（1）组的程度通过隐喻手段即形态、性质的相似性来体现，浅层句法结构上具有主谓关系，"墨黑"即墨是黑的，"铁紧"即铁是紧的，深层语用结构上需要进行比喻认知，所有的词都可解释为"像 b 一样的 a"，其隐喻实现路径为：墨汁是浓黑的，像墨似的黑即为"墨黑"，非常黑；刀锋是很快的，能像刀锋切东西一样快即为非常快；铜是黄色的而且不是浅黄，像铜一样的黄即为很黄。

第（2）组直接用活泼多样的语用性程度语素来修饰中心语素，构成偏正式结构，A 类是借用性偏正式，借用少量的名词性、动词性、形容词性成词语素来表程度，这种状态词细细品味，具有一定的可联想性，比如做菜缺盐，便索然无味，食兴不饱满，所以不能"＊鼓淡"只能"瘪淡"；病的感觉就像刀尖拉割一样，所以就说"尖痛"。如果说（1）组是通过强联想来表示程度，我们可以说（2）组的 A 类是通过弱联想来表示程度的。B 类是俗用性偏正式，b 是程度语素，这些语素有两个特点：第一，习惯性，大家都这么用，却又都说不出除了程度之外到底表什么，似乎没什么理据，是纯粹的程度音节；第二，专用性，这些不成词的语素只用于状态词中表程度，不可他用。C 类是可逆性偏正式，这些词倒过来也能说，不过不在词的层次上，而是句子层次，如：不说"恶稀""滥稀"，但可以说"恶稀哒［o²² ɕi⁴⁵ ta²²］""滥稀哒［lan²¹³ ɕi⁴⁵ ta²²］"。与 C 相似，死辣［sʅ³³ la¹¹］｜死削［sʅ³³ ɕio²⁴］｜死夹_{不知变通}［sʅ³³ tɕia³³］｜死屄［sʅ³³ sən¹¹］｜死恶［sʅ³³ o²²］｜死蠢［sʅ³³ tɕʰyn³³］｜死钉_倔［sʅ³³ tian²⁴］，它们也是可逆性偏正结构，可以说成：辣死哒［la¹¹sʅ³³ ta²²］｜削死哒［ɕio²⁴sʅ³³ ta²²］｜夹死哒［tɕia³³sʅ³³ ta²²］等，不同的是，"死辣"类是短语结构而非合成词，倒过来说的时候还可以加宾语，如"辣死我哒"（参见 9.2.2.1）。

第（3）组为补充结构，a 是形容词性语素，表动作对事物作用结果的性质，b 是动词性性语素，表产生某性质性结果的原因。动作力度越强，次数越多即原因量越大，结果特征就越明显，比如"浇"的结果是"湿"，越"浇"就会越"湿"，越捞越空，越绷越紧，把这种程度关系浓缩为词，就有"绷紧、浇湿"之类。

第（4）组为动宾组合，a 限于嗅觉性气体，其程度隐含机制与（3）组相似，动作力度越强，次数越多，气体就越充足，也就是：越喷越香，越喷越臭。

3.2.1.3 语法功能

双音状态词在句中经常作谓语，也可作定语、补语，不能直接作状语。

谓语：

73）箇只地方墨黑。_{这里很黑。}
　　　ko³³ tɕia²² ti²¹³ fan⁴⁵ me⁴⁵ xe²².

74）渠屋咯坛子菜溜酸。_{他家的泡菜很酸。}

tçi³³ u²² ko²² tan¹¹ · tsɿ tsʰai²⁴ liu⁴⁵ suen⁴⁵.

75）旺旺饼干绷脆咯。旺旺饼干很脆的。

uan²¹³ · uan pin³³ kan⁴⁵ pən⁴⁵ tsʰui²⁴ ko²².

76）不晓得吗理，身上縻痒。不知道为什么，身上很痒。

pu²² tçiau³³ te²² ma⁴⁵ li³³, çin⁴⁵ xan²¹³ mi⁴⁵ ian³³.

77）那只人稀滥。那人很会撒泼。

na²¹³ tçia²² çin¹¹ çi⁴⁵ lan²¹³.

78）箇哪个屋咯菜喷香唧。这是谁家的菜，很香。

ko³³ na³³ · ko u²² ko²² tsʰai²⁴ pʰən²⁴ çian⁴⁵ · tçi.

定语：

79）寡浑咯水要渠做吗咯？浑浊的水要它干吗？

kua³³ fən¹¹ ko²² çy³³ iau²⁴ tçi³³ tsu²⁴ ma⁴⁵ ko²²?

80）那张共黄咯纸我不要啊。我不要那张很黄的纸。

na²¹³ tçian⁴⁵ kən²¹³ uan¹¹ ko²² tsɿ³³ ŋo³³ pu²² iau²⁴ a¹¹.

81）箇块稀臊咯布丢咖渠算哒。这块布很难闻扔了算了。

ko³³ kʰuai²⁴ çi⁴⁵ nau⁴⁵ ko²² pu²² tiu⁴⁵ ka³³ tçi³³ suen²⁴ ta²².

补语：

82）箇两个月吃起雷胖哒。这两个月吃得很胖了。

ko³³ lian³³ ko²⁴ ye¹¹ tçʰia²² tçʰi³³ lui⁴⁵ pʰan²⁴ ta²².

83）我昨晚上一晚上都冇合眼，现在搞起縻劳哒。我昨晚一夜没睡，现在没点儿精神。

ŋo³³ tso¹¹ uen³³ xan²¹³ i²² uen³³ xan²¹³ tu⁴⁵ mau²¹³ xo¹¹ ŋan³³, çien²¹³ tsai²¹³ kau³³ tçʰi³³ mi⁴⁵ lau¹¹ ta²².

84）箇里也是水，那里也是水，硬搞起浇湿咯。这儿也是水，那儿也是水，弄得湿湿的。

ko³³ · li ia³³ sɿ²¹³ çy³³, na²¹³ · li ia³³ sɿ²¹³ çy³³, ŋen²¹³ kau³³ tçʰi³³ çiau⁴⁵ çi²² ko²².

状语：

85）渠满身凄臭咯跑哒箇里来找我。他满身臭气地跑来找我。

tçi³³ men³³ çin⁴⁵ tçʰi⁴⁵ tçʰiu²⁴ ko²² pʰau¹¹ ta²² ko³³ · di lai¹¹ tsau³³ ŋo³³.

3.2.2 四音节组合性状态词

四音节组合性状态词有的是单纯描摹状态,有的是用加强的方式描摹状态。

3.2.2.1 组合模式

(1) 异素组合

A：

糜奶稀泻 无精打采 mi^{45} nai^{45} $ɕi^{45}$ $ɕia^{24}$

麸毛勒草 不光洁 fu^{45} mau^{11} le^{213} $tsʰau^{33}$

死皮赖脸 $sɿ^{33}$ pi^{11} lai^{213} $lien^{33}$

油腔滑调 iu^{11} $tɕian^{45}$ ua^{11} $tiau^{24}$

横扯辣白 强词夺理 $fən^{11}$ $tɕʰia^{33}$ la^{11} pe^{11}

东扯西挪 不着边际 $tən^{45}$ $tɕʰia^{33}$ $ɕi^{45}$ ie^{22}

B：

猪头梦冲 糊涂 $tɕy^{45}$ $təu^{11}$ $mən^{213}$ $tsʰən^{45}$

黄皮扯脸 无血色 uan^{11} pi^{11} $tɕʰia^{33}$ $tien^{33}$

C：

气鼓气胀 气乎乎的 $tɕʰi^{24}$ ku^{33} $tɕʰi^{24}$ $tɕian^{24}$

(2) 同素组合

清甜清甜 $tɕʰin^{45}$ $tien^{11}$ $tɕʰin^{45}$ $tien^{11}$

墨黑墨黑 me^{45} xe^{22} me^{45} xe^{22}

水灵水灵 sui^{33} lin^{11} sui^{33} lin^{11}

区光区光 $tɕʰy^{45}$ $kuan^{45}$ $tɕʰy^{45}$ $kuan^{45}$

铁紧铁紧 $tʰie^{22}$ $tɕin^{33}$ $tʰie^{22}$ $tɕin^{33}$

飞恶飞恶 fei^{45} o^2 fei^{45} o^2

拍饱拍饱 $pʰa^{22}$ pau^{33} $pʰa^{22}$ pau^{33}

喷香喷香 $pʰən^{24}$ $ɕian^{45}$ $pʰən^{24}$ $ɕian^{45}$

以上四个音节构成"××|××"两个音步和"×‖×|×‖×"两层结构。(1)组为异素组合,是单纯的直接状态描摹,此组内部有三种情况,A类为全异素联合式,联合项内部均为偏正结构;B类为全异素主谓式,"猪头梦冲"是一种比喻说法,比喻人就好像猪在作梦那

样糊涂，"黄皮扯脸"形容人面色黄而无血色的样子；C类为半异素联合式，联合项内部为主谓结构。（2）组为同素组合式，是通过原型重叠加强程度，联合项内部为偏正结构，可写成 baba 式。

3.2.2.2 语义表现

（1）组所有联合项中，"糜奶稀泻"是双音状态词的自然联合，即该词是由可以单用的"糜奶""稀泻"组合成的，但这种自然联合用例极少，多数都是非自然联合，联合项不能独立成词，比如"死皮赖脸"里面的"死皮"和"赖脸"都不能当作双音状态词单用。（1）组词的整体语用意义不在程度，在于描摹性状，当要关心程度时，通常可加弱程度标记"有点"，也可以添加强程度标记，比如加程度副词"好"：

86）箇人有点糜奶稀泻。

ko^{33} ςin^{11} iu^{33} tie^{33} mi^{45} lai^{45} ςi^{45} ςia^{24}.

箇人好糜奶稀泻。

ko^{33} ςin^{11} xau^{33} mi^{45} lai^{45} ςi^{45} ςia^{24}.

87）箇人有点麸毛勒草。

ko^{33} ςin^{11} iu^{33} tie^{33} fu^{45} mau^{11} le^{213} $ts^h au^{33}$.

箇人好麸毛勒草。

ko^{33} ςin^{11} xau^{33} fu^{45} mau^{11} le^{213} $ts^h au^{33}$.

88）箇人有点死皮赖脸。

ko^{33} ςin^{11} iu^{33} tie^{33} $s\gamma^{33}$ pi^{11} lai^{213} $tien^{33}$.

箇人好死皮赖脸。

ko^{33} ςin^{11} xau^{33} $s\gamma^{33}$ pi^{11} lai^{213} $tien^{33}$.

89）箇人有点油腔滑调。

ko^{33} ςin^{11} iu^{33} tie^{33} iu^{11} $t\varsigma^h ian^{45}$ ua^{11} $tiau^{24}$.

箇人好油腔滑调。

ko^{33} ςin^{11} xau^{33} iu^{11} $t\varsigma^h ian^{45}$ ua^{11} $tiau^{24}$.

90）箇人有点横扯辣白。

ko^{33} ςin^{11} iu^{33} tie^{33} $f\partial n^{11}$ $t\varsigma^h ia^{33}$ la^{11} pe^{11}.

箇人好横扯辣白。

ko^{33} ςin^{11} xau^{33} $f\partial n^{11}$ $t\varsigma^h ia^{33}$ la^{11} pe^{11}.

91）箇人有点东扯西揶。

ko^{33} çin^{11} iu^{33} tie^{33} tən^{45} tɕ^{h}ia^{33} çi^{45} ie^{22}.

箇人好东扯西挪。

ko^{33} çin^{11} xau^{33} tən^{45} tɕ^{h}ia^{33} çi^{45} ie^{22}.

92）箇人有点猪头梦冲。

ko^{33} çin^{11} iu^{33} tie^{33} tɕy^{45} təu^{11} mən^{213} ts^{h}ən^{45}.

＊箇人好猪头梦冲。

ko^{33} çin^{11} xau^{33} tɕy^{45} təu^{11} mən^{213} ts^{h}ən^{45}.

93）箇人有点黄皮扯脸。

ko^{33} çin^{11} iu^{33} tie^{33} uan^{11} pi^{11} tɕ^{h}ia^{33} lien^{33}.

＊箇人好黄皮扯脸。

ko^{33} çin^{11} xau^{33} uan^{11} pi^{11} tɕ^{h}ia^{33} lien^{33}.

94）箇人有点气鼓气胀。

ko^{33} çin^{11} iu^{33} tie^{33} tɕ^{h}i^{24} ku^{33} tɕ^{h}i^{24} tɕian^{24}.

＊箇人好气鼓气胀。

ko^{33} çin^{11} xau^{33} tɕ^{h}i^{24} ku^{33} tɕ^{h}i^{24} tɕian^{24}.

即便是强程度的双音状态词"糜奶、稀泻"，进入此式后其程度性便退而居其次了。

整个（1）组状态词限于写人，语义特征不是量多，而是状态生动。

（2）组状态词不限于说人，其联合方式是双音节状态词整体双叠，每一项都可单说，重叠式和原式基本语义一致，说话人是对程度进行重叠增量，是强化程度，比较：

95）甲：你多吃点唧。ni^{33} to^{45} tɕ^{h}ia^{22} tie^{33} ·tɕi.

乙$_1$：我吃饱哒。ŋo^{33} tɕ^{h}ia^{22} pau^{33} ta^{22}.

乙$_2$：我吃拍饱哒。ŋo^{33} tɕ^{h}ia^{22} p^{h}a^{22} pau^{33} ta^{22}.

乙$_3$：我吃拍饱拍饱哒。ŋo^{33} tɕ^{h}ia^{22} p^{h}a^{22} pau^{33} p^{h}a^{22} pau^{33} ta^{22}.

乙$_2$乙$_3$都表示吃得很饱了，程度深，但双音状态词的程度表现是客观度深，整体重叠后的程度增加了主观度深的意思，语义上具有主观强调色彩。

3.2.2.3 语法功能

四音节状态词与双音状态词一样经常作谓语，也可作定语、补语。

谓语：

96）渠箇两天麸毛勒草，不晓得吗理。她这两天脸上不光洁，不知为什么。

tɕi³³ ko³³ tian³³ tʰien⁴⁵ fu⁴⁵ mau¹¹ le²¹³ tsʰau³³ , pu²² ɕiau³³ te²² ma⁴⁵ li³³.

97）杨奶奶雷壮雷壮咯，你看哒渠会吓一跳。杨奶奶很胖，你看了会吓一跳。

ian¹¹ ne³³ · ne lui¹¹ tsuan²⁴ lui¹¹ tsuan²⁴ ko²² , ni³³ kʰan²⁴ ta²² fei²¹³ xa²² i²² tʰiau²⁴.

98）你箇只人猪头梦冲，乱来子。你这个人糊里糊涂，瞎搞。

ni³³ ko³³ ɕin¹¹ tɕy⁴⁵ təu¹¹ mən²¹³ tsʰən⁴⁵ , luen²¹³ lai¹¹ · tsɿ.

99）你莫在箇里东扯西揶哒，快回去。你别在这儿不着边际地扯了，赶快回去。

ni³³ mo¹¹ tsai²¹³ ko³³ · ti tən⁴⁵ tɕʰia³³ ɕi⁴⁵ ie³³ ta²² , kʰuai²⁴ fei¹¹ kʰe²⁴.

定语：

100）渠胆子好大，那劈陡劈陡咯墥也敢上。他胆子很大，那么陡的陡坡也敢上。

tɕi³³ tan³³ · tsɿ xau³³ tai²¹³ , na²¹³ pʰia²² təu³³ pʰia²² təu³³ ko²² kʰuen²⁴ ia³³ kan¹¹ ɕian²¹³.

101）縻奶稀泻咯人吗做得别个赢啰。没精打采的人怎么比得上别人呢。

mi⁴⁵ lai⁴⁵ ɕi⁴⁵ ɕia²⁴ ko²² ɕin¹¹ ma⁴⁵ tsu²⁴ te²² pie¹¹ · ko ian¹¹ lo³³.

补语：

102）天天跟那几个人架，架起气鼓气胀。天天与那几个人吵，吵得气呼呼的。

tʰien⁴⁵ tʰien⁴⁵ ken⁴⁵ na²¹³ tɕi³³ ko²⁴ ɕin¹¹ ka⁴⁵ , ka⁴⁵ tɕʰi³³ tɕʰi²⁴ ku³³ tɕʰi²⁴ tɕian²⁴.

103）渠天天捡场，拷挡抹起区光区光唧。她天天收拾屋子，把东西擦得亮光光的。

tɕi³³ tʰien⁴⁵ tʰien⁴⁵ tɕien³³ tɕian¹¹ , lau⁴⁵ tan²⁴ ma¹¹ tɕʰi³³ tɕʰy⁴⁵ kuan⁴⁵ tɕʰy⁴⁵ kuan⁴⁵ · tɕi.

3.3 黏合性状态词

黏合性状态词的表现形式多种多样，我们把中心语素记为 a，修饰性语素和非中心可重叠语素记为 b，其他语缀按出现先后记为 x、y、z。衡阳方言的黏合性状态词形式主要有：aabb，bba，abb，aaxy，bxya，axay，baxa，axyz，xyab，axab，下面分别讨论。

3.3.1 aaxy 式

先看例：
白白的唧 pe^{11} pe^{11} · ti tɕi
红红的唧 $xən^{11}$ $xən^{11}$ · ti tɕi
黑黑的唧 xe^{22} xe^{22} · ti tɕi
黄黄的唧 uan^{11} uan^{11} · ti tɕi
薄薄的唧 po^{11} po^{11} · ti tɕi
扁扁的唧 pia^{33} pia^{33} · ti tɕi
糙糙的唧 $tsʰau^{24}$ $tsʰau^{24}$ · ti tɕi
长长的唧 $tɕian^{11}$ $tɕian^{11}$ · ti tɕi
淡淡的唧 tan^{213} tan^{213} · ti tɕi
肥肥的唧 fei^{11} fei^{11} · ti tɕi
高高的唧 kau^{45} kau^{45} · ti tɕi
尖尖的唧 $tɕien^{45}$ $tɕien^{45}$ · ti tɕi
冷冷的唧 len^{33} len^{33} · ti tɕi
轻轻的唧 $tɕʰian^{45}$ $tɕʰian^{45}$ · ti tɕi
生生的唧 sen^{45} sen^{45} · ti tɕi
湿湿的唧 $ɕi^{22}$ $ɕi^{22}$ · ti tɕi
瘦瘦的唧 $səu^{24}$ $səu^{24}$ · ti tɕi
圆圆的唧 $luen^{11}$ $luen^{11}$ · ti tɕi
鼓鼓的唧 ku^{33} ku^{33} · ti tɕi

aa 为单音形容词重叠，xy 为固定语形"的唧"，"aa 的唧"的结构为"aa｜的唧"，能加"的唧"的形容词一般是视觉、味觉、触觉所感知的性状，嗅觉、听觉所感知的性状以及其他抽象的综合性状不能说成"aa 的唧"，如：

＊臭臭的唧　　＊纯纯的唧
＊多多的唧　　＊干干的唧

* 乖乖的唧　　* 难难的唧

* 活活的唧　　* 紧紧的唧

* 亮亮的唧　　* 乱乱的唧

"的唧"表程度轻微加强，"aa + 的唧"表示性状比较明显，带有通比性（储泽祥，1998），即性状的比较对象是同类的一般事物，如：

104）那只妹唧个子有箇高，皮肤白白的唧。那个姑娘个子高高的，皮肤白白的。（比一般人白）

na²¹³ tɕia²² mei²¹³ ·tɕi ko²⁴ ·tsɿ iu³³ ko³³ kau⁴⁵, pi¹¹ ·fu pe¹¹ pe¹¹ ·ti tɕi.

105）箇只馆子里咯菜，淡淡的唧，去呗？这个饭馆的菜淡淡的，去吗？（比一般馆子淡）

ko³³ tɕia²² kuen³³ ·tsɿ li³³ ko²² tsʰai²⁴, tan²¹³ tan²¹³ ·ti tɕi, kʰe²⁴ pe²¹?

106）箇只娃娃好，箇只脸圆圆的唧，好耍。这个娃娃好，脸圆圆的，好玩。（比一般的脸圆）

ko³³ tɕia²² ua¹¹ ·ua xau³³, ko³³ tɕia²² lien³³ luen¹¹ luen¹¹ ·ti tɕi, xau³³ sua³³.

"的唧"一般还带有满意喜爱的色彩（参见 2.2.1 相关内容）。

aaxy 不修饰动词作状语，也不修饰名词作定语，一般直接作谓语，描写事物的性状，如上。还可以与标记词"起"一起用在动词后作补语，如：

107）箇面墙得渠刷起白白的唧，还可以。这面墙让他给刷得白白的，还不错。

ko³³ mien²¹³ tɕian¹¹ te²² tɕi³³ sua²² tɕʰi³³ pe¹¹ pe¹¹ ·ti tɕi, xai¹¹ kʰo³³ i³³.

单音形容词单独重叠可以修饰动词，但衡阳方言 aa 式状态词很少，偶有用到的，也是受普通话影响而比较文气的说法，带有书面色彩，普通话的 aa 式在衡阳话中经常换个说法。下面三种说法中最下边的最具口语性：

108）A1 白白花咖两百块线。

pe¹¹ pe¹¹ fa⁴⁵ ka³³ lian³³ pe²² kʰuai³³ tɕien¹¹.

A2 白花咖两百块钱。

pe¹¹ fa⁴⁵ ka³³ lian³³ pe²² kʰuai³³ tɕien¹¹.

A3 两百块钱下□水里去哒。两百块钱都掉水里去了。

lian³³ pe²² kʰuai³³ tɕien¹¹ xa²¹³ tʰen³³ ɕy³³ li³³ kʰe²⁴ ta²².

B1 你慢慢走啊。

ni³³ man²¹³·man tsəu³³ a¹¹.

B2 你慢点唧走啊。

ni³³ man²¹³ tien³³·tɕi tsəu³³ a¹¹.

B3 你缓点唧走啊。

ni³³ fuen³³ tien³³·tɕi tsəu³³ a¹¹.

"aa 的唧"与普通话的"aa（的）"相似，都可作谓语。但是，第一，衡阳"的唧"为双音语缀，不同于普通话的"的"，普通话的"的"在衡阳方言里音〔ko²²〕，写作"咯"；第二，"aa 的"比"aa 的唧"运用广，它除了作谓语，还可修饰动词（慢慢走）、修饰名词（白白的皮肤）或在有指数量的语境中作主语、宾语，如：

109）那种圆圆的还有吗？（作主语）

110）我想要几个黑黑的。（作宾语）

3.3.2 bba 式

先看例：

拍拍满 pʰa²² pʰa²² men³³　　区区光 tɕʰy⁴⁵ tɕʰy⁴⁵ kuan⁴⁵

墨墨黑 me⁴⁵ me⁴⁵ xe²²　　　雪雪白 ɕya⁴⁵ ɕya⁴⁵ pe¹¹

梆梆硬 pan⁴⁵ pan⁴⁵ ŋen²¹³　　雷雷壮 lui⁴⁵ lui⁴⁵ tsuan²⁴

捞捞空 lau⁴⁵ lau⁴⁵ kʰən⁴⁵　　糜糜烂 mi⁴⁵ mi⁴⁵ lan²¹³

溜溜圆 liu⁴⁵ liu⁴⁵ luen¹¹　　笔笔挺 pi²² pi²² tʰin³³

双音状态词 ba 重叠前件 b，形成了 bba，这个重叠手段属于构形法。这种重叠式衡阳方言用得不多，基式 ba 是强程度模式，b 代表程度加强，重叠成 bb，增加了主观感受，语气更强烈些。bba 的语法功能在于作谓语、补语，但不能像 ba 那样作定语。比较：

谓语：

111）箇只米桶拍满。→箇只米桶拍拍满。那个米桶很满。

ko^{33} $tɕia^{22}$ mi^{33} $t^h ən^{33}$ $p^h a^{22}$ men^{33}. → ko^{33} $tɕia^{22}$ mi^{33} $t^h ən^{33}$ $p^h a^{22}$ $p^h a^{22}$ men^{33}.

112）箇面墙雪白。→箇面墙雪雪白。这面强很白。

ko^{33} $mien^{213}$ $tɕian^{11}$ $ɕya^{45}$ pe^{11}. → ko^{33} $mien^{213}$ $tɕian^{11}$ $ɕya^{45}$ $ɕya^{45}$ pe^{11}.

补语：

113）渠挴箇里吃（咖）区光哒。→渠挴箇里吃（咖）区区光哒。他把这东西吃得一点不剩。

$tɕi^{33}$ lau^{45} ko^{33} li^{33} $tɕ^h ia^{22}$ （ka^{33}） $tɕ^h y^{45}$ $kuan^{45}$ ta^{22}.

→ $tɕi^{33}$ lau^{45} ko^{33} li^{33} $tɕ^h ia^{22}$ （ka^{33}） $tɕ^h y^{45}$ $tɕ^h y^{45}$ $kuan^{45}$ ta^{22}.

114）肉蒸起糜烂哒。→肉蒸起糜糜烂哒。肉蒸得很烂了。

$ɕiu^{11}$ $tɕin^{45}$ $tɕ^h i^{33}$ mi^{45} lan^{213} ta^{22}. → $ɕiu^{11}$ $tɕin^{45}$ $tɕ^h i^{33}$ mi^{45} mi^{45} lan^{213} ta^{22}.

定语：

115）昨天那只雷壮咯人叫吗名字？→ *昨天那只雷雷壮咯人叫吗名字？昨天那个胖呼呼的人叫什么名字？

tso^{11} $t^h ien^{45}$ na^{213} $tɕia^{22}$ lui^{45} $tsuan^{24}$ ko^{22} $ɕin^{11}$ $tɕiau^{24}$ ma^{45} $mian^{11}$ · $tsɿ$?

→ * tso^{11} $t^h ien^{45}$ na^{213} $tɕia^{22}$ lui^{45} lui^{45} $tsuan^{24}$ ko^{22} $ɕin^{11}$ $tɕiau^{24}$ ma^{45} $mian^{11}$ · $tsɿ$?

3.3.3　abb 式

"气呼呼、光溜溜"这样的后重叠形式中，bb 是叠音后缀，不能单说，不是成词语素。

结构构成：abb 的构成渠道比较多。

（1）a + bb→abb：

活生生 fen^{11} sen^{45} sen^{45}　　　矮它它 Nai^{33} to^{213} to^{213}

灰蒙蒙 fei^{45} $mən^{11}$ $mən^{11}$　　病怏怏 $pian^{213}$ ian^{45} ian^{45}

火辣辣 xo^{33} la^{11} la^{11}　　　　笑眯眯 $ɕiau^{24}$ mi^{45} mi^{45}

辣唆唆 la^{11} so^{45} so^{45}　　　　干巴巴 kan^{45} pa^{45} pa^{45}

暖烘烘 $nuen^{33}$ $xən^{45}$ $xən^{45}$　假惺惺 $tɕia^{33}$ $ɕin^{45}$ $ɕin^{45}$

水淋淋 çy^{33} tin^{11} tin^{11}

这是单音形容词加叠音后缀。

(2) ab + b→abb：

空洞洞 k^{h}ən^{45} tən^{213} tən^{213}　　孤单单 ku^{45} tan^{45} tan^{45}

这是双音 a 重叠尾音，很少，受普通话影响。

(3) ba→（ab）→abb：

空捞捞 k^{h}ən^{45} lau^{213} lau^{213}　　活拉拉 fe^{11} lan^{45} lan^{45}

齐崭崭 tçi^{11} tsan^{33} tsan^{33}　　黑洞洞 xe^{22} tən^{213} tən^{213}

光溜溜 kuan^{45} liu^{45} liu^{45}　　恶稀稀 o^{22} çi^{45} çi^{45}

紧绷绷 tçin^{33} pən^{45} pən^{45}

这是双音状态词 ba 逆序后再重叠尾音而成。

(4) aabb→abb：

懒洋洋 lan^{33} ian^{11} ian^{11}　　苦滴滴 k^{h}u^{33} tia^{22} tia^{22}

皱巴巴 tsəu^{24} pa^{45} pa^{45}　　松垮垮 sən^{45} k^{h}ua^{33} k^{h}ua^{33}

这是部分双音双叠省略前叠音节而成。a 是成词语素，但 ab 不能成词。

语法功能：

"abb" 的语法功能是多可的，但不论作什么成分 abb 后面都必出现"咯"，相当于普通话的"的"或"地"。

首先，能自由地作谓语，其次是作补语。如：

谓语：

116）渠小时候苦滴滴咯。她小时候很苦。

　　tçi^{33} çiau^{33} sʅ^{11}·xəu k^{h}u^{33} tia^{22} tia^{22} ko^{22}.

117）箇只屋空捞捞咯。这间房空荡荡的。

　　ko^{33} tçia^{22} u^{22} k^{h}ən^{45} lau^{213} lau^{213} ko^{22}.

补语：

118）你放箇多辣椒，吃起辣唆唆咯。你放这么多辣椒，吃起来很辣。

　　ni^{33} fan^{24} ko^{33} to^{45} la^{11} tçiau^{45}, tç^{h}ia^{22} tç^{h}i^{11} la^{11} so^{45} so^{45} ko^{22}.

119）那两块布得渠舞起皱巴巴咯。那两块布给他弄得皱巴巴的。

　　na^{213} lian^{33} k^{h}uai^{24} pu^{24} te^{22} tçi^{33} u^{33} tç^{h}i^{33} tsəu^{24} pa^{45} pa^{45} ko^{22}.

作状语要受到对象的限制，表示空间性状的 abb 如"灰蒙蒙｜空捞捞｜黑洞洞"不能作状语。

状语：

120) 两只眼珠笑眯眯咯望哒我。两只眼笑眯眯地望着我。
　　　lian³³ tɕia²² ŋan³³ tɕy⁴⁵ ɕiau²⁴ mi⁴⁵ mi⁴⁵ ko²² man²¹³ ta²² ŋo³³.

121) 两坨钱齐崭崭咯摆哒那里。两扎钱齐刷刷地摆在那儿。
　　　lian³³ to¹¹ tɕien¹¹ tɕi¹¹ tsan³³ tsan³³ ko²² pai³³ ta²² na²¹³ ti³³.

作其他成分要受到句法限制，前面加上指量词时可以作定语、主语和宾语，例如：

122) 望哒你那假惺惺咯样子都有哒。看着你那假惺惺的样子都够了。（定语）
　　　man²¹³ ta²² ni³³ na²¹³ tɕia³³ ɕin⁴⁵ ɕin⁴⁵ ko²² ian²¹³ · tsʅ⁴⁵ tu⁴⁵ iu³³ ta²².

123) 那边那只懒洋洋咯是哪个？那边那个懒洋洋的是谁？（主语）
　　　na²¹³ pien⁴⁵ na²¹³ tɕia²² lan³³ ian¹¹ ian¹¹ ko²² sʅ²¹³ na³³ · ko?

124) 我喜欢那个笑眯眯咯。我喜欢那个笑眯眯的（人）。（宾语）
　　　ŋo³³ tɕʰi³³ fuen⁴⁵ na²¹³ · ko ɕiau²⁴ mi⁴⁵ mi⁴⁵ ko²².

语义特征：

abb 的结构来源广，其语义表现也不是单一的。

①有的表示性状程度强，如"苦滴滴｜空捞捞"表示很苦、很空；

②有的则只是表示状态特点，起描摹作用，如"懒洋洋"并非说很懒，而是说没精打采的样子。

3.3.4 aabb 式

根据构成特点 aabb 可分为两类：

A：

恭恭敬敬 kən⁴⁵ kən⁴⁵ tɕin²⁴ tɕin²⁴

客客气气 kʰe²² kʰe²² tɕʰi²⁴ tɕʰi²⁴

焦焦干干 tɕiau⁴⁵ tɕiau⁴⁵ kan⁴⁵ kan⁴⁵

拍拍满满 pʰa²² pʰa²² men³³ men³³

拍拍服服 不留空隙 pʰa²² pʰa²² fu¹¹ fu¹¹

蛮蛮好好 man¹¹ man¹¹ xau³³ xau³³

服服帖帖 fu¹¹ fu¹¹ tʰie²² tʰie²²

嘀嘀咕咕 ti^{22}ti^{22} ku^{33}ku^{33}

摇摇摆摆 iau^{11}iau^{11} pai^{33}pai^{33}

区区光光 tɕ^{h}y^{45} tɕ^{h}y^{45} kuan^{45}kuan^{45}

B：

臭臭刮刮<small>小气</small> tɕ^{h}iu^{24} tɕ^{h}iu^{24} kua^{22}kua^{22}

勒勒刮刮<small>不光洁</small> le^{213} le^{213} kua^{22}kua^{22}

癫癫道道 tien^{45}tien^{45} tau^{213}tau^{213}

偷偷摸摸 t^{h}əu^{45} t^{h}əu^{45} mo^{45} mo^{45}

叽叽咕咕 tɕi^{45}tɕi^{45} ku^{33}ku^{33}

踑踑跏跏<small>纠缠不清</small> tɕi^{11}tɕi^{11} tɕia^{11} tɕia^{11}

结构构成：

A 组由双音节性状词分体双叠而成，把重叠音节各抽出一个便还原为双音性状词。ab 可能是强程度状态词，如：焦干｜拍满｜区光，也可能是一般形容词，如：恭敬｜客气｜服帖，还可能是动词，如：嘀咕｜摇摆。

B 组由两个非组合性语素分别重叠，两个重叠项各抽出一个不能构成一个词。

语法功能：

aabb 式状态词可作谓语、状语、补语、定语。

谓语：

125）箇件衣蛮蛮好好（咯），吗不穿哒啦？<small>这件衣裳很好的，怎么不穿了？</small>

　　ko^{33} tɕien^{213} i^{45} man^{11} man^{11} xau^{33} xau^{33}（ko^{22}），ma^{45} pu^{22} tɕ^{h}yen^{45} ta^{22}la^{33}？

126）王山现在总是癫癫道道，不得清白。<small>王山现在总是疯疯癫癫的，不得了。</small>

　　uan^{11} san^{45} ɕien^{213} tsai^{213} tsən^{33} sʅ^{213} tien^{45} tien^{45} tau^{213} tau^{213}，pu^{22} te^{22} tɕ^{h}in^{45} pe^{11}.

状语：

127）你两个在那里叽叽咕咕咯讲吗咯？<small>你们俩在那儿嘀嘀咕咕说什么？</small>

　　ni^{33} lian^{33} ko^{24} tsai^{213} na^{213} li^{33} tɕi^{45} tɕi^{45} ku^{33} ku^{33} kuan^{33} ma^{45} ko^{22}？

128）我只好恭恭敬敬咯送得渠。我只好恭恭敬敬地送给他。
ŋo³³ tsʅ²² xau³³ kən⁴⁵ kən⁴⁵ tɕin²⁴ tɕin²⁴ ko²² sən²⁴ te²² tɕi³³.

补语：

129）快挼衣服去烘，烘起焦焦干干好穿。快拿衣服去烘，烘得干干的好穿。
kʰuai²⁴ lau⁴⁵ i⁴⁵ · fu kʰe²⁴ xən⁴⁵, xən⁴⁵ tɕʰi³³ tɕiau⁴⁵ tɕiau⁴⁵ kan⁴⁵ kan⁴⁵ xau³³ tɕʰyen⁴⁵.

130）你现在吗下学起臭臭刮刮哒呀？你现在怎么学得那么小气呀？
ni³³ ɕien²¹³ tsai²¹³ ma⁴⁵ xa²¹³ ɕio¹¹ tɕʰi³³ tɕʰiu²⁴ tɕʰiu²⁴ kua²² kau²² ta²² ia¹¹?

定语：

131）踑踑跏跏咯人不要啊。爱纠缠的人不要。
tɕi¹¹ tɕi¹¹ tɕia¹¹ tɕia¹¹ ko²² ɕin¹¹ pu²² iau²⁴ a¹¹.

132）蛮蛮好好咯碗得渠打咖哒。好好的碗让他给砸了。
man¹¹ man¹¹ xau³³ xau³³ ko²² uen³³ te²² tɕi³³ ta³³ ka³³ ta²².

语义表现：

aabb 词普遍具有状态突显性，是一种状态强调式，不一定表示程度深，如"你两个在那里叽叽咕咕咯讲吗咯？"

3.3.5 bxya 式

此类状态词是 ba 中间插入中缀构成的，前面 2.12 所述插入性的"老巴"，主要介绍的是偏正结构，b 是可独立运用的几种程度标记，a 是独立的形容词，这里所述 bxya 整体是一个词，xy 是中缀"老巴"入词，b 都是不能成词的语素。如：

清老巴早 tɕʰin⁴⁵ lau³³ pa³³ tsau³³
精老巴苦 tɕin⁴⁵ lau³³ pa³³ kʰu³³
精老巴瘦 tɕin⁴⁵ lau³³ pa³³ səu²⁴
伶老巴光 lin⁴⁵ lau³³ pa³³ kuan⁴⁵
共老巴黄 kən²¹³ lau³³ pa³³ uan¹¹
糜老巴痒 mi⁴⁵ lau³³ pa³³ ian³³
奶老巴软 nan⁴⁵ lau³³ pa³³ nyen³³

滚老巴烂滚烫 kuən³³ lau³³ pa³³ lai²⁴
墨老巴黑 me⁴⁵ lau³³ pa³³ xe²²
梆老巴硬 pan⁴⁵ lau³³ pa³³ Nen²¹³
雷老巴壮 lui⁴⁵/¹¹ lau³³ pa³³ tsuan²⁴
苦老巴咸 kʰu³³ lau³³ pa³³ xan¹¹
稀老巴恶 ɕi⁴⁵ lau³³ pa³³ o²²
稀老巴乱 ɕi⁴⁵ lau³³ pa³³ luen²¹³
稀老巴泻 ɕi⁴⁵ lau³³ pa³³ ɕia²⁴
瘪老巴淡 pie⁴⁵ lau³³ pa³³ tan²¹³
飞老巴快 fei⁴⁵ lau³³ pa³³ kʰuai²⁴
凄老巴臭 tɕʰi⁴⁵ lau³³ pa³³ tɕʰiu²⁴

构成：

ba 是双音组合性状态词，xy 是插入性的语缀，没有实在意义，xy 的语形以"老巴"最多，也可是"老巴"的变形"拉巴"。

语法功能：

bxya 式常充当句子的谓语，也可作定语和补语。

谓语：

133）箇只药精老巴苦。这药很苦。

ko³³ tɕia²² io¹¹ tɕin⁴⁵ lau³³ pa³³ kʰu³³.

134）屋子里天天都稀老巴乱。房间天天都很乱。

u²² · tsɿ li³³ tʰien⁴⁵ tʰien⁴⁵ tu⁴⁵ ɕi⁴⁵ lau³³ pa³³ luen²¹³.

定语：

135）那只雷老巴壮咯男子又来哒。那个很胖的男人又来了。

na²¹³ tɕia²² lui⁴⁵ lau³³ pa³³ tsuan²⁴ ko²² nan¹¹ · tsɿ iu²¹³ lai¹¹ ta²².

136）苦老巴咸咯盐腌蛋我可以一次吃两只。很咸的咸鸭蛋我一次就可以吃两个。

kʰu³³ lau³³ pa³³ xan¹¹ ko²² ien¹¹ ŋan⁴⁵ tan²¹³ ŋo³³ kʰo³³ i³³ i²² tsʰɿ²⁴ tɕʰia²² lian³³ tɕia²².

补语：

137）箇只屋得渠搞起稀老巴乱。这屋子让他搞得很乱。

ko³³ tɕia²² u²² te²² tɕi³³ kau³³ tɕʰi³³ ɕi⁴⁵ lau³³ pa³³ luen²¹³.

138）渠牙子得四环素吃起共老巴黄。他的牙因吃四环素很黄。
tçi³³ ŋa¹¹·tsɿ te²² sɿ²⁴ fuen¹¹ su²⁴ tçʰia²² tçʰi³³ kən²¹³ lau³³ pa³³ uan¹¹.

"bxya"作谓语比较自由，可以单独作谓语，也可前加状语修饰，作定语一定要有定语标记"咯"，作补语一定要有补语标记"起"。

表义特征：

"xy"起增义作用，原式只表程度，插入 xy 后增加了贬义色彩，bxya 也表示程度强，但不是"很 A"而是"太 A"，主观认为过头，不好，不满意。

3.3.6 axay 式

先看例：

丑里丑气 tçʰiu³³·li tçʰiu³³·tçʰi
蠢里蠢气 tçʰyn³³·li tçʰyn³³·tçʰi
妖里妖气 iau⁴⁵·li iau⁴⁵·tçʰi
乡里乡气 çian⁴⁵·li çian⁴⁵·tçʰi
土里土气 tʰu³³·li tʰu³³·tçʰi
哈里哈气 xa³³·li xa³³·tçʰi
流里流气 tiu¹¹·li tiu¹¹·tçʰi
痞里痞气 pʰi³³·li pʰi³³·tçʰi
骚里骚气 sau⁴⁵·li sau⁴⁵·tçʰi
宝里宝气 pau³³·li pau³³·tçʰi
水里水气 çy³³·li çy³³·tçʰi
猛里猛气 mən³³·li mən³³·tçʰi
娇里娇气 tçiau⁴⁵·li tçiau⁴⁵·tçʰi
老里老气 lau³³·li lau³³·tçʰi
董里董气 tən³³·li tən³³·tçʰi
屌里屌气 tiau³³·li tiau³³·tçʰi
死里死气 sɿ³³·li sɿ³³·tçʰi
婶里婶气 不爽快 çin³³·li çin³³·tçʰi
削里削气 不合作 çio²⁴·li çio²⁴·tçʰi

屄里屄气令人厌 sən¹¹·li sən¹¹·tɕʰi

构成：

两个 a 为单音同形的形容词，x 为中缀，固定语形为"里"，y 为后缀，固定语形为"气"，构成"a 里 a 气"的固定格式。"里"没有成词作用，"气"是成词后缀，可以与 a 单独构成名词（参见 2.9），"a 里 a 气"具有评议性，进入该式的 a 有两个特点，第一，非物性评价，即它的评价语义指向不是物，而是人；第二，表示消极方面的品质性格特征。

语法功能：

"a 里 a 气"可以自由地作谓语，作定语只修饰"样子"，必用"咯"标记，很少作补语，作补语时表示变化结果，还可以作"有点"的宾语。如：

谓语：

139）李卫丑里丑气，不肯借碟子得我。李卫小小气气的，不肯借碟子给我。

li³³ uei²¹³ tɕʰiu³³·li tɕʰiu³³·tɕʰi, pu²² kʰen³³ tɕia²⁴ tie¹¹·tsʅ te²² ŋo³³.

定语：

140）那只流里流气咯样子，看哒作呕。那流里流气的样子，看了作呕。

na²¹³ tɕia²² liu¹¹·li liu¹¹·tɕʰi ko²² ian²¹³·tsʅ, kʰan²⁴ ta²² tso²² ŋəu³³.

补语：

141）两年冇看到渠，下变（起）妖里妖气哒。两年没有看到她，变得妖里妖气了。

lian³³ nien¹¹ mau²¹³ kʰan²⁴ kau³³ tɕi³³, xa²¹³ pien²⁴（tɕʰi³³）iau⁴⁵·li iau⁴⁵·tɕʰi ta²².

宾语：

142）小亚有点土里土气。

ɕiau³³ ia²⁴ iu³³ tie³³ tʰu³³·li tʰu³³·tɕʰi.

语义表现：

"a 里 a 气"不容纳积极意义的形容词，整个结构表示说话人对某人某性状的描摹和蔑视的、不满的评价，贬义色彩明显，度量无明显减少或加强。

3.3.7 baxa 式

先看例：

死屄巴屄 sๅ³³ sən¹¹ pa³³ sən¹¹
死呆巴呆 sๅ³³ ŋai¹¹ pa³³ ŋai¹¹
死蠢巴蠢 sๅ³³ tɕʰyn³³ pa³³ tɕʰyn³³
死辣巴辣 sๅ³³ la¹¹ pa³³ la¹¹
死丑巴丑 sๅ³³ tɕʰiu³³ pa³³ tɕʰiu³³
死坏巴坏 sๅ³³ fai²¹³ pa³³ fai²¹³
死狠巴狠 sๅ³³ xen³³ pa³³ xen³³

结构：

b 为程度词，固定语形为"死"，a 为形容词，在式中为可变项和重复项，x 为中缀，固定语形为"巴"，构成固定结构"死 a 巴 a"。"死 a"可以单独运用，"巴 a"不能独立。能进入此式的形容词不多，它们都是表人的消极性状的，而且是单音节的，"难看"可以加"死"说成"死难看"，但不能说成"死难看巴难看"。

语法功能：

"死 a 巴 a"可以自由地作谓语；作定语只修饰"样子"，而且必须用定语标记词"咯"；作补语也要加补语标记词"起"，而且补语的语义指向一般是人或物，不是动词。如：

谓语：

143）你呀，死呆巴呆，连不晓得想办法。你呀，呆呆的，一点儿也不会想办法。

ni³³ ia¹¹, sๅ³³ ŋai¹¹ pa³³ ŋai¹¹, lien¹¹ pu²² ɕiau³³ te²² ɕian³³ pan²¹³ fa²².

144）箇只人死屄巴屄，莫惹渠。这个人很讨厌，别惹他。

ko³³ tɕia²² ɕin¹¹ sๅ³³ sən¹¹ pa³³ sən¹¹, mo¹¹ nia³³ tɕi³³.

定语：

145）箇只死蠢巴蠢咯样子，哪个喜欢你啰！这么傻，谁会喜欢你！

ko^{33} tçia^{22} sʅ^{33} tɕʰyn^{33} pa^{33} tɕʰyn^{33} ko^{22} ian^{213} · tsʅ , na^{33} · ko tɕʰi^{33} fuen^{45} ni^{33} lo^{33} !

补语：

146）你把箇里搞起死辣巴辣，吗吃啦？你把这东西搞得这么辣，怎么吃呢？

ni^{33} pa^{33} ko^{33} · li kau^{33} tɕʰi^{33} sʅ^{33} la^{11} pa^{33} la^{11} , ma^{45} tɕʰia^{22} la^{33} ?

语义：

"死"在衡阳方言中是个强程度标记，"死 a 巴 a"的主要意义在"死 a"上，后面是由于厌恶心理而连带出来的两个音节。所以"死 a 巴 a"有两个语义特征：一是表示程度强，二是表示消极评价。

3.3.8 axyz 式

先看例：

圆咕隆咚 luen^{11} ku^{33} lən^{11} tən^{45}

黑咕隆咚 xe^{22} ku^{33} lən^{11} tən^{45}

瘆不隆咚 sən^{11} pu^{22} lən^{11} tən^{45}

胡里马拉 fu^{11} li^{33} ma^{33} la^{45}

叽里呱啦 tçi^{45} li^{33} kua^{45} la^{45}

嘀里呱啦 ti^{33} li^{33} kua^{45} la^{45}

嘀里啵啰 ti^{33} li^{33} po^{45} lo^{45}

构成：

a 可能为单音节形容词，如"圆、黑"，可能为单音不成词谓词性语素，如"叽、嘀"，可能为单音不成词形容性语素，如"胡"，xyz 为连音后缀，有一定的成词作用。

语法功能：

axyz 词可以自由地作谓语，作定语时要与别的词语一起构成偏正结构或者动宾结构，再去修饰另一个中心语，作补语通常限于动词"搞"，且必加标记词"起"。如：

谓语：

147）箇只地方黑咕隆咚咯。这里黑黢黢的。

ko^{33} tçia^{22} ti^{213} fan^{45} xe^{22} ku^{33} lən^{11} tən^{45} ko^{22}.

148）渠里在那里叽里呱啦，连不听课。他们在那儿讲小话，根本不听课。
tɕi³³·nin tsai²¹³ na²¹³ ti³³ tɕi⁴⁵ li³³ kua⁴⁵ la⁴⁵，lien¹¹ pu²² tʰian²⁴ kʰo²⁴.

定语：

149）一只圆咕隆咚咯脑壳出来哒。一个圆咕隆咚的脑袋露了出来。
i²² tɕia²² luen¹¹ ku³³ lən¹¹ tən⁴⁵ ko²² nau³³ kʰo²² tɕʰy²² lai¹¹ ta²².

150）喜欢胡里马拉咯人搞不好。爱胡搞的人做不好。
tɕʰi³³ fuen⁴⁵ fu¹¹ li³³ ma³³ la⁴⁵ ko²² ɕin¹¹ kau³³ pu²² xau³³.

补语：

151）先还话走那去学好，箇下越搞起屜不隆咚哒。
开始还说到那儿去学好，这下倒好，越来越不像话了。
ɕien⁴⁵ xai¹¹ ua²¹³ tsəu³³ na²¹³ kʰe²⁴ ɕio¹¹ xau³³，ko³³ xa²¹³ ye¹¹ kau³³ tɕʰi³³ sən¹¹ pu²² lən¹¹ tən⁴⁵ ta²².

语义特征：

①描摹性，强调状态；②带有批评否定、不满意或滑稽的色彩。所以大多是消极意义或中性词进入此式。

3.3.9　xyab 式

此式的例子极少：

稀里糊涂　　　稀里哗啦

构成上，ab 为双音节词，xy 为连音前缀，固定语形为"稀里"，此式能产性差。

语法功能上，此式能作谓语、状语和定语。如：

谓语：

152）你硬是稀里糊涂！你真是稀里糊涂！
ni³³ ŋen²¹³ sʅ²¹³ ɕi⁴⁵ li³³ fu¹¹ tu¹¹！

状语：

153）稀里糊涂咯过哒两年。稀里糊涂地过了两年。
ɕi⁴⁵ li³³ fu¹¹ tu¹¹ ko ko²⁴ ta²² lian³³ nien¹¹.

154）箇些东西，稀里哗啦咯下□咖哒！这些东西稀里哗啦地全掉了！
ko³³·ɕi tən⁴⁵·ɕi，ɕi⁴⁵li³³ fa⁴⁵la⁴⁵ ko²² xa²¹³ tʰen³³ ka³³ ta²²！

定语：

155）你是只稀里糊涂咯人。你是个稀里糊涂的人。

ni^{33} s̩^{213} tɕia^{22} ɕi^{45} li^{33} fu^{11} tu^{11} ko^{22} ɕin^{11}.

"xyab"的语义表现也有两个特征：一是具有摹状性，二是具有贬义色彩。

3.3.10 axab 式

如：

糊里糊涂 fu^{11} li^{33} fu^{11} tu^{11}

来里来头 不讲究 lai^{11} li^{33} lai^{11} təu^{11}

毛里毛躁 行动慌忙 mau^{11} li^{33} mau^{11} tsau^{24}

啰里啰唆 lo^{45} li^{33} lo^{45} so^{45}

邋里邋遢 la^{11} li^{33} la^{11} tʰa^{22}

拷巴拷轻 不屑一顾 lau^{45} pa^{33} lau^{45} tɕʰian^{45}

熨是熨帖 妥妥帖帖 y^{11} s̩^{213} y^{11} tʰie^{22}

此式 ab 为双音形容词，a 为重复音节，x 为插入性衍音语缀，语形不一，语缀"里"较多出现。

语法功能上，"axab"常作谓语，也可作定语、状语和补语，"啰里啰嗦"比较灵活，也说成"啰里八嗦"，可以作"喜欢"的宾语。如：

谓语：

156）箇两个人都毛里毛躁，凑死火哒！这两个人都是毛手毛脚的人，配绝了。

ko^{33} lian^{33} ko^{24} ɕin^{11} tu^{45} mau^{11} li^{33} mau^{11} tsau^{24}, tsʰəu^{24} s̩^{33} xo^{33} ta^{22}!

157）你莫啰里啰唆！你别啰里啰唆！

ni^{33} mo^{11} lo^{45} li^{33} lo^{45} so^{45}!

定语：

158）来里来头咯人吗嫁得出嗟？不讲究的人怎么嫁得出去呢？

lai^{11} li^{33} lai^{11} təu^{11} ko^{22} ɕin^{11} ma^{45} ka^{24} te^{22} tɕʰy^{22} tɕia^{33}?

159）那只邋里邋遢咯样子看不得。那种邋里邋遢的样子看不得。

la^{213} tɕia^{22} la^{11} li^{33} la^{11} tʰa^{22} ko^{22} ian^{213}·ts̩ kʰan^{24} pu^{22} te^{22}.

状语：

160）渠拵巴拵轻咯讲：你搜嗨。他不屑一顾地说：你搜嘛。

tçi^{33} lau^{45} pa^{33} lau^{45} tçʰian^{45} ko^{22} kuan^{33}：ni^{33} səu^{45} xai^{11}.

补语：

161）渠拵屋里捡起熨是熨帖。她把家收拾得清清楚楚。

tçi^{33} lau^{45} u^{22} li^{33} tçien^{33} tçʰi^{33} y^{11} sʅ^{213} y^{11} tʰie^{22}.

宾语：

162）你吗喜欢啰里啰唆诶？你怎么喜欢啰里啰唆呢？

ni^{33} ma^{45} tçʰi^{33} fen^{45} lo^{45} li^{33} lo^{45} so^{45} e^{21}?

"axab"的语义表现也有两个特征：一是摹状性，二是贬义色彩（有例外）。

第4章 代词

本章分三个部分介绍衡阳方言的人称代词、指示代词和疑问代词系统，并分析它们的用法特点。

4.1 人称代词

4.1.1 衡阳话的人称代词系统

	类别	单数	复数	举例
①	第一人称	我 [ŋo³³] 我老个 [ŋo³³ nan³³·ko]	我里 [ŋo³³·nin/ni]	我去 我里去 是我 是我里 我老个不想去
①	第二人称	你 [ni³³] 你老个 [ni³³ nan³³·ko]	你里 [ni³³·nin/ni]	你去 你里去 是你 是你里 你老个不想去
①	第三人称	渠 [tɕi³³] 渠老个 [tɕi³³ nan³³·ko]	渠里 [tɕi³³·nin/ni]	渠去 渠里去 是渠 是渠里 渠老个不想去
②		自家 [tsɿ²¹³·ka]		自家讲 讲自家 我自家 自家咯事/自家事
③		别个 [pie¹¹·ko]		别个讲 讲别个 别个咯事/别个事

4.1.2 人称代词的系统对应性

衡阳方言人称代词具有很强的系统对应性。

4.1.2.1 第①类中，表单数的"我、你、渠"都为上声，加上复数人称代词词尾"里"就可得到相应的三个复数形式"我里、你里、渠里"。每一对单复数的关系都是包容性的，即"你"在"你里"之中。复数词尾"里"都轻读，一般念作［nin］，有时也丢掉韵尾读作［ni］。"里"的意义相当于普通话的"们"，但其功能范围单一，不能像普通话那样附加于有生名词后面表复数，即便是修辞性的活用也不行，比较：

普通话	衡阳话
孩子们	＊细阶级里
同志们	＊同志里
蟋蟀们（活用）	＊蟋蟀里

4.1.2.2 第三人称代词的性别区分、人或动物的区分只能靠语境，不像普通话那样可以有不同形式写下来（他、她、它），比较（左为普通话）：

他/她说→渠讲 tɕi^{33} kuan^{33}

他们/她们说→渠里讲 tɕi^{33}·nin kuan^{33}

他/它在叫→渠在喊 tɕi^{33} tsai^{213} xan^{33}

他们/它们在叫→渠里在喊 tɕi^{33}·nin tsai^{213} xan^{33}

4.1.3 反身代词"自家"的不确定性

第②类的"自家"总是不确定的反身代词，可能是代替单数的"你、我、渠"，也可能是代替复数的"我里、你里、渠里"，例如：

163） a. <u>你里</u>不晓得<u>自家</u>走啊？你们不会自己走吗？

　　　 ni^{33}·nin pu^{22} ɕiau^{33} te^{22} tsɿ^{213}·ka tsəu^{33} a^{11}？

　　b. <u>你</u>不晓得<u>自家</u>走啊？

　　　 ni^{33} pu^{22} ɕiau^{33} te^{22} tsɿ^{213}·ka tsəu^{33} a^{11}？

　　c. <u>自家</u>走啰。自己走吧。

　　　 tsɿ^{213}·ka tsəu^{33} lo^{33}.

a 句因为有"你里"所以知道"自家"是多数，b 句因"你"而知是单数，c 句因没有上下文则可能作单数或多数两种理解，在特定语境中歧义会消除。

因为"自家"所代不固定，具有多可性，它可以与①类中任何一个代词连用，构成同一关系的对应，如"我自家｜你自家｜我里自家｜你里自家"。

4.1.4 另指代词"别个"的不确定性

第③类与①②类构成不相包容的对应，"别个"总是不确定的他指，它可以代替"我、你、渠、我里、你里、渠里"以外的某个或某群人，"别个"所代的是单数还是复数，是哪一个，并非说话人所关心的，例如：

164）我把别个带人。我替别人带小孩。
　　　ŋo^{33} pa^{33} pie^{11}·ko tai^{24} ɕin^{11}.

165）你吃饱哒你就不管别个哒？你吃饱了就不管别人了？
　　　ni^{33} tɕʰia^{22} pau^{33} ta^{22} tɕiu^{213} pu^{22} kuen^{33} pie^{11}·ko ta^{22}?

166）别个拎被筒菇当木耳卖得你是呗？人家拿菌子当木耳卖给你是吗？
　　　pie^{11}·ko lau^{45} pi^{213} tən^{11} ku^{45} tan^{24} mu^{22} e^{33} mai^{213} te^{22} ni^{33} sɿ^{213} pe^{21}?

以上三句，第一句的"别个"指某某人。第二句笼统地代句中固定对象"你"以外的其他人，包括指说话人。第三句是某些人还是某人难以明确。

4.1.5 尊称

衡阳话①类单数人称代词后面都可以加"老个"[nan^{33}·ko]构成尊称形式，尊称形式在语用中有功能差异。一是本义表尊称，二是本义被语境挤出，临时让位于戏谑调侃。尊称往往不用于第一人称，"我老个"的使用有两种情况，一种情况是自发使用，使话语具有戏谑调侃的语用色彩，另一种情况是用于转述接话，这时既有语用呼应功能也有调侃色彩。例如：

167）箇东西难做，<u>我老个</u>也不想做哒。这东西难做，我也不想做了。

ko^{33} tən^{45} · çi^0 nan^{11} tsu^{24}，ŋo^{33} nan^{33} · ko ia^{33} pu^{22} çian^{33} tsu^{24} ta^{22}.

168）甲：<u>你老个</u>讲话渠会听啰。您说话他会听的。

ni^{33} nan^{33} · ko kuan^{33} fa^{213} tçi^{33} fei^{213} tian^{24} lo^{33}.

乙：<u>我老个</u>讲话现在也冇得用哒嘞！我说话现在也不管用了呢！

ŋo^{33} nan^{33} · ko^0 kuan^{33} fa^{213} çian^{213} tsai^{213} ia^{33} mau^{213} te^{22} in^{213} ta^{22} le^{33}！

"你老个""渠老个"用于长辈或位尊者一般表示尊称，表戏谑的时候则没有长幼尊卑之限。例如：

169）<u>你老个</u>莫讲客气，多吃点唧。您别客气，多吃点儿。

ni^{33} nan^{33} · ko mo^{11} kuan^{33} k^{h}e^{22} · tçʰi，to^{45} tçʰia^{22} tie^{33} · tçi.

170）<u>渠老个</u>箇大年纪哒，该享福哒。他老人家这么大年纪了，该享福了。

tçi^{33} nan^{33} · ko ko^{33} tai^{213} nien^{11} · tçi ta^{22}，kai^{45} xian^{33} fu^{22} ta^{22}.

171）<u>你老个</u>天天打毛线不赢，还把我搞哦。你天天打毛线都打不过来，哪还能帮我搞。

ni^{33} nan^{33} · ko tʰien^{45} tʰien^{45} ta^{33} mau^{11} çien^{24} pu^{22} ian^{11}，xai^{11} pa^{33} ŋo^{33} kau^{33} o^{11}.

172）我想帮渠，<u>渠老个</u>反而得我踢一脚。我想帮他，他反倒给我踢一脚。

ŋo^{33} çian^{33} pan^{45} tçi^{33}，tçi^{33} nan^{33} · ko fan^{33} e^{11}，te^{22} ŋo^{33} tʰi^{22} i^{213} tçio^{22}.

这四句中，"你老个""渠老个"在前两句里表尊称，第三句里带有戏谑不满的色彩，末句里表讽刺，后两例可能用于平辈、小字辈，也可能用于长辈。

衡阳话人称代词系统趋简性强，有了上面的人称代词已经够用了，普通话中有的"大家、人家"在衡阳话中完全可以用其他代词替换，如：

173）普：<u>人家</u>咯事就是自己的事。

衡：<u>别个</u>咯事就是自己咯事。

174）普：我问过医生，<u>人家</u>说不要紧。

衡：我问过医生，<u>渠里</u>讲冇关系。

175）普：<u>大家</u>还有没有意见？

衡：<u>你里</u>还有意见冇？

176）普：大家都去了，你也去吧。

　　　衡：渠里/别个/箇些人都去哒，你也去啰。

177）普：还是大家一起去比较好。

　　　衡：还是一起去好些。

4.1.6　语法功能

衡阳话人称代词一般可作主语宾语，亦可作定语，作定语表示领属时有三种形式：一是"代词＋咯＋NP"，二是"代词＋量词＋NP"，三是"代词＋NP"。三式比较如下：

178）a. 渠讲我捡渠咯羊角来哒。他说我捡了他的羊角。

　　　　tɕi³³ kuan³³ ŋo³³ tɕien³³ tɕi³³ ko²² ian¹¹ ko²² lai¹¹ ta²².

　　　b. 渠讲我捡渠只羊角来哒。

　　　　tɕi³³ kuan³³ ŋo³³ tɕien³³ tɕi³³ tɕia²² ian¹¹ ko²² lai¹¹ ta²².

　　　c. 渠讲我捡渠羊角来哒。

　　　　tɕi³³ kuan³³ ŋo³³ tɕien³³ tɕi³³ ian¹¹ ko²² lai¹¹ ta²².

179）a. 我咯病是渠治好咯。我的病是他治好的。

　　　　ŋo³³ ko²² pian²¹³ sʅ²¹³ tɕi³³ tɕian³³ xau³³ ko²².

　　　b. 我只病是渠治好咯。

　　　　ŋo³³ tɕia²² pian²¹³ sʅ²¹³ tɕi³³ tɕian³³ xau³³ ko²².

　　　c. 我病是渠治好咯。

　　　　ŋo³³ pian²¹³ sʅ²¹³ tɕi³³ tɕian³³ xau³³ ko²².

180）a. 我咯哥哥扯五尺格子布得我。我哥哥买了五尺格子布给我。

　　　　ŋo³³ ko²² ko⁴⁵·ko tɕʰia³³ u³³ tɕʰia²² ke²²·tsʅ pu²⁴ te²² ŋo³³.

　　　b. 我屋哥哥扯五尺格子布得我。

　　　　ŋo³³ u²² ko⁴⁵·ko tɕʰia³³ u³³ tɕʰia²² ke²²·tsʅ pu²⁴ te²² ŋo³³.

　　　c. 我哥哥扯五尺格子布得我。

　　　　ŋo³³ ko⁴⁵·ko tɕʰia³³ u³³ tɕʰia²² ke²²·tsʅ pu²⁴ te²² ŋo³³.

以上三例分别代表具体名词、抽象名词和称谓名词的情况，每例都作了三式比较，将三式纵向比较，每一例的 c 句都是省略的结果，不管省略与否，受领属代词定语的制约，中心语"羊角、病、哥哥"都是定指的。代词的领属义可以是有标记的，也可以是无标记的，哪一种是典型的领属结构要看领与属的关系密切程度，如果所属项目是可让与的，则以 a 句的"代词＋咯＋NP"为典型领属结构，如果所属项目是不可让与的，则以 c 句的"代词＋NP"为典型领属结构，上述三组中，NP 的让与性呈递减序列。a 句的"代词＋咯＋NP"离开句子，它的领属义仍然明确；b 句将领属标记"咯"换成了量词，离开句子，"代词＋量词＋NP"的领属义虽然不那么明显但并未消失，衡阳话有很多这样的例子：我只钱、你本书、渠杯酒、渠只电视、你只手机……，这种结构中的代词都具有领属义；c 句既无"咯"又无量词，离开句子的"代词＋NP"除了末组 c 之外，其他两组的 c 都不表示领属义，但进入句子的"代词＋NP"无论作为陈述对象还是动作对象，仍具领属义。所以，代词的领属性首先是由句法位置决定的，只要在主语或宾语的位置，就能满足领属表达的需要，有没有领属标记词"咯"不是最重要的；其次是由领与属的关系亲密程度决定的，越亲密越不用"咯"。根据以上分析，衡阳话代词表领属的形式比普通话丰富，普通话一般没有 b 式"代词＋量词＋NP"的说法。

4.2　指示代词

4.2.1　衡阳话的指示代词系统

基本词形：

　　近指：箇 ko^{33}

　　远指：那 na^{213}

复合词形：

①代处所、时间：

　　箇里 这里 ko^{33}·ni/ti

　　箇垱唧 这儿、这地方 $ko^{33}tan^{24}$·tçi

　　箇前唧 这时候 $ko^{33}tçien^{24}$·tçi

　　那里 na^{213}·ni/ti

　　那垱唧 那儿、那地方 $na^{213}tan^{24}$·tçi

　　那前唧 那时候 $na^{213}tçien^{24}$·tçi

②代数量：

箇只 这个 ko³³·tçia　　箇个 这个 ko³³·ko

箇些 这些 ko³³·çi　　箇多 这么多 ko³³to⁴⁵

那只 那个 na²¹³·tçia　　那个 na²¹³·ko

那些 na²¹³·çi　　那多 那么多 na²¹³to⁴⁵

③代性状、语气：

箇样 这样 ko³³·ian

箇吗 这样的 ko³³·ma

箇咯 这样的 ko³³·ko

箇号 这样的 ko³³·xau

箇（老巴）这么 ko³³（lau³³·pa）

是箇 这么 sʅ²¹³ko³³

那样 na²¹³·ian

那吗 那样的 na²¹³·ma

那咯 那样的 na²¹³·ko

那号 那样的 na²¹³·xau

那（老巴）那么 na²¹³（lau³³·pa）

4.2.2　近指与远指

衡阳话指示代词只有近指和远指两分的用法。"箇"为近指，相当于普通话的"这"，"那"为远指，两类的区分表现出相对的空间距离观念，近指或远指是一种以说话人或听话人所处位置为参照的相对距离。比如：

181）箇是画，那是相片。

　　ko³³sʅ²¹³fa²¹³，na²¹³sʅ²¹³çian²⁴pien²⁴.

这里的"箇、那"是同一时间平面的两个相对位置，比较具体，靠近说话人的为"箇"，远一点的为"那"，不容置换。有时，说话人可用"箇"又可用"那"来表示同一内容，如：

182）严严进来咯箇人好像王妹唧。刚刚进来的人很像王小姐。

　　ŋan¹¹·ŋan tçin²⁴lai¹¹ko²²ko³³çin¹¹xau³³tçian²¹³uan¹¹mei²¹³·tçi.

183）严严进来咯那人好像王妹唧。

　　ŋan¹¹·ŋan tçin²⁴lai¹¹ko²²na²¹³çin¹¹xau³³tçian²¹³uan¹¹mei²¹³

· tçi.

这两句表现出同一参照对象不同参照时间的不同状态，前一句适用于所说对象还没有离开现场，是以某人进来的时间为参照，状态为某人走向或靠近说话者，所以用"箇"，后一句适用于所说对象已经离开了现场，是以某人离去的时间为参照，状态为某人离开了说话者，所以用"那"。

下面也是同一个内容即可用"箇"又可用"那"的例子：

184）箇还不易得。这还不容易。

ko^{33} xai^{11} pu^{22} i^{213} te^{22}.

185）那还不易得。那还不容易。

na^{213} xai^{11} pu^{22} i^{213} te^{22}.

这里的"箇、那"单独作主语回指话篇中已知的一个问题或方法，空间、时间、状态等参照项更模糊，不易进行客观分析，说话人选择时可有较大的随意性。

4.2.3 "箇""那"与处所、时间

"箇、那"与方所成分、时间成分组合用来指相对方所和时间。

4.2.3.1 "箇、那"加"里、挡唧"多用来指处所，"里"读[ti]，受普通话影响又音[ni]。"箇里/那里"具有通指性，可以指具体的部位，也可以指整体，"箇挡唧/那挡唧"具有细节性，一般用来指具体的部位。如：

186）甲：箇里好邋遢，凳子不好放得。这里很脏，凳子不好放。

ko^{33}·ti xau^{33} la^{11}·ta, ten^{24}·tsʅ pu^{22} xau^{33} fan^{24} te^{22}.

乙：冇关系，箇挡唧干净，凳子放箇挡唧。没关系，这里干净，凳子放这里。

mau^{213} kuen^{45}·çi, ko^{33} tan^{24}·tçi kan^{45}·tçin, ten^{24}·tsʅ fan^{24} ko^{33} tan^{24}·tçi.

衡阳话的"箇里、那里"也可以不指处所而指物品。

187）我不要箇里，要那里。我不要这个，要那个。

ŋo^{33} pu^{22} iau^{24} ko^{33}·ti iau^{24} na^{213}·ti.

188）你穿箇里又好看啰。你穿这个好看呢。

ni³³ tɕʰyen⁴⁵ ko³³ · ti iu²¹³ xau³³ kʰan²⁴ lo³³.

4.2.3.2 "箇、那"加"前唧"用来指相对时间，所指时间单纯表示近时或远时，不用来表示一件事的中间时插入另一件事，如：

189）箇前唧落雨不坐哒屋里头啊？这时候下雨不是在家坐着吗？

ko³³ tɕien¹¹ · tɕi lo¹¹ y³³ pu²² tso²¹³ ta²² u²²li³³ təu¹¹ a¹¹？

190）那前唧我精瘦。那时候我很瘦。

na²¹³ tɕien¹¹ · tɕi ŋo³³ tɕin⁴⁵ səu²⁴.

191）＊我里下在讲话，箇前唧电话响哒，我里有哪个去接。

我们都在说话，这时，电话响了，但我们没人去接。

ŋo³³ · nin xa²¹³ tsai²¹³ kuan³³ fa²¹³, ko³³ tɕien¹¹ · tɕi tien²¹³ fa²¹³ ɕian³³ ta²², ŋo³³ · nin mau²¹³ na³³ · ko kʰe²⁴ tɕie²².

这几例中，末句在普通话里是可说的，衡阳话不说，要去掉"箇前唧"句子才成立。

4.2.4 数量性指代词

代数量的指代词可分为代个体和代群体两种。

4.2.4.1 个体指量代词用得最多的是"箇只""那只"，以"箇只"为例，如：

箇只人 ko³³ tɕia²² ɕin¹¹

箇只妹唧 ko³³ tɕia²² mei²¹³ · tɕi

箇只猪 ko³³ tɕia²² tɕy⁴⁵

箇只桌子 ko³³ tɕia²² tso²² · tsɿ

箇只屋 ko³³ tɕia²² u²²

箇只事 ko³³ tɕia²² sɿ²¹³

无论人或物，都可合用一个指量结构统而指之。

"箇只人/那只人"用来指人有两种情况：一是用于叙述句客观陈述，如"那只人讲有，箇只人讲冇得，不晓得到底有冇得。那个人说有，这个人说没有，不知道到底有没有。"二是用于评议句，带有责备或戏谑意味，如："你箇只人诶，吗连不声话啦？你这个人哪，怎么不吭声？""那只人就好耍啦，连不要做事。那个人好玩，什么事也不用做。"

有趣的是衡阳方言用个体指量词"箇只""那只"来限定人不觉得

不妥，但要是计数的时候用数量词说"一只人""两只人"就不行了，会有人质问"人也是只咯只啊？人也是一只一只的吗？〔çin¹¹ ia³³ sʅ²¹³ tçia²² ko²² tçia²² a¹¹？〕"

"箇只""那只"也可用来表示一类、一种，如：

192) 箇只米不好吃，箇只面还可以。这种米不好吃，这种面还可以。
　　　　　ko³³ tçia²² mi³³ pu²² xau³³ tçʰia²², ko³³ tçia²² mien²¹³ xai¹¹ ko³³ i³³.

要说明的是，现在个体指量词已有从分的趋势，"箇只桌子"也说"箇张桌子"，"箇只屋"也说"箇间屋"等。

另外，"箇只"用来指物品时中心词可以不出现，用来指人时一定要出现中心名词，"箇只桌子"可以只说"箇只"，"箇只妹子"不能略成"箇只"。

"箇个""那个"用得较少，可能是受普通话影响的结果，只用来指人，不指物。"箇个""那个"在对举时可以不出现中心名词，如：

193) 箇个话买得我娘，那个话买得我奶奶。这个说给我妈买，那个说给我奶奶买。ko³³·ko ua²¹³ mai³³ te²² ŋo³³ nian¹¹, na²¹³·ko ua²¹³ mai³³ te²² ŋo³³ ne³³·ne.

衡阳话的"箇只""那只"可以放在形容词、动词前构成"箇只/那只+V+法（子）"的特别结构，此式中的"箇只""那只"不在于表数量而是表示种类或性状，表性状时整个格式有程度强的意思，例如：

194) 箇只做法行不通。这种做法行不通。
　　　　　ko³³ tçia²² tsu²⁴ fa²² çin¹¹ pu²² tən⁴⁵.

195) 箇天箇只热法子，冇得㙮去得。这天气这么热，（热得）没地方去。
　　　　　ko³³ tʰien⁴⁵ ko³³ tçia²² çie¹¹ fa²²·tsʅ, mau²¹³ te²² tan²⁴ kʰe²⁴ te²².

196) 渠那只走法子，哪个都赶不到。他那么走（走得那么快），谁都追不上。
　　　　　tçi³³ na²¹³ tçia²² tsəu³³ fa²²·tsʅ, na³³·ko tu⁴⁵ kan³³ pu²² tau³³.

4.2.4.2 代群体的指代词有四个，"箇些""那些""箇多""那多"，分别相当于"这些""这么多""那么多"，其中前两个所指代的群体有一个相对范围的客观性标准，比较强调范围，比如"箇些人""那些人"是指以说话人或听话人为参照点的某一相对范围内的人。

"箇多""那多"所指代的群体则比较强调主观对量的感受，有程度之分，诸如感觉适量、量多、量很多或量太多，重音在后一音节一般表示量多，重音在前则表示很多或太多，如：

197）箇多人在箇里，我里走算哒。这么多人在这儿，我们干脆走吧。
ko^{33} to^{45} ɕin^{11} tsai^{213} ko^{33}·li，ŋo^{33}·nin tsəu^{33} suen^{24} ta^{22}.

198）箇就有箇多嗟。这就够多了。
ko^{33} tɕiu^{213} iu^{33} ko^{33} to^{45} tɕia^{33}.

199）冇想到有箇多。没想到有这么多。
mau^{213} ɕian^{33} kau^{24} iu^{33} ko^{33} to^{45}.

200）我天天做箇多唧就算哒。我每天做这么多就够了。
ŋo^{33} tʰien^{45} tʰien^{45} tsu^{24} ko^{33} to^{45}·tɕi tɕiu^{213} suen^{24} ta^{22}.

这四句中，第一句重音在"箇"上，表示这儿人很多或人太多，是要走的原因。第二句重音不能在"箇"上，一般在"多"上，表示某东西比较多。第三句重音可有两个位置，重音如果在"箇"上，表示原来已知会多，现在更多了，重音如果在"多"上，表示原来认为会少、不多，现在却是多的。第四句用加词尾"唧"的方式表示适量，此句可不管重音。

有时，"箇多"与"箇些"可以替换，但语义重点不一样，比如例197如果说成"箇些人在箇里，我里走算哒"，则不是讲人多地方小，而是讲有你无我。再比如：

201）我不听箇多。我不听这么多。ŋo^{33} pu^{22} tʰian^{24} ko^{33} to^{45}.

202）我不听箇些。我不听这些。ŋo^{33} pu^{22} tʰian^{24} ko^{33}·ɕi.

上一句隐含了一个条件关系：你讲得再多我也不听。下一句隐含了一个遍指关系：你所讲的我都不听。

4.2.5 性状语气性指代词

表性状语气的指示代词可分为三组。

4.2.5.1 "箇样""那样"相当于普通话的"这样""那样"，可以用在名词前修饰名词作定语，也可以用在谓词前修饰谓词作状语，还可以单独作其他成分，如：

203）箇样咯事我还冇听到过。这种事我没听说过。

ko³³ ian²¹³ ko²² sʅ²¹³ ŋo³³ xai¹¹ mau²¹³ tʰian²⁴ kau³³ ko²⁴.

204）箇样做吗好啦？这么做怎么行呢？

ko³³ ian²¹³ tsu²⁴ ma⁴⁵ xau³³ la³³？

205）是箇样咯。是这样的。

sʅ²¹³ ko³³ ian²¹³ ko²².

4.2.5.2 "箇吗/那吗［ko³³·ma/na²¹³·ma］" "箇咯/那咯［ko³³·ko/na²¹³·ko］" "箇号/那号［ko³³·xau/na²¹³·xau］" 的意思是 "这样的" 或 "这种"，它们只能用在名词前修饰名词作定语，习惯上，三对词中 "箇吗/那吗" 用得更多。例如：

206）冇想到渠会搞箇吗名堂。没想到他会搞这种名堂。

mau²¹³ ɕian³³ kau²⁴ tɕi³³ fei²¹³ kau²⁴ ko³³·ma min¹¹ tan¹¹.

207）那吗东西哪个要啰！那样的东西（那种东西）谁要！

na²¹³·ma tən⁴⁵·ɕi na³³·ko iau²⁴ lo³³！

208）箇吗书冇得用。这种书没用。

ko³³·ma ɕy⁴⁵ mau²¹³ te²² in²¹³.

要注意的是，衡阳话的"那吗"不是普通话的"那么"，它不作连词用，不能独立存在。

"箇吗、箇咯、箇号"等词没有明显的功能区别，所以也可以换用，如：

209）a. 箇吗事我又奈得着啰。这样的事我能对付。

ko³³·ma sʅ²¹³ ŋo³³ iu²¹³ nai²¹³ te²² tɕio¹¹ lo³³.

b. 箇号事我又奈得着啰。

ko³³·xau sʅ²¹³ ŋo³³ iu²¹³ nai²¹³ te²² tɕio¹¹ lo³³.

c. 箇咯事我又奈得着啰。

ko³³·ko sʅ²¹³ ŋo³³ iu²¹³ nai²¹³ te²² tɕio¹¹ lo³³.

有时候，"箇吗""箇咯""箇号"三个词的后一音节常略去不说，前面再带一个量词"只"，构成"只箇［tɕia²² ko³³］"，表示"这样的"或"这么个"，例如：

210）扯只箇红格子布，得我连只箇抄头裤。买了红格子布，给我缝一条抄头裤。tɕʰia³³ tɕia²² ko³³ xən¹¹ ke²²·tsʅ pu²⁴, te²² ŋo³³ lien¹¹ tɕia²² ko³³ tsʰau⁴⁵ təu¹¹ kʰu²⁴.

211）得只箇尖嘴海盛哒。用一个尖嘴海盛着。(尖嘴海：一种容器)

te^{22} tɕia^{22} ko^{33} tɕien^{45} tɕy^{33} xai^{33} ɕin^{11} ta^{22}.

212）我只箇病是渠治好咯。我这个病是他治好的。

ŋo^{33} tɕia^{22} ko^{33} pian^{213} sʅ^{213} tɕi^{33} tɕian^{33} xau^{33} ko^{22}.

213）你只箇人，讲来又不来。你这人说来又不来了。

ni^{33} tɕia^{22} ko^{33} ɕin^{11}, kuan^{33} lai^{11} iu^{213} pu^{22} lai^{11}.

4.2.5.3 "箇（老巴）[ko^{33}（lau^{33}pa^{33}）]""那（老巴）[na^{213}（lau^{33}pa^{33}）]""是箇[sʅ^{213}ko^{33}]"一般只用在谓词前表示程度或状态，意为"这么""如此"，其中前面两个只用在形容词前面，单纯表程度，如：

214）崽呀，你已长起箇大哒……儿，你已长这么大了……

tsai^{33} ia^{11}, ni^{33} i^{33} tɕian^{33} tɕʰi^{33} ko^{33} tai^{213} ta^{22}……

215）你去那老巴久做吗咯去哒？你去了那么长时间，干什么去了？

ni^{33} kʰe^{24} na^{213} lau^{33} pa^{33} tɕiu^{33} tsu^{24} ma^{45} ko^{22} kʰe^{24} ta^{22}?

"是箇"用在动词前，具有描写性，描写动作状态，如：

216）渠挼桌子是箇点。他将桌子敲了又敲。

tɕi^{33} lau^{45} tso^{33}·tsʅ sʅ^{213} ko^{33} tien^{33}.

217）别个把你打毛衣，打起是箇恨。人家给你织毛衣，织得很辛苦。

pie^{11}·ko pa^{33} ni^{33} ta^{33} mau^{11} i^{45}, ta^{33} tɕʰi^{33} sʅ^{213} ko^{33} xen^{213}.

218）骑上你不走，放下你是箇飙。骑在你背上你不走，放了你就飞快地跑。

tɕi^{11} ɕian^{213} ni^{33} pu^{22} tsəu^{33}, fan^{24} xa^{213} ni^{33} sʅ^{213} ko^{33} piau^{45}.

"是箇"是衡阳话特有的用法，翻译这几句成普通话只能把大致内容概括出来，没有对应的词语可转写。

4.3　疑问代词

4.3.1　衡阳话的疑问代词系统

基本词形：

  哪 na^{33} 吗什么/怎么 ma^{45}

  好 xau^{33} 几 tɕi^{33}

复合词形：

哪个 na³³·ko

哪只 na³³·tɕia

哪些 na³³·ɕi

哪样 na³³ian²¹³

哪里 na³³·ni/ti

哪挡唧 何处 na³³tan²⁴·tɕi

哪前唧 何时 na³³tɕien¹¹·tɕi

吗咯 什么 ma⁴⁵·ko

吗子 什么 ma⁴⁵·tsʅ

吗理 为什么 ma⁴⁵li³³

吗做唧 怎么办 ma⁴⁵tsu²⁴·tɕi

吗前唧 何时 ma⁴⁵tɕien¹¹·tɕi

吗样 怎么样 ma⁴⁵ian²¹³

好久（唧）多长时间 xau³³tɕiu³³（·tɕi）

好多（唧）多少 xau³³to⁴⁵（·tɕi）

好高（唧）多高 xau³³kau⁴⁵（·tɕi）

几只 几个 tɕi³³·tɕia

几个 tɕi³³·ko

几多 tɕi³³·to

4.3.2 疑问代词在疑问句中的表现

疑问代词常常用于问句，这种问句结构形式上的因素有三：疑问代词、句调、语气词。疑问信息均由疑问代词承担，也就是说，疑问代词代替了未知信息，说话人希望对方就此作答。这类问句在衡阳话中句调灵活，可平可升，可降可曲，这些语调从信息角度上说，承载的都是羡余信息，语气词可用可不用，如果用，通常用的是"啦［la］" "诶［e］"，从言语表达的角度上说，语气词的使用可以使问句多出一些疑惑、关注、焦虑的意思，所以也不是多余的。比较：

219）今日几号？（一般地问）

　　tɕi⁴⁵ ɕi¹¹ tɕi³³ xau²¹³？

220）今日几号诶？（关注）

tɕi⁴⁵ ɕi¹¹ tɕi³³ xau²¹³ e²¹？

221）今日几号啦？（焦急）

tɕi⁴⁵ ɕi¹¹ tɕi³³ xau²¹³ la³³？

衡阳话与普通话比较，由疑问代词构成的特指问的成句要素相同，信息取向相同（即疑问信息由疑问词表示，语调与语气词都是羡余信息），所不同的在于疑问代词、语气词的选用和语调的表现各有参差，本节只谈疑问代词问题。

4.3.3 疑问代词的基本式

普通话的疑问代词的基本式有六个：谁、什么、哪、多、几、怎么，衡阳话只有四个：哪、吗、好、几。衡阳话除了"几"在数目计算时可以单独用来提问，其他都不能单独提问，不能说"哪？""吗？""好？"它们进入组合式后都可以表示疑问信息。

4.3.3.1 以"哪"为基础组合的词中，"哪个""哪只"可替换但有时也有规定，"个"与"只"的区别参见 4.2.4.1 的分析。"哪个""哪只"在特指问中相当于"谁""哪样"等，在非特指问或非问句中表示"全都"或"任何一个"，如：

222）哪个去接渠去哒？谁去接他了？

na³³·ko kʰe²⁴ tɕie²² tɕi³³ kʰe²⁴ ta²²？

223）哪个都是箇讲。谁都这么说。

na³³·ko tu⁴⁵ sɿ²¹³ ko³³ kuan³³.

224）你要哪只？你要哪个？

ni³³ iau²⁴ na³³ tɕia²²？

225）哪只都要得。哪个都行。

na³³ tɕia²² tu⁴⁵ iau²⁴ te²².

这四例中，两个问句意为"谁去接她去了？""你要哪样/哪个？"两个非问句意思是"任何人都这么说""任何一样都行"。

"哪些、哪样"与普通话同形，用法也相同，不赘。

"哪里［na³³·li］、哪挡唧［na³³ tan²⁴·tɕi］"都可问处所，后者只问处所，前者也可表语气，往往还省略，只用一个"哪"字，如：

226）种田咯一肚子气，哪里沤得过。种田的一肚子气，哪里忍得住。

tsən^{24} tien^{11} ko^{22} i^{22} tu^{33} · ts careful tɕ^{h}i^{24}, na^{33} · li əu^{24} te^{22} ko^{24}.

227）哪有箇事！哪有这事！

na^{33} iu^{33} ko^{33} s careful^{213}！

"哪前唧 [na^{33} tɕien^{11} · tɕi]" 即"什么时候"，用法与普通话无异。

4.3.3.2 以"吗"为基础组合的词中，"吗咯""吗子"相当于"什么"，"吗理"即"为什么、怎么"，"吗做唧"相当于"怎么办""怎么样"，"吗样"相当于"怎样""怎么样"，"吗前唧"即"什么时候"，下面分别举例：

228）吗咯东西响啊？什么东西响？

ma^{45} · ko tən^{45} · ɕi ɕian^{33} a^{11}？

229）听不懂箇些话是吗咯意思。听不懂这些话是什么意思。

t^{h}ian^{24} pu^{22} tən^{33} ko^{33} · ɕi fa^{213} s careful^{213} ma^{45} ko^{22} i^{24} · s careful.

230）吗理箇些人尽出难题？为什么这些人尽出难题？

ma^{45} ni^{33} ko^{33} · ɕi ɕin^{11} tɕin^{213} tɕ^{h}y^{22} nan^{11} ti^{11}？

231）你吗有夹啦？你怎么没夹呢？

ni^{33} ma^{45} mau^{213} ka^{22} la^{33}？

232）箇吗做唧？这怎么办？

ko^{33} ma^{45} tsu^{24} · tɕi？

233）箇不得黄肿病吗做唧？这样怎么会不得黄肿病呢？

ko^{33} pu^{22} te^{22} uan^{11} tsən^{33} pian^{213} ma^{45} tsu^{24} · tɕi？

234）随渠吗讲我都不声。随他怎么说我都不作声。

tsui^{11} tɕi^{33} ma^{45} kuan^{33} ŋo^{45} tu^{45} pu^{22} ɕian^{45}.

235）那是吗前唧咯事哒？那是什么时候的事了？

na^{213} s careful^{213} ma^{45} tɕien^{11} · tɕi ko^{22} s careful^{213} ta^{22}？

由上例可见，这些疑问词的功能与普通话相应的词差不多。

"吗""吗咯"可以活用，表示"大约"，如：

236）三不三走吗咯回把唧。偶尔去一次。

san^{45} pu^{22} san^{45} tsəu^{33} ma^{45} · ko fa^{11} pa^{33} · tɕi.

237）莫讲多哒，讲吗两三句唧。别说多了，说两三句。

mo^{11} kuan^{33} to^{45} ta^{22}, kuan^{33} ma^{45} tian^{33} san^{45} tɕy^{24} · tɕi.

4.3.3.3 普通话的"好"有两用：一是用作形容词如"好孩子"，

二是作为副词如"好厉害"。衡阳话的"好"有三用：一是作形容词如"好人"，二是作代词问数量，三是作副词表程度。"好"的组合式里如果带"唧"尾就只能是问数量，如"好久唧 [xau^{33} tɕiu^{33}·tɕi]"即"多长时间"，是问时间的数量，如果不带"唧"尾又无语境制约，则"好+X"既可能问数量又可能表程度，例如：

238）挼好多钱，买好多东西。拿多少钱就买多少东西/拿了多少钱，买了多少东西/拿了很多钱，买了很多东西。

lau^{45} xau^{33} to^{45} tɕien^{11}, mai^{33} xau^{33} to^{45} tən^{45}·ɕi.

239）每次挼好多钱，买好多东西，下写起。每次拿了多少钱，买了多少东西，都写上。

mei^{33} tsʰɿ^{24} lau^{45} xau^{33} to^{45} tɕien^{11}, mai^{33} xau^{33} to^{45} tən^{45}·ɕi, xa^{213} ɕia^{33} tɕʰi^{33}.

上一句无语境制约，有歧义，既可理解为数量的"拿多少钱，买多少东西"，也可理解为程度的"拿了很多钱，买了很多东西"，还可理解为疑问的"需要拿多少钱，买多少东西？"下一句是有制约的，"好多"只能表数目。

4.3.3.4 由"几"构成的组合式"几只""几个"，要求回答的是具体数目。前面说指示词"箇只"与"箇个"的区别是前者可指人也可指物，后者只指人，疑问代词"几只"与"几个"的关系是互补的，"几只"指物，"几个"指人。

由"几"构成的组合式"几多"一般不表疑问，而是表程度，伴随着主观评价，如：

240）我昨日要是去哒那几多好！我要是昨天去了多好！

ŋo^{33} tso^{11} ɕi^{11} iau^{24} sɿ^{213} kʰe^{24} ta^{22} na^{213} tɕi^{33}·to xau^{33}!

241）那工作几多好，渠还不想去！那工作多好，他居然不想去！

na^{213} kən^{45} tso^{22} tɕi^{33}·to xau^{33}, tɕi^{33} xai^{11} pu^{22} ɕian^{33} kʰe^{24}!

242）天天有箇日子过那几多舒服！每天有这样的生活多舒服啊！

tʰien^{45} tʰien^{45} iu^{33} ko^{33} ɕi^{11}·tsɿ ko^{24} na^{213} ɕi^{33} to^{45} ɕy^{45}·fu!

以上是衡阳话代词系统的基本情况。

张惠英（1977）观察到方言中的指示词有的与量词、领属助词有关，指示词兼有量词、领属助词等三种属性和用法，这一研究揭示了几种词的内在关系，是一种规律性的理论探索，将本字研究推向深入，很具理论价值和应用价值。在国家语保项目中，有的已经将量词、指示词、领属词统一记为本字"个"。衡阳方言的指示词也应与量词、领属词有关，只是因为功能分化为三种，读音也有三个形式，如果都记为"个"会大大增加阅读理解的困难，本书用三个书面形式[①]，作为量词读阴去 [ko^{24}]，写作"个"，作为指示词读上声 [ko^{33}]，写作"簡"，作为助词读入声 [ko^{22}]，写作"咯"。

---

① 衡阳话里已经用三种语音形式与三种语法功能固定地联系起来，不妨写成三种形式，这样既与实际语音吻合，又便于句子的理解，如"个三个人是你带来个人不？"不如写成"簡三个人是你带来咯人不？"（这三个人是你带来的人吗？）"别个个个都讲个样个搞法要不得"不如写成"别个个个都讲簡样咯搞法要不得（人家个个都说这种做法不行）"。

第 5 章 副词

5.1 概说

副词主要是用来修饰或限定动词、形容词或全句，表示范围、程度、语气等语义的词。副词是语言中一个复杂词类，其数量比名词、动词、形容词少，比介词、助词等多，对它进行下位分类有不同的结果，张谊生的分类多到 10 类[①]：描摹性副词、评注性副词、关联副词、否定副词、时间副词、重复副词、频率副词、程度副词、协同副词、范围副词，各种教材分类大致分为：范围副词、程度副词、时间副词、否定副词、语气副词、情态副词、频率副词[②]。分类的多少只是处理方式不同，粗细不同，本书根据后者来看衡阳方言的副词系统，并对有特色的范围副词、程度副词进行特别讨论。

5.2 范围副词

5.2.1 范围副词的量

范围副词表示事物或动作量的界限、量的幅度。根据所表量在范围上的特点，可以分为两个小类：一是全量副词，二是限量副词。

全量性范围副词所概括的对象是整个范围的集合，如"下 xa^{213}、满、净、统统、一共、总共、拢共、一起、凡是、足足、大概、顶多"等。各举一例：

243）人下来哒。人都来了。

[①] 参见《现代汉语副词研究》第二章，学林出版社 2000 年版。
[②] 如彭兰玉、张登岐主编《现代汉语》，高等教育出版社 2013 年版。

244）渠每天都在办公室。他每天都在办公室。

245）满挡耍。到处玩儿（所有地方都去玩儿。）

246）"五一"街上净是人。五一节街上到处是人。

247）家务事渠统统不管。家务事他一概不管。

248）北京我一共去哒三次。北京我一共去了三次。

249）今日一天总共卖哒600多碗粉。今天一共卖了600多碗米粉。

250）拢共十个人。一共十个人。

251）我里一起走好些。我们一起走比较好。

252）凡是冇来咯都不要管。凡是没来的人都不要管。

253）足足等哒五分钟。足足等了五分钟。

254）大概来哒十个人。大约来了十个人。

255）顶多有30个人。至多有30人。

这些全量性的范围副词的主要功能是总括事物或行为的范围，表明所总括的对象具有共同的性质。全量副词所表示的总括性有的是客观总括，如上例的"下""都""一共""统统""拢共""一起""凡是""大概""顶多"，有的是带有主观评价色彩的总括，如上例的"满""净""足足"既表示总括，也带有主观认为多的意思。

限量性范围副词所概括的对象是某一集合中的元素，可能是个体，可能是部分，如"只、就、光、就、才、起码、至少、顶多、独独"等。各举一例：

256）只晓得吃，不晓得做。只会吃不会做。

257）我就迟到一分钟你也有箇多话讲。我只迟到一分钟，你也说这么多（批评的）话。

258）光路费要好几千。光路费需要好几千。

259）红薯就箇多唧，你要不要? 红薯就这么多了，你要不要?

260）渠走咖才两天，觉得走咖好久哒样。他走了才两天，可是觉得走了很久似的。

261）坛子里起码有两刮①米。坛子里起码有两勺米。

262）至少每一户派一个人去。

---

① 刮，量米的器具用作量词。

263）渠每天都在，<u>独独</u>箇一天冇在。他每天都在，恰好这一天不在。

这些限量性的范围副词重在表达一定范围内的部分成员不同于其他成员的个性，可以表达范围小、数量少、程度低、时间短等。限量副词所表达的量往往带有说话人的主观评价色彩，"才""就"这样的副词用在句中有时表示主观量少，有时表示主观量多，是多还是少要看全句语境，"两个月才做完"表主观大量，"回国才两个月"表主观小量，"细阶级就有十个小孩儿就有十个"是主观大量，"就讨论箇只问题就讨论这个问题"是主观小量。

5.2.2 范围副词的句法表现与语义所指

5.2.2.1 句法特点。范围副词占据修饰语位置，具有句法前附着性。副词能修饰的词语有三种情况，一是只修饰谓词性成分，如：下都、统统、一律、只；二是只修饰体词性成分，如：凡是；三是既修饰谓词也修饰体词，如：才、就、光、独独、一共、总共、净。比较：

264）箇些事渠下晓得。这些事他全知道。

265）<u>凡是</u> 18 岁以上咯人都有资格投票。凡是 18 岁以上的人都有资格投票。

266）<u>才</u> 6 点钟。

267）<u>才</u>满 18 岁。

多数既修饰谓词也修饰体词的范围副词在修饰体词时实际上是一种省略说法，根据具体的语境完全可以补出谓词，如：

268）<u>才</u>两个人啊→①才来两个人啊

269）<u>就</u>渠夹色只有他特别→就是渠夹色（夹色，与众不同，带贬义）

270）<u>光</u>衡山<u>就</u>二十多只景点→光算衡山就有二十多只景点

271）<u>不止</u>一个→不止有/来一个

272）山高头<u>净</u>人山上全是人→山高头净是人

所以从静态层面而言，除了"凡是"以外，范围副词入句的完全式总是在谓词或谓词性词语前，完全式进入使用层面后，可能略去相关谓词。

---

① 箭头号→表示相当于

"凡是"所修饰的体词可能是名词，如：

273）凡是钞票就放哒箇只盒子里，凡是发票就放哒那只盒子里。_{凡是钞票都放到这个盒子里，凡是发票都放到那个盒子里。}

更多见的是修饰体词性的结构，如：

274）凡是冇及格咯冇得合格证发。_{凡是没及格的不发合格证。}

"凡是"的搭配对象与其他范围副词形成句法对立性的原因有待于进一步探讨，但不影响副词句法功能的一般表现。

范围副词所修饰的谓词以动词为常见形式，形容词带完成标记"哒、咖哒"时表示变化，具有一定的动态性，可以受范围副词修饰，如"下红咖哒_{都红了}"；形容词带上数量性词语表示丈量性，可以受范围副词修饰，如"只大两公分""不止瘦箇多_{不止瘦这么多}"。这些副词都是说事物的范围的。

有的范围副词需要与具体数量成分配合才能完成范围限定，如总括性的"笼共（去哒）两次""总共十天""一共（是）30本书"；有的范围副词总是独立表示事物的范围，如"桌子高头净灰_{桌上全是灰}""净讲些冇用咯话_{全说的是无用的话}"；有的范围副词独立表范围或与数量成分配合表范围是两可的，如"只讲不做""只（有）两个人"。

5.2.2.2 语义指向。范围副词的句法表现是定位的，一般是修饰谓词的，但其语义所指对象却不一定是谓词，其语义指向是不定位的。一般来说，全量副词总括的对象可能在前面，也可能在后面，也就是副词的语义可能前指，也可能后指；限量副词语义上具有后指特征，语义指向的对象一般要出现，不能省略。

动词、形容词身边的范围副词所指对象可能是动词所表示的行为或名词所表示的事物，所以范围副词的量表示的是物量（包括时间量）或动量，而且表物量多于表动量。表物量的多，表动量的如"总共十次""不止是看""冇得别的，只是希望其冇得事"。比较：

275）只来哒一个。（物量）

只来哒一回。（动量）

只老实哒一天。（时量）

5.2.3 范围副词"下"

5.2.3.1 衡阳话的"下 [xa^{213}]"功能多，可以用作方位词、动词、量词和范围副词。如：

276）上头有得，下头也有得。上面没有，下面也没有。

277）笔在凳子底下。笔在凳子下面。

这两例的"下"是方位词用法，衡阳话作为方位的"下"总是与其他语素结合使用，一般不单独用，普通话的"上下左右、上上下下一条心"，衡阳话避用，采用其他方式表达。

278）你先下。你先下去。

279）渠得我打哒一下。他打了我一下。

280）你帮我跟渠讲一下啰。你帮我给他说说。

281）渠里下冇来。他们都没来。

282）饼干下吃咖哒。饼干都吃掉了。

283）你里下要去啊？你们都要去吗？

以上六例，前一例是动词"下"，接下来两例是量词"下"，后三例是副词"下"。有时候动、副同形，区分要看语境：

284）我里下去，要吃饭了。我们下去吧，该吃饭了。

285）我里下去，坐得了不？我们都去的话，都能坐下吗？

上一句的"下去"是一个动词，下一句则是"下+去"副动结构。

5.2.3.2 副词"下"和"都"的关系。衡阳话的副词"下"一般可以对译成普通话的"都"，但并非衡阳话就可以不用"都"。"下""都"都是衡阳话的副词，"下"的使用频率非常高，但有时候用"都"的句子不能换成"下"，如：

286）都吃咖→下吃咖

287）箇些东西都不要→箇些东西下不要

288）每天都在加班→*每天下在加班

289）一点都不冷→*一点下不冷

这四例中，前两例衡阳的典型说法是"下"，后两例不能说"下"。区别在于句子的内容是否有关联性，"每天都在加班"的"都"除了总括范围还有关联作用，句子包含即使休息日也不例外的意思，"一点都不冷"包含以为冷却完全不冷的意思。再比较：

290）渠生气咯时候，我里都不敢惹渠→渠生气咯时候，我里下不敢惹渠

291）渠生气咯时候，哪个都不敢惹渠→＊渠生气咯时候，哪个下不敢惹渠

上一句是简单总括说全体人，下一句是无论谁都不敢惹他的条件句。

5.2.3.3 "下"作为范围副词，主要表示总括义，其句法位置在状位，语义所指却在事物，而非动作，"下"是对事物的全量性总括。如：

292）钱下还咖得渠哒。钱全都还给他了。
tɕien¹¹ xa²¹³ fen¹¹ ka³³te²² tɕi³³ ta²².

293）我箇几天下冇空，忙死哒。我这几天都没有空，忙死了。
ŋo³³ ko³³ tɕi³³ tʰien⁴⁵ xa²¹³ mau²¹³ kʰəŋ²⁴, man¹¹ sɿ³³ ta²².

294）箇只屋下是渠咯东西。这间屋子全是他的东西。
ko³³ tɕia²² u²² xa²¹³ sɿ²¹³ tɕi³³ ko²² təŋ⁴⁵ ɕi²².

295）箇院子咯人渠下耍得好。这院子里的人他都处得好。
ko³³ yen²¹³·tsɿ ko²² tɕin¹¹ tɕi³³ xa²¹³ ɕin²¹³ te²².

296）崽伢子现在可以把一只苹果下吃咖。孩子现在能把一个苹果都吃掉。
tsai³³ ŋa¹¹·tsɿ ɕian²¹³ tsai²¹ kʰo³³ i³³ pa³³ i²² tɕia²² pin¹¹ ko²² xa²¹³ tɕʰia²² ka³³.

全量是个总概念，总括的对象较多是多个个体的集合，这几例中的钱、几天的时间、屋里的东西、所有的人就是多个个体的集合；总括的对象也可以是不以个体为依据的整体，如"把饭下吃咖哒"，说的不是每一粒米饭，而是整体，或者是锅里剩下的所有饭或者是一大碗饭，"一只苹果下吃咖"中"下"所指对象为单数，也是着眼整体。

5.2.3.4 从"下"所总括的对象的位置来看，有的总括对象在"下"前，有的总括对象在"下"后，还有的是前后兼有，其句法实现是多种多样的。

5.2.3.4.1 总括对象在"下"前。"下"前面的总括对象在句法上表现为主语、主谓谓语句中的小主语、介词的宾语、状语等。

"下"总括主语，位于主语和动词之间。如：

297）过年咯东西下买齐哒。过年的东西全都买齐了。
ko²⁴ nien¹¹ ko²² təŋ⁴⁵ ɕi²² xa²¹³ mai³³ tɕi¹¹ ta²².

298）那天我里下来哒。那天我们都来了。
　　　na²¹³ tʰien⁴⁵ ŋo³³ · nin xa²¹³ lai¹¹ ta²².

299）三班四班下走咖哒。三班和四班全都走了。
　　　san⁴⁵ pan⁴⁵ sɿ²⁴ pan⁴⁵ xa²¹³ tsəu³³ ka³³ ta²².

300）一本一本下拣出来摆好。一本一本（书）都拿出来放好。
　　　i²² pin³³ i²² pin³³ xa²¹³ lau⁴⁵ tɕʰy²² lai¹¹ pai³³ xau³³.

需要说明的是另一种特殊的情形，即主语未出现，"下"用在"是、怪"等词前，重在说明原因，全句有责备之义。

301）下是你拖起，不然早就到哒。都是你拖延的，不然早就到了。
　　　xa²¹³ sɿ²¹³ ni³³ tʰo⁴⁵ tɕʰi³³, pu²² ɕien¹¹ tsau³³ tɕiu²¹³ tau²⁴ ta²².

302）下怪我，搞起箇只事冇做好。都怪我，弄得这件事没做好。
　　　xa²¹³ kuai²⁴ ŋo³³, kau³³ tɕʰi³³ ko³³ tɕia²² sɿ²¹³ mau²² tsu²⁴ xau³³.

"下"在主谓谓语句中总括小主语，位于大主语、小主语之后，动词之前。如：

303）箇只电视大人细阶唧下喜欢看。这部电视大人小孩都喜欢看。
　　　ko³³ tɕia³³ tien²¹³ sɿ²⁴ tai²¹³ ɕin¹¹ ɕi²⁴ kai⁴⁵ · tɕi xa²¹³ tɕʰi³³ fen⁴⁵ kʰan²⁴.

304）香港渠里下去过。香港他们都去过。
　　　ɕian⁴⁵ kan³³ tɕi³³ · nin xa²¹³ tɕʰie²⁴ ko²⁴.

305）箇广告纸食堂下贴满哒。这种广告纸食堂里全都贴满了。
　　　ko³³ kuan³³ kau²⁴ tsɿ³³ ɕi¹¹ tan¹¹ xa²¹³ tʰie²² men¹¹ ta²².

"下"总括介词的宾语，位于主语、介词宾语之后，动词之前。
这些介词一般是表处置的"拿、把"，表处所的"在"，表对象的"对"，表范围的"关于"等。如：

306）渠拣我里下赶出来哒。李明把我们全都赶出来了。
　　　tɕi³³ lau⁴⁵ ŋo³³ · nin xa²¹³ kan³³ tɕʰy²² lai¹¹ ta²².

307）渠城里乡里下住过，还是喜欢乡里。他城里、乡下都住过，还是喜欢住在乡下。
　　　tɕi³³ tɕin¹¹ ti³³ ɕian⁴⁵ ti³³ xa²¹³ tɕy³³ ko²⁴, xai¹¹ sɿ²¹³ ɕi³³ fen⁴⁵ ɕian⁴⁵ ti³³.

308）我对散文诗歌下冇兴趣。我对散文诗歌都没兴趣。

ŋo³³ tuei²⁴ san³³ fen¹¹ sɿ⁴⁵ ko⁴⁵ xa²¹³ mau²¹³ ɕin²⁴ tɕʰy²⁴.

309）渠里做哒吗咯，好久走咯，我<u>下</u>不晓得。他们做了什么，何时走的，我都不知道。

tɕi³³·nin tsu²⁴ ta²² ma⁴⁵ ko²²，xau³³ tɕiu³³ tsəu³³·ko，ŋo³³ <u>xa²¹³</u> pu²² ɕiau³³ te²².

"下"总括状语，放在主语、状语之后，动词之前。

这些状语一般是表示时间的词语。如：

310）我一只上午<u>下</u>在搞箇事。我整个上午都在做这事情。

ŋo³³ i²² tɕia³³ ɕian²¹³ u³³ <u>xa²¹³</u> tai²¹³ kau³³ ko³³ sɿ²¹³.

311）渠箇三天<u>下</u>有事。他这三天都有事情。

tɕi³³ ko³³ san⁴⁵ tʰien⁴⁵ <u>xa²¹³</u> iəu³³ sɿ²¹³.

以上就是总括对象在"下"前的情况。但是，如果"下"前表示范围的成分不止一项，而且每一项的量为多时，就会产生双指现象，如：

312）渠里那些事我里<u>下</u>晓得。他们那些事我们都知道。

tɕi³³·nin na²⁴ ɕi²² sɿ²¹³ ŋo³³·nin <u>xa²¹³</u> ɕiau³³ te²².

313）箇几道题目，箇些学生<u>下</u>不晓得做。关于这几道题目，这些学生都不会做。

ko³³ tɕi³³ tau²¹³ ti¹¹ mu²²，ko³³ ɕi²² ɕio¹¹ sen⁴⁵ <u>xa²¹³</u> pu²² ɕiau³³ te²² tsu²⁴.

例中的"下"既可以总括大主语，又可以总括小主语。

5.2.3.4.2 总括对象在"下"后。"下"后面的总括对象在句法上的表现主要有以下几种情况。

"下"总括疑问代词宾语。

在疑问句中，"下"总括后面的疑问代词充当的宾语，若有兼语，则总括兼语。总括疑问代词时位于主语之后，动词之前；总括兼语时"下"置于第一个动词前，形成"下+动1+兼语+动2"的格式。如：

314）街上<u>下</u>是些吗咯人？街上都是些什么人？

kai⁴⁵ xan²¹³ <u>xa²¹³</u> sɿ²¹³ ɕi⁴⁵ ma⁴⁵ ko²² ɕin¹¹？

315）那日<u>下</u>是哪些人打哒架？那天都是哪些人打了架？

ŋa²¹³ ɕi¹¹ <u>xa²¹³</u> sɿ²¹³ ŋa³³ ɕi⁴⁵ ɕin¹¹ ta³³ ta²² tɕia²⁴？

"下"总括名词或人称代词宾语,位于主语之后,动词之前。

316) 街上下是人。街上都是人。
　　　kai⁴⁵ xan²¹³ xa²¹³ sʅ²¹³ ɕin¹¹.

317) 楼高头下是书。楼上都是书。
　　　ləu¹¹ kau⁴⁵ təu¹¹ xa²¹³ sʅ²¹³ ɕy⁴⁵.

318) 身上下是灰。身上全是灰尘。
　　　ɕin⁴⁵ xan²¹³ xa²¹³ sʅ²¹³ fei⁴⁵.

319) 我下认得渠里。他们我都认识。
　　　ŋo³³ xa²¹³ ɕin²¹³ te²² tɕi³³ · nin.

5.2.1.3.4.3　　总括对象既在"下"前也在"下"后。如:

320) 昨日你里下去哒哪些地方?昨天你们都去了些什么地方?
　　　tso¹¹ ɕi¹¹ ni³³ · nin xa²¹³ tɕʰie²⁴ ta²² ŋa³³ ɕi⁴⁵ ti²¹³ fan⁴⁵?

5.3　程度副词

5.3.1　程度副词的"量"

程度副词表示性状行为量的级次。根据强弱关系,量的级次可分为顶级、强级、弱级。顶级是达到极致的程度,也可称为极量,衡阳方言常用"最、死(比'很'的程度还高)"来表现;强级表示程度高,可分为强量和过量,强级量的表达可能用直接手段,如"好白、几好很好、叻好哒很好的"直言量强,也可能用参照性表达手段,如"更、还"用于显性比较句中表示强量,"太"可用于隐性比较句中表示过量中的强量;弱级表示程度低,常用副词"稍微"在表达程度低时可能是直接表达式,用在动词前构成"稍微有点红"之类的形式是直言量弱,也可能是隐性参照性表达式,用在形容词前构成"稍微红哒点几稍微红了一点儿"之类的形式表示过量中的弱量。

量级的表述可以用程度副词,也可以用别的手段。形容词"怪"、指代词"箇"等用来表程度时很像程度副词,如"怪热子、怪好子、箇热呀这么热呀、箇好呀这么好呀",但是"怪"既能充当状语,又能在不改变语义的情况下充当谓语或定语,所以是形容词而不是形副兼类词(参张谊生,2000:11),同理,"箇"既能充当状语,又能在不改变语义的情况下充当定语或主语,所以是兼有限制、评注、修饰功能的代词而不是代副兼类词。

程度副词表示量级时也有主客观的区别。一般显性参照性语境中的"更、还"类副词所表示的量级是客观的,其他类副词表示量级可能伴随着主观评价因素,与范围副词的主观量不同,程度副词的主观性在于说话人认为超出了基本级次范畴,而这个基本级次范畴又是受个人的心理标准因素支配的,如"你也太懒哒,衣服都不洗你也太懒了,衣服都不洗"说话人认为不洗衣服超出了一般行为习惯,"箇只毛毛叻好耍哒这个小孩儿很好玩儿"表示小孩儿在说话人看来非常招人喜欢,与说话人审美标准有关。

5.3.2 程度副词的句法与语义所指的一致性

在句法上,程度副词一般占据状语位置,具有句法前附着性,个别的既可居于状语位置也可居于补足语位置,如"很、死"。副词所修饰的谓词主要是形容词和心理动词,具有模糊量性、抽象性的非心理动词和动词性短语也可能受程度副词修饰,如"好合渠咯口味很合他的口味""蛮会讲很会说""好有分寸很有分寸""太花时间""稍微带点印子稍微有点儿摺痕"。

语义上,程度副词的指向与修饰对象具有相对的一致性,没有像范围副词那样的分野。这是由"量"的性质决定的,范围副词对量的限定是可以具化的,程度副词对量的级次认定是抽象的不具体的,比较:

所有人下来哒　　渠好瘦咯　　　太花时间哒
五十个人下来哒　*渠好瘦两斤咯　*太花两小时时间哒

所谓语义指向与修饰对象的相对一致性有两个意思,一方面程度副词较多地指向所修饰的谓词,上面举到的例子都如此;另一方面,与动作相比,程度副词更多的是指向性状的,所以有时也可能动词身边的程度副词并不指向动词,比较:

321)太想出去哒。太想出去了(语义指向动词)
　　　太走远哒。太走远了(语义指向"远")
　　　太有钱哒。太有钱了(语义指向句子隐含的"多")

5.3.3 常用的非弱量程度副词

衡阳方言弱量性程度副词较少，非弱量程度副词较多，本节讨论常用的非弱量程度副词。根据副词在句中使用是否受到句法的、对象的、语用的限制，可分为通用性和限用性程度副词两类。

5.3.3.1 通用性程度副词

好 [xau³³]、很 [xe⁴⁵]、蛮 [man¹¹]

这三个程度副词表示强量，通用性强，受限制最少，它们所在的句末可加"咯 [ko²²]、哒 [ta²²]、嗟 [tɕia³³]"表示肯定、变化和传信语气，比较：

A：渠好不错咯。｜渠很不错咯。｜渠蛮不错咯。
tɕi³³ xau³³ pu²² tsʰo²⁴ ko²². ｜ tɕi³³ xe⁴⁵ pu²² tsʰo²⁴ ko²². ｜ tɕi³³ man¹¹ pu²² tsʰo²⁴ ko²².

B：渠好胖哒。｜渠很胖哒。｜渠蛮胖哒。
tɕi³³ xau³³ pʰan²⁴ ta²². ｜ tɕi³³ xe⁴⁵ pʰan²⁴ ta²². ｜ tɕi³³ man¹¹ pʰan²⁴ ta²².

C：渠好坏嗟！｜渠很坏嗟！｜渠蛮坏嗟！
tɕi³³ xau³³ fai²¹³ tɕia³³！｜ tɕi³³ xe⁴⁵ fai²¹³ tɕia³³！｜ tɕi³³ man¹¹ fai²¹³ tɕia³³！

上面几组例句，用"好"是客观一般地表现程度，用"很"显得语气更强，用"蛮"则有本来就这样的意味。

所不同的是，"很"只能用作副词，"好""蛮"还可以用作形容词。

太 [tʰai²⁴]

"太"作为程度副词表示过量，通用性也较强。"太"用在形容词前面表示程度强过了头，用在动词前表示"比很 VP 更 VP"的意思。"太"字句是判断句，句末往往加"哒"。如：

322）那衣服太大哒，我穿不得。那件衣服太大了，我穿不了。
na²⁴ i⁴⁵ fu¹¹ tʰai²⁴ tai²¹³ ta²², ŋo³³ tɕʰyen⁴⁵ pu²² te²².

323）渠太不想事哒，只晓得要。他太不想事了，只知道玩。
tɕi³³ tʰai²⁴ pu¹¹ ɕian³³ sʅ²¹³ ta²², tsʅ²² ɕiau³³ te²² sua³³.

5.3.3.2 限用性程度副词

5.3.3.2.1 叻 [le³³]、几 [tɕi³³]

"叻"和"几"都是表示强量的副词，"叻"带有较强的抒情色彩，所表程度有明显的主观性，很少用于贬义词前，不能单独用在谓词性词语前表程度，必须固定地与语气词"哒"配合使用。也就是说"叻"的主要限制是要求特定的语用因素同现。下面的例子去掉"哒"则不成立：

324）叻好耍哒 很好玩 le³³ xau³³ sua³³ ta²²
　　　叻划得来哒 很合算 le³³ fa¹¹ te²² lai¹¹ ta²²
　　　叻想要哒 很想要 le³³ ɕian³³ iau²⁴ ta²²
　　　叻漂亮哒 很漂亮 le³³ pʰiau²⁴ tian²¹³ ta²²
　　　叻舒服哒 很舒服 le³³ ɕy⁴⁵·fu ta²²
　　　叻聪明哒 很聪明 le³³ tsʰəŋ⁴⁵·min ta²²
　　　叻方便哒 很方便 le³³ fan⁴⁵·pien ta²²
　　　叻大方哒 很大方 le³³ tai²¹³ fan⁴⁵ ta²²
　　　叻坏哒 很坏 le³³ fai²¹³ ta²²

"几"受到对象限制，只修饰褒义词语，只说"几好、几快、几方便、几舒服"，不说"几坏、几慢、几难、几难受"，"几"字句末可加"咯、啊、啰"等语气词。如：

325）渠人几好，几好呱咯。他人很好，很好打交道的。
　　　tɕi³³ ɕin¹¹ tɕi³³ xau³³, tɕi³³ xau³³ kua²² ko²².

326）是箇样做啊？那几易得啰！是这么做吗？那多容易啊！
　　　sɿ²¹³ ko³³ ian²¹³ tsu²⁴·a? na²¹³ tɕi³³ i²¹³ te²² lo³³!

327）现在渠几吃香啊！现在他多么吃香啊！
　　　ɕien²¹³ tsai²¹³ tɕi³³ tɕi³³ tɕʰia²² ɕian⁴⁵ ŋa¹¹!

需要说明的是，"几"可以和"好耍、好笑"组成"几好笑、几好耍"等短语，这种短语有双重含义：一是本义，"几"表示强程度肯定，整个短语是强程度修饰语，如上面的例子；二是引申义，表示一个整体的含义，带有讽刺意味，主语多为人。这种情况下，该短语只是弱程度修饰语了。如：

328）箇只人几好耍嗟，认都不认得我，就要我借钱得渠。这个人真好玩，认都不认识我，就要我借钱给他。
　　　ko³³ tɕia³³ ɕin¹¹ tɕi³³ xau³³ sua³³ tɕia³³, ɕin²¹³ tu⁴⁵ pu²² ɕin²¹³ te²² ŋo³³, tɕiu²¹³ iau²⁴ ŋo³³ tɕia²⁴ tɕien¹¹ te²² tɕi³³.

5.3.3.2.2 死 [sᵢ³³]

"死"既能作状语又能作谓语或定语，但是作谓语或定语时与作状语的语义不同，作谓语或定语的是形容词，作状语的是程度副词。

"死"表示极量，用在谓词前面时主要受对象限制，与"几"的对象相反，"死"只用于消极词语前，可以用于自感性差的消极形容词前，或者用于动词性短语前表极量，在句中总是重读，可与普通话中的"非常、很"对译但程度比普通话这两个副词高，带有主观评价性。

死 + A 形容词：

329）箇只人死丑，五百块钱都不肯借。这个人很小气，五百块钱都不愿意借（出来）。ko³³ tɕia³³ ɕin¹¹ sᵢ³³ tɕʰiəu³³, u³³ pe³³ kʰuai³³ tɕien¹¹ tu⁴⁵ pu²² kʰen³³ tɕia²⁴.

330）石生唧讲话死冲，你莫去惹渠。石生这人讲话非常伤人，你别去惹他。ɕi¹¹ sen⁴⁵ tɕi³³ kuan³³ fa²¹³ sᵢ³³ tsəŋ²⁴, ni³³ mo¹¹ tɕʰie²⁴ nia³³ tɕi³³.

331）渠死狠，你莫想套渠咯话。他很厉害，你别想套他的话。tɕi³³ sᵢ³³ xen³³, ni³³ mo¹¹ ɕian³³ tʰau²⁴ tɕi³³ ko³³ fa²¹³.

用"死"来修饰的形容词一般是对他人的评价，这些形容词不用来说自己，自感性差。

死 + VP 动词性成分：

332）你莫讲渠哒，渠死要面子。你不要责怪他了，他很要面子的。ni³³ mo¹¹ kuan³³ tɕi³³ ta²², tɕi³³ sᵢ³³ iau²⁴ mien²¹³·tsᵢ.

333）那伢唧不喜欢你，你还死盯哒渠不放干吗咯啰！那男孩子不喜欢你，你还紧紧纠缠别人干什么呢！na²¹³ lai³³·tɕi pu²² tɕʰi³³ fen⁴⁵ ni³³, ni³³ xai¹¹ sᵢ³³ tian⁴⁵ ta²² tɕi³³ pu²² fan²⁴ kan²⁴ ma⁴⁵ ko³³ lo³³!

表程度的"死"字句句末常有语气词"咯、哒、嗟"收尾。其中"咯"是肯定强化，"哒"是变化强化，"嗟"是传信意识强化，比较：

334）渠死懒。他很懒。tɕi³³ sᵢ³³ lan³³.

335）渠死懒咯。他很懒的。tɕi³³ sᵢ³³ lan³³ ko²².

336）渠死懒哒。他很懒了。

　　　tɕi³³ sʅ³³ lan³³ ta²².

337）渠死懒嗟！他很懒呢！

　　　tɕi³³ sʅ³³ lan³³ tɕia³³！

这四例中，第一句只有程度，第二句增加肯定语气，第三句意味着原来还不懒，现在懒了，末句表示说话人想要把某人懒的特点告诉听话人或提醒受话者。

"死"也可以用在谓词后，这时受语用因素的限制，要求与句末语气词"哒"同现，不一定重读，整个结构也含有贬义评价性，如：

338）紧死哒。担心极了。tɕin³³ sʅ³³ ta²².

　　　痛死哒。痛极了。tʰəŋ²⁴ sʅ³³ ta²².

　　　恼死哒。讨厌极了。nau³³ sʅ³³ ta²².

　　　讲死哒。说绝了。kuan³³ sʅ³³ ta²².

5.3.3.2.3　连 [nie¹¹/lien¹¹]①

"连"表示极量，受到句法限制，只用在显性否定句中，在"不、冇、莫"的前面，表示完全否定，"连"的意思相当于"根本""很"，在陈述句中用在"不、冇"前彻底否定某行为或状态，如：

339）箇只花连不香。这种花一点儿也不香。

　　　ko³³ tɕia²² fa⁴⁵ nie¹¹ pu²² ɕian⁴⁵.

340）有些细阶崽唧晚上爱哭，连不睏眼眯。有些小孩子晚上老是哭，根本不睡觉。

　　　iu³³·ɕi ɕi²¹³ kai⁴⁵ tsai³³ ɕi²² uen³³ ɕian²¹³ ŋai²⁴ kʰu²²，nie¹¹ pu²² kʰun²⁴ ŋan³³ mi⁴⁵.

341）我连不得答些箇吗事。我根本不会理会这种事。

　　　ŋo³³ nie¹¹ pu²² te²² ta²²·ɕi ko³³ ma⁴⁵ sʅ²¹³.

342）下在耍，连冇做事。都在玩，根本没做事。

　　　xa²¹³ tai²¹³ sua³³，nie¹¹ mau²¹³ tsu²⁴ sʅ²¹³.

343）渠连冇走口头来耍，总总在屋里看书。他根本不到外面来玩，总是待在家里看书。

---

① "连"地道衡阳话音 nie，新派受普通话影响也说 nien 或 lien。

tɕi³³ nie¹¹ mau²¹³ tsəu³³ kʰəu³³ təu¹¹ lai¹¹ sua³³ , tsəŋ¹¹ tsəŋ¹¹ tai²¹³ u³³ ti³³ kʰan²⁴ ɕy⁴⁵.

344）我娘老子<u>冇</u>开张打过我，箇是第一回。<small>我妈妈从来没有打过我，这是第一次。</small>

ŋo³³ nian¹¹ lau¹¹ · tsʅ <u>nie</u>¹¹ mau²¹³ kʰai⁴⁵ tɕian⁴⁵ ta³³ ko²⁴ ŋo³³ , ko³³ sʅ²¹³ ti²¹³ i²² fa¹¹.

"连"用于祈使句放在"莫"前，极度劝阻某行为。如：

345）<u>连</u>莫逗渠，渠爱哭。<small>不要惹她，她爱哭。</small>

nie¹¹ mo¹¹ təu⁴⁵ tɕi³³ , tɕi³³ ŋai²¹³ kʰu²².

346）渠乱说的，<u>连</u>莫上渠当。<small>他瞎说的，不要上他的当。</small>

tɕi³³ luen²¹³ kuan³³ ko²² , nie¹¹ mo¹¹ ɕian²¹³ tɕi³³ tan²⁴.

347）<u>连</u>莫跟那些不三不四的人耍，不然下会得渠里教坏嗟。<small>不要和那些不三不四的人玩，不然都会被他们教坏呢。</small>

nie¹¹ mo¹¹ ken⁴⁵ na²¹³ ɕi⁴⁵ pu²² san⁴⁵ pu²² sʅ³³ ko²² ɕin¹¹ sua³³ , pu²² ɕian¹¹ xa²¹³ fei²¹³ te²² tɕi³³ · nin kau²⁴ fai²¹³ tɕia³³.

348）你箇成绩还想考大学，<u>连</u>莫冲梦哒。<small>你这成绩还想考大学，不要做梦了。</small>

ni³³ ko³³ tɕin¹¹ tɕi²² xai¹¹ ɕian³³ kau³³ tai²¹³ ɕio¹¹ , nie¹¹ mo¹¹ tsʰəŋ⁴⁵ məŋ²¹³ ta²².

在一般疑问句中，句末语气词为"吧、啊"时，"连"用在"冇、不"前，同样表示对极强程度的疑惑。

349）你<u>连</u>冇得经验吧？<small>你什么经验都没有吧？</small>

ni³³ nie¹¹ mau²¹³ te²² tɕin⁴⁵ nien²¹³ pa¹¹?

350）你<u>连</u>不看书啊？<small>你一点儿也不看书吗？</small>

ni³³ nie¹¹ pu²² kʰan²⁴ ɕy⁴⁵ a¹¹?

5.3.3.2.4 最［tsui²⁴］、更［ken²⁴］、还［xai¹¹］

程度当然是相比较而言的，但比较的对象可能有区别。有的程度副词的程度是建立在通比的基础上的（储泽祥，1998：171），即比较的对象是同类的一般事物，"最、更、还"是建立在特比的基础之上的，即比较的对象是同类的特定事物。这类副词的使用要受语境的限制，一般是比较语境，这种比较语境有时是隐性的，有时表现为"比"字句。

"最"是顶级程度标记,不用于一般意义的"比"字句,"更"是强级程度标记,所用来比较的事物可以隐去不说,"最、更"所指的焦点成分(沈家煊,2001)前后可以没有别的附加成分,也可以加上"哒"表示变化或语气。"还"是追加性强级程度标记,它可以在"更"上追加,比"更"的程度有所增加,而且对比较物的出现要求大于"更",句末不加语气词"哒",在非"比"字句中,"还"所指的焦点成分后面总要配以"些",以示追加的量,在"比"字句中,"些"可以不出现。比较:

非"比"字句:

351)箇只最大(哒)。这个最大了。　箇只最好(哒)。这个最好了。
　　箇只更大(哒)。这个更大了。　箇只更好(哒)。这个更好了。
　　*箇只还大。这个还大。　　　箇只还好。这个还好。
　　箇只还大些。这个还大些。　　箇只还好些。这个还好些。

这组句子虽然是用在非"比"字句,但隐含比较语境,其实是比较的结果,所不同的只有"箇只还好",它可以不以其他对象为说话依据,而只是跟自己比较,表示马马虎虎过得去的意思,是一种弱化程度量,与之相应的如"渠最近还好、渠最近还不错"。

"比"字句:

352)*箇只比那只最大。这只比那个最大*箇只比那只最好。
　　箇只比那只更大(些)。　　　箇只比那只更好(些)。
　　这只比那个更大些
　　箇只比那只还大(些)。　　　箇只比那只还好(些)。
　　这只比那个还大些

普通话的"更"可以用于三项比较,"还"不能用于三项比较。衡阳话的"更、还"都可用于三项比较,只是"更"可在递比式中越级比较,"还"只能在递比式中逐级比较,不能越级比较。"更"在逐级比较中只能用于二级比较句,不能用于三级比较句,"还"既可用于二级句,也可用于三级句。如:

越级比较:

353)第三只比第二只大,比第一只就更大哒。
　　　　ti^{213} san^{45} tɕia^{33} pi^{33} ti^{213} e^{213} tɕia^{33} tai^{213}, pi^{33} ti^{213} i^{22} tɕia^{33} tɕiu^{213}

ken^{24} tai^{213} ta^{22}.

354）第三只比第二只大，比第一只就还大些。

ti^{213} san^{45} tçia^{33} pi^{33} ti^{213} e^{213} tçia^{33} tai^{213}，pi^{33} ti^{213} i^{22} tçia^{33} tçiu^{213} xai^{11} tai^{213} çi^{45}.

逐级比较：

355）第一只已经有箇大哒，第二只更大。

ti^{213} i^{22} tçia^{33} i^{33} tçin^{45} i əu^{33} ko^{33} tai^{213} ta^{22}，ti^{213} e^{213} tçia^{33} ken^{24} tai^{213}.

356）第一只已经有箇大哒，第二只还大些。

ti^{213} i^{22} tçia^{33} i^{33} tçin^{45} ieu^{33} ko^{33} tai^{213} ta^{22}，ti^{213} e^{213} tçia^{33} xai^{11} tai^{213} çi^{45}.

357）第一只已经有箇大哒，第二只更大，第三只还大些

ti^{213} i^{22} tçia^{33} i^{33} tçin^{45} iu^{33} ko^{33} tai^{213} ta^{22}，ti^{213} e^{213} tçia^{33} ken^{24} tai^{213}，ti^{213} san^{45} tçia^{33} xai^{11} tai^{213} çi^{45}.

越级比较是由大到小的倒比式，逐级比较是由小到大的顺比式。

5.4 其他副词

衡阳话的时间副词、否定副词、语气副词、情态副词、频率副词用法相对简单，在这一节里介绍。

5.4.1 时间副词

衡阳话常用的时间副词按照语义可分为三类，语法上总是修饰谓词做状语，用法比较简单。

5.4.1.1 过去性时间副词

有的表示动作行为或事件在某个参照时间以前发生。如：

358）梨子早冇得哒。梨子早没了。

359）渠早走起看不到人哒。他早走得没人了。

360）车已经开走哒。车已经开走了。

有的表示动作行为或事件在以前某个参照时间发生并延续至今。如：

361）我路来不喜欢箇种比赛。我一直以来都不喜欢这种比赛。

362）箇两年一直冇得渠咯消息。这两年一直没有他的消息。

"路来"与"一直"意思相近，"路来"多用来强调习惯性行为。

有的表示动作行为或事件在接近某个参照时间点发生。如：

363）舅舅刚走，要不要喊渠回来？舅舅刚走，要不要叫他回来？

364）刚刚是哪个讲要出国？刚才谁说要出国来着？

365）我刚才想哒一下，冇想好。我刚才想了想，还没想好。

366）才讲咯就不记得哒啊？才说的就忘了吗？

5.4.1.2　现在性时间副词

表示动作行为与说话时间或某一参照时间同时进行。如：

367）姐姐在看书，莫打吵。姐姐在看书，别吵她。

368）我里正在讲箇只事，你就来哒。我们正说着这事你就来了。

369）渠吗样做我就吗样做，现学现卖。他怎么做我就怎么做，现学现卖。

5.4.1.3　将来性时间副词

表示动作行为在某个参照时间以后发生。如：

370）稍微等一下，我就来。稍等一下，我马上来。

371）出门就看得到加油站。出门就能看到加油站。

372）电影快开始哒。电影快开始了。

373）油快要用完哒。油快要用完了。

374）你迟早会看到渠咯。你迟早会看到他的。

上面第一句的"就"表示很短的时间，第二句的"就"表示某个动作完成后的时间点，这样的"就"兼有关联作用，也叫关联副词，表示前后是条件关系，常用在复句里，如"只要你同意，我就去比赛"。

有的时间副词所表时间可能因语境而不同，如"马上"，比较：

375）我只讲哒一句，渠马上明白我要讲吗咯。我只说了一句，他马上明白我要说什么。

376）领导让我马上接手财务工作。

上一句"马上"是现在性时间，下一句"马上"是将来性时间。

5.4.2　否定副词

衡阳话的否定副词主要有：不 [pu^{22}]、冇 [mau^{213}]、冇得

［mau²¹³te²²］、莫［mo¹¹］。

"不"可以单用，主要用于对主观意愿、习惯性行为、性质状态等的否定，与普通话无异。如：

377）吃饱哒，不吃哒。吃饱了，不吃了。

378）今日要写东西，不出去耍哒。今天要写东西，不出去玩了。

379）我不想讲话。我不想说话。

380）箇样做不好。这么做不好。

381）箇凳子不干净，抹一下。这凳子不干净，擦一下。

"冇"有动词和副词两种用法，体词性成分前的"冇"是动词，如"冇条件""冇好多唧"。谓词性成分前的"冇"是副词，副词"冇"多用于否定客观现实性，用法与普通话"没"无异，但普通话有"没""没有"两种形式，衡阳话只说"冇"，一般不说"冇有"。如：

382）甲：你讲吗咯？乙：冇讲吗咯。甲：你说什么？乙：没说什么。

383）冇看清是哪个来哒。没看清来的是谁。

384）饭还冇好。饭还没好呢。

385）昨日我有事就冇来哒。昨天我有事就没来了。

"莫"的用法相当于普通话的"别"，用于禁止性命令、要求或劝告。如：

386）莫扶渠，得渠自己爬起来。别扶他，让他自己爬起来。

387）别个讲话你莫插嘴。人家说话的时候你别插嘴。

388）莫不晓得好歹啊。别不知道好歹。

5.4.3 语气副词

语气、口气等是句子这一级语法单位中才具有的因素，因此，语气副词所在的结构是具有表述功能的动态单位。衡阳话常见的语气副词如：的确、确实、一定、怕、恐怕、难道、索性、干脆、简直、实在、偏、偏偏、简直、但是、反而、吖。这类副词用于句首或谓词前面帮助语气、口气等的表达，在句子中出现的位序有一定的灵活性，位于句首的限于部分双音副词。

语气副词所表示的语气主要有以下几类。

5.4.3.1 表示肯定语气

389）<u>的确</u>，箇话很有道理。的确，这话很有道理。

390）那天时间<u>的确</u>来不赢。那天，时间的确来不及。

391) 箇规矩<u>的的确确</u>早就有哒。这个规矩的确早就有了。

392）<u>确实</u>，我不应该发火。我确实不该发脾气。

393）箇道菜<u>确实</u>煮得好。这菜确实做得好。

394) 我<u>确确实实</u>不晓得奶奶来哒。我确实不知道奶奶来了。

395）甲：再吗样都应该打只招呼再走。乙：那<u>确实</u>。甲：再怎么样走之前都应该打个招呼。乙：那确实。

396）我<u>一定</u>来。

397）出门<u>一定</u>要记得关电源。

"的确""确实"位置较灵活，可以用于句首或句中，"一定"只能用于句中；"的确""确实"意思相近，用法相当，但"确实"可以单独用来呼应对话。

5.4.3.2 表示强化语气

398）箇道理<u>难道</u>我还不晓得？这道理难道我不知道？

399）想不通<u>索性</u>不想哒。想不通索性不想了。

400) 一起搞搞不下去，<u>干脆</u>得渠一个人去搞。一起搞搞不下去，干脆让他一个人搞。

401）喇叭声音太大哒，<u>简直</u>要把耳朵吵聋哒。喇叭声音太大了，耳朵都要吵聋了。

402）箇只主意<u>实在</u>是太好哒。这个主意实在太好了。

403）渠喊我做箇里做那里，我<u>偏</u>不做。他让我做这做那，我偏不做。

404）人下来哒，<u>偏偏</u>就缺哒只主持人。人都到了，偏偏缺了个主持人。

"难道"强化反问。"索性""干脆"强化决断。"简直""实在"强化程度。"偏""偏偏"强化对立或意外。

5.4.3.3 表示推测语气

405）那<u>多半</u>搞不成哦。

406）装修彻底搞好<u>怕</u>还要半个月。

407）箇事<u>恐怕</u>搞不成气。这事恐怕做不成。

"怕""恐怕"意思相同，单音节的"怕"使用频率更高。

5.4.3.4 表示转折语气

有的转折语气是明转折语气，如：

408）吗咯都不管<u>反而</u>还好<u>些</u>。什么都不管反而还好些。

409）我好心好意，<u>反而</u>冇拷只好报。我好心好意却没拿到好报。

410）劝得越多<u>反而</u>越麻烦。

411）我做箇多事，冇讨好，<u>反而</u>讨只骂。我做这么多事，没讨个好，反而讨了个骂。

这一类副词与普通话相同，既能用在复句的后一分句里，也可用在单句或紧缩句里，表示全句的前后转折语气。这一类副词都有关联作用。

衡阳话另有一类弱转折性肯定语气副词，如：

412）试一下<u>哒</u>冇关系嘞。试试倒也无妨。

s_1^{24} i^{22} xa^{21} $\underline{ta^{33}}$ mau^{213} $kuen^{45}$ · $çi$ le^{11}.

413）讲起来<u>哒</u>易得，做起来就难哒。说起来倒是容易，做起来就难了。

$kuan^{33}$ $tç^h i^{33}$ · lai $\underline{ta^{33}}$ i^{213} · te, tsu^{24} $tç^h i^{33}$ · lai $tçiu^{213}$ nan^{11} ta^{22}.

414）那<u>哒</u>不能箇样讲嘞。那倒不能这么说。

na^{213} $\underline{ta^{33}}$ pu^{22} nen^{11} ko^{33} ian^{21} $kuan^{33}$ le^{11}.

这种"哒"相当于普通话的"倒""倒是"，但又有不同。"哒"字句有关联上文的作用，表示"不过""还是"的弱转语气。这类副词有的还兼有表示事态已然的作用，如"我哒冇在啦，吗会晓得嘞？我没有在场，怎么会知道呢？"，关于"哒"字句的具体用法，参见"体貌的表达"一章中的"哒［ta^{33}］"。

语气副词若与其他副词共现，总是语气副词在前，其他副词在后。比较：

415）渠<u>多半</u>不来哒→*渠不多半来哒

416）渠<u>肯定</u>已经答应哒→*渠已经肯定答应哒

5.4.4 情态副词

情态副词主要表示动作行为进行的方式、情状，如：白、空、流星、赶快、亲自、亲口、亲手、亲眼、当众。这类副词数量较多，复现率较低，意义比较实在，与所修饰的动词性成分之间的选择性较强，如"亲口"总与说类动词搭配，"亲眼"总与看见类动词搭配。下面对比分析意义接近的两对副词。

5.4.4.1 "白"与"空"

"白""空"都既能作形容词又能用作副词，作为副词意义接近，是同义副词，表示行为、付出没有结果或没有达到目的的样子，但用法有所不同，有时可替换，有时不能替换。如：

417）白走咖一转。白走了一趟。（可以换用"空"）

418）莫讲渠哒，你讲也是白讲。别说他了，你说也是白说。（可以换用"空"）

419）搞来搞去白忙哒。搞来搞去百忙了。（不可换用"空"）

420）白吃白住不要钱。（不可换用"空"）

421）我还以为会搞成，白相信渠哒。（不可换用"空"）

422）空跑一趟。（可以换用"白"）

423）空喜欢一场。（可以换用"白"）

衡阳话用副词"白"比用"空"多，它既能像"空"一样用于具体行为动作和情绪类心理动作，也能用于"忙"之类的抽象动作、四字结构以及其他心理动作。

5.4.4.2 "流星"与"赶快"

这两个副词意义接近，可以说是同义词，但意义特征和用法有所不同，有时可替换，有时不能替换。如：

424）听到简话渠流星走开。听到这话他赶快走开。（可以换用"赶快"）

425）看到爷爷来哒，崽伢子流星搬只椅子得爷爷坐。见爷爷来了，孩子赶快拿了把椅子让爷爷坐。（可以换用"赶快"）

426）让小孙赶快过来一下，有人找。（不可换用"流星"）

427）你赶快去买点退烧药回来。（不可换用"流星"）

二者都能用于描述动作行为的情状，但"赶快"是本体说法，"流星"的形象性强，是一种比喻性说法。此外，在请求、命令句里面，一般用"赶快"不用"流星"。

5.4.5 频率副词

衡阳话常用的频率副词如：又、也、还、再、一再、再三、重新。其用法跟普通话相同，不做详细分析，仅举一些用例：

428）检查团又来哒。检查团又来了。

429）箇书我看咖又看，看不厌。这书我看了又看，看不腻。

430）老话莫一次又一次咯讲。重复的话别一次又一次地老是说。

431）你今日也耍，明日也耍，作业吗时候做啊？你今天玩明天玩，什么时候写作业呢？

432）讲咖一次，还讲一次，强调一下。说了一次还说一次，强调一下。

433）你还讲不听咯话，我就要告诉爸爸哒。你还说不听的话，我就要告诉爸爸了。

434）莫再讲哒，耳朵都起茧子哒。别再说了，说得耳朵都起茧子啦。

435）一再打招呼，不听。

436）一再留渠吃饭都冇留住。一再留他吃饭都没留住。

437）我不想当主持人，再三推，推不脱。

438）字冇写好，重新写。

"又""也""还"之类的频率副词还兼具关联作用，这一点也与普通话相同，不赘。

第6章 介词

6.1 概说

介词多源于动词，汉语的词由动词用法发展到介词用法是汉语精密化的必然结果。不过，什么样的动词会演变成介词，在普通话和各方言中情况不一。本章以衡阳话的介词为对象，以普通话为参照，先筛选出介词使用相同的类和不同的类，然后在衡阳话特别的类上展开分析。

6.2 衡、普系统比较分类

本节以普通话为参照分类。据统计，《现代汉语八百词》（吕叔湘，1999）收介词58个，《实用汉语用法词典》（周行键，1990）收介词67个，现以后者作为比较分类。

6.2.1 衡阳话与普通话词源用法一致的介词

这一类介词不作分析讨论，列举如下。

挨 ŋai^{45}	按 ŋan^{24}	比 pi^{33}
朝 tɕiau^{11}	趁 tɕʰin^{24}	除 tɕy^{11}
正当 tɕin^{24} tan^{45}	从 tsən^{11}	对 tui^{24}
根据 ken^{45} tɕy^{24}	跟 ken^{45}	关于 kuen^{45} y^{11}
和 xo^{11}	就 tɕiu^{213}	据 tɕy^{24}
临 tin^{11}	论 nən^{213}	凭 pin^{11}
通过 tʰən^{45} ko^{24}	顺 ɕyn^{213}	同 tən^{11}
往 uan^{33}	为 uei^{11}	沿 yen^{11}

依 i⁴⁵	以 i³³	向 ɕian²⁴
因 in⁴⁵	因为 in⁴⁵wei¹¹	与 y³³
由 iu¹¹	由于 iu¹¹y¹¹	于 y¹¹
照 tɕiau²⁴	自 tsʅ²¹³	自从 tsʅ²¹³tsən¹¹
至于 tsʅ²⁴y¹¹	问 fen²¹³	靠 kʰau²⁴
归 kui⁴⁵		

6.2.2 衡阳话与普通话词形相近，用法一致的介词

这一类介词词形有所不同，但用法一致，也不作分析讨论，列举如下。

普通话	衡阳话
除了	除哒 tɕy¹¹ta²²
除开	除脱 tɕy¹¹tʰo²²
除去	除咖 tɕy¹¹ka³³
为了	为哒 uei¹¹ta²²
为着	为哒 uei¹¹ta²²

6.2.3 普通话有，衡阳话无的介词

这一类介词指的是平时说白话没有，文读中受普通话同化的不计，列举如下。

随着　本着　依照　为……所　对于　管

6.2.4 衡普词形、用法不同的介词

这一类介词能体现衡阳话介词特点，分别说明。

6.2.4.1 词形有别，用法差别不大的

6.2.4.1.1 当——在 [tsai²¹³]

普通话"当"可引介处所和时间，引介处所时，普衡用法一致，如："当胸一拳""当面说清"；引介时间时，衡阳话介词为零位或者使用"在"，如"当我回来时，他已经睡了"衡阳说成"我回来时，渠已经瞓咖哒"或"在我回来咯时候，渠已经瞓咖哒"。

6.2.4.1.2 将——将 [tɕian⁴⁵]、拷 [lau⁴⁵]

在成语、熟语中，普衡同用一个"将"，如"将心比心，恩将仇

报";此外普通话书面用"将"的地方,衡阳话都用口语的"挼"代替,如:"他将钱和药方交给了我",衡阳话说成"渠挼钱和方子得我哒[tɕi³³ lau⁴⁵ tɕien¹¹ xo¹¹ fan⁴⁵·tsɿ te²² ŋo³³ ta²²]"。

6.2.4.1.3 连——连[lien¹¹]、和[xo²¹³]

当普通话的"连"表示包括连带事物时,衡阳话不用"连"而用"和",如"连皮吃"衡阳说成"和皮吃[xo²¹³ pi¹¹ tɕʰia²²]";其余用法相同,如"连我十个人""连我都晓得哒"。

6.2.4.2 词形不同,用法差别大的

此类介词使用频率较高,而且词与词之间互有牵扯,不能简单划断,这里仅从普通话角度列出衡阳话的基本对应词,具体分析在下一节展开。

普通话介词用词	衡阳话介词用词
把	挼[lau⁴⁵]
被 叫 让	得[te²²]
给	得[te²²] 把[pa³³] 跟[ken⁴⁵] 向[ɕian²⁴] 对[tui²⁴]
拿 用	挼[lau⁴⁵] 得[te²²]
替	把[pa³³]
打	从[tsən¹¹] 打从[ta³³ tsən¹¹] 打[ta³³]
在	在[tsai²¹³] 哒[ta²²]①
到	到[tau²⁴] 哒[ta²²]

---

① "哒"的介词性存疑,详见后面的相关讨论。

6.2.5 衡阳话有而普通话无的介词

此处先列举例词，用法在后面 6.4 节分析。

走［tsəu³³］｜丢［tiu⁴⁵］｜歇［ɕie²²］｜放［fan²⁴］｜听［tʰian²⁴］｜直［tɕi¹¹］｜粘［nia⁴⁵］｜希［ɕi⁴⁵］｜巴［pa⁴⁵］｜削［ɕio²²］｜绊［pen²¹³］

6.3 词形不同，用法殊异的类

这一节我们以衡阳话为纲对前面的"6.2.4.2"类展开分析。

6.3.1 捞

衡阳话的"捞"字，一般读作［lau⁴⁵］，也有部分人读作［nan⁴⁵］，读［nan⁴⁵］可能是受普通话的"拿"影响，表义和用法并无区别。

6.3.1.1 "捞"的变化

衡阳话介词"捞"源于动词 lau⁴⁵ 拿。由于缺乏完整的方言史料，我们无法考察由动到介何时发生、何时完成，但由动到介虚化的语法化过程仍可从现代的活语料中推知。先看例子：

439）捞哒。拿着。lau⁴⁵ ta²².

440）别个个个捞我嘴巴看喋，捞我脸看喋，就是箇点唧硬皮冇抠穿哒。别人一个个用手把着我的嘴和脸查看，（当时）只有点硬皮没有抠穿。

pie¹¹·ko ko²⁴·ko lau⁴⁵ ŋo³³ tɕy³³·pa kʰan²⁴ tie¹¹, lau⁴⁵ ŋo³³ li-en³³ kʰan²⁴ tie¹¹, tɕiu²¹³ sʅ²¹³ ko³³ tie³³·tɕi ŋen²¹³ pi¹¹ mau²¹³ kʰəu⁴⁵ tɕʰyen⁴⁵ ta²².

这两句体现的是"捞"的本义"握、持"。

441）（五尺布）我带我崽去走月捞来咯。（走月：婴儿满月后带出去走亲戚）（这五尺布）是我带我小孩走月的时候拿来的。

(u³³ tɕʰia²² pu²⁴) ŋo³³ tai²⁴ ŋo³³ tsai³³ kʰe²⁴ tsəu³³ ye¹¹ lau⁴⁵ lai¹¹ ko²².

442）渠不捞我咯都好哒。他不拿我的就不错了。

tɕi³³ pu²² lau⁴⁵ ŋo³³ ko²² tu⁴⁵ xau³³ ta²².

443）渠娘下拵咖走哒。他妈妈都拿走了。

　　tɕi³³ nian¹¹ xa²¹³ lau⁴⁵ ka³³ tsəu³³ ta²².

这几句体现的是"拵"的引申义"取"。

444）先话得我拵我娘只烂东西做古迹，箇我也不要哒。原来想把我娘这个烂东西留做古董，现在我也不要了。

　　ɕien⁴⁵ ua²¹³ te²² ŋo³³ lau⁴⁵ ŋo³³ nian¹¹ tɕia²² lan²¹³ tən⁴⁵·ɕi tsu²⁴ ku³³ tɕi²²，ko³³ ŋo³³ ia³³ pu²² iau²⁴ ta²².

这一句的"拵"开始虚化，但仍可解为动词。

445）拵被筒菇当木耳。

　　lau⁴⁵ pi²¹³ tən¹¹ ku⁴⁵ tan²⁴ mu²² e³³.

446）拵那堆叉打倒咖哒。把那堆支成叉的木棍打倒了。

　　lau⁴⁵ na²¹³ tui⁴⁵ tsʰa⁴⁵ ta³³ tau³³ ka³³ ta²².

447）跶粑子拵我手脑跶扁哒。跶粑子把我手指头都跶扁了。

　　ta¹¹ pa⁴⁵·tsɿ lau⁴⁵ ŋo³³ ɕiu³³ nau³³ ta¹¹ pia³³ ta²².

这三句中，"拵被筒菇当木耳"的动词意味更加微弱，介词特点较明显，后两句已完全虚化，行为主体是打叉、工具跶到了手，"拵"与叉和手没有动作的施行关系，只有引介关系。

"拵"的语法化线索可归纳为：

握、持（实义）→ 取（实义引申）→ 拿…做…//拿…当…（虚化）→把（彻底虚化）

根据上面的虚化线索，动词"拵"的意思与普通话的"拿"相对应，衡阳话中没有"拿"这个字音，但衡阳人往往把口头上的"拵"与字典里的"拿"相对应，"拵"又读［nan］也与［na］相近，这样，"拿"可能是"拵"的本字。

6.3.1.2　介词"拵"的用法

"拵"后面带上名词性词语，基本功能如下：

其一，引进所处置的对象，相当于"拿、对、把"。如：

448）拵我丢哒屋里头。把我放在家里。

　　lau⁴⁵ ŋo³³ tiu⁴⁵ ta²² u²² li³³ təu¹¹.

449）别个拵被筒菇当木耳卖得你。人家拿被筒菇当作木耳卖给你。

　　pie¹¹·ko lau⁴⁵ pi²¹³ tən¹¹ ku⁴⁵ tan²⁴ mu²² e³³ mai²¹³ te²² ni³³.

450）我捞渠冇法。我拿他没办法。

ŋo³³ lau⁴⁵ tɕi³³ mau²¹³ fa²².

这三句的句一表示"拿谁怎么样、把谁怎么样"，句二表示"拿什么当作什么怎么样"，都是可实现的处置式，句三表示"拿谁不能怎么样"，是不可实现的处置式，这种表示拿某人无可奈何的句子，衡阳还有另外的说法：

451）a. 捻哒渠冇法 nien³³ ta²² tɕi³³ mau²¹³ fa²²
　　　b. 捻渠糊含 nien³³ tɕi³³ fu¹¹ xan¹¹
　　　c. 捻渠想含糊 nien³³ tɕi³³ ɕian³³ xan¹¹ fu¹¹

这一组句子意思一样，这种"捞"常常也说成"捻"，a 句的"冇法"也常用 b 句 c 句的"糊含""含糊"来形容替换。

其二，引进处所。如：

452）附近咯大人和细阶级一窝蜂拥来，捞三间屋挤得拍拍满。附近的大人和小孩一窝蜂拥来，把三间屋子挤得满满的。

fu²⁴ tɕin²¹³ ko²² tai²¹³ ɕin¹¹ xo¹¹ ɕi²⁴ kai⁴⁵ tɕi²² i²² o⁴⁵ xən⁴⁵ in³³ lai¹¹, lau⁴⁵ san⁴⁵ kan⁴⁵ u²² tɕi³³ te²² pʰa²² · pʰa men³³.

453）渠捞箇桌子是箇点。他在桌子上敲敲的。

tɕi³³ lau³³ ko³³ tso²² · tsʅ sʅ²¹³ ko³³ tien³³.

这两句中，上一句有致使的意思，即附近的大人小孩都挤在屋里，使屋子满满的。下一句是"渠点桌子他敲桌子"的变移式，用"捞"把处所提前，有助于突出动词"点"，句中"是箇"的意思相当于"如此"，强调动作。

其三，引进工具、方法，相当于"用"。如：

454）捞毛笔写啰。用毛笔写。

lau⁴⁵ mau¹¹ pi²² ɕia³³ lo³³.

455）捞钱哄哒渠算哒。用钱哄哄他算了。

lau⁴⁵ tɕien¹¹ xən³³ ta²² tɕi³³ suen²⁴ ta²².

这种用法，衡阳话也常常用介词"得"：得毛笔写啰｜得钱哄哒渠算哒。

6.3.2 得

6.3.2.1 "得"的来源

衡阳话的"得［te²²］"可以用于动词（得哒一笔钱_{得到一笔钱}/得给你一本书）、动词性语素（觉得/冇得）、助动词（去不得_{不能去}/不得去_{不会去}）、介词（得纸隔开_{用纸隔开}）、语气词（不好搞得_{不方便弄}）（详见语气词章）。

介词"得"源于动词"得"。"得"由动词到介词总的语义变化线索为：获得→付出（使获得）→允许/听凭→被/让→用。其虚化过程可表述如下：

456）我得哒一百块钱奖。_{我得了一百块钱奖。}

ŋo³³ te²² ta²² i²² pe²² kʰuai³³ tɕien¹¹ tɕian³³.

此例表示得到奖励，"得"为获得义，充当谓语中心。

457）渠冇得一分钱得我。_{没给一分钱给我。}

tɕi³³ mau²¹³ te²² i²² fən⁴⁵ tɕien¹¹ te²² ŋo³³.

此例两个"得"为付出义（使获得），分别带上事物宾语和表人宾语，都是典型的动词用法。

458）（黄瓜）晚上摸哒得我吃。_{晚上摸着黑给我黄瓜吃。}

uen³³ xan²¹³ mo⁴⁵ ta²² te²² ŋo³³ tɕʰia²².

此例"得+O"后面出现另一动词，这里的"得"仍保留有动词意义，"得_给我吃"是"得_给我黄瓜吃"的省略形式，该句因省略述谓功能有变化，宾语表人不表物，句子带有目的义。

459）买几斤苹果，提得我姆吃。_{买几斤苹果，拿给我妈吃。}

mai³³ tɕi³³ tɕin⁴⁵ pin¹¹ ko³³, tia²² te²² ŋo³³ m̩³³ · ma tɕʰia²².

此例表面上看与上一例一样，但前面有个主要动词"提"，在"提得我姆妈吃"中"得"的动词性弱化引介性突出。

460）你就得渠骂也冇得关系吵。_{你就让他骂也没关系嘛。}

ni³³ tɕiu²¹³ te²² tɕi³³ ma²¹³ ia³³ mau²¹³ te²² kuen⁴⁵ · ɕi sa¹¹.

此例"得"的动词义弱化，引申出容许、听凭的意思，相当于普通话的"让"。

461）厂里得渠慢慢搞起搞起，下搞垮咖哒。_{厂里让他慢慢地搞垮了。}

tɕʰian³³ li³³ te²² tɕi³³ man²¹³ · man kau³³ tɕʰi³³ kau³³ tɕʰi³³, xa²¹³ kau³³ kʰua³³ ka³³ ta²².

此例"得"的动词义进一步丢失，保留"让"的意思，句子的述谓作用主要落在后面的动词上，句子获得了被动意义。

462）（我）得东西扎起扎起。用东西捆住。

（ŋo³³）te²² tən⁴⁵ · ɕi tsa³³ tɕʰi³³ tsa³³ tɕʰi³³.

463）得板子架起咯。用板子撑着的。

te²² pan³³ · tsʅ ka²⁴ tɕʰi³³ ko²².

这两例的"得"进一步引申出"用"的意思，只起引介工具的作用，这一类的"得"字有的可换成"拶"字。

介词"得"可引进受事，如"得我姆妈吃"，引进施事，如"得渠骂""得渠搞起搞起"，引进工具，如"得东西扎起""得板子架起"。孤立地看，"S人+得+O人+VP"有歧义，如："小倩得别个骂哒一顿（把别人骂一顿/被别人骂一顿）"，介词宾语既可能是受事，也可能是施事，作为受事宾语，句子为主动式的"将他骂"，作为施事宾语，句子为被动式的"被他骂"，或为意愿式（说话人想要做某事或想要别人做某事）的"让他骂"。到底是主动式的送给他骂还是有标记的被动式，需要语境约束，比较下面句子：

464）火咯人，渠要骂你得你骂一顿。脾气大的人，他要骂你就骂你一顿。

xo³³ ko²² ɕin¹¹, tɕi²¹³ iau²⁴ ma²¹³ ni³³ te²² ni³³ ma²¹³ i²² tən²⁴.

465）我走箇来冇两天就得你骂一顿，我还不如不来。我到这儿来没两天就被你骂一顿，我不如不来。

ŋo³³ tsəu³³ ko³³ lai¹¹ mau²¹³ lian³³ tʰien⁴⁵ tɕiu²¹³ te²² ni³³ ma³³ i²² tən²⁴, ŋo³³ xai¹¹ pu²² ɕy¹¹ pu²² lai¹¹.

466）你就得渠去骂，看渠吗样。你就任他去骂，看他能怎么样。

ni³³ tɕiu²¹³ te²² tɕi³³ kʰe²⁴ ma²¹³, kʰan²⁴ tɕi³³ ma⁴⁵ ian²¹³.

第一句是"骂你"，主动式；第二句是"被你骂"，被动式；末句是任他去骂，意愿式。

6.3.2.2 表示被动的"得"

衡阳话中有标记的被动式只用一个"得"，它总括了普通话的"被、叫、让、给"等被动标记功能，从上面的源流来看，它与"给"

相关，与"被、叫"等无关。此外，衡阳话、普通话作为被动标记的分布也有不同，普通话的被动标记可以紧贴动词之前，动作行为的主动者可以不出现，衡阳话被动标记"得"不能紧贴动词，主动者必须出现。如：

467）a. 得你讲，随你吗样讲都要得。让你说，随你怎么说都行。
　　　　te^{22} ni^{33} kuan^{33}, tsui^{11} i^{33} ma^{45} ian^{11} kuan^{33} tu^{45} iau^{24} te^{22}.

　　　b. 莫得崽绊哒。别让孩子摔了。
　　　　mo^{11} te^{22} tsai^{33} pan^{24} ta^{22}.

　　　c. 我得渠打怕哒。我被他打怕了。
　　　　ŋo^{33} te^{22} tɕi^{33} ta^{33} pʰa^{24} ta^{22}.

　　　d. 我是得渠里选出来咯。我是被他们选出来的。
　　　　ŋo^{33} sɿ^{11} te^{22} tɕi^{33}·lin ɕyen^{33} tɕʰy^{22} lai^{11} ko^{22}.

这一组被动句中，介词"得"后面的引介对象不能省略，c 句 d 句在普通话里可以略去引介对象说成"我被打怕了""我是被选出来的"。

6.3.3　在、到、哒

6.3.3.1　在 [tsai^{213}]

衡阳话介词"在"通常用在动词前面，与普通话同形，用法也相仿，可以引介处所、时间、范围等，如：

468）后来就在荷叶塘安哒家。后来就在荷叶塘安了家。
　　　xəu^{213} lai^{11} tɕiu^{213} tsai^{213} xo^{11} ie^{22} tan^{11} ŋan^{45} ta^{22} tɕia^{45}.

469）我是在回来后才听讲咯。我回来后才听说的。
　　　ŋo^{33} sɿ^{213} tsai^{213} fei^{11} lai^{11} xəu^{213} tsai^{11} tʰian^{24} kuan^{33} ko^{22}.

470）在箇桩事上我又争口气啰。这事我很争气。
　　　tsai^{213} ko^{33} tsuan^{45} sɿ^{213} ɕian^{213} ŋo^{33} iu^{213} tsen^{45} kʰəu^{33} tɕʰi^{24} lo^{33}.

例 468）表处所，例 469）表时间，例 470）表范围。

介词"在"用在动词后，衡阳话与普通话不同。普通话的"在"除了用于动词前，也可在动词后引介处所，可以转换，如"在沙发上躺着→躺在沙发上"。衡阳话一般不存在这种转换，普通话"V + 在 + NP"的格式到衡阳话里是有条件的，总有"哒"的加入，要么用"哒"取代"在"，要么"哒""在"连用。下面从动词后的处所、时间、范围进行分析。

表处所的时候，衡阳话有两种情况。当动词后面没有受事时，如：

471）a. 睏哒沙发高头。睡在沙发上。

b. 睏哒在沙发高头。睡在沙发上。

472）a. 坐哒简里。坐在这儿。tso²¹³ ta²² tsai²¹³ ko³³·ti.

b. 坐哒在简里。坐在这儿。tso²¹³ ta²² tsai²¹³ ko³³·ti.

这里，"哒"是必有的，"在"是可有的，"哒在"可以紧邻连用。

当动词后面还有受事时，如：

473）渠留哒菜在简里，你吃啰。他留了菜在这儿，你吃吧。

tɕi³³ liu¹¹ ta²² tsʰai²⁴ tsai²¹³ ko³³·ti, ni³³ tɕʰia²² lo³³.

"哒"紧跟动词，"在"在受事宾语后引介处所，"哒、在"都是必有的，分离连用。

表时间的时候，普通话可以说"会议时间定在明天上午8：00"，衡阳话一般不这么说，常说的是：

474）a. 会议时间定哒明天上午8：00。

b. 会议时间定哒在明天上午8：00。

"哒"是必有的，"在"是可有的。

表范围的时候，普通话可以说"这个方法也可以用在学习上"，衡阳话说的是：

475）a. 简只方法也可以用哒学习高头。

b. 简只方法也可以用哒在学习高头。

"哒"是必有的，"在"是可有的。

表范围和表时间用法一致，"哒""在"可以紧邻连用，没有隔离连用的情况。

以上用例中，动词都是单音节的，在双音节动词的语境下，衡阳话动词后只能用介词"在"，如：

476）a. 稍微歇一下就又出现在现场。稍微休息一下就又出现在现场。

b. 渠咯好，表现在两个方面。他的好，表现在两个方面。

"在"用在双音节动词后面，都是比较文气的说法，上面两句在生活口语中更常见的是"稍微歇一下就又来现场哒""渠咯好有两点"。

综上，动词后"哒"比"在"更活跃，原因应与体貌位置跟引介位置兼容有关，详见 6.5 "关于'在、到、哒'的讨论"。

6.3.3.2 到 [tau^{24}]

"到"用在动词前，用法也与普通话相仿，可以说明动作趋向的处所、时间，如：

477）渠啊，到年底就会回来。
　　tɕi^{33} a^{11}, tau^{24} nien^{11} ti^{33} tɕiu^{213} fei^{213} fei^{11} lai^{11}.

478）你到游乐园去冇？
　　ni^{33} tau^{24} iu^{11} lo^{11} yen^{11} k^{h}e^{24} mau^{213}?

479）我到公司打只转嗟。我到公司去去再说。
　　ŋo^{33} tau^{24} kən^{45}·sʅ ta^{33} tɕia^{22} tɕyen^{33} tɕia^{33}.

说明时间的"到"引介作用较弱，口语中可以略而不说，如"年底就会回来"。引介处所的"到"在普通话中可以换成"上"，如"你上哪儿去？"衡阳话不行。

衡阳话介词"到"用在动词后面的，通常限于少数双音动词，如：

480）a. 保送到一中
　　　b. 反映到学校
　　　c. 转移到渠屋里

这几个用例衡阳话只能用"到"，这样的说法也是受普通话影响的文气的说法。

单音节动词后面是否加"到"，能体现真正的衡阳话特点。"回到家里""走到一起""摆到我面前""拖到年底"这样的语句，在衡阳话里都有另一种说法：

481）回哒屋里

482）走哒一起

483）摆哒我面前｜摆哒到我面前

484）拖哒年底｜拖哒到年底

"哒"是必有的，前两句不能加"到"，后两句"到"是可有的。这与介词"在"的规律相同，普通话的"V+到+NP"，衡阳话表现为"V+哒+NP""V+哒+到+NP"。动词后"到"比"在"更活跃，原因也应与体貌位置跟引介位置兼容有关，详见 6.5 "关于'在、到、哒'的讨论"。

6.3.3.3 哒 [ta²²]

衡阳"在""到"一般不直接用在单音动词后面（文读不计），普通话中单音动词后面的"在""到"衡阳话都可用"哒"代替。如：

485）像木头一样站哒那里。（在）

tɕian²¹³ mu²² təu¹¹ i²² ian²¹³ tsan²⁴ ta²² na²¹³ · ti.

486）（头发）下搭哒眼珠高头，连不望见。（在）_{头发都耷拉在眼睛上，不方便看东西。}

（təu¹¹ · fa）xa²¹³ ta³³ ta²² ŋan³³ tɕy⁴⁵ kau⁴⁵ təu¹¹，lien¹¹ pu²² man²¹³ tɕin²⁴.

487）一状告哒朝廷。（到）

i²² tsuan²¹³ kau²⁴ ta²² tɕiau¹¹ tin¹¹.

488）哭哒我娘那去。（到）

kʰu²² ta²² ŋo³³ nian¹¹ na²¹³ kʰe²⁴.

衡阳话的"哒"不用在动词前面，上面这些句子中动词后面的"哒"相当于普通话的"在""到"，"哒"带的是处所，"哒"也可带时间、带范围。带时间的如"定哒后天上午取货_{定在后天上午取货}""一直搞哒十点钟_{一直搞到十点钟}"，带范围的如"箇药只能用哒细阶唧身上_{这药只能用在小孩身上}""传哒箇里打止_{传到这里为止}""把箇条信息发哒亲戚和同学群里就可以哒_{把这条信息发到亲戚和同学群里就行了}"。

6.3.4 把

6.3.4.1
前面分析过普通话的"把"字句在衡阳都读成"捞"，这并不是说衡阳就没有介词"把"，衡阳也有"把 [pa³³]"，但功能意义不同于普通话的"把"。例如：

489）（我）纯粹是把渠里在扒世界。_{纯粹是为他们在捞生活。}

ŋo³³ ɕyn¹¹ tsʰui²⁴ sʐ²¹³ pa³³ tɕi³³ · nin tsai²¹³ pa¹¹ sʐ²⁴ kai²⁴.

490）把我娘买一样嗟。_{给我妈买一样（东西）再说。}

pa³³ ŋo³³ nian¹¹ mai³³ i²² ian²¹³ tɕia³³.

491）要渠把我从深圳带一台彩电。_{要他为我从深圳带一台彩电。}

iau²⁴ tɕi³³ pa³³ ŋo³³ tsən¹¹ ɕin⁴⁵ tɕyn²⁴ tai²⁴ i²² tai¹¹ tsʰai³³ tien²¹³.

492）伙计伙，你莫望哒我，今年娘家做闺女，明年把我沤被窝。

伙计，你别看着我，今年娘家做围女，明年替我暖被窝。
xo^{33} tçi^{24} xo^{33}，ni^{33} mo^{11} man^{213} ta^{22} ŋo^{33}，tçin^{45} nien^{11} nian^{11} tçia^{45} tsu^{24} kui^{45} ny^{33}，mian^{11} nien^{11} pa^{33} ŋo^{33} ŋəu^{24} pi^{213} o^{45}.

493）我把渠上哒几个礼拜咯课。我代他上了几周课。
ŋo^{33} pa^{33} tçi^{33} çian^{213} ta^{22} tçi^{33} ko^{24} li^{33} pai^{24} ko^{22} k^{h}o^{24}.

494）我把渠带人。我给她看孩子。
ŋo^{33} pa^{33} tçi^{33} tai^{24} çin^{11}.

从例句可以看到，衡阳介词"把"不用在处置式里，"把"字后面所带成分限于代词性词语，"把"表示"为、给、代、替"等意思，含有帮的意思，"把"所引介的不是行为的受事，不是处置对象，而是服务对象，是动作的受益者。在表示"代、替"的"把"字句中，"把"所引介的服务对象也是事理上的施事，如：

495）我把渠打牌，渠把我煮饭。我替她打牌，她帮我煮饭。
ŋo^{33} pa^{33} tçi^{33} ta^{33} pai^{11}，tçi^{33} pa^{33} ŋo^{33} tçy^{33} fan^{213}.

打牌的是"我"，"我"是事实上的施事，但事理上施事本应是"他"。

这一节例句中的［pa］都可说成［pan］。

6.3.4.2 衡阳介词"把"在来源上也与普通话"把"不同。衡阳话的"把"有两个来源，其中一个来源于动词"帮"：

496）a. 你去帮渠一下。你去帮他一下。
ni^{33} k^{h}e^{24} pan^{45} tçi^{33} i^{22} · xa.

b. 帮哒挼被子洗咖洗咖。帮着把被子洗了。
pan^{45} ta^{22} lau^{45} pi^{213} · tsʅ çi^{33} ka^{33} çi^{33} ka^{33}.

这两句的"帮"表帮助，都是动词性的，下面一小段对话摘自录音，对话中"帮"转换成了"把"：

497）甲：（你卖鞋）一天可以卖好多钱唉？一天可以挣多少钱？
（ni^{33} mai^{213} xai^{11}）i^{22} t^{h}ien^{45} k^{h}o^{33} i^{33} mai^{213} xau^{33} to^{45} tçien^{11} · tçi?

乙：怕有吗二三十块钱一天唧啊。恐怕有二三十元一天。
p^{h}a^{24} iu^{33} ma^{45} e^{213} san^{45} çi^{11} k^{h}uai^{33} tçien^{11} i^{22} t^{h}ien^{45} · tçi a^{11}.

甲：你帮别个卖啊？ni³³ pan⁴⁵ pie¹¹·ko mai²¹³ a¹¹？

乙：把别个代卖唦。pa³³ pie¹¹·ko tai²¹³ mai²¹³ sa¹¹.

甲：卖咖好久哒？卖了多长时间？mai²¹³ ka³³ xau³³ tɕiu³³ ta²²？

乙：卖咖有四五天哒。mai²¹³ ka³³ iu³³ sʅ²⁴ u³³ tʰien⁴⁵ ta²².

答句的"把"是回答问句的"帮"的，按理，问者以"帮"字起问，回答若是肯定的，只需简单回答"是诶、是嗨"之类，如要整句回答，也会顺口接出一个"帮"而不是"把"，这里接出的"把"字句对问句既有肯定又有修正的意味。在我们录音谈话的情境中，摊位上的鞋货是别人的，问者由每天卖鞋所得收入而引出第二问，问者想知道卖鞋者是自己作为摊主卖鞋还是受雇卖鞋，问句问乙是不是属后者，而答句所指是前者，即自己是摊主，别人的鞋放在她的摊位上请她代卖，甲从答句中已明确了信息内涵所以第三问改变了话题。一个"把"字句能表明乙的身份，如果回答是"帮别个代卖"则意味着是临时受雇。这种主次的对立通过[pa][pan]来表现，我们再举两例作比较可以看得更清楚：

498）我帮渠下棋 ŋo³³ pan⁴⁵ tɕi³³ ɕia²¹³ tɕi¹¹

499）我把渠下棋 ŋo³³ pa³³ tɕi³³ ɕia²¹³ tɕi¹¹

上一句是他下棋，"我"帮他，做他的参谋，我为辅；下一句是他没下，"我"替他下棋，"我"为主。可见"帮"转为"把"，意思相关联但已有不同，引申出"替、代、为、给"之类意思，读音上[pan]由于轻短失掉韵尾变成[pa]。但这个[pa]并不是很固定的音值，在不存在主次对立，读音也不轻短时，仍可出现[pan]，如：

500）我要你帮我订票订咖冇？我让你帮我订票订了吗？

ŋo³³ iau²⁴ ni³³ pan⁴⁵ ŋo³³ tin²⁴ pʰiau²⁴ tin²⁴ ka³³ ta²² mau²¹³？

总起来说，介词"把"源于"帮"是语音弱化使然，字面上可以借用普通话的同音形式"把"，但这个"把"的地位并不稳定，似可看作"帮"的条件变体。

6.3.5 打 打从

6.3.5.1 打 [ta³³]

衡阳话的介词"打"不同于普通话的介词"打"。普通话"打"和

"从"一样表示起点,"打"多用于口语,既能表示处所的起点,也能表示时间和范围的起点。这两个表起点的介词在衡阳话里较多用"从",不用"打",如:

501) a. 从箇里到那里有三米。

b. 从今日开始算起。

c. 从渠里身上学哒好多东西。

以上用例普通话既可用"从"也可用"打",衡阳只能用"从"。

衡阳话的介词"打"用来表起点,只是有限地表处所,不能表时间、范围的起点。如:

502) a. 打箇边削下去。从这边上削下去。

ta^{33} ko^{33} pien^{45} ɕio^{45} xa^{21} k^{h}e^{24}.

b. 打箇脑高头绊下。头朝下摔下去。

ta^{33} ko^{33} nau^{33} kau^{45} təu^{11} pan^{24} xia^{213}.

a 句的"箇边"重音是"边",意思是从边上削下去,有靠着边往下削的意思。b 句意思是头朝下地从上往下摔,也就是用从头到脚的方式摔下去。这两句都能换用"从",但"打"除了表示起点,还有附加意义。

衡阳介词"打"可以不表起点,表示沿着、靠的意思。如:

503) 打那边唧走,莫走马路中间。靠边走,别走马路中间。

ta^{33} na^{21} pien^{45} tɕi^{22}, tau^{24} nien^{11} ti^{33} tɕiu^{213} fei^{213} fei^{11} lai^{11}.

衡阳话的介词"打"还可与"止"结合,表示终点。如:

504) 箇件事就打箇里止,莫再讲哒。这事就打这儿止,别再说了。

ko^{33} tɕien^{213} sʅ^{213} tɕiu^{213} ta^{33} ko^{33} li^{33} tsʅ^{33}, mo^{11} tsai^{24} kuan^{33} ta^{22}.

"打"后可跟时间处所词语,"打"的意思与"到"差不多,但如果说〔ta〕是〔tau〕的弱化形式是有困难的,因为"打"后限于用动词"止","打"和"止"除了构成"打……止",还可以连用,如:

505) 箇件事就到箇里打止,莫再讲哒。

ko^{33} tɕien^{213} sʅ^{213} tɕiu^{213} tau^{24} ko^{33} li^{33} ta^{33} tsʅ^{33}, mo^{11} tsai^{24} kuan^{33} ta^{22}.

6.3.5.2 打从 [ta^{33} tsən^{11}]

"打从"主要表示时间的起点,如:

506）a. 打从回到城里，人影子都冇看到过。回到城里后人影儿都没见过。

ta³³ tsən¹¹ fei¹¹ tau²⁴ tɕin¹¹ li³³，ɕin¹¹ ian³³·tsɿ tu⁴⁵ mau²¹³ kʰan²⁴ kau³³ ko²⁴.

b. 打从渠回来，就再冇去过北京。他自从回家乡就没再去过北京。

ta³³ tson¹¹ tɕi³³ fei¹¹ lai¹¹，tɕiu²¹ tsai²⁴ mau²¹³ kʰe²⁴·ko pe²² tɕin⁴⁵.

c. 打从那以后再冇看到渠哒。从那以后再没见过他。

ta³³ tson¹¹ na²¹³ i³³ xəu²¹³ tsai²⁴ mau²¹ kʰan²⁴ tau³³ tɕi³³ ta²².

d. 打从上学起，年年都是三好。从上学起，每年都是三好学生。

ta³³ tson¹¹ ɕian²¹ ɕio¹¹ tɕʰi³³，nien¹¹ nien¹¹ tu⁴⁵ sɿ²¹ san⁴⁵ xau³³.

这些用"打从"的句子都可换用为"自从"。

6.4　衡阳话有普通话无的介词

这一节我们归纳 6.2.5 类的用法，走［tsəu³³］｜丢［tiu⁴⁵］｜歇［ɕie²²］｜放［fan²⁴］｜听［tʰian²⁴］｜直［tɕi¹¹］｜粘［nia⁴⁵］｜希［ɕi⁴⁵］｜巴［pa⁴⁵］｜削［ɕio²²］｜绊［pen²¹³］可分作两类。

6.4.1　粘、希、巴、削、凭

这一类介词都有"靠"的意思，后面带处所或人物名词，引介动作之所依傍。如：

507）放学哒，粘箇边唧走噢，莫走马路中间。放学了，靠路边走，别走路中间。

fan²⁴ ɕio¹¹ ta²²，nia⁴⁵ ko³³ pien⁴⁵·tɕi tsəu³³ o¹¹，mo¹¹ tsəu³³ ma³³ lu²¹³ tsən⁴⁵ kan⁴⁵.

508）把我拰箇条裤子缝希边踩一下。替我把这裤缝靠着边儿缝一下。

pa³³ ŋo³³ lau⁴⁵ ko³³ tiau¹¹ kʰu²⁴·tsɿ xən²¹³ ɕi⁴⁵ pien⁴⁵ tsʰai³³ i²² xa²¹³.

509）你巴哒我走做吗咯啦？你紧挨着我走干什么？

ni³³ pa⁴⁵ ta²² ŋo³³ tsəu³³ tsu²⁴ ma⁴⁵ ko²² la³³？

510) 凭倚灶边打下。顺着灶台边打下去。

pen²¹³ tsau²⁴ pien⁴⁵ ta³³ xa²¹³.

511) 箇只球削边打过去，好险啊。这只球贴边打过去，好险哪。

ko³³ tɕia²² tɕiu¹¹ ɕio²² pien⁴⁵ ta³³ ko²⁴ kʰe²⁴, xau³³ ɕien³³ a¹¹.

上例中，前三句的"粘""巴""凭"既可带处所也可带人称代词，这几个词可以互换，后两句的"希""削"一般只带处所，与别的词互换受限制。这五个词都只用在动词前面，因为后面有另一主要动词，所以判为介词，但这些词的动感犹存，神态各异，其间还有程度之别。"凭"表示并列的靠，"希、削"表示靠得很近，"粘"则靠得更近，"巴"表示靠得最紧。因为这些词语义比较丰富多彩，仅用普通话的"靠"或"挨"来解释则显得单薄。

6.4.2　走、丢、放、歇、听、直

6.4.2.1　这类都是带有方向性的介词，后面带处所性词语，起引介作用，其中"走"在生活中的使用频率较高，如：

512) 走楼高头打下。从楼上打下。

tsəu³³ ləu¹¹ kau⁴⁵ təu¹¹ ta³³ xa²¹³.

513) 就走华侨友谊公司背哒一台回来哒。就到华侨友谊公司背了一台回来了。

tɕiu²¹³ tsəu³³ fa¹¹ tɕiau¹¹ iu³³ ni²² kən⁴⁵ sʅ⁴⁵ pei⁴⁵ ta²² i²² tai¹¹ fei¹¹ lai¹¹ ta²².

514) 我走那面前过。我打那儿过。

ŋo³³ tsəu³³ na²¹³ mien²¹³ tɕien¹¹ ko²⁴.

515) 走我身上剥咖。从我身上脱下来。

tsəu³³ ŋo³³ ɕin⁴⁵·xan po²² ka³³.

516) 你走哪里去哒？你上哪儿去了？

ni³³ tsəu³³ na³³·li kʰe²⁴ ta²²?

517) 哪个走我摊儿边买东西，总话买得我娘穿。谁到我的摊子上买东西，都说买给我娘穿。

na³³·ko tsəu³³ ŋo³³ tʰanr⁴⁵ pien⁴⁵ mai³³ tən⁴⁵·ɕi, tsən³³ ua²¹³ mai³³ te²² ŋo³³ nian¹¹ tɕʰyen⁴⁵.

上例"走+处所"都只用在动词前面，前四句的"走"表示动作起点，相当于普通话"从"，后两句的"走"表示动作施事的到点，相当于"到"。有时，起点和到点可以重合，"你走哪里来"这句话就可以作两种理解：一是你来了，问来之前所到何处，等于说"你先到哪里再来这里的"；二是问来的起点是什么地方，等于说"你从哪里来"。

"走"虽可分解为"从"和"到"，但用"走"而不用"从、到"是保留了一种动感。

6.4.2.2 其他几个介词使用频率不及"走"，用法也单一，有的只表起点，有的只表到点。

6.4.2.2.1 "丢〔tiu^{45}〕、放〔fan^{24}〕、歇〔çie^{22}〕"只表到达点。例如：

518）得只板子架起咯，架哒<u>丢</u>那里。<small>用块板子撑着的，撑在那儿。</small>
　　te^{22} tçia^{22} pan^{33} · tsʅ ka^{24} tçʰi·^{33} ko^{22}, ka^{24} ta^{22} <u>tiu</u>^{45} na^{213} · ti.

519）挼窗子就开起<u>丢</u>箇里，门口得根棍子拦起<u>放</u>箇里。<small>把窗户开在这儿，门口用棍子拦在这儿。</small>
　　lau^{45} tsʰuan^{45} · tsʅ tçiu^{213} kʰai^{45} tçʰi·^{33} <u>tiu</u>^{45} ko^{33} · ti, min^{11} kʰəu^{33} te^{22} ken^{45} kuən^{24} · tsʅ lan^{11} tçʰi·^{33} <u>fan</u>^{24} ko^{33} · ti.

520）得我连只箇抄头裤<u>放</u>身上穿起。<small>给我做条抄头裤穿到身上。</small>
　　te^{22} ŋo^{33} tien^{11} tçia^{22} ko^{33} tsʰau^{45} təu^{11} kʰu^{24} <u>fan</u>^{24} çin^{45} xan^{213} tçʰyen^{45} tçʰi·^{33}.

521）渠下写咖写咖<u>放</u>高头。<small>她都写在上面。</small>
　　tçi^{33} xa^{213} çia^{33} ka^{33} çia^{33} ka^{33} <u>fan</u>^{24} kau^{45} təu^{11}.

522）（挼我）就口哒<u>放</u>地方高头。<small>使劲压在门槛上。</small>
　　(lau^{45} ŋo^{33}) tçiu^{213} ken^{213} ta^{22} <u>fan</u>^{24} ti^{213} fan^{45} kau^{45} təu^{11}.

523）打只羊角<small>砍柴工具</small><u>歇</u>柴窝里头。<small>把羊角打到了柴堆里。</small>
　　ta^{33} tçia^{22} ian^{11} ko^{22} <u>çie</u>^{22} tsai^{11} xo^{45} li^{33} təu^{11}.

"丢、放、歇"既可以是实义动词，也可以是虚义介词，在上面例句中动作义虚化，只是引出地点，宜看作介词，这几个表示到点的介词句都有置放义，表示使置于某处或某状态的意思，可与表处置的介词"挼"配合使用，如例519）表示让窗户置于打开的状况。三个介词中，"丢、歇"只用在动词后面；"放"可用在动词之前，"放"前面还可以再加"挷"字介词结构，如：

524）挷我咯衣服放渠身上穿起。我的衣服穿在他身上。

lau⁴⁵ ŋo³³ ko²² i⁴⁵ · fu fan²⁴ tɕi³³ ɕin⁴⁵ xan²¹³ tɕʰyen⁴⁵ tɕʰi³³.

这三个介词可以与动态助词"哒、起"等同现，同现时"哒、起"表动作状态，介词引介处所并附带表示置放义；若只用一个介词，则偏向于突出置放义，如：开丢筒里｜下都写放高头；若只用一个助词，则助词涵盖了引介功能，但没有置放义。比较：

525）a. 架哒丢那里。ka²⁴ ta²² tiu⁴⁵ na²¹³ · ti.

　　　b. 架丢那里。ka²⁴ tiu⁴⁵ na²¹³ · ti.

　　　c. 架哒那里。ka²⁴ ta²² na²¹³ · ti.

a 句的"哒"表示架的状态为架好、架成，"丢"引介处所；b 句只有引介处所；c 句的"哒"表示状态，但全句兼有架的状态和位置的意思。

6.4.2.2.2 "听 [tʰian²⁴]""直 [tɕi¹¹]"只表起点，如：

526）听直走三百米就到哒。顺着直路走，走三百米就到了。

tʰian²⁴ tɕi¹¹ tsəu³³ san⁴⁵ pe²² mi³³ tɕiu²¹³ kau²⁴ ta²².

527）你看我脑高头啦，直筒高头绊下。你瞧我的头，从这儿摔到这儿。

ni³³ kʰan²⁴ ŋo³³ nau³³ kau⁴⁵ təu¹¹ la³³, tɕi¹¹ ko³³ kau⁴⁵ təu¹¹ pan²⁴ xa²¹³.

这两句的前一句"听"有"听由""顺着"的意思，"直"指"直路、直的方向"，也是处所性词语，故"听"引介的是方所；后一句的"直"有"从"的意思，也有"不弯"的意思，总体功能是引介性的，所以看作介词。介词"听"和"直"都只用在动词前，相当于"从、顺"但语义上又不等于"从"和"顺"。

6.5　关于"在、到、哒"的讨论

从前面的描述来看，衡阳话的"在、到"与"哒"的分布大致互补，介词"在、到"结构常用于 V 前，"哒 + NP"只能用于 V 后。这种相当于"在、到"的引进处所或时间的介词用法在普通话和其他许多方言里都有 V 前和 V 后同形对称的两个位置，并不需要另外的词形来分担分布任务，为什么衡阳话会异形？"哒"究竟是不是介词？V 后的 NP 与"哒"的关系如何？介词"在、到"与"哒"的关系又如何？这是值得讨论的。

6.5.1 方言现象的比较

首先，我们抽象出"在""到"与 NP 在句子中可能出现的五种位置，将衡阳话的实际说法填入五种位置中，形成比较，以便观察。

A. 在 + NP：

渠在屋里 她在家里 tçi^{33} tsai^{213} u^{22} · li

零零在学校 tin^{11} tin^{11} tsai^{213} çio^{11} çiau^{213}

到 + NP：

明日会到一批货 mian^{11} çi^{11} fei^{213} tau^{24} i^{22} p^{h}i^{45} xo^{24}

渠去年到哒新疆 tçi^{33} k^{h}e^{24} nien^{11} kau^{24} ta^{22} çin^{45} tçian^{45}

B. 在 + V + NP：

我在杀柴 我在砍柴 ŋo^{33} zai^{213} sa^{22} tsai^{11}

石生唧在开货车 çia^{11} sen^{45} · tçi tsai^{213} k^{h}ai^{45} xo^{24} tç^{h}ie^{45}

到 + V + NP：?

C. 在 + NP + VP：

在荷叶塘安哒家 tsai^{213} xo^{11} ie^{22} tan^{11} ŋan^{45} ta^{22} tçia^{45}

我在桌子高头放哒一瓶花 ŋo^{33} tsai^{213} tso^{22} · tsʅ kau^{45} təu^{11} fan^{24} ta^{22} i^{22} pin^{11} fa^{45}

到 + NP + VP：

到明年搞就好哒 tau^{24} mian^{11} nien^{11} tçiu^{213} xau^{33} ta^{22}

到车站接人 tau^{24} tç^{h}ie^{45} tsan^{213} tçie^{22} çin^{11}

D. V + 在 + NP：

挂哒墙高头 kua^{24} ta^{22} tçian^{11} kau^{45} təu^{11}

得用三根棍子架哒那挡唧

te^{22} san^{45} ken^{45} kuən^{24} · tsʅ ka^{24} ta^{22} na^{213} tan^{24} · tçi

V + 到 + NP：

一状告哒朝廷 i^{22} tsuan^{213} kau^{24} ta^{22} tçiau^{11} tin^{11}

一觉睏哒天光 i^{22} kau^{24} k^{h}uən^{24} ta^{22} t^{h}ien^{45} kuan^{45}

E. V + NP + 在 + NP：

渠留哒菜在锅子里 tçi^{33} liu^{11} ta^{22} ts^{h}ai^{24} tsai^{213} ko^{45} · ts ɿ ti^{33}

我喊哒人在简里 ŋo^{33} xan^{33} ta^{22} çin^{11} tsai^{213} ko^{33} · ti

V + NP + 到 + NP：

走路到衡阳 tsəu^{33} lu^{213} tau^{24} xen^{11} ian^{11}

骑车到学校 tçi^{11} tç^{h}ie^{45} tau^{24} çio^{11} çiau^{213}

以上五种位置中，A 位置没有别的动词，"在"具有动词功能，语句表示某人存在于某处，"到"则动作状态性更强，可以加"哒"表示动作完成。B、C 的"在""到"都在某动词前面，B 式只有"在"式实例，"到"字句无 B 位置，此式的"在"表示动作正在进行的状态，是时间词。D、E 的"在""到"都在 V 后，D 位置紧贴 V 后，E 位置 V 带上名词性词语再接"在""到"。五种位置的衡阳话实例中，A、B、C、E 位置的标记词"在、到"与实例相符，只有 D 位置的标记词与实例不相符，也就是我们所说的互补[1]，当然这里非要说成"在、到"也可以，但那是仿照普通话的刻意说法，不是衡阳人的自然表达。

这种互补情况，湖南方言中不少方言点都有，下面是湖南几个方言点的例子，无论 V 前 V 后，普通话都用"在"引进处所（据伍云姬，1998）：

长沙：他在城里做事　把毛毛放得床上

常宁：佢在城里做事　你站哒那里做吗格

资兴：佢在城里做事　拿毛毛放地床上

辰溪：他在街上做事　帮月毛毛放哒床上

岳阳：他在街上做事　把伢崽放得床上

益阳：他在街上做事　把毛毛放得铺上

据黄伯荣《汉语方言语法类编》记载（1996），长沙话中的这个"得"就是专用于 V 后引进方所的介词。浙江绍兴话也有类似情况，绍兴话在 V 前引进处所用"带、亨"以示处所离说话人的远近，V 后则

---

[1] E 位置看起来是"在""到"位于动词后，但其实是两个述谓结构的融合，属于兼语式，"渠留哒菜在锅子里"即：他留了菜，菜在锅里。

无论远近都用"东",如:

诺住东鞋里?

6.5.2 普通话对格式的反应

如果把 D 式改写为"V + X + NP",普通话对格式的反应如下。

我们把具有持续性特征的句子称为静态句,把具有完成性或进行性特征的句子称为动态句,把说话人想做某事或想要别人做某事的意愿句也称为动态句。在静态句中:

528) a. 他躺在床上,回想所发生的一切,很是懊恼。

b. 他在床上躺着,回想所发生的一切,很是懊恼。

c. 他躺到床上,回想所发生的一切,很是懊恼。

d.? 他躺床上了,回想所发生的一切,很是懊恼。

d 句最别扭,即便能说也不是静态句,c 句有较强的动态性,非静态句,a 句的介词"在"除了引介处所,还保留"存在"的引申义,即实现、持续,所以与 b 句("着"式)存在转换关系。"他躺在床上"偏于行为叙述,"他在床上躺着"偏于状态描写。

在动态句中:

529) a. 你睡沙发。

b. 我把这放床上行吗?

c. 照片挂墙上,别放桌上。

这组例句为意愿性动态句。意愿性动态句的 X 位置可以是零形式,句 a 的 NP 前不能加"在",b 句和 c 句可以加"在",但不加"在"说话更利索。

530) a. 昨晚他又睡沙发上了。

b. 昨晚他又睡在沙发上。

c. 昨晚他又睡在沙发上了。

d. 昨晚他又睡在了沙发上。

e.? 昨晚他又睡沙发。

f.? 昨晚他在沙发上睡了。

531) a. 身份证我搁家里了。

b. 身份证我搁在家里。

c. 身份证我搁在家里了。

d. 身份证我搁在了家里。

e. ＊身份证我搁家里。

f. ＊身份证我在家里搁了。

532) a. 她把花篮挂上面了。

b. 她把花篮挂在上面。

c. 她把花篮挂在上面了。

d. 她把花篮挂在了上面。

e. ＊她把花篮挂上面。

f. 她在上面挂了花篮。

这三组例句为完成性动态句，其中第一组是主动句，二组和三组是主语性质不同的处置句。

完成性动态句中情况比较复杂：X 位置如果是彻底的零形式，则语用上不自足，需要有后续句之类的特定语境才能成立，如三个 e 句；三个 a 句的 NP 后带有"了"，b 句 X 位置是介词，介词"在"出现时，除了引介处所，还保留"存在"的引申义，即实现、完成，所以与"了"式存在可转换关系；c 句 d 句体现的是"了"和"在"的同现情况，c 式是隔离共现，强调动作过程，d 式是连用共现，强调动作结果；f 句是"V + X + NP"的变式句，三组例句中"身份证我在家里搁了"不能说，因为它不是一个常态处置句，而是话题性主语句。

从普通话对"V + X + NP"的反应来看，X 位置不必非出现介词，介词也可能不是直接用于 NP 前，X 位置与"体"意义有密切联系，当句子不出现体标记"了"，只出现介词时，整个式子仍然具有体意义，或者说介词可以涵盖体的意义，如上面三组中的 b 句。

6.5.3 历史的演变

从历史的层面上看，"在"与"着"有着密切的联系，"着（著）"由动词到动态助词的演变轨迹是已经有总结的（参王力，1988）。"着（著）"本是表示附着义的动词，现在的"着色、着墨"仍保留了这个意思，南北朝以后开始虚化，虚化之初曾专用在"VP + X + NP"中构成"VP + 着 + NP"式，如"会著膝前""放著庭中"，《世说新语》、唐代变文和语录中亦有不少例子（据李如龙，2000）：

王有不平色，语信云：可掷著门外（《世说新语》）

王独在舆上，回转顾望，左右移时不至，然后令送著门外。（《世说新语》）

即捉剑斩昭作其百段，掷著江中。（《伍子胥变文》）

僧曰：安着何处？（《祖堂集》）

到唐代出现了专表动态的用法，宋代这种用法已经很全面了：披著头发｜擂着鼓｜下著头去做。

另外，唐宋也出现用"在"作体标记的情况，如（据张相，1956）：

八月还平在，鱼虾不用愁。（李群玉·洞庭）

把酒送春惆怅在，年年三月病厌厌。（韩偓·春尽日）

拂衣司谏犹忙在，此意渊明却可知。（陆游·小园）

写春容那人儿拾在，那劳承那般顶戴。（《牡丹亭·婚走》）

可见"着""在"作为 V 后体标记曾竞争激烈，后来有了分工，"在"可附于 V 前表示进行，"着"专用于 V 后表示进行或持续。

根据历史演变，首先，"在""着"曾出现于相同位置，其体意义是可通的。其次，历史上 X 位置可以只出现体标记，在方言里这种用法延续下来也是可能的。

6.5.4 "哒"的性质

语境上的此起彼伏性。6.5.1 中，A 式的"在"仅对 NP 起作用；B 式说明动作的时间状态（动态），只对 V 起作用；C 式"在＋NP"引介动作的地点或时间，"在"本身一般只对 NP 起作用，有时也可兼表地点和动态，如"他在屋里看书"是由"在屋里""在看书"组合而成的；E 式"在＋NP"说明动作对客体作用的处所，"在"本身也只对 NP 起作用。所以，总起来说，非 X 位置的"在、到"功能范围是明确的，是单向的，如此，词形也能保持一致；X 位置则不同，普通话用"在、到"，衡阳用"哒"[ta^{22}]，方普的词形差别，"在""到"系统的变异，是语境感染的结果，在"V＋X＋NP"中，X 在 V 后自然可以是动态助词，X 在方所时间之前，又可以是介词，这是一个双向境域，理论上 X 可写成"助""介""助/介"或"介/助"。如上所述，普通话把 X 写成了"在""到"，并不意味着它只有引介作用而无动态功能，介助只要出现一个则另一个意义也就得以涵盖。衡阳方言把 X 说成"哒"也并非意味着这个"哒"只有表体功能，X 位置"哒"的出现连带着涵盖引介功能。X 可以此起彼伏，《实用汉语参考语法》（李英哲等，1990）说"动词后有一个带'在'的短语时，就不可以用'着'"，正是对此起彼伏的诠释。

语用上的介助同现性。X 位置不但可以此起彼伏，也可以介助同现，X 的特殊位置，使它在可能对前项作出功能反应的同时也对后项作出功能反应，逻辑上可以把两种功能同时写出，普通话同现机会虽然不多，但 X 位置上的"到"有时就说成"到了"（飞到了天上），X 位置上的"在"有时就"在了"相连，普通话同现规则是先介后助。再看下面的衡阳话：

533）原句：摆起咯唦，摆哒那里。摆着的，摆在那里。
　　　　　pai^{33} tɕʰi^{33} ko^{22} sa^{11}, pai^{33} ta^{22} na^{213}·li.

　　逻辑句：摆起咯唦，摆哒在那里。
　　　　　pai^{33} tɕʰi^{33} ko^{22} sa^{11}, pai^{33} ta^{22} tsai^{213} na^{213}·li.

534）原句：落雨不坐哒屋里头啊？下雨不就坐在家里吗？
　　　　　lo^{11} yi^{33} pu^{22} tso^{213} ta^{22} u^{22}·li təu^{11} a^{11}?

　　逻辑句：落雨不坐哒在屋里头啊？
　　　　　lo^{11} yi^{33} pu^{22} tso^{213} ta^{22} tsai^{213} u^{22}·li təu^{11} a^{11}?

535）原句：青蛙气得双脚一跳，又跳到田埂上。
　　　　　tɕʰin^{45} ua^{45} tɕʰi^{24} te^{22} suan^{45} tɕio^{22} i^{22} tʰiau^{24}, iu^{213} tʰiau^{24} tau^{24} tien^{11} ken^{33} ɕian^{213}.

　　逻辑句：青蛙气得双脚一跳，又跳哒到田埂上。
　　　　　tɕʰin^{45} ua^{45} tɕʰi^{24} te^{22} suan^{45} tɕio^{22} i^{22} tʰiau^{24}, iu^{213} tʰiau^{24} ta^{22} tau^{24} tien^{11} ken^{33} ɕian^{213}.

536）原句：我对哒陈诗能箇来……我嫁到陈某某这儿来……
　　　　　ŋo^{33} tui^{24} ta^{22} tɕin^{11} sʅ^{45} nen^{11} ko lai^{11}.

　　逻辑句：我对哒到陈诗能箇来。
　　　　　ŋo^{33} tui^{24} ta^{22} tau^{24} tɕin^{11} sʅ^{45} nen^{11} ko lai^{11}.

537）原句：猴子尾巴下刁哒我脑头上来哒。猴子尾巴都甩到我脑门上来了。

xəu¹¹ · tsɿ uei³³ · pa xa²¹³ tiau⁴⁵ ta²² ŋo³³ nau³³ təu¹¹ xan²¹³ lai¹¹ ta²².

逻辑句：猴子尾巴下刁哒到我脑头上来哒。

xəu¹¹ · tsɿ uei³³ · pa xa²¹³ tiau⁴⁵ ta²² tau²⁴ ŋo³³ nau³³ təu¹¹ xan²¹³ lai¹¹ ta²².

以上逻辑句，在衡阳话中也都是可说的实例，讲究一点就用逻辑句，经济一点就用"哒"取代"在、到"，"哒"与"在"同时说出时，一般是先助后介。有时"哒、在"是必须同现的，如：

538）箇明摆哒在箇里。ko³³ min¹¹ pai³³ ta²² tsai²¹³ ko³³ · li.

＊箇明摆在箇里。

＊箇明摆哒箇里。

所以，既然都可说出，"哒"的介词资格就值得怀疑了。

结构上的不可拆移性。衡阳话"V＋哒＋NP"式中的"哒＋NP"不像普通话的"在/到＋NP"，普通话的"在/到＋NP"可以移至 V 前构成"在/到＋NP＋V"，或者在"在/到"与 NP 之间插入助词构成"在/到＋了＋NP"式，衡阳话的"哒＋NP"是不能拆移的，比较：

539）＊哒学校食堂吃饭。

540）＊钱都卡在哒渠手里。

人们很容易因处所时间词的关系直判 X 词为介词，"V＋X＋NP"的结构关系便成了一边倒的"V｜X＋NP"，这未必都合适。基于上面的分析，衡阳方言在 X 位置上的"哒"应视为动态助词，"V＋X＋NP"的结构关系应切分为"V＋X｜NP"。上面所提到的湖南其他方言点都可作此分析，因为 X 都是动态助词。绍兴话的"东"可否类推尚未调查。

X 位置选择动态助词在表达上的好处有二。一是加强了动态感，便于维护述谓结构的谓核动词，使动词意义得到相对延伸。在一般情况下，动词和后面的方所时间词语相比，动词是调核所在，是句子的中心，用"哒"加强动态，可辅助中心意义，"摆哒那里〔pai³³ ta²² na²¹³ · li〕"和"摆在那里〔pai³³ tsai²¹³ na²¹³ · li〕"，"哭哒我娘那去

[kʰu²² ta²² ŋo³³ nian¹¹ na²¹³ kʰe²⁴]"和"哭到我娘那去[kʰu²² tau²⁴ ŋo³³ nian¹¹ na²¹³ kʰe²⁴]"意味不一样。

二是符合语言使用的经济原则,形成一种有效的模糊。"在""到"的发音都要比"哒"复杂,能以一个最自然的[ta]音代替"在、到",那是很省力的,而且像下面的句子如果不用"哒",那到底用"在"还是用"到"并不清楚:

541)箇些人就讲写得好,嗯哒那里看。这些人说写得好,挤在那儿看。

ko³³ çi⁴⁵ çin¹¹ tçiu²¹³ kuan³³ çia³³ te²² xau³³, ən⁴⁵ ta²² na²¹³ · ti kʰan²⁴.

这里的 X 位置既可"在"也可"到",是"在"还是"到"在表达上并不重要,所以用"哒"笼而统之,烘托状态,反而觉得恰当有效。

6.6 结语

衡阳话介词系统与普通话有同有异,同是多数,是基础,表现出汉语的共性,异是特点,表现出衡阳话的个性。所异之处主要有三个方面,一是词形、用法互有参差,分析起来十分复杂,必须作许多细致的考察;二是介词成员的你有我无,普通话有衡阳话无的介词一般都是用于书面的,衡阳话有普通话无的介词则表现出衡阳口语的生动活泼;三是"V+哒+NP"不同于"V+介+NP",它保留了古代"V+著+NP"的用法,而且单向发展,不可拆移。

潘悟云(2000)增补金昌吉对介词作出的五个核心功能为六个,它们是[①]:

①介词是定位附着词。主要附于名词、代词以及名词性词语之前,表示这些词语与句中其他成分的时间、关涉等关系。

②介词不能单独使用。

③介词短语不能单独作谓语。

[①] 参见李如龙、张双庆主编《介词》(中国东南部方言比较研究丛书),暨南大学出版社 2000 年版,第 56 页。

④介词所附着的词语绝对不能外移或省略。

⑤介词后面绝对不允许再出现另一个介词短语。

⑥介词前面的体词性成分不可能是介词的施事。

这几条都是以普通话为对象建立起来的，纳入方言检验，第五条已有例外，闽南方言的介词后面可以再出现另一个介词短语，形成同义介词连用（据李如龙，2000）：①

542）学生拢徛垫伫学堂里。学生都住在学校里。

543）暗冥垫带伫嘞溪埔嘞搬戏。晚上在河滩上演戏。

上一句介词"垫"后接介词短语"伫学堂里"，下一句连用三个介词"垫+带+伫嘞+NP"。

第六条的归纳欠妥，从介词的定性因素角度考虑，可将第六条改为：动词与方所时间之间的介词应具有可拆移性。

---

① 参见李如龙、张双庆主编《介词》（中国东南部方言比较研究丛书），暨南大学出版社 2000 年版，第 122 页。

第7章 语气词

语气是个复杂的系统，可以从语气的类和口气的度来认识它，语气词是语气类和语气度的有效表现手段之一。衡阳方言的语气词比较丰富，本章讨论衡阳方言的"a"系、"o"系、"e"系和"合用"等几种语气词及其功能分布，认为：有的语气词有足调作用，可以作定性分析；有的只能作定量分析，起羡余作用；有的既有足调功能又有羡余功能。此外，语气词有自发的和他控的不同。如果把语调手段视为无标记手段，则衡阳话的疑问语气都是有标记的。

7.1 语气、语气手段、语气词

7.1.1 问题

语气词是表示不同语气的，研究语气词，语气必须先行，对汉语语气的研究有两种值得注意的情况，一是术语不一，不少学者称"语气"，赵元任称"口气"；二是同样是对语气的分类，各种论著分出的结果却不一样，分为陈述、疑问、祈使、感叹的有之，分为表情、表态、表意的有之，分为陈述、疑问、祈使、感叹、肯定、否定、强调、委婉的也有之。认识纷纭本身说明语气是个复杂的语法范畴，张斌从吕叔湘来信中所提到的不宜混淆语气和口气的启发下，在他的多种论著中都主张区分语气与口气，是很值得注意的。不过，如何条分缕析地把它们的关系理清，还有待于进一步研究。

至于语气词究竟是如何表示语气意义的，语气词的语气意义应如何分析，虽然胡明扬等在20世纪七八十年代就提出不要把语气词所在句子的语气简单地看作是语气词所表达的语气意义，可是仍有教科书在进行语言分析时，把语气问题简单化，比如："有五里地吧?""有吧。"说这里的"吧"分别表示疑问语气和陈述语气。其实，略去两个"吧"，"有五里地?"和"有。"仍然是表疑问、陈述语气，可见，说"吧"在这里表疑问、陈述语气是不确切的，"有五里地?"是问，"有五里地吧?"恰好是少了疑问多了把握，"有。"是肯定陈述，"有吧。"恰好是对肯定陈述的减弱。

所以，我们有必要对语气、语气手段、语气词等问题重新认识。

7.1.2 语气

所谓语气，应有两层含义，一是指说话口气的强弱和附加色彩，是度量的区别，二是指语句功能上的陈述或疑问等，是类的区别。

一般把句子的结构类称为句型，把句子的语气类称为句类，语气不受句子表层结构的影响，句型相同的句子，句类可能不同，如："他可爱。"和"他可爱?"分别为陈述句和疑问句。

同类语气的语句，语气度可能不同，如：

A. 我的帽子在哪儿?

B. 我的帽子在哪儿呢?

这两句都是特指疑问句，基本语气是疑问，而句 A 是一般疑问语气，句 B 是追究问、强化问，疑问度强。再如：

A. 他昨天去了图书馆。

B. 他昨天可能去了图书馆。

C. 他昨天一定是去了图书馆。

这三句都是陈述句，基本语气是陈述，但 B 句、C 句除了陈述之外，还有一种附加的推测色彩，推测色彩影响了句子的语气度，A 句是一般陈述，B 句陈述的肯定性弱，C 句陈述的肯定性强。

7.1.3 语气手段

语气手段可能是语音的、词汇的、结构的，以普通话为例，用来表示语气类的手段主要有：

①语调，如：好。→　好?↗　好!↘

②疑问代词，如：谁来了?

③疑问结构，如：去不去？

④疑问语气词，如：我的帽子呢？

"我的帽子"如果尾音低可写成"我的帽子。"不是疑问语气；如果尾音为升调，可写成"我的帽子？"为是非问；加上语气词"呢"之后，相对于"我的帽子。"而言是变非问句为问句了，相对于"我的帽子？"而言，是改变了疑问点，改变了疑问语气的类，所以"呢"负载了疑问信息，可以看作疑问语气词。

用来表示语气度的手段主要的如：

①语气词：真有那么回事？

　　　　真有那么回事吗？

②副词：它的保暖性能不错。

　　　　它的保暖性能相当不错。

③连词：你在哪里，都逃脱不了法网的监控。

　　　　无论你在哪里，都逃脱不了法网的监控。

④语调：我多伟大！（降调）

　　　　我多伟大！（升降调）

以上几种手段的对比例句中，下句的语气强，"吗"加强了疑问色彩，"相当""无论"是加强了肯定性，曲折调加强了情绪色彩。

7.1.4　语气词

语气词既可能是语气类的手段，也可能是语气度的手段。那么，从功能角度，我们有理由把语气词分为足调和羡余两种类型。句子是语言的动态使用单位，必须有一个完整的语调，具有足调作用的语气词也同时具有足句作用。足调性语气词是语气类表现的必有手段，羡余性语气词是语气类表现的可有手段。但是我们不能认为，必有手段的分析意义大于羡余手段，语气世界纷纷繁繁，如果说陈述、疑问等语气类是背景，则语气强弱度及其附加色彩就是焦点，羡余性语气词的价值在于其种种的附加色彩。比如前面说的"有。"是陈述语气的句子，"有吧。"减弱了陈述语气，增添了揣测色彩。

以上为方便起见，拿普通话用例用来认识语气与语气词问题，用以上观点来看衡阳方言的语气词系统，透视如下。

7.2 衡阳方言语气词系统

本章所讨论的语气词不包括叹词。语气词在句中有时读得轻而短，有时读得重而长，有时不止一种音高，本章在给语气词标调时一律标非轻读的音，以使描写更具体，也能比较方便地说明其语气特点。

7.2.1 单用

我们把单用的语气词根据主要元音的特点分为"a""o""e"三个系列。

7.2.1.1 "a"系列语气词：啊｜哒｜嗨｜呀｜嗟｜啦｜嘛｜吵｜吧

7.2.1.1.1 啊 [a^{11}]

"啊"既可用在句末（包括分句末）也可用于句中，疑问、陈述等不限。

在句中的"啊"是羡余的，表示顿歇语气。如：

544）鞋子<u>啊</u>、袜子<u>啊</u>，下摆起咯吵。鞋子袜子全都摆放着。

$xai^{11} \cdot ts\eta\ \underline{a^{11}}, ua^{11} ts\eta\ \underline{a^{11}}, xa^{213} pai^{33} t\varepsilon^h i^{33} ko^{22} sa^{11}$.

545）甲林唧<u>啊</u>，吗有买东西诶，还买得多些。甲林怎么没买东西呢？还买得多些。

$t\varepsilon ia^{22} lin^{11} t\varepsilon i^{22}\ \underline{a^{11}}, ma^{45} mau^{213} mai^{33} tən^{45} \cdot \varepsilon i\ e^{21}, xai^{11} mai^{33} te^{22} to^{45} \cdot \varepsilon i$.

546）被筒菇冇捡满<u>啊</u>，莫想吃饱。被筒菇没有拾满，别想吃饱饭。

$pi^{33} tən^{11} ku^{45} mau^{213} t\varepsilon ien^{33} men^{33}\ \underline{a^{11}}, mo^{11} \varepsilon ian^{33} t\varepsilon^h ia^{22} pau^{33}$.

上面三句，句一的"啊"用于列举性提顿，加强陈述性；句二的"啊"是话题性提顿；句三的"啊"是条件性提顿。

非疑问句句末的"啊"也是羡余的，表示强调语气。如：

547）斗哒渠一句，渠就恼我几天<u>啊</u>。斗了一句嘴，她就恼我几天。

$təu^{24} ta^{22} t\varepsilon i^{33} i^{22} t\varepsilon y^{24}, t\varepsilon i^{33} t\varepsilon iu^{213} nau^{33} \eta o^{33} t\varepsilon i^{33} t^h ien^{45}\ \underline{a^{11}}$.

548）你守哒渠，莫得渠走<u>啊</u>。你看着他，别让他走。

$ni^{33} \varepsilon iu^{33} ta^{22} t\varepsilon i^{33}, mo^{11} te^{22} t\varepsilon i^{33} tsəu^{33}\ \underline{a^{11}}$.

这两句中，上一句的"啊"加强肯定，加强感情；下一句的"啊"加强告诫性。

疑问句末的"啊"有足调和羡余两种功能。如：

549）渠吗话咯唧啊？他怎么说的呢？
　　　tçi³³ ma⁴⁵ ua²¹³ ko²² · tçi a¹¹?

550）箇搞吗名堂啊？这是搞的什么名堂？
　　　kau³³ ma⁴⁵ min¹¹ tan¹¹ a¹¹?

551）你得哒黄肿病啊？你得了黄肿病呀？
　　　ni³³ te²² ta²² uan¹¹ tsən³³ pian²¹³ a¹¹?

552）你帮别个卖啊？你代别人卖吗？
　　　ni³³ pan⁴⁵ pie¹¹ · ko mai²¹³ a¹¹?

以上四句，前两句的疑问代词"吗"奠定了特指疑问句基调，"啊"是羡余的，其作用是加强疑问语气或反诘语气。后两句的"啊"是足调的，无"啊"不成问，"啊"使得句子成为是非问。

7.2.1.1.2 哒 [ta²²]

"哒"一般用在句末，疑问、陈述等不限，有羡余和足调两种功能。

羡余的如：

553）（你告诉渠）明年不要放淤哒。（你告诉他）明年不要施肥了。
　　　(ni³³ kau²⁴ su²⁴ tçi³³) mian¹¹ nien¹¹ pu²² iau²⁴ fan²⁴ y⁴⁵ ta²².

554）那边我也写哒回信哒。那边我也写了回信了。
　　　na²¹³ pien⁴⁵ ŋo³³ ia³³ çia³³ ta²² fei¹¹ çin²⁴ ta²².

这两句用"哒"语气缓和一些。

555）渠不来哒。他不来了.
　　　tçi³³ pu²² lai¹¹ ta²².

556）只有一粒哒。只有 ·颗了。
　　　tsɿ³³ iu³³ i²² li²⁴ ta²².

这两句加一个"哒"就多了一层语用预设，或者说，"哒"隐含了原来状况，"渠不来哒"隐含"渠原来是要来的"，"哒"的出现丰富了陈述内涵：原质减弱、消除，新质增加、出现。"渠不来哒"原质是"他来"，新质是"不来"，"只有一粒哒"原质是"多"，新质是

"少"。

足调的如：

557）渠不拶我咯都好哒。他不拿我的就好了。
　　　tçi³³ pu²² lau⁴⁵ ŋo³³ ko²² tu⁴⁵ xau³³ ta²².

558）你一个人吃，就不管别个哒？你一个人吃，就不管别人了？
　　　ni³³ i²² ko²⁴ çin¹¹ tçʰia²², tçiu²¹³ pu²² kuen³³ pie¹¹·ko ta²²?

559）渠高中毕业哒？他高中毕业了？
　　　tçi³³ kau⁴⁵ tsən⁴⁵ pi²² nie²² ta²²?

这三句，"哒"在前一句的足调性是因为它兼有动态助词作用，这里的"哒"与"都"呼应，加强语气。"哒"在后两句中的足调性兼有疑问标记的要求，无"哒"不成问，末句的"哒"有不满色彩。

7.2.1.1.3　嗨 [xai¹¹]

"嗨"常弱读为 [xæ¹¹]，一般用于非疑问句句末，限于表羡余的附加色彩。如：

560）你女不买，你崽买嗨。你女儿不买，你儿子买嘛。
　　　ni³³ ny³³ pu²² mai³³, ni³³ tsai³³ mai³³ xai¹¹.

561）进去嗨！站哒门口做吗咯？进去呀！站在门口干什么？
　　　tçin²⁴ kʰe²⁴ xai¹¹! tsan²⁴ ta²² min¹¹ kʰəu³³ tsu²⁴ ma⁴⁵ ko²²?

562）我喊你去，你不愿意嗨。我叫你去，你不愿意嘛。

563）昨日还买哒花嗨。昨天还买了花呢。

564）就好像做久哒，体力有得哒，就瘦咖哒嗨。就好比做的时间长了，体力没了，就瘦了嘛。
　　　tçiu²¹³ xau³³ tçian²¹³ tsu²⁴ tçiu³³ ta²², ti³³ li¹¹ mau²¹³ te²² ta²², tçiu²¹³ səu²⁴ ka³³ ta²² xai¹¹.

"嗨"的总体功能是强化，句子的语义不同，强化的侧重点就不同。以上五句中，"嗨"的强化意义分别是：加强同等性，加强劝促性，加强对比性，加强肯定性，加强事态变化性。

7.2.1.1.4　呀 [ia¹¹]

"呀"多用于句末，有时也用于句中，疑问、陈述等不限，有足调和羡余的不同。

羡余的如：

565）箇鞋呀，我穿不得耶！这鞋子我穿不得！

ko³³ xai¹¹ ia¹¹, ŋo³³ tɕʰyen⁴⁵ pu²² te²² ie³³!

566）渠吗话咯唧呀？渠话你不穿得我老弟穿。他怎么说的呢？他说你不穿给我弟弟穿。

tɕi³³ ma⁴⁵ ua²¹³ ko²² · tɕi ia¹¹? tɕi³³ ua²¹³ ni³³ pu²² tɕʰyen⁴⁵ te²² ŋo³³ lau³³ ti²¹³ tɕʰyen⁴⁵.

567）那前唧喊走哪去呀，后头跟起一大路。那时候要说去哪儿，后面跟着一溜人。

na²¹³ tɕien¹¹ · tɕi xan³³ tsəu³³ na³³ kʰe²⁴ ia¹¹, xəu²¹³ təu¹¹ ken⁴⁵ tɕʰi³³ i²² tai²¹³ lu²¹³.

这三句中，句一的"呀"用于句中，提顿和突出话题，句二带有不满、批评色彩，句三强化前面条件的假设性。

足调的如：

568）甲：那时候你不记事啰。那时候你不懂事嘛。

na²¹³ sʅ¹¹ · xəu ni³³ pu²² tɕi²⁴ sʅ²¹³ lo³³.

乙：我不记事呀？我四五岁就记事哒。我不懂事吗？我四五岁就懂事了。

ŋo³³ pu²² tɕi²⁴ sʅ²¹³ ia¹¹, ŋo³³ sʅ²⁴ u³³ sui²⁴ tɕiu²¹³ tɕi²⁴ sʅ²¹³ ta²².

569）甲：王桂香带哒几个学生。王桂香带了几个学生。

uan¹¹ kui²⁴ ɕian⁴⁵ tai²⁴ ta²² tɕi³³ ko²⁴ ɕio¹¹ sen⁴⁵.

乙：桂香唧呀？桂香吗？

kui²⁴ ɕian⁴⁵ · tɕi ia¹¹?

上一句的"呀"既构成疑问标记，又有反问色彩。下一句的"呀"相当于"是吗"。

7.2.1.1.5 嗟 [tɕia³³]

"嗟"用于句末，有两个作用，一是表示说话人要先做某事，常与"先""得"配合，具有表先行体的足调功能，如"得渠里下来嗟等他们都来了再说"。二是表示羡余的附加色彩，总体上有强化作用，疑问、陈述等不限。作用一详见第 8 章关于先行态"嗟"的讨论，这里主要讨论作用二的"嗟"。如：

570）得谷笋盛一谷笋嗟。用笋筐装一大筐呢。

$te^{22}\ ku^{22}\ lo^{11}\ \varsigma in^{11}\ i^{22}\ ku^{22}\ lo^{11}\ t\varsigma ia^{33}$.

此例强调多。

571）那也不嗟！那也不呢！

$na^{213}\ ia^{33}\ pu^{22}\ t\varsigma ia^{33}$！

此例强调肯定不是这样。

572）煮饭都不得煮嗟！饭都不愿做呢！

$t\varsigma y^{33}\ fan^{213}\ tu^{45}\ pu^{22}\ te^{22}\ t\varsigma y^{33}\ t\varsigma ia^{33}$！

此例强调不应该。

573）箇天哪有被筒菇嗟？这样的天气哪有菌子呢？

$ko^{33}\ t^h ien^{45}\ na^{33}\ iu^{33}\ pi^{213}\ tən^{11}\ ku^{45}\ t\varsigma ia^{33}$？

此例加强反问，并有取笑意味。

574）一天挣好多钱唧嗟？一天挣多少钱呢？

$i^{22}\ t^h ien^{45}\ tsen^{213}\ xau^{33}\ to^{45}\ t\varsigma ien^{11}\cdot t\varsigma i\ t\varsigma ia^{33}$？

此例追问盘算。

575）你要去嗟，不去不行嗟。你得去，不去不行呢！

$ni^{33}\ iau^{24}\ k^h e^{24}\ t\varsigma ia^{33},\ pu^{22}\ k^h e^{24}\ pu^{22}\ \varsigma in^{11}\ t\varsigma ia^{33}$.

此例加强告诫。

576）调起煮起又好吃嗟。佘着煮着好吃呢。

$tiau^{11}\ t\varsigma^h i^{33}\ t\varsigma y^{33}\ t\varsigma^h i^{33}\ iu^{213}\ xau^{33}\ t\varsigma^h ia^{22}\ t\varsigma ia^{33}$.

此例加强夸奖性。

7.2.1.1.6 啦 [la^{33}]

"啦"一般用于句末，多用于疑问、感叹、祈使句，少用于陈述句。大都是羡余的，总体作用也是强化。如：

577）那是哪一年咯事啦？那是哪一年的事呢？

$na^{213}\ s\textrm{ɿ}^{213}\ na^{33}\ i^{22}\ nien^{11}\ ko^{22}\ s\textrm{ɿ}^{213}\ la^{33}$？

此例带有追究、诘问色彩。

578）吗得霉啦？怎么会发霉呢？

$ma^{45}\ te^{22}\ mei^{11}\ la^{33}$？

此例加强反问。

579）莫丢咖哒，我有用啦！别扔了，我有用呢！

$mo^{11}\ tiu^{45}\ ka^{33}\ ta^{22},\ \eta o^{33}\ iu^{33}\ in^{213}\ la^{33}$！

此例加强肯定性。

580）你快去啦！要不就来不及哒。你快去呀，要不就来不及了。

ni^{33} k^huai^{24} $k^he^{24}la^{33}$！iau^{24} pu^{22} $tɕiu^{213}$ lai^{11} pu^{22} $tɕi^{22}$ ta^{22}.

此例加强催促性。

7.2.1.1.7 嘛 [ma^{11}]

"嘛"一般用于句末，除了反问句，很少用于疑问句，限于羡余性功能，基本都有增强确定语气的色彩。如：

581）甲：你吗不喊渠啦？你怎么不叫他呢？

ni^{33} ma^{45} pu^{22} xan^{33} $tɕi^{33}$ la^{33}？

乙：渠不行嘛。他不行嘛。

$tɕi^{33}$ pu^{22} $ɕin^{11}$ ma^{11}.

582）你老是问我，你自家也想点办法嘛。你老是问我，你自己也想点办法嘛。

ni^{33} lau^{33} $sʅ^{213}$ fen^{213} $ŋo^{33}$，ni^{33} $tsʅ^{213}$·ka ia^{33} $ɕian^{33}$ tie^{33} pan^{213} fa^{22} ma^{11}.

583）你不错嘛，又得哒奖。你不错嘛，又得了奖。

ni^{33} pu^{22} ts^ho^{24} ma^{11}，iu^{213} te^{22} ta^{22} $tɕian^{33}$.

584）当然要征求本人意见嘛。

tan^{45} $ɕien^{11}$ iau^{24} $tɕin^{45}$ $tɕiu^{11}$ pin^{33} $ɕin^{11}$ i^{24} $tɕien^{24}$ ma^{11}.

7.2.1.1.8 吵 [sa^{11}]

"吵"一般用于句末，少用于疑问句，没有足调功能，所表羡余色彩如加强劝告、加强肯定、加强解释等，各举一例：

585）你也去看一下吵。你也去看一下嘛。

ni^{33} ia^{33} k^he^{24} k^han^{24} i^{22} xa^{213} sa^{11}.

586）那当然可以吵！那当然可以了！

na^{213} tan^{45} $ɕien^{11}$ k^ho^{33} i^{33} sa^{11}！

587）捡得猪吃吵。拾了给猪吃嘛。

$tɕien^{33}$ te^{22} $tɕy^{45}$ $tɕ^hia^{22}$ sa^{11}.

如无体标记出现，则"吵"字句所表事态常是未然的。如出现体标记，则以体标记所显示的时间性为准，如"渠昨日去哒吵"表示已然的事件。

7.2.1.1.9 吧 [pa$^{22/11}$]

衡阳话的"吧"有足调和羡余两个功能。

足调功能的"吧"是最常见的。作为足调性语气词，用于句末，表示半信半疑的猜度，信与疑可能有偏向，这种偏向可以通过调值的差异来体现，当调值为"22"时，偏重于疑，调值为"11"则偏重于信。如：

588）渠去哒吧？他去了吧？
tɕi^{33} tʰe^{24} ta^{22} pa$^{22/11}$?

589）去不去都冇关系吧？去不去都没关系吧？
tʰe^{24} pu^{22} tʰe^{24} tu^{45} mau^{21} kuen^{45} ·ɕi pa$^{22/11}$?

590）渠硬要去，是吧？他非要去，是吗？
tɕi^{33} ŋen^{213} iau^{24} kʰe^{24}, sɿ^{213} pa$^{22/11}$?

591）读哒两年吧？读了两年吧？
tu^{11} ta^{22} lian^{33} nien^{11} pa$^{22/11}$?

592）箇时候哒，冇吗等手吧？都这个时候了，没啥好等了吧？
ko^{33} sɿ^{11} xəu^{21} ta^{22}, mau^{213} ma^{45} ten^{33} xiu^{33} pa$^{22/11}$?

593）冇得饭哒吧？饭没了吧？
mau^{213} te^{22} fan^{213} ta^{22} pa$^{22/11}$?

594）还要等两天吧？
xai^{11} iau^{24} ten^{33} lian^{33} tʰien^{45} pa$^{22/11}$?

以上句子，如果不用"吧"则不是疑问句，句尾的"吧"都可以有调值的差异，如"读哒两年吧（pa^{22}）"征询性意味强，"读哒两年吧（pa^{11}）"征询性减弱，对方是否回答都无所谓。

羡余功能的"吧"，其使用有条件限制。一般用于话轮的对应句，表示弱肯定语气。如：

595）甲：渠应该还有钱吧？
tɕi^{33} in^{24} kai^{45} xai^{11} iu^{33} tɕian^{11} pa^{11}?

乙：有吧。
iu^{33} pa^{11}.

596）甲：奶奶不会同意咯。
ne^{33} ·ne pu^{22} fei^{21} ton^{11} ·i ko^{22}.

乙：可能吧。

k^ho^{33} nen^{11} pa^{11}.

597）甲：冇哪个不喜欢辣椒。没有人不喜欢辣椒。

mau^{213} na^{33} ko^{22} pu^{22} $ɕi^{33}fen^{45}$ la^{11} $tɕiau^{45}$.

乙：不见得吧。

pu^{22} $tɕien^{24}$ te^{22} pa^{11}.

上面答句中，如果只说"有"，则很肯定，说"有吧"，则减弱了肯定性语气，增加了推测意味；"可能吧"比"可能"语气弱；"不见得吧"比"不见得"语气弱。

总体上，衡阳话的"吧"不管是足调还是羡余，都具有语气弱化的特点，足调的疑问语气，也是弱疑问，这也是猜度问不同于其他疑问的关键所在。另见疑问句一章的"S＋吧"式是非问。

"吧"也是普通话的常用语气词，普通话里的"吧"用于句末除了表示疑问语气，还可表示祈使语气（如：帮帮我吧/再给我们这一组加一个人吧）、肯定语气（好吧，就按你说的办）。这些语气，衡阳话都用语气词"啰"表示。

此外，普通话的"吧"还可用于句中，表示提顿（说吧，不好，不说吧，也不好/就说你吧，总不能天天都这样）。这样的语气，衡阳话用语气词"诶"表示。

7.2.1.2 "o"系列语气词：噢｜哟｜啰

7.2.1.2.1 噢 [o^{11}]

"噢"用于句末或句中，不用于祈使句，一般表示羡余性色彩，疑问句偶尔也有足调的。

羡余的如：

598）冇哪只媳妇讲把奶奶买东西，冇开张噢。没有哪个媳妇说给奶奶买东西，没有过。

mau^{213} na^{33} $tɕia^{22}$ $ɕi^{22}$ · fu $kuan^{33}$ pa^{33} ne^{33} · ne mai^{33} $tən^{45}$ · $ɕi$, mau^{213} k^hai^{45} $tɕian^{45}$ $\underline{o^{11}}$.

599）穿渠两件衣箇吗怪事噢？穿他两件衣服这是什么怪事？

$tɕ^hyen^{45}$ $tɕi^{33}$ $lian^{33}$ $tɕien^{213}$ i^{45} ko^{33} ma^{45} $kuai^{24}$ $sɿ^{213}$ $\underline{o^{11}}$?

600）你天天搞不赢，还把我搞噢？你天天做不过来，还怎么帮我搞？

ni³³ tʰien⁴⁵ tʰien⁴⁵ kau³³ pu²² ian¹¹, xai¹¹ pa³³ ŋo³³ kau³³ o̱¹¹?

601) 那前唧<u>噢</u>，好苦。那时候呀，很苦。

na²¹³ tɕien¹¹·tɕi o̱¹¹, xau³³ kʰu³³.

前面三句"噢"在句末，都带消极色彩，有否定性。后一句"噢"在句中，含有那时不好的意味。

足调的如：

602) 是渠他<u>噢</u>？

sɿ²¹³ tɕi³³ o̱¹¹?

此句加"噢"不但足调，而且含有希望对话人同意说话人的判断的意味。

7.2.1.2.2 哟 [io¹¹]

"哟"用于句末或句中，一般不用于祈使句，只限于表示羡余意义，总体上有贬义色彩。如：

603) 渠<u>哟</u>，莫讲哒，不捞我咯都好哒。他呀，别说了，不拿我的就好了。

tɕi³³ <u>io¹¹</u>, mo¹¹ kuan³³ ta²², pu²² lau⁴⁵ ŋo³³ ko²² tu⁴⁵ xau³³ ta²².

604) 渠骂咖人，打咖人，还以为自己有理<u>哟</u>！他骂了人，打了人，还以为自己有理呢！

tɕi³³ ma²¹³ ka³³ ɕin¹¹, ta³³ ka³³ ɕin¹¹, xai¹¹ i³³ uei¹¹ tsɿ²¹³·tɕi iu³³ li³³ <u>io¹¹</u>.

605) 渠来冇来<u>哟</u>？他来没来呢？

tɕi³³ lai¹¹ mau²¹³ lai¹¹ <u>io¹¹</u>?

606) 讲那前唧事<u>哟</u>，那当真紧讲得。说那时候的事，真是说不完。

kuan³³ na²¹³ tɕien¹¹·tɕi sɿ²¹³ <u>io¹¹</u>, na²¹³ tan²⁴ tɕin⁴⁵ tɕin³³ kuan³³ te²².

以上四句，句一的"哟"在句中表提顿并有不满的意味，句二加强批评性，句三用于疑问句，但问的信息少，疑的信息多，句义为：他来没来都是问题。句四表提顿并有不情愿的意味。

7.2.1.2.3 啰 [lo³³]

"啰"一般用于句末，常具羡余功能，偶尔在疑问句中表现为足调性质。疑问、陈述等不限。如：

607) 渠是箇样想<u>啰</u>！他就是这样想的呢！

tɕi³³ sʅ²¹³ ko³³ ian²¹³ ɕian³³ lo³³！

608）你吗理有去啰？你怎么没去？

ni³³ ma⁴⁵ li³³ mau²¹³ kʰe²⁴ lo³³？

609）你看啰，下散咖哒。你瞧，都散掉了。

ni³³ kʰan²⁴ lo³³, xa²¹³ san³³ ka³³ ta²².

610）先得坛子盛哒啰！先用坛子盛着！

ɕien⁴⁵ te²² tan¹¹ · tsʅ ɕin¹¹ ta²² lo³³！

611）挑不起啰！

tʰiau⁴⁵ pu²² tɕʰi³³ lo³³！

以上句子分别表示肯定，征询，不满，劝告，解释。"啰"起加强语气的作用，是羡余的，可有的。

612）那你还是不想去啰？

na²¹³ ni³³ xai¹¹ sʅ²¹³ pu²² ɕian³³ kʰe²⁴ lo³³？

此句的"啰"是必有的，表示猜度性疑问。

"啰"的应用范围广，使用频率高，一席话里可能一"啰"到底：

613）箇里一堆箇里一堆啰，渠有三个人啰，就摆三堆柴啰，得三根棍子架哒那挡唧啰，哪个得羊角打倒哒就㧅三堆柴赢去啰。这里一堆那里一堆，他们有三个人，就摆三堆柴，在旁边架三根棍子，谁用羊角（把棍子）打倒了，谁就把三堆柴赢去。

ko³³ · ti i²² tui⁴⁵ ko³³ · ti i²² tui⁴⁵ lo³³, tɕi³³ iu³³ san⁴⁵ ko²⁴ ɕin¹¹ lo³³, tɕiu²¹³ pai³³ san⁴⁵ tui⁴⁵ tsai¹¹ lo³³, te²² san⁴⁵ ken⁴⁵ kuən⁴⁵ · tsʅ ka²⁴ ta²² na²¹³ tan²⁴ · tɕi lo³³, na³³ · ko te²² ian¹¹ ko²² ta³³ tau³³ ta²² tɕiu²¹³ lau⁴⁵ san⁴⁵ tui⁴⁵ tsai¹¹ ian¹¹ kʰe²⁴ lo³³.

这是一个陈述语段，每个分句末尾都用了"啰"，都是羡余的，"啰"是一种交流提示，说话人顾及听话人的感受，用"啰"来招呼听话人，提示某个信息域就是这样子，总体上表示肯定语气。

7.2.1.3　"e"系列语气词：诶｜得｜喋｜耶｜嘞①

7.2.1.3.1　诶 [e³³/²¹]

"诶"在句中句末都可以用，一般不用于祈使句，在疑问句中有时

---

① 这里主要讨论的是用法比较普遍的、可单独用于句尾的语气词，衡阳话的 e 系语气词还有一种语气词比较特别，如"啫"，用法限制多，难以独立用于句尾，常附在"嘞"后面表示感叹语气，如"哎呀嘞啫"。

是足调性的,其他语句都是羡余性的。如:

614) 你讲箇只事诶,我听你奶奶讲过。你说的这件事呀,我听你奶奶讲过。

ni³³ kuan³³ ko³³ sʅ²¹³ e̠³³/²¹, ŋo³³ tʰian²⁴ ni³³ ne³³·ne kuan³³ ko²⁴.

615) 口里硬是诶,干起出绿烟。嘴里真是呀,干得有烟。

kʰəu³³·li ŋen²¹³ sʅ²¹³ e̠²¹, kan⁴⁵ tɕʰi³³ tɕʰy²² lu¹¹ ien⁴⁵.

616) 渠那时候可能觉得你诶,不听话啰!她那时候可能觉得你呀,不听话!

tɕi³³ na²¹³ sʅ¹¹·xəu kʰo³³ nen¹¹ tɕio²² te²² ni³³ e̠²¹, pu²² tʰian²⁴ fa²¹³ lo³³!

617) 你诶,脑子理解有问题!

ni³³ e̠³³/²¹, nau³³·tsʅ li³³ kai³³ iu³³ fen²¹³ ti¹¹!

这四句的"诶"用于句中,都有语用提顿功能,总体表示后面的内容是重点,同时带有不同的附加色彩,句一的提顿有舒缓语气的作用,句二的提顿有强化感情的作用,句三的提顿加强戏谑色彩,句四的提顿有不满、否定色彩。

618) 甲:有嘞?有吗? iu³³ me²¹?

乙:有诶。有呢。 iu³³ e̠³³.

619) 年头到年尾冇得一分钱得我诶。一年到头没有给一分钱给我呢。

nien¹¹ təu¹¹ tau²⁴ nien¹¹ uei³³ mau²¹³ te²² i²² fən⁴⁵ tɕien¹¹ te²² ŋo³³ e̠²¹.

620) 我要你带点小菜回来你带哒冇诶?我让你带些小菜回来你带了吗?

ŋo³³ iau²⁴ ni³³ tai²⁴ tie³³ ɕiau³³ tsʰai²⁴ fei¹¹ lai¹¹ ni³³ tai²⁴ ta²² mau²¹³ e̠²¹?

621) 我咯帽子诶?我的帽子呢?

ŋo³³ ko²² mau²¹³·tsʅ e̠³³?

这四句的"诶"用于句末,都表示强调语气,但有的是羡余性强调,有的有足调作用。句一强调事实,并带有希望或等待继续对话的意味,句二强化叹息,句三加强征询性,这三句的"诶"都可以不说,句法上是羡余的。句四的"诶"语用上加强了征询性,句法上有足调功能,负载疑问信息,不可略去。

"诶"在衡阳话中有不同的读音,基本读音是 e³³,还有读 ŋe³³、e³¹

和 e^{21} 的，有的读音是语法意义决定的。

李永明曾经记为 ŋe^{33}，如 "小王诶？[ɕiau^{33} uan^{11} ŋe^{33}？]"（1986），这是语流音变同化的结果，凡鼻音尾后面的"诶"都可说成[ŋe]，这个[ŋ]比普通话中的[ŋ]发音部位略靠前。

"诶"的调值可能根据句中的功能地位有所变化。当它作为叹词放在句首的时候，读作 e^{31}，比如招呼人："诶，你过来一下"，再比如抒发感情："诶，你吗箇样讲啦？"当它作为语气词时，还有功能的差异，有时只能读原调，有时因轻化而低降成21，有时原调和低降调是两可的，其规律有三点。第一，如果"诶"具有足调作用则调值为33，这只在问句中出现；第二，羡余作用的"诶"并非都轻化，如果其色彩表现为自我态度、情绪的抒发（自发的，封闭的），则用21调，如果是回应对方、内容或情绪涉及人（涉外的，开放的），则读作33，如"甲：你吃烟不？乙：不诶，我不吃烟。"这里的"诶"不能读作21调；第三，同一个句子可能兼有自我感叹、兼及他人的语用功能，则33调或21调是两可的，用哪一个完全看说话人现场的立足点。比较：

622）年头到年尾冇得一分钱得我诶[e^{21}]！
年头到年尾冇得一分钱得我诶[e^{33}]！

上句"诶"的调值为21，表现为自怜自叹的语气，下句调值为33，语气为：我告诉你，他就是这样的人。

7.2.1.3.2 得[te^{22}]

"得"只能用在句末，常与"不好"构成"不好+V+得"格式，应用范围不广，常见于否定陈述和感叹句，如：

623）落雨，连不好出去得。下雨，实在不方便出去。
lo^{11} y^{33}, lien^{11} pu^{22} xau^{33} tɕʰy^{22} kʰe^{24} te^{22}.

624）太紧哒，不好动得。太紧了，不好动。
tʰai^{24} tɕin^{33} ta^{22}, pu^{22} xau^{33} tən^{213} te^{22}.

625）当哒渠咯面又不好讲得。当着他的面又不好说。
tan^{45} ta^{22} tɕi^{33} ko^{22} mien^{213} iu^{213} pu^{22} xau^{33} kuan^{33} te^{22}.

这些"得"都是羡余的，起舒缓语气的作用。

语气词"得"与充当可能补语的"得"都用于句末，但是有区别。如：

"不好去得"不等于"去不得"。"不好去得"意思是不方便去,其肯定式是"好去","去不得"的意思是"不能去",其肯定式是"去得"。比较:

甲:箇种情况,我不好去得。乙:那吗不好去得啦?好去。

甲:箇种情况,我去不得。乙:那吗去不得啦?去得。

7.2.1.3.3 喋 [tie¹¹]

"喋"可用于句中或句末,属羡余的类,总体功能为强化,带有撺状色彩,如:

626) 嫂嫂喋,比家娘还厉害。嫂子比婆婆还厉害。
　　sau³³·sau tie¹¹, pi³³ ka⁴⁵ nian¹¹ xai¹¹ li²¹³ xai²¹³.

627) 柴窝里咯被筒菇喋,很大老只,肉力很厚咯。柴草堆里的被筒菇呀,很大一个,肉很厚的。
　　tsai¹¹ xo⁴⁵ li³³ ko²² pi²¹³ tən¹¹ ku⁴⁵ tie¹¹, xe¹¹ tai²¹³ lau³³ tɕia²², ɕiu¹¹ li¹¹ xe⁴⁵ xəu²¹³ ko²².

628) 第二天捞只裤子喋,剪咖丢坪里头。第二天把裤子剪了扔到坪里。
　　ti²¹³ e²¹³ tʰien⁴⁵ lau⁴⁵ tɕia²² kʰu²⁴·tsɿ tie¹¹, tɕien³³ ka³³ tiu⁴⁵ pian¹¹ li³³ təu¹¹.

这几句"喋"用于句中,都有回指、强化对象的作用。

629) 在箇里喋。在这里。
　　tsai²¹³ ko³³·li tie¹¹.

630) 捞场下捡咖捡咖,清清白白喋。把家里收拾得干干净净。
　　lau⁴⁵ tɕian¹¹ xa²¹³ tɕien³³ ka³³ tɕien³³ ka³³, tɕʰin⁴⁵ tɕʰin⁴⁵ pe¹¹ pe¹¹ tie¹¹.

631) 望哒娘难做喋,每月要回娘屋两转。见妈妈难做,每个月要回娘家两趟。
　　man²¹³ ta²² nian¹¹ nan¹¹ tsu²⁴ tie¹¹, mei³³ ye¹¹ iau²⁴ fei¹¹ nian¹¹ u²² lian³³ tɕyen³³.

这几句"喋"用于句末。

"喋"字句用于疑问句时只见于正反问,带"喋"的正反问有逼问威胁色彩,比较:

632) a. 你来不来?ni³³ lai¹¹ pu²² lai¹¹?

b. 你来不来喋？ni³³ lai¹¹ pu²² lai¹¹ tie¹¹？

a 句是一般正反问，b 句表现说话人意图是逼听话人回答或胁迫听话人来，否则就有不如意的事情要承担。

7.2.1.3.4　耶 [ie¹¹ᐟ³³]

"耶"一般用于句末，单用频率不高，但疑问、感叹等不限，表羡余加强。如：

633) 我要是不来耶？我如果不来呢？

　　ŋo³³ iau²⁴ sɿ²¹³ pu²² lai¹¹ ie³³？

634) 打箇块皮是箇吊起耶。打得这块皮这么悬着。

　　ta³³ ko³³ kuai²⁴ pi¹¹ sɿ²¹³ ko³³ tiau²¹³ tɕʰi¹¹⁄³³ ie³³.

635) 别个劝起我和二舅妈吃耶，那冇娘女实在造孽。人家劝我和二舅妈吃，那没娘的女实在可怜。

　　pie¹¹·ko tɕʰyen²⁴ tɕʰi¹¹⁄³³ ŋo³³ xo¹¹ e²¹³ tɕiu²¹³ ma⁴⁵ tɕʰia²² ie³³，na²¹³ mau²¹³ mian¹¹ ny³³ ɕi¹¹ tsai²¹³ tsau²¹³ nie²².

"耶"也有两个调值，疑问句中为"33"，非疑问句中，自发性语气"耶"调值为"11"，涉外性语气"耶"调值为"33"。

7.2.1.3.5　嘞 [le¹¹ᐟ³³]

"嘞"可用于句中或句末，表羡余色彩，疑问、陈述等不限。如：

636) 奶奶闯哒嘞，得点饼干糖珠子得我吃。奶奶有时给点饼干糖果给我吃。

　　ne³³·ne tsʰuan³³ ta²² le³³，te²² tie³³ pin³³·kan tan¹¹ tɕy⁴⁵·tsɿ te²² ŋo³³ tɕʰai²².

这是用于句中的"嘞"，有提顿、延缓语气的作用。

637) 结果我想只吗办法嘞？得只东西围哒。我想个什么办法呢，拿一样东西围住。

　　tɕie²² ko³³ ŋo³³ ɕian³³ tɕia²² ma⁴⁵ pan²¹³ fa²² le³³？te²² tɕia²² tən⁴⁵·ɕi uei¹¹ ta²².

638) 你媳妇可还是可以嘞。你媳妇倒还是不错。

　　ni³³ ɕi²²·fu kʰo³³ xai¹¹ sɿ²¹³ kʰo³³ i¹¹⁄³³ le¹¹.

639) ……亏哒那指甲箇一抠嘞。……亏得那指甲这样抠。kʰui⁴⁵ ta²² na²¹³ tɕi²² ka³³ ko³³ i²² kʰəu⁴⁵ le¹¹.

以上三句中，第一句的"嘞"表设问提醒，使留有回味余地，第二句表断定的口气，第三句表叹息、抒情。

"嘞"在衡阳话中也有 11 和 33 两种调值，疑问句用"33"，非疑问句语义平缓、随意时用 33 调，语义严肃、急切时用 11 调。

7.2.2 合用

语气词合用指两个语气词相连或叠合使用。根据其表现形式可分为连用、合音两种。

7.2.2.1 连用

所谓连用，即一个语气词接着一个语气词使用。我们所搜集的连用语料不一定完全，但有几点是明显的。首先，连用现象只在句尾（包括分句句尾）；其次，如果连用式可以写作"s ← x + y"（s 代表句型，← 代表附着，x、y 代表语气词），最频繁的连用式就是"s ←哒 + y"，也就是说"哒"与其他语气词连用的情况最多；再次，语气词连用的附加色彩一般为所用语气词之和，但效果是语气增强，下面罗列一些连用的语料：

640）那当然啰，现在人下变聪明<u>哒吵</u>。那当然，现在人都变聪明了嘛。

na^{213} tan^{45} ɕien^{11} lo^{33}，ɕien^{213} tsai^{213} ɕin^{11} xa^{213} pien^{24} tsʰən^{45} min^{11} <u>ta^{22} sa^{11}</u>.

此例的"哒"表肯定，是必有的，"吵"表示确实如此，是可有的。

641）一天三十块，三七就二百一<u>哒啦</u>！一天三十块，三七就二百一了呢！

i^{22} tʰien^{45} san^{45} ɕi^{11} kʰuai^{33}，san^{45} tɕʰi^{22} tɕiu^{213} e^{213} pe^{22} i^{22} <u>ta^{22} la^{33}</u>！

此例的"哒"表示肯定，是可有的，"啦"表示感叹，是可有的。

642）爸爸走哪去<u>哒啦</u>？爸爸上哪儿去了呢？

pa^{22}·pa tsəu^{33} na^{33} kʰe^{24} <u>ta^{22} la^{33}</u>？

此例的"哒"表示已然，是必有的，"啦"表示追加语气，是可有的。

643）我以为你得渠<u>哒哟</u>。我以为你给他了呢。

ŋo^{33} i^{33} uei^{11} ni^{33} te^{22} tɕi^{33} <u>ta^{22} io^{11}</u>.

此例的"哒"表示已然，是必有的，"哟"表示追加语气，是可有的。

644）卖咖好久哒啰？卖了多长时间了呢？
　　　mai²¹³ ka³³ xau³³ tɕiu³³ ta²² lo³³?

此例的"哒"表示已然，是可有的，"啰"表示追问语气，是可有的。

645）摆起咯哨，你去看啦。摆着的呀，你去看嘛。
　　　pai³³ tɕʰi³³ ko²² sa¹¹, ni³³ kʰe²⁴ kʰan²⁴ la³³.

此例的"咯"表示已然，是必有的，"哨"表示确实如此，是可有的。

646）被筒菇要捡那肉力很厚咯耶，那干净些。被筒菇要拾那肉厚的，那种干净一些。
　　　pi²¹³ tən¹¹ ku⁴⁵ iau²⁴ tɕien³³ na²¹³ ɕiu¹¹ li¹¹ xen⁴⁵ xəu²¹³ ko²² ie³³,
　　　na²¹³ kan⁴⁵ tɕin²¹³ ɕi⁴⁵.

此例的"咯"表示肯定，是可有的，"耶"表示追加语气，是可有的。

647）是咯啰。sʅ²¹³ ko²² lo³³.

此例的"咯"表示肯定，是可有的，"啰"表示追加语气，是可有的。

648）箇吗好动得啦？这怎么好动呢？
　　　ko³³ ma⁴⁵ xau³³ tən²¹³ te²² la³³?

此例"得"表示肯定，是可有的，"啦"表示追加语气，是可有的。

7.2.2.2　合音

在语气词连用的过程中，有的连用现象发生语音上的叠合，即为合音。衡阳话语气词中的"唯"[iai]、"呗"[be]、"嘞"[me]是两个语气词的合音形式，它们都用于句末，如果原语气词调值不同，合音后可有两种调值，其色彩也有对内与涉外的不同。合音语气词情况及主要使用特点见下。

7.2.2.2.1　唯[iai²¹/³³]：耶+诶

"唯"一般不用于祈使句，疑问句中有足调和羡余的区别，有足调作用时调值为"33"，其他皆羡余的，总体色彩偏向于组合音的后项要素，主要表示解释、疑问或加强疑问，如：

649）渠就是剁箇硬柴哇。他就砍这种硬柴。

tɕi³³ tɕiu²¹³ sʅ²¹³ to²⁴ ko³³ ŋen²¹³ tsai¹¹ iai³³.

650）渠总是得东西得箇崽女吃哇。她总是给东西给儿女吃。

tɕi³³ tsən³³ sʅ²¹³ te²² tən⁴⁵·ɕi te²² ko³³ tsai³³ ny³³ tɕʰia²² iai³³.

651）平时买吗东西哇，随哪样渠下写起写起。平时买什么，她都一一登记。

pin¹¹ sʅ¹¹ mai³³ ma⁴⁵ tən⁴⁵·ɕi iai¹¹, tsui¹¹ na³³ ian²¹³ tɕi³³ xa²¹³ ɕia³³ tɕʰi³³ ɕia³³ tɕʰi³³.

652）你和渠哪个大哇？你和他谁大？

ni³³ xo¹¹ tɕi³³ na³³·ko tai²¹³ iai²¹？

653）你崽哇？你儿子呢？

ni³³ tsai³³ iai²¹？

7.2.2.2.2　呗 [pe²¹]：不 + 诶

"呗"也都是足调性的语气词，多用于疑问句末，表示一种商量或疑问，如：

654）你现在走呗？你现在走吗？

ni³³ ɕien²¹³ tsai²¹³ tsəu³³ pe²¹？

655）饭要得哒呗？饭好了吗？

fan²¹³ iau²⁴ te²² ta²² pe²¹？

656）会吓倒渠呗？会吓倒他吗？

fei²¹³ xa²² tau³³ tɕi³³ pe²¹？

7.2.2.2.3　嚜 [me²¹]：冇 + 诶

"嚜"也是足调性的，一般只用于疑问句末，问状况的实现情况，如：

657）那时我在屋里嚜？那时我在家吗？

na²¹³ sʅ¹¹ ŋo³³ tsai²¹³ u²² li³³ me²¹？

658）扎头发咯东西有嚜？扎头发的东西有吗？

tsa³³ təu¹¹·fa ko²² tən⁴⁵·ɕi iu³³ me²¹？

659）渠走咖哒嚜？他走了吗？

tɕi³³ tsəu³³ ka³³ ta²² me²¹？

7.2.3 语气短语词

短语词这个概念是吕叔湘先生提出来的，指形式上是组合性的而功能上是非组合性的现象，或者说，形式上可看作短语，功能上相当于一个词。衡阳方言语气词亦有此种表现。

7.2.3.1 不啰 [pu^{22} lo^{33}]

"不啰"是足调性的语气短语词，一般用于疑问句末，如：

660）那前唧我精瘦不啰？渠就喊我多吃点唧。那时候我不是很瘦吗？她就叫我多吃点。

na^{213} tɕien^{11} · tɕi ŋo^{33} tɕin^{45} səu^{24} pu^{22} lo^{33}？tɕi^{33} tɕiu^{213} xan^{33} ŋo^{33} to^{45} tɕʰia^{22} tie^{33} · tɕi.

661）年底下忙哒过年不啰？渠赶哒来洗东西。年底不是都忙着过年吗？她赶来洗东西。

nien^{11} ti^{33} xa^{213} man^{11} ta^{22} ko^{24} nien^{11} pu^{22} lo^{33}？tɕi^{33} kan^{33} ta^{22} lai^{11} ɕi^{33} tən^{45} · ɕi.

这里的"不啰"是构成疑问语气句的要件，但语义上是对前面所述情况的肯定提示，不需要回答，类似反问句，不过目的不在于反问。它是具有表体作用的语气短语词，参见"8.2.12"的分析。

这两句难以有普通话的对应语法形式，不宜理解为"不……啰"的移位并举，"不啰"句前面仍然可以添加"不是"，如：

662）那前唧我不是精瘦不啰？渠就喊我多吃点唧。

663）年底不是下忙哒过年不啰？渠赶哒来洗东西。

添加"不是"是冗余手段，使反问语气更明显。

需要注意的是，衡阳话的"不啰"并非都是语气短语词，在正反问句中，"不啰"是结构要素"不"与附加语气词"啰"的线性序列，比较：

664）我有好多书，你看不啰？我有很多书，你看不看？

ŋo^{33} iu^{33} xau^{33} to^{45} ɕy^{45}, ni^{33} kʰan^{24} pu^{22} lo^{33}？

665）中午教室不是有得人不啰？渠在黑板高头练粉笔字。

中午教室不是没有人吗？他在黑板上练粉笔字。

tsən^{45} u^{33} tɕiau^{24} ɕi^{22} pu^{22} sɿ^{21} mau^{213} te^{22} ɕin^{11} pu^{22} lo^{33}？tɕi^{33} tsai^{213} xe^{22} pan^{33} kau^{45} təu^{11} tien^{213} fən^{33} pi^{22} tsɿ^{213}.

上一句为正反问句，结构是"你看不｜啰"①，表示"你看不看呢"的意思，语气词"啰"是附加在正反问"S+不"后面的语气词。下一句是反问句，"不啰"不能拆解，整体附在句尾形成反问语气，用来强调已然的状态，结构是"冇得人｜不啰"。

7.2.3.2 话你 [ua¹¹ni¹¹/ua¹¹nie¹¹]

"话你"可用于陈述句、感叹句的句中或句末，是羡余性的，用于加强肯定、加强情感。"话你"的读音细分也有两个，但两个音没有功能的不同，[ua¹¹ni¹¹] 可视为 [ua¹¹nie¹¹] 的省音脱落形式，整体可轻声，本书标记的非轻声低平调实际上也是轻声音节化的结果。

用在句中的，如：

666）箇只妹子<u>话你</u>，紧讲得，讨嫌！_{这个女的呀，说个没完，讨厌！}
　　　ko³³ tɕia²² mei²¹³ · tsʅ¹¹ ua¹¹ nie¹¹, tɕin³³ kuan³³ te²², tʰau³³ ɕien¹¹!

667）奶奶<u>话你</u>，总总好客气咯。_{奶奶呀，总是很客气的。}
　　　ne³³ · ne ua¹¹ ni¹¹, tsən¹¹ · tsən xau³³ kʰe²² · tɕʰi ko²².

这里的"话你"用在主语后提顿语气，突出话语对象。有时在"话你"前还可加程度副词，如：

668）甲：那时候有包子吃冇？_{那时候有包子吃吗？}
　　　na²¹³ sʅ¹¹ · xəu iu³³ pau⁴⁵ · tsʅ tɕʰia²² mau²¹³?

　　　乙：那你怕<u>落实话你</u>，难吃！_{那你呀，难吃！（即"想得美"）}
　　　na²¹³ ni³³ pʰa³³ lo¹¹ ɕʅ¹¹ ua¹¹ nie¹¹, nan¹¹ tɕʰia²²!

669）那硬是<u>落实话你</u>，煮饭都不得煮嗟！_{那真是呀，饭都不愿做呢！}
　　　na²¹³ ŋen²¹³ sʅ²¹³ lo¹¹ ɕʅ¹¹ ua¹¹ ni¹¹, fan²¹³ tu⁴⁵ pu²² te²² tɕy³³ tɕia³³!

这两例中，上一例句乙的基本结构为"那你怕难吃_{那你恐怕是想得美}"，一级添加为"那你怕话你，难吃_{那你怕是，想得美}"，二级添加为"那你怕落实话你，难吃_{那你怕确实是，想得美}"。下一例的基本结构为"那硬是煮饭都不会煮嗟_{那硬是饭都不会去做的}"，一级添加为"那硬是话你，煮饭都不会煮嗟_{那真是，饭都不会去做的}"，二级添加为"那硬是落实话你，煮饭都不会煮嗟_{那真是确实，饭都不会去做的}"。

用在句末的，如：

---

① 衡阳话正反问的典型形式是"S+不"，参见第10章的"正反问"。

670）乌龟肉在肚里咯人最难刮话你。像乌龟那样肉藏在肚里的人最难打交道了。

u⁴⁵ kui⁴⁵ ɕiu¹¹ tsai²¹³ tu³³ ·tsɿ li³³ ko²² ɕin¹¹ tsui²⁴ nan¹¹ kua²² ua¹¹ ni¹¹.

671）你吃第二碗饭，渠眼珠要鼓出火话你。你吃第二碗饭，她眼珠瞪得老大像要冒火呢。

ni³³ tɕʰia²² ti²¹³ e²¹³ uen³³ fan²¹³, tɕi³³ ŋan³³ tɕy⁴⁵ iau²⁴ ku³³ tɕʰy²² xo³³ ua¹¹ ni¹¹.

672）里头咯肉完全挖烂哒话你。里面的肉全挖烂了呢。

ti³³ təu¹¹ ko²² ɕiu¹¹ uen¹¹ tɕyen¹¹ uai⁴⁵ lan²¹³ ta²² ua¹¹ ni¹¹.

句末的"话你"一般用来强化肯定的态度，还附有叹息的情感。

7.2.3.3 好吧 [xau³³ pa¹¹]

"好吧"是足调性的语气短语词，带"好吧"的句子都是疑问句，不用"好吧"则不构成疑问语气。它可以附在句尾，也可以在话轮中用于接话的句首。

673）你冇去好吧？你没去吗？

ni³³ mau²¹³ tʰe²⁴ xau³³ pa¹¹？

674）渠绊哒一颠好吧？他摔了一跤吗？

tɕi³³ pan²⁴ ta²² i²² tɕien²⁴ xau³³ pa¹¹？

这两个"好吧"句表征询问，是求证性的问，与句尾单独带"吧"的猜度问不同，比较：

675）a. 你冇去好吧？

b. 你冇去吧？

676）a. 渠绊哒一颠好吧？

b. 渠绊哒一颠吧？

a 式句含没想到、感到意外的意思，上一例的 a 等于说"我以为你去了，结果你没去吗？"下一例的 a 等于说"真没想到，他摔了一跤吗？" b 式句是直接把自己的猜测说出来，让对方回答，上一例的 b 等于说"你没去，是吗？"下一例的 b 等于说"他摔了一跤，是吗？"

677）歇一下，走箇久哒脚不痛好吧？歇一会儿，走这么长时间了，脚不痛吗？

ɕie²² i²² xa²¹³, tsəu³³ ko³³ tɕiu³³ ta²² tɕio²² pu²² tən²⁴ xau³³ pa¹¹？

这是反问句,"脚不痛好吧"等于说"脚难道不痛吗",传递不满的情绪。

678) 甲:渠昨日冇回。他昨天没回来。

tçi³³ tso¹¹ çi¹¹ mau²¹³ fei¹¹.

乙:好吧?那渠走哪去哒?真的?那他去哪儿了?

xau³³ pa¹¹? na²¹³ tçi³³ tsəu³³ na³³ kʰe²⁴ ta²²?

这里的"好吧"置于话轮接话句句首,具有话语转述呼应功能。这样的"好吧"看起来独立于句首,但不是真正的独立,仍然具有附着性,是一种语用性超句子附着,是顶针句"冇回好吧"的条件变式。

7.2.3.4 是呗 [sʅ¹¹ pe²¹]

"是呗"也是足调性的语气短语词,如:

679) (渠)要你付钱得渠是呗?(他)让你付钱给他是吗?

(tçi³³) iau²⁴ ni³³ fu²⁴ tçien¹¹ te²² tçi³³ <u>sʅ¹¹ pe²¹</u>?

680) 渠到经贸公司去哒是呗?他到经贸公司去了吗?

tçi³³ tau²⁴ tçin⁴⁵ mau²¹³ kən⁴⁵ sʅ⁴⁵ kʰe²⁴ ta²² <u>sʅ¹¹ pe²¹</u>?

681) 明日不要上课哒是呗?明天不要上课了是吗?

mian¹¹ çi¹¹ pu²² iau²⁴ çian²¹³ kʰo²⁴ ta²² <u>sʅ¹¹ pe²¹</u>?

682) 你只晓得讲别个是呗?你只会说别人吗?

ni³³ tsʅ³³ çiau³³ te²² kuan³³ pie¹¹·ko <u>sʅ¹¹ pe²¹</u>?

683) 你冇在就可以不负责哒是呗?你没在就可以不负责了吗?

ni³³ mau²¹³ tsai²¹³ tçiu²¹³ kʰo³³ i³³ pu²² fu²¹³ tse²² ta²² <u>sʅ¹¹ pe²¹</u>?

"是呗"在前三句中是求证性的疑问,在后两句是责问。"呗"是"不+诶"的合音形式,但这里的"呗"不能完成疑问句的转化,"是""呗"不能拆开。

以上衡阳方言语气词的分布情况可以列表如下:

语气词	疑问		陈述		祈使		感叹		句中		句末	
	足调	羡余	足调	羡余	足调	羡余	足调	羡余	足调	羡余	足调	羡余
啊	+	+		+		+		+		+	+	+
哒	+		+	+		+		+			+	+
嗨				+				+				+

续表

语气词	疑问		陈述		祈使		感叹		句中		句末	
	足调	羡余	足调	羡余	足调	羡余	足调	羡余	足调	羡余	足调	羡余
呀	+	+		+		+		+	±		+	+
嗟		+		+		+		+				±
啦		+	±			+		+				+
嘛		±		+		+		+				+
吵		±		+		+		+				+
噢	+	+		+				+	+		+	+
咯		+		+				+				+
哟		+		+				+	+			+
啰	±	+		+		+		+			±	+
诶	±	+		+				+	+		±	+
得		+		+				+				+
喋				+		+		+	+			+
耶		+		+		+		+				+
嘞		+		+		+		+	+			+
哒啦		+		+		+		+				+
哒吵		+		+		+		+				+
哒哟		+		+				+				+
哒啰		+		+		+		+				+
咯吵		+		+				+				+
咯耶		+		+				+				+
咯啰		+		+				+				+
得啦		+		+				+				+
唯	+[33]			+		+		+		+	+	+
吧	+	+									+	
呗	+										+	
嚜	+										+	
不啰	+										+	
话你				+				+		+		+
好吧	+										+	
是呗	+										+	

7.3 结论与余论

7.3.1 语气词轻重不定，位置不一

综观衡阳方言语气词系统，语气词的语法特点具有附着性，语气词与前面的实体成分之间没有停顿，语气词的表现形式都具有伸缩性，根据情感的强弱，发音可能短而轻，也可能长而重。语气词的句末分布强于句中分布，能用于句中的语气词有"啊、呀、噢、哟、诶、喋、嘞、哇、话你"。

7.3.2 语气意义具有相对性

同一句型可能加上不同的语气词，显示不同的语气意义，如："得板子架起啊？[te^{22} pan^{33}·ts$_{\gamma}$ ka^{24} tɕʰi^{33} a^{11}]"表示征询意见，"得板子架起呀？[te^{22} pan^{33}·ts$_{\gamma}$ ka^{24} tɕʰi^{33} ia^{11}]"问是否要这么做，"得板子架起噢？[te^{22} pan^{33}·ts$_{\gamma}$ ka^{24} tɕʰi^{33} o^{11}]"问这样好吗，"得板子架起哒？[te^{22} pan^{33}·ts$_{\gamma}$ ka^{24} tɕʰi^{33} ta^{11}]"问结果。再如："得板子架起嗨！[te^{22} pan^{33}·ts$_{\gamma}$ ka^{24} tɕʰi^{33} xai^{11}]"表示加强建议，"得板子架起唦。[te^{22} pan^{33}·ts$_{\gamma}$ ka^{24} tɕʰi^{33} sa^{11}]"表示显而易见，应该如此，"得板子架起啦！[te^{22} pan^{33}·ts$_{\gamma}$ ka^{24} tɕʰi^{33} la^{33}]"强化祈使，有要求这么做的意味，"得板子架起啰！[te^{22} pan^{33}·ts$_{\gamma}$ ka^{24} tɕʰi^{33} lo^{33}]"强化催促。但由于语气词的语气分布和句法位置分布不是单一的，其语气意义也有弹性，无法将每个语气词的语气意义孤立地表述。

7.3.3 语气功能有足调、羡余之别

衡阳方言的语气词中"哇丨呗丨嚜丨不啰丨好吧丨是呗"等起足调作用，可以作定性分析，"嗨丨啦丨嘛丨唦丨咯丨哟丨得丨喋丨耶丨嘞丨哒啦丨哒唦丨哒哟丨哒啰丨咯唦丨咯耶丨咯啰丨得啦丨话你"等只能作定量分析，起羡余作用，而"啊丨吧丨哒丨呀丨嗟丨噢丨啰丨诶"既有足调功能又有羡余功能。足调（足句）功能大多在疑问句中表现，"嗟"兼表先行体的意义时也不是羡余的，羡余功能是普遍的，这也符合语气所表达的情感特点。

7.3.4 语气表达有自发、他控之别

语气词有自发和他控的不同,自发性语气词表明说话人的态度、情绪取向,他控性语气词用来维系对话,回应关照对话人的言语或情绪,衡阳方言用内部屈折的方式来表现自发和他控的不同,如"诶"和"耶"。

7.3.5 升调不是衡阳话疑问语气的充足条件

普通话疑问语气有无标记和有标记之分,很多句子只要语调为升调,便能构成疑问语气,衡阳方言语调的升降不是疑问语气的充足条件,也就是说衡阳方言的疑问语气都是有标记的,标记手段有时是疑问代词(哪个去?),有时是疑问副词(难道是我?),有时是疑问格式(是你不?∣是你还是渠?[sʅ²¹³ ni³³ xai¹¹ sʅ²¹³ tɕi³³] 是你还是他),有时用疑问语气词(去?∣去呗?∣报告已经交咖哒好吧?)。

第8章 体貌的表达

8.1 概说

体貌又叫动态，或是体。李小凡（1998）将体貌区分为词与句两个平面，词平面称为动态，指谓词所表示的动作变化情状，句平面称为事态，指句子所表示的事件发生与否、出现与否、存在与否，这使得交错复杂的汉语体貌系统得以有效梳理。汉语的体貌表现可能通过词法手段，可能利用句法手段，可能是有标记形式，也可能是零标记形式。本章讨论范围限于词法手段（包括词的变形形式），不讨论零形式。先对衡阳方言的体貌标记作线性描写，再作网状分析，以体现系统的内部关系。

8.2 线性描写

衡阳方言动态和事态标记主要有下面一些形式：

咖 ka^{33}　　　　哒 ta^{22}
咖哒 ka^{33}ta^{22}　　咖……哒 ka^{33}…ta^{22}
起 tɕʰi^{33}　　　　起来 tɕʰi^{33}·lai
过 ko^{24}　　　　紧 tɕin^{33}
在 tsai^{213}　　　下·xa
下去 xa^{213}·kʰe　嗟 tɕia^{33}
吋 ta^{33}　　　　咯 ko^{22}
不啰 pu^{22}lo^{33}　去哒 kʰe^{24}ta^{22}
还 xai^{11}　　　　还要 xai^{11} iau^{24}

接哒 tɕie²² ta²² 　　快 kʰuai²⁴
要 iau²⁴ 　　　　　　得 te²²
冇 mau²¹³ 　　　　　不 pu²²
莫 mo¹¹ 　　　　　　去 kʰe²⁴
看·kʰan

它们表示完成、实现、持续、进行、起始、经历、尝试、短时、继续、先行、已然、仍然、未然等体貌意义。本节对这些体貌标记作线性分析，先提取出与普通话用法一致的，再逐个描写有地方色彩的。

8.2.1　与普通话用法一致的体貌标记

以上所列衡阳方言中的体貌标记中，起来［tɕʰi³³·lai］｜过［ko²⁴］｜在［tsai²¹³］｜下去［xa²¹³·kʰe］｜还［xai¹¹］｜还要［xai¹¹ iau²⁴］｜接哒［tɕie²² ta²²］｜快［kʰuai²⁴］｜要［iau²⁴］｜冇［mau²¹³］｜不［pu²²］｜莫［mo¹¹］｜去［kʰe²⁴］｜看［·kʰan］等与普通话用法一致，一并在此举例说明，不作详细描写。

684）刚刚还在生气，箇下又笑起来哒。刚才还在生气，这会儿又开始笑了。

　　kan⁴⁵·kan xai¹¹ tsai²¹³ sen⁴⁵ tɕʰi²⁴, ko³³ xa²¹³ iu²¹³ ɕiau²⁴ tɕʰi³³·lai ta²².

此例"起来"表开始态。

685）我去过新疆。ŋo³³ kʰe²⁴ ko²⁴ ɕin⁴⁵ tɕian⁴⁵.

此例"过"表经历态。

686）渠里在找人帮忙。他们在找人帮忙。

　　tɕi³³·nin tsai²¹³ tsau³³ ɕin¹¹ pan⁴⁵ man¹¹.

此例"在"表进行态。

687）像箇样搞下去冇得吗好处。这样搞下去的话没什么好处。

　　tɕian²¹³ ko³³ ian²¹³ kau³³ xa²¹³·kʰe mau²¹³ te²² ma⁴⁵ xau³³·tɕʰy.

此例"下去"表继续态。

688）渠讲得不错。他说得不错。tɕi³³ kuan³³ te²² pu²² tsʰo²⁴.

此例"冇"表示已然。"得"的功能除了作为补语标记，语义上同时具有已然意义，即使是虚拟语气如"你可以看得更清楚"，也是一种已然的假设。

689）还冇写啊？xai^{11} mau^{213} ɕia^{33} a^{11}？

此例"还"表示事件的仍然状态。

690）昨日去是去哒，今日我还要去。

tso^{11} ɕi^{11} k^{h}e^{24} sʅ^{213} k^{h}e^{24} ta^{22}，tɕi^{45} ɕi^{11} ŋo^{33} xai^{11} iau^{24} k^{h}e^{24}.

此例"还要"也表继续态，与"下去"不同的是，"还要"表示的继续是同类的动作再做，而且只表示未然的事件。

691）你接哒讲啰，后来吗样哒？你接着说，后来怎么样了？

ni^{33} tɕie^{22} ta^{22} kuan^{33} lo^{33}，xəu^{213} lai^{11} ma^{45} ian^{213} ta^{22}？

此例"接哒"也表继续态，与"下去"的区别在于，"下去"的语义特征是"连续"，"接哒"的语义特征是"断续"，在没有其他体标记出现时，"下去"和"接哒"所表示的事件通常是未然的，"接哒"和"下去"可以连用，连用时事件是已然的，如"渠接哒讲下去"。

692）回去算哒，天快黑哒。

fei^{11} k^{h}e^{24} suen^{24} ta^{22}，t^{h}ien^{45} k^{h}uai^{24} xe^{22} ta^{22}.

693）我要回去哒。ŋo^{33} iau^{24} fei^{11} k^{h}e^{24} ta^{22}.

这两例的"快""要"都属未然事件标记，表示不久后会发生的事情，区别在于，"快"是客观将然（李小凡，1998），"要"是主观将然。

694）渠冇讲一句话就走咖哒。他没说一句话就走了。

tɕi^{33} mau^{213} kuan^{33} i^{22} tɕy^{24} fa^{213} tɕiu^{213} tsəu^{33} ka^{33} ta^{22}.

695）你不唱就算哒。ni^{33} pu^{22} tɕ^{h}ian^{24} tɕiu^{213} suen^{24} ta^{22}.

696）莫去逗渠。别去惹他。mo^{11} k^{h}e^{24} təu^{45} tɕi^{33}.

这三例的"冇""不""莫"都是否定副词，是泛未然事件标记，"冇"是客观否定，"不"和"莫"是主观意愿，"不"的意愿止于己，"莫"的意愿施于人。

697）我去看书，有事就打电话得我啊。我去看书，有事就打电话给我。

ŋo^{33} k^{h}e^{24} k^{h}an^{24} ɕy^{45}，iu^{33} sʅ^{213} tɕiu^{213} ta^{33} tien^{213} fa^{213} te^{22} ŋo^{33} a^{11}.

此例的"去"也表示事件的未然性。

698）先做几只看。ɕien^{45} tsu^{24} tɕi^{33} tɕia^{22}·k^{h}an.

此例的"看"表示尝试态，普通话的尝试态与衡阳话在组合上稍有不同，普通话常用于重叠的动词后，如"说说看"，衡阳话单音动词不重叠，只说"讲下看"。

8.2.2　咖

"咖"［ka³³］又音［kua³³］［ko³³］，表完成态，紧贴在动词后表示动作的了结、完毕：卖咖、吃咖、买咖、余咖、写咖。"咖"所表示的完成包含有结果的意味，是一个纯粹的动态助词，没有结构作用，"动词+咖"独立性弱，其主要分布情况归纳如下：

8.2.2.1　用于处置句中，有两种情况。

第一，用于"拵把［lau⁴⁵］"字句或与"拵"字句有变换关系的祈使句中，表示处置某物或处置掉某物，动词一般是单音节的。比较下面三组例子：

699）a. 拵花生剥咖。把花生剥了。lau⁴⁵ fa⁴⁵ sen⁴⁵ po²² ka³³.

　　　b. 拵场捡咖。把屋子收拾收拾。lau⁴⁵ tɕian¹¹ tɕien³³ ka³³.

　　　c. 拵衣服脱咖。把衣脱了。lau⁴⁵ i⁴⁵·fu tʰo²² ka³³.

700）丢咖渠。扔了它。tiu⁴⁵ ka³³ tɕi³³.

701）a. 拵箇衣服穿起。把这件衣穿起来。lau⁴⁵ ko³³ i⁴⁵·fu tɕʰyen⁴⁵ tɕʰi³³.

　　　b. 拵头发盘起。将头发盘起来。lau⁴⁵ təu¹¹·fa pen¹¹ tɕʰi³³.

　　　c. 拵袖子扎起。挽起衣袖。lau⁴⁵ tɕiu²¹³·tsɿ tsua²² tɕʰi³³.

以上三例中，前两例的"咖"不能换成"哒"，所有的"咖"都可理解为"掉"（剥掉、捡掉、脱掉、丢掉），动作意识是向下向外的，表示动作施行于某物并使某物移位，结果位置不明。后一例不能换成"咖"，因为整个使成式表示要形成某状态，动作意识是向上向内的，结果位置明确。

第二，"动词+咖"重叠用于"拵"字句中（有的是"拵"字句的简略式），表示在较短时间里持续做某事并且做完，动作不限于向下向外的。如：

702）a. 拵箇件衣拆咖拆咖。把这件衣拆了。
　　　　　lau⁴⁵ ko³³ tɕien²¹³ i⁴⁵ tsʰe²² ka³³ tsʰe²² ka³³.

　　　b. 拵被子洗咖洗咖。把被子都洗了。
　　　　　lau⁴⁵ pi²¹³·tsɿ ɕi³³ ka³³ ɕi³³ ka³³.

c. 拵被菌菇卖咖卖咖。把菌子卖了。
　　　　　lau⁴⁵ pi²¹³ tən¹¹ ku⁴⁵ mai²¹³ ka³³ mai²¹³ ka³³.

703）a. 拵箇好裤子下穿咖穿咖。把好裤子都穿掉了。
　　　　　lau⁴⁵ ko³³ xau³³ kʰu²⁴·tsʅ xa²¹³ tɕʰyen⁴⁵ ka³³ tɕʰyen⁴⁵ ka³³.

　　　b. 拵菜下买咖买咖。把菜都买了。
　　　　　lau⁴⁵ tsʰai²⁴ xa²¹³ mai³³ ka³³ mai³³ ka³³.

　　　c. 拵钱下取咖取咖。把钱都取了。
　　　　　lau⁴⁵ tɕien¹¹ xa²¹³ tɕʰy³³ ka³³ tɕʰy³³ ka³³.

　　这两组句子，如果只用"V 咖"则为命令句，动作状态是未然的，重叠的"V 咖 V 咖"既表示动作的重复又表示事件的完成，而且是在较短时间里一一做完某事。上一组句子表示不间断地持续做，一直到做完，不能换成"哒"，下一组句子表示可间断地一一做，做到完成计划，可换"哒"，换"哒"后表示集中起来。

　　8.2.2.2　用于数量句中，也有两种情况。

　　第一，在"谓词 + 咖 + 数量"中，总是伴有强调重音表示数目多，谓词要求是单音节的动词或形容词，数词很少用"一"，有的句子可用"一"，话语重音移到量词上，比较：

704）吃咖三只。tɕʰia²² ka³³ san⁴⁵ tɕia²².
　　　＊吃咖一只。＊tɕʰia²² ka³³ i²² tɕia²².
　　　集咖两堆。tɕi¹¹ ka³³ lian³³ tui⁴⁵.
　　　集咖一堆。tɕi¹¹ ka³³ i²² tui⁴⁵.

705）数咖两回。su³³ ka³³ lian³³ fa¹¹.
　　　＊数咖一回。＊su³³ ka³³ i²² fa¹¹.
　　　搞咖两天。kau³³ ka³³ lian³³ tʰien⁴⁵.
　　　搞咖一天。kau³³ ka³³ i²² tʰien⁴⁵.

　　这两组句子，上一组是名量句，下一组是动量时量句，每例的上句都不能加"一"，下句加"一"能说，重音在量词上，因为这个量是可以化小的量，"集咖一堆"就是集了很多，"搞咖一天"就是搞了许多小时。这两个例句都可换成"哒"，可以不用强调重音而只表一般的叙述，语义上的区别见下。

　　第二，在"动词 + 咖 + 数量 + 名词"中，如果不是特别要强调数量，重音一般在名词上。如：

706）学咖两三年徒。

ɕio¹¹ ka³³ lian³³ san⁴⁵ nien¹¹ tu¹¹.

707）吃咖一只苹果。

tɕʰia²² ka³³ i²² tɕia²² pin¹¹ ko³³.

此式例句都可换"哒"，用"咖"表示行为完成，用"哒"表示动作实现。比较：

708）a. 吃哒两只苹果。（确实吃了）

tɕʰia²² ta²² tian³³ tɕia²² pin¹¹ ko³³.

b. 吃咖两只苹果。（已经吃完了）

tɕʰia²² ka³³ tian³³ tɕia²² pin¹¹ ko³³.

8.2.2.3 用于"VP＋咖＋（NP）＋嗟［tɕia³³］"中表示先做完某事，整个结构是一种使成式。如：

709）得渠里走咖嗟。等他们走了再说。

te²² tɕi³³·nin tsəu³³ ka³³ tɕia³³.

710）吃咖（饭）嗟。先吃完饭再说。

tɕʰia²² ka³³（fan²¹³）tɕia³³.

一般单音节行为动作动词都可进入此式：买咖嗟｜卖咖嗟｜讲咖嗟｜走咖嗟｜睏咖嗟｜演咖嗟｜吃咖嗟｜装咖嗟｜送咖嗟，动词后可带宾语（吃咖饭嗟）。有的单音节形容词也可进入此式：亮咖嗟｜好咖嗟｜红咖嗟｜小咖嗟。此式"咖"可换成"哒"，区别同上，再比较一例：

711）a. 卖咖嗟。（表卖的行为完结了再说）

mai²¹³ ka³³ tɕia³³.

b. 卖哒嗟。（表卖的行为实现再说，不一定卖完）

mai²¹³ ta²² tɕia³³.

8.2.2.4 用于"V＋咖＋咯［ko²²］＋（N）"中，构成名词短语（NP），不能独立成句，NP作用有二。

其一，在主谓谓语句、连谓句和兼语句中做成分，意念上该NP是动作支配的对象。如：

712）别个讲咖咯话你又来讲一倒。别人说过的话你又来说一遍。

pie¹¹·ko kuan³³ ka³³ ko²² fa²¹³ ni³³ iu²¹³ lai¹¹ kuan³³ i²² tau²⁴.

713）别个穿咖咯衣服我不穿。别人穿过的衣我不穿。

pie^{11}·ko tɕʰyen^{45} ka^{33} ko^{22} i^{45}·fu ŋo^{33} pu^{22} tɕʰyen^{45}.

714）我拣渠姐穿咖咯衣服要渠穿。我拿她姐姐穿过的衣服要她穿。

ŋo^{33} lau^{45} tɕi^{33} tɕia^{33} tɕʰyen^{45} ka^{33} ko^{22} i^{45}·fu iau^{24} tɕi^{33} tɕʰyen^{45}.

其二，整个 NP 做判断句"是"的宾语，如：

715）箇是洗咖咯。这是洗过的/这是洗好的。

ko^{33} sɿ^{213} ɕi^{33} ka^{33} ko^{22}.

716）箇下是选咖出来咯。这都是挑选过的。

ko^{33} xa^{213} sɿ^{213} ɕyen^{33} ka^{33} tɕʰy^{22} lai^{11} ko^{22}.

8.2.2.5 用于复句（包括紧缩复句）。

有两种情况：

第一，用在前一个动词之后，表示动作的先后，即该动作完了再有后面的动作或评价，前后动作可能是顺承关系，也可能是递进或条件关系。如：

717）吃咖就睏。吃完就睡。

tɕʰia^{22} ka^{33} tɕiu^{213} kʰuən^{24}.

718）骂咖人，打咖人，还以为自己有理哟。骂完人，打完人，还以为自己有理。

ma^{213} ka^{33} ɕin^{11}, ta^{33} ka^{33} ɕin^{11}, xai^{11} i^{33} uei^{11} tsɿ^{213}·tɕi iu^{33} li^{33} io^{11}.

719）渠合舌得渠娘，合咖就一只号子打到我门前。

他把我说的话告诉他妈，告完状（他妈）就到我面前大吼。

tɕi^{33} xo^{11} ɕie^{11} te^{22} tɕi^{33} nian^{11}, xo^{11} ka^{33} tɕiu^{213} i^{22} tɕia^{22} xau^{213}·tsɿ ta^{33} tau^{24} ŋo^{33} min^{11} tɕien^{11}.

720）我看咖卷子，算咖分数，等下坐中巴回去算哒。

我看完试卷，算完分数，待会儿坐中巴车回去算了。

ŋo^{33} kʰan^{24} ka^{33} tɕyen^{33}·tsɿ, suen^{24} ka^{33} fən^{45} su^{24}, te^{33} xa^{213} tso^{213} tsən^{45} pa^{45} fei kʰe^{24} suen^{24} ta^{22}.

以上四句，前两句不宜换"哒"，后两句可换成"哒"，但换"哒"后动作的先后性减弱，甚至无先后性，"吃咖就睏"可扩展为"吃咖就倒床上瞓哒","吃哒就瞓"不行。

第二，位置不很固定，动作之间无时间序列关系。如：

721）捞出来也省得霉咖。拿出来也免得发霉。

lau⁴⁵ tɕʰy²² lai¹¹ ia³³ sen³³ te²² mei¹¹ ka³³.

722）就是霉咖我也不得得渠。就是霉掉我也不会给他。

tɕiu²¹³ sɿ²¹³ mei¹¹ ka³³ ŋo³³ ia³³ pu²² te²² te²² tɕi³³.

以上两句第一句表目的，第二句表假设，句中"咖"都不能换成"哒"。

8.2.3 哒

"哒〔ta²²〕"的功能较多，用法也比较灵活，它可以是动态助词，也可以是语气词，前面"语气词"一章里所说的"哒"是从语气是否自足的角度说的，无论语气是否自足，"哒"都具有表示事态变化的功能。本节从体貌功能角度讨论"哒"，它可表持续、实现和进行，实现包括动作实现和事态变化实现，下面分别描写。

8.2.3.1 持续态的"哒"

衡阳方言中表持续的"哒"相当于普通话表持续的"着"，是动态助词，下面介绍持续态"哒"的主要分布情况。

8.2.3.1.1 用于"VP+哒"中表示结果持续或使持续。如：

723）我娘收哒咯。我娘收藏着。

ŋo³³ nian¹¹ ɕiu⁴⁵ ta²² ko²².

724）a. 得草皮子盖哒。用草皮盖着。te²² tsʰau³³ pi¹¹·tsɿ kai²⁴ ta²².

b. 得坛子盛哒。用坛子盛着。te²² tan¹¹·tsɿ ɕin¹¹ ta²².

725）你帮我望哒。你帮我看着。ni³³ paŋ⁴⁵ ŋo³³ man²¹³ ta²².

以上三句的动词都应该有特定受事对象，虽然受事没有出现，持续义都与受事有关。句一的"哒"与表示已然的"咯"连用，表示某物收藏的状态已实现并持续，是已然的持续。句二里的两个用例都是处置句，单用"哒"表示使某物以某方式达到静态持续状态，如果句尾加"咯"就都成了句一，表已然的持续。句三是祈使句，"哒"表示使某动作状态持续。

8.2.3.1.2 用于"V+哒+NP"中表示状态持续。如：

726）我就记哒简一点。我就记住这一点。

ŋo³³ tɕiu²¹³ tɕi²⁴ ta²² ko³³ i²² tien³³.

追哒我。追着我。tsui⁴⁵ ta²² ŋo³³.

恼哒渠屋只娘。恨他娘。

nau³³ ta²² tɕi³³ u²² tɕia²² nian¹¹.

727）屋门口围哒一堆人。

u²² min¹¹ kəu³³ uei¹¹ ta²² i²² tui⁴⁵ ɕin¹¹.

门高头挂哒一块匾。

min¹¹ kau⁴⁵ təu¹¹ kua²⁴ ta²² i²² kʰuai²⁴ pien³³.

匾高头写哒两只字。

pien³³ kau⁴⁵ təu¹¹ ɕia³³ ta²² lian³³ tɕia²² tsɿ²¹³.

以上两组用例，第一组的"哒"单表持续，第二组的"哒"既表持续也可以表完成、实现。比较：

屋门口围哒一堆人→屋门口围了一堆人

屋门口围哒一堆人→屋门口围着一堆人

8.2.3.1.3 用于"V+哒+VP"式中表示第一动作的状态持续，并与第二动作发生联系。如：

728）哭哒拜我。哭着拜我。kʰu²² ta²² pai²⁴ ŋo³³.

摸哒得我吃。摸着给我吃。mo⁴⁵ ta²² te²² ŋo³³ tɕʰia²².

和不分开，放到一起哒来。xo²¹³ ta²² lai¹¹.

跟哒我哭。跟着我哭。ken⁴⁵ ta²² ŋo³³ kʰu²².

729）忙哒过年。忙着过年。man¹¹ ta²² ko²⁴ nien¹¹.

我急哒要去上班。我急着要去上班。

ŋo³³ tɕi²² ta²² iau²⁴ kʰe²⁴ ɕian²¹³ pan⁴⁵.

等哒渠来。等着他来。ten³³ ta²² tɕi³³ lai¹¹.

以上两组用例，第一组的V1是V2的方式，第二组V1是V2的目的。以上"哒"都可转写为普通话的"着"。

8.2.3.1.4 "V+哒"重叠用于句首或句尾。

用于句首的如"讲哒讲哒就不讲哒"，前面已讨论过了。用于句尾的如：

730）得芥菜滑哒滑哒。用芥菜煮一煮。

te²² kai²⁴ tsʰai²⁴ ua¹¹ ta²² ua¹¹ ta²².

731）得纸□哒□哒。用纸堵住。

te²² tsʅ³³ tiu²² ta²² tiu²² ta²².

732）挢砖砌哒砌哒。用砖砌起来。

lau⁴⁵ tɕyen⁴⁵ tɕʰi²⁴ ta²² tɕʰi²⁴ ta²².

用于句尾的句子无相应的普通话表达式，这里的"动词+哒"重叠有集中紧密的意思，动词前可加范围副词"下［xa²¹³］都"，整个结构表示使某物形成集中状态。

8.2.3.1.5 用于"VP+哒+NP处"式中表示动作及于某处，动作结果造成的状态在持续。

733）下搭哒眼珠高头。都搭在眼睛上。

xa²¹³ ta²² ta²² ŋan³³ tɕy⁴⁵ kau⁴⁵ təu¹¹.

734）哄哒那里看。围在那儿看。

ən⁴⁵ ta²² na²¹³ · li kʰan²⁴.

735）拦哒那里。拦在那儿。lan¹¹ ta²² na²¹³ · ti.

736）箇前唧落雨不坐哒屋里头啊？这时候下雨不是坐在家里吗？

ko³³ tɕien¹¹ · tɕi lo¹¹ y³³ pu²² tso²¹³ ta²² u²² li³³ təu¹¹ a¹¹？

以上用例等于说"某物在某处保持某状态"。例句中的"哒"既有表体功能还涵盖了引介功能（参见6.5.4）。此式动词要求是可持续的动作。

8.2.3.2 实现态的"哒₁"

实现态的"哒"与"咖"不同，它表示某动作或某一变化实现，不关心动作的结果。表示变化实现的"哒"都用于句尾，属于事态范畴，我们记为"哒₁"，表示动作实现的"哒"可能在句尾也可能不在句尾，属于动态范畴，记为"哒₂"。

"哒₁"的语法分布：

8.2.3.2.1 用于"VP+（N）+哒"中表示变化实现。如：

737）懂事哒。原来不太懂事。

tən³³ sʅ²¹³ ta²².

738）读小学哒。即原来未读书

tu¹¹ ɕiau³³ ɕio¹¹ ta²².

739）渠现在长款哒。他现在交好运了。

tɕi³³ ɕien²¹³ tsai²¹³ tɕian³³ kʰuen³³ ta²².

740）三月前唧就开始捡被筒菇哒。大约三月份就开始捡蘑菇了。

san⁴⁵ ye¹¹ tɕien¹¹ · tɕi tɕiu²¹³ kʰai⁴⁵ sɿ⁴⁵ tɕien³³ pi²¹³ tən¹¹ ku⁴⁵ ta²².

这种变化实现是从无到有，即原来不具备某种性质、状态或条件，现在有了。"哒"实际上是个预设标记，"VP＋（N）＋哒"隐含了事件与目前状态相反的前期状态，VP 可以是动词，也可以是形容词。

8.2.3.2.2 用于"冇＋V＋NP＋哒"中表示后来情况变了，不具备某物或某状态。这种变化是从有到无，V 只能是动词，形容词不能进入该结构。"冇"相当于"没、没有"。如：

741）现在冇做生意哒。

ɕien²¹³ tsai²¹³ mau²¹³ tsu²⁴ sen⁴⁵ · i ta²².

742）总总冇拢屋哒。一直没回家。

tsən¹¹ · tsən mau²¹³ lən³³ u²² ta²².

743）冇吃酒哒。

mau²¹³ tʰɕia²² tɕiu³³ ta²².

744）箇两个月冇搞锻炼哒。

ko³³ lian³³ ye¹¹ mau²¹³ kau³³ tuen²⁴ lien²¹ ta²².

8.2.3.2.3 用于"不＋V＋（NP）＋哒"中表示因为没有某意愿了，所以情况变了或将要变了。如：

745）总总不拢箇只屋哒。总是不归家。

tsən¹¹ · tsən pu²² lən³³ ko³³ tɕia²² u²² ta²².

746）我也不哭哒。我也不哭了。

ŋo³³ ia³³ pu²² kʰu²² ta²².

747）渠死都不开口哒。他死也不开口。

tɕi³³ sɿ³³ tu⁴⁵ pu²² kʰai⁴⁵ kʰəu³³ ta²².

748）下不积极哒。都不积极了。

xa²¹³ pu²² tɕi²² tɕi¹¹ ta²².

8.2.3.2.4 用于"num/NP＋哒"中，表示情况变到了或就要变到某一步。如：

749）十一点钟哒啦。ɕi¹¹ i²² tien³³ tsən⁴⁵ ta²² la³³.

750）快年底哒。kʰuai²⁴ nien¹¹ ti³³ ta²².

751）三七就二百一哒。san⁴⁵ tɕʰi²² tɕiu²¹³ e²¹³ pe²² i²² ta²².

752）也箇大咯人哒。都这么大的人了。ia³³ ko³³ tai²¹³ ko²² ɕin¹¹ ta²².

8.2.3.2.5 用于有助动词的句子中，表示事物向前发展变化的趋势，有两种情况：

第一，在"V+得+哒"中表示可能发生某种动作。如：

753）黄子□哭得哒。黄肿病已经病到可以盖着脸来哭了。（指病情严重到接近死亡。）

uan¹¹·tsʅ ken³³ kʰu²² te²² ta²².

754）饭要得哒。饭熟了。fan²¹³ iau²⁴ te²² ta²².

755）箇前唧菜也煮得哒。这时候可以炒菜了。

ko³³ tɕien¹¹·tɕi tsʰai²⁴ ia³³ tɕy³³ te²² ta²².

第二，在"V助+V+哒"中，表可能产生某种状态了，如：

756）可以歇一下哒。kʰo³³ i³³ ɕie³³ i²² xa²¹³ ta²².

757）会好哒。fei²¹³ xau³³ ta²².

8.2.3.2.6 用于"V形+哒"中，也有两种情况。

其一，用在单音节形容词之后。我们对《形容词用法词典》（郑怀德、孟庆海，1991）作了调查，能加"哒"的单音形容词都是具有反义关系的形容词，依表义不同可以分为三组。第一组如："轻｜重｜长｜短｜胖｜瘦｜高｜矮｜粗｜细｜厚｜薄｜松｜紧｜老｜嫩｜快｜慢｜大｜小｜酸｜甜｜早｜晚"等，无论哪一个加"哒"都表示变得不合适了。第二组形容词限于表示积极意义的，如"好｜平｜齐｜熟｜稳｜富"之类，加"哒"之后表示变得达到要求了。第三组如"亮｜烂｜满"等加"哒"后是多义的，可能表示变得不合适了，也可能表示变得达到要求了，到底是什么意思要根据语境来确定。

其二，用在双音节形容词之后，如：

A. 安全哒｜安心哒｜发达哒｜方便哒｜阔气哒｜满意哒｜明白哒｜年轻哒

B. 糊涂哒｜可惜哒｜麻痹哒｜糟糕哒

A组表示变得好了，B组表示变得令人不满意了。

以上所有的"哒"都不能换成"咖"。

8.2.3.3 实现态的"哒2"

8.2.3.3.1 用于"VP+哒+NP"中表动作实现：

758）a. 我买哒鳅鱼和鳝鱼。ŋo³³ mai³³ ta²² tɕʰiu⁴⁵ y¹¹ xo¹¹ ɕien y¹¹.
b. 受哒处分。ɕiu²¹³ ta²² tɕʰy³³·fən.
c. 得哒王肿病。te²² ta²² uan¹¹ tsən³³ pian²¹³.
d. 亏哒那指甲筒一抠嘞。多亏用指甲去抠。kʰui⁴⁵ ta²² na²¹³ tɕi²²·ka ko³³ i²² kʰəu⁴⁵ le¹¹.

759）a. 读哒几年书。tu¹¹ ta²² tɕi³³ nien¹¹ ɕy⁴⁵.
b. 宣传哒两个礼拜。ɕyen⁴⁵ tɕyen¹¹ ta²² tian³³ ko²⁴ ti³³·pai.
c. 搜哒一次。səu⁴⁵ ta²² i²² tsʰŋ²⁴.

这两组例句，上一组的"哒"不能换成"咖"，下一组单音动词句可换"咖"，区别参见关于"咖"的讨论。

8.2.3.3.2 用在"V+哒"中，一般都表示已然实现（"算哒"例外），它的适用范围窄，经常在对话中独立回答问题，不同于表持续"哒"的第一种分布。例如：带哒｜来哒｜写哒｜吃哒｜去哒｜讲哒｜喊哒。

8.2.3.3.3 用于"NP处+V+哒+NP"中，例见前面"门口围哒一堆人"，此式既可看作存在句（持续）也可看作实现句，其意义区别只能由语境来决定。

8.2.3.3.4 用于"VP+哒+NP处"中表示动作及于某处实现，动词要求是不可持续的动作。如：

760）□哒柴窝里。掉在柴堆里。tʰen³³ ta²² tsai¹¹ xo⁴⁵ li³³.

761）捞我丢哒屋里头。把我扔在家里。lau⁴⁵ ŋo³³ tiu⁴⁵ ta²² u²² li³³ təu¹¹.

762）对哒陈诗能箇来。嫁到陈某某这儿来。tui²² ta²⁴ tɕin¹¹ sŋ⁴⁵ nen¹¹ ko³³ lai¹¹.

8.2.3.4 "哒1"与"哒2"的交合

"哒₁"与"哒₂"可同时出现在同一句子当中，当"哒₂"处于句尾位置时，便与"哒₁"并为一体。下面分述。

8.2.3.4.1 合并用于动趋式后面，既表动作实现也表变化实现，动趋中间可有宾语：

763）渠赢去哒。他赢了去。
    tɕi³³ ian¹¹ kʰe²⁴ ta²².

764）我到公园耍去哒。

ŋo³³ tau²⁴ kən⁴⁵ yen¹¹ sua³³ kʰe²⁴ ta²².

765）我捡渠只羊角砍柴用具来哒。

ŋo³³ tɕien³³ tɕi³³ tɕia²² ian¹¹ ko²² lai¹¹ ta²².

8.2.3.4.2 合并用于"动结"式后面，"结"的成分由形容词和单音节结果动词充当，"结"的后面可带宾语：

766）讲错哒。kuan³³ tsʰo²⁴ ta²².

挞扁哒。ta¹¹ pia³³ ta²².

抠穿哒。kʰəu⁴⁵ tɕʰyen⁴⁵ ta²².

洗干净哒。ɕi³³ kan⁴⁵ tɕin²¹³ ta²².

打倒哒。ta³³ tau³³ ta²².

恨死你箇些人哒。xen²¹³ sʅ³³ ni³³ ko³³ · ɕi ɕin¹¹ ta²².

8.2.3.4.3 分用于"VP＋哒……哒"中，前面的"哒"，标记动作，后面的"哒"，标记事态变化：

767）王秀玉小学毕哒业哒？

uan¹¹ ɕiu²⁴ y²¹³ ɕiau³³ ɕio¹¹ pi²² ta²² nie²² ta²²？

768）写哒回信哒。

ɕia³³ ta²² fei¹¹ ɕin²⁴ ta²².

769）托哒两个人哒。

tʰo²² ta²² lian³³ ko²⁴ ɕin¹¹ ta²².

770）得哒东西得我哒。

te²² ta²² tən⁴⁵ · ɕi te²² ŋo³³ ta²².

以上例句中"得哒东西得我哒"两个"哒"分别关涉两个动词，可以分开说，"哒"不可换为"咖"。前三句中的"哒₁"可换为"咖"，但表义不同，"哒"关联的是行为的真实性，"咖"关联行为的完整性，比较：

771）a. 毕哒业哒。pi²² ta²² nie²² ta²².（真的毕了业）

b. 毕咖业哒。pi²² ka³³ nie²² ta²².（已经毕了业）

8.2.3.5 进行态的"哒"

"哒"可以表示动作的进行状态，相当于普通话表进行的"着"，但语法分布与"着"有所不同。下面普通话的"着"式，衡阳话不能说：

普通话	衡阳话
他唱着歌呢，别打扰他。	*渠唱哒歌嘞，莫打扰渠。
正吃着饭，电话响了。	*正吃哒饭，电话想起来哒。
他俩叽里咕噜地说着话。	*渠两个叽里咕噜咯讲哒话。
人们跳着，唱着。	*大家跳哒，唱哒。

"唱着歌呢""正吃着饭""说着话"衡阳话只能说"正在唱歌""正在吃饭""在讲话"，"跳着，唱着"衡阳话只能说"跳啊，唱啊"或"又跳又唱"。

"哒"一般不能单独表示动作进行，在"V 哒 V 哒 + VP"这样的格式中可以表进行中的动作状态，如：

772）讲哒讲哒就不讲哒。说着说着就不说了。
kuan^{33} ta^{22} kuan^{33} ta^{22} tɕiu^{213} pu^{22} kuan^{33} ta^{22}.

773）走哒走哒就落雨哒。走着走着就下雨了。
tsəu^{33} ta^{22} tsəu^{33} ta^{22} tɕiu^{213} lo^{11} y^{33} ta^{22}.

774）看哒看哒，下睏着哒。看着看着，睡着了。
k^{h}an^{24} ta^{22} k^{h}an^{24} ta^{22}, xa^{21} kun^{24} tɕio^{11} ta^{22}.

775）争哒争哒，来哒一个走路咯。正在争论的时候，来了个过路的。
tsen^{45} ta^{22} tsen^{45} ta^{22}, lai^{11} ta^{22} i^{22} ko^{24} tsəu^{33} lu^{213} ko^{22}.

以上几句都表示第一动作正在进行中出现了新情况，新情况不在意料之中。句子中的"V 哒 V 哒"是话语的铺垫，是背景，后面的新情况才是话语的焦点。

8.2.4 咖哒

"咖哒 [ka^{33} ta^{22}]"可连用于非祈使句句末，表示完成了，情况完全改变了，谓词后面不带宾语或补语。

8.2.4.1 用于"VP + 咖哒"中表示完结。如：

776）我在外头吃咖哒。
ŋo^{33} tsai^{213} uai^{213}·təu tɕ^{h}ia^{22} ka^{33} ta^{22}.

777）做拖把用咖哒。
tsu^{24} t^{h}o^{45} pa^{33} in^{213} ka^{33} ta^{22}.

778）起码几千块钱余咖哒。

tɕʰi³³ ma³³ tɕi³³ tɕʰien⁴⁵ kʰuai³³ tɕien¹¹ y¹¹ ka³³ ta²².

上例有的句子可单用"哒",区别同前,比较:

779) a. 吃哒。[tɕʰia²² ta²²] (吃了)

b. 吃咖哒。[tɕʰia²² ka³³ ta²²] (吃完了)

当 VP 是形容词时,表示情况完全变了,不能单用"哒",如:

780) 造咖哒。错了。tsau²¹³ ka³³ ta²².

781) 现在下饿咖哒。现在都饿了。ɕien²¹³ tsai²¹³ xa²¹³ ŋo²¹³ ka³³ ta²².

782) 望哒都萎无生气的样子咖哒。man²¹³ ta²² tu⁴⁵ uei⁴⁵ ka³³ ta²².

8.2.4.2 用于"VP + C + 咖哒"中。如?

783) 搜走咖哒。səu⁴⁵ tsəu³³ ka³³ ta²².

784) 下搞垮咖哒。搞垮了。xa²¹³ kau³³ kʰua³³ ka³³ ta²².

785) 拷叉打倒咖哒。把三角叉打倒了。lau⁴⁵ tsʰa⁴⁵ ta³³ tau³³ ka³³ ta²².

此式都可单用"哒",表示实现了,"咖哒"强调结果,表示完全实现了。

8.2.5 咖……哒

"咖……哒 [ka³³…ta²²]"配合用于非祈使句,表示与现在行为有关的某个过去动作已经完成或告一段落。主要分布如下。

8.2.5.1 用于"VP + 咖 + V趋 + 哒"中,表示变化完成。如:

786) 从小就抚咖出去哒。从小就寄养出去了。

tsən¹¹ ɕiau³³ tɕiu²¹³ fu³³ ka³³ tɕʰy²² kʰe²⁴ ta²².

787) 渠娘下拷咖走哒。她娘都拿走了。

tɕi³³ nian¹¹ xa²¹³ lau⁴⁵ ka³³ tsəu³³ ta²².

此式不宜单用"咖"或"哒"。

8.2.5.2 用于"VP + 咖 + num + 哒"中,表示动作到现在为止完成的量,动作告一段落,可继续也可不继续。如:

788) 卖咖好久哒?卖了多长时间了?

mai²¹³ ka³³ xau³³ tɕiu³³ ta²²?

789) 卖咖一个礼拜哒。卖了一星期了。

mai²¹³ ka³³ i²² ko²⁴ ti³³·pai ta²².

此式可在动词后单用"咖"或"哒",表示过去动作的量,与现在无关，无所谓继续。用"咖"表多不表少，可说"洗咖两盆水"，不说"洗咖一盆水"；用"哒"表一般叙述，可多可少；"咖""哒"的计量方式也有别，"咖"意识到的是从头到尾完成的量，即计首尾不计中间过程的量，"哒"意识到的是持续完成的量，即计完整的过程。比较：

790）a. 卖咖一个礼拜。mai^{213} ka^{33} i^{22} ko^{24} ti^{33} · pai.

（从第一天到最后一天一共卖了一星期。）

b. 卖哒一个礼拜。mai^{213} ta^{22} i^{22} ko^{24} ti^{33} · pai.

（从第一天到最后一天，天天卖，已经卖了一星期。）

除了可单用"咖"或"哒"，此式"咖……哒"亦可换为"哒……哒"，表示在持续的行为中中断一下来计算已经实现的动作的量，比较：

791）a. 卖咖一个礼拜哒。（一共卖了七天了）

b. 卖哒一个礼拜哒。（已卖到第七天了）

另外，此式还可以有"num + V + 咖哒 + 啰"这样的变换式：

卖咖一个礼拜哒 → 一个礼拜卖咖哒啰

变换式表示至少完成了某一个量，突出数量不少，无所谓继续。

8.2.5.3 用于"VP + 咖 + NP + 哒"中，表示事情完成了。如：

792）买咖车票哒。买好车票了。mai^{33} ka^{33} tɕ^{h}ie^{45} p^{h}iau^{24} ta^{22}.

793）吃咖饭哒。吃完饭了。tɕ^{h}ia^{22} ka^{33} fan^{213} ta^{22}.

794）定咖日子哒。定好日子了。tin^{213} ka^{33} ɕi^{11} · tsɿ ta^{22}.

此式如果单用"咖"则不能独立成句，需要后续句或后续助词（买咖车票嗟）；单用"哒"表示动作实现；换用"哒……哒"表示动作实现了；变换为"名 + 动 + 咖哒"则表示动作完成了，比较：

a. 买咖车票哒。（事情完成了）

b. 买票买咖哒。（动作完成了）

c. 买哒车票哒。（动作实现了）

d. 买哒车票。（动作实现）

e. 买咖车票就跟你一起去看电影。（完成了前一动作再开始另一个动作）

以上"咖""哒""咖哒""咖……哒"在普通话里都只用一个"了"，衡阳方言根据不同的动作变化情状分而治之，较普通话分工细致。

8.2.6 起

衡阳话"起［tɕʰi³³］"作为助词用有两种情况，第一种情况是作为结构助词表因果：总是做起啰（表因），口干起出绿烟（表果），表因相当于普通话的"的"，表果相当于"得"。第二种情况是作为动态助词表起始态和持续态。

起始态的"起"字句用法与普通话无异，用得不多，仅举几例：

795）讲起就好哭。说起来就想哭。

kuan³³ tɕʰi³³ tɕiu²¹³ xau³³ kʰu²².

796）从箇里排起，一直排哒口头。从这儿开始排，一直排到外面。

tsən¹¹ ko³³·li pai¹¹ tɕʰi³³, i²² tɕi¹¹ pai¹¹ ta²² kʰəu³³ təu¹¹.

797）写起就冇完。写起来就没完。

ɕia³³ tɕʰi³³ tɕiu²¹³ mau²¹³ uen¹¹.

持续态的"起"字句主要分布情况如下。

8.2.6.1 用于"NP+是+箇+V+起"中，表示动作状态形成并持续，通常含贬义。如：

798）头发是箇纠起。头发纠结着。

təu¹¹·fa sʅ²¹³ ko³³ tɕiu²⁴ tɕʰi³³.

799）打箇块皮是箇吊起。打得这块皮就这么悬着。

ta³³ ko³³ kʰuai²⁴ pi¹¹ sʅ²¹³ ko³³ tiau²¹³ tɕʰi³³.

800）脑壳就总总是箇勾起。头总是低着。

nau³³ kʰo²² tsən¹¹·tsən sʅ²¹³ ko³³ kəu⁴⁵ tɕʰi³³.

801）脸是箇□起。脸沉着。

tien³³ sʅ²¹³ ko³³ tʰen³³ tɕʰi³³.

802）手是箇挠起。手叉着。

ɕiu³³ sʅ²¹³ ko³³ nau²⁴ tɕʰi³³.

803）衣服是箇□起。衣着不整。

i⁴⁵·fu sʅ²¹³ ko³³ ɕio⁴⁵ tɕʰi³³.

804）饭瓢添起是箇□起。饭勺盛饭时用力过猛而扭曲。

fan²¹³ piau¹¹ tʰien⁴⁵ tɕʰi³³ sʅ²¹³ ko³³ ye³³ tɕʰi³³.

以上用例中前五例的"起"可换为表持续的"哒"，但"哒"只表状态的过程持续，不管状态形成，"起"是持续的生动态。后两例中描写姿态，可变换为"NP+一+V+起"或"V+起+（只/箇）+NP"。前者加强动态感，强调状态形成，这时"起"不能换"哒"，后者加强持续感，这时"起"可换"哒"。如：

805）a. 脸一□起 脸往下一沉的样子 lien^{33} i^{22} t^{h}en^{33} tɕ^{h}i^{33}, b. □起付脸 沉着脸的样子 t^{h}en^{33} tɕ^{h}i^{33} fu^{24} lien^{33}

8.2.6.2 用于"（pre）+V+起"中

806）摆起咯。pai^{33} tɕ^{h}i^{33} ko^{22}.

807）得点现饭是箇煮起，得榨菜咽起。煮了一点剩饭，就着泡菜吃。
te^{22} tie^{33} ɕien^{213} fan^{213} sɿ^{213} ko^{33} tɕy^{33} tɕ^{h}i^{33}, te^{22} tsa^{33} ts^{h}ai^{24} ien^{24} tɕ^{h}i^{33}.

808）乱七八糟架起咯。乱七八糟架着的。
luen^{213} tɕ^{h}i^{22} pa^{22} tsau^{45} ka^{24} tɕ^{h}i^{33} ko^{22}.

809）拷菜沤起。把菜热着。
lau^{45} ts^{h}ai^{24} ŋəu^{24} tɕ^{h}i^{33}.

810）放身上穿起。穿在身上。
fan^{24} ɕin^{45} xan^{213} tɕ^{h}yen^{45} tɕ^{h}i^{33}.

811）得三根棍子架起。用三根棍子架着。
te^{22} san^{45} ken^{45} kuən^{24} ·tsɿ ka^{24} tɕ^{h}i^{33}.

以上六例中，前三句是已然的状态持续，后三句是未然的。这六句的"起"都可换"哒"，持续义不变，只是"起"多了一些向上的动作意识。

8.2.6.3 用于"（pre）+V+起+pre"中，表示状态已于某处形成并持续。如：

812）得根棍子拦起放箇里。用根棍子拦在这儿。
te^{22} ken^{45} kuən^{24} ·tsɿ lan^{11} tɕ^{h}i^{33} fan^{24} ko^{33} ·ti.

813）窗子开起丢箇里。把窗户打开。
lau^{45} ts^{h}uan^{45} ·tsɿ k^{h}ai^{45} tɕ^{h}i^{33} tiu^{45} ko^{33} ·ti.

814）拷粽子蒸起在箇里。这儿蒸有粽子。
lau^{45} tsən^{24} ·tsɿ tɕin^{45} tɕ^{h}i^{33} tsai^{213} ko^{33} ·ti.

此式"起"也可换"哒"，区别同前，"哒"不关心状态的形成。

8.2.6.4 "V+起"重叠用于句中，表示动作行为在过去某一有限时段里进行。如：

815）扯只白洋布煮起煮起，得我连只抄头裤。买一块白布染好色，给我缝条抄头裤。

tɕʰia³³ tɕia²² pe¹¹ ian¹¹ pu²⁴ tɕy³³ tɕʰi³³ tɕy³³ tɕʰi³³，te²² ŋo³³ tien¹¹ tɕia²² tsʰau⁴⁵ təu¹¹ kʰu²⁴.

816）得我姨唧连起连起得我穿。我姨缝起来给我穿。

te²² ŋo³³ i²² · tɕi tien¹¹ tɕʰi³³ tien¹¹ tɕʰi³³ te²² ŋo³³ tɕʰyen⁴⁵.

817）得用东西扎起扎起做拖把。

te²² tən⁴⁵ · ɕi tsa³³ tɕʰi³³ ts³³a tɕʰi³³ tsu²⁴ tʰo⁴⁵ pa³³.

818）得渠搞起搞起，下搞垮哒。让他搞来搞去，都搞垮了。

te²² tɕi³³ kau³³ tɕʰi³³ kau³³ tɕʰi³³，xa²¹³ kau³³ kʰua³³ ta²².

819）走起走起又不走哒。走着走着又不走了。

tsəu³³ tɕʰi³³ tsəu³³ tɕʰi³³ iu²¹³ pu²² tsəu³³ ta²².

以上五例都表持续，但前三句有向内向上的动作意识，后两句没有。

8.2.6.5 用于"V+起+num"中表状态持续，数量强调状态的量多面广，一般只用概数表现。如：

820）拖起一大把。tʰo⁴⁵ tɕʰi³³ i²² tai²¹³ pa³³.

821）跟起一大路。ken⁴⁵ tɕʰi³³ i²² tai²¹³ lu²¹³.

此式"起"可与前面的"哒₂"换，但动态性质不同，"起"属持续态，"哒₂"表完成。比较：

a. 拖起一大把。（拖着一大把）

b. 拖哒一大把。（拖了一大把）

8.2.6.6 用于连动句的前一动词后，表示前一动作是后一动作的方式。如：

822）摸起囗点得我吃。摸着黑塞一点给我吃。

mo⁴⁵ tɕʰi³³ tsui²² tie³³ te²² ŋo³³ tɕʰia²².

823）拖起我娘咯鞋是筒走。拖着我娘的鞋走啊走的。

tʰo⁴⁵ tɕʰi³³ ŋo³³ nian¹¹ ko²² xai¹¹ sŋ²¹³ ko³³ tsəu³³.

8.2.6.7 用于复句的先行句中，表示句中动作与后续句的动作有着某种关系。如：

824）洗起箇苹果都冇哪个吃。洗好的苹果没谁吃。
ɕi³³ tɕʰi³³ ko³³ pin¹¹ ko³³ tu⁴⁵ mau²¹³ na³³ · ko tɕʰia²².

825）买起箇肉，买起箇鱼，等哒渠来。买了肉，买了鱼，等着他来。
mai³³ tɕʰi³³ ko³³ ɕiu¹¹, mai³³ tɕʰi³³ ko³³ y¹¹, ten³³ ta²² tɕi³³ lai¹¹.

826）鱼头蒸起，鱼尾焖起，鱼身氽起，硬是鲜透哒。
y¹¹ təu¹¹ tɕin⁴⁵ tɕʰi³³, y¹¹ uei³³ mən⁴⁵ tɕʰi³³, y¹¹ ɕin⁴⁵ tsʰuen⁴⁵ tɕʰi³³, ŋen²¹³ sɿ²¹³ ɕyen⁴⁵ tʰəu²⁴ ta²².

827）得箇雨是箇落起，连不好出去得。雨下得厉害，不方便出去。
te²² ko³³ y³³ sɿ²¹³ ko³³ lo¹¹ tɕʰi³³, lien¹¹ pu²² xau³³ tɕʰy²² kʰe²⁴ te²².

以上四例分别表示转折、目的、解说、因果等关系。此式不宜换"哒"。

8.2.7 紧

前面几个体貌标记都是助词，"紧 [tɕin³³]"是一个进行态副词，与"在"表进行不同，"在"为客观表述，"紧"有责备的意思，常与"得"构成"紧……得"，结构中间只能出现单音动词，如"站 [tsan²⁴] | 等 [ten³³] | 去 [kʰe²⁴] | 守 [tɕiu³³] | 睏 [kʰuən²⁴] | 打 [ta³³] | 骂 [ma²¹³] | 煮 [tɕy³³] | 起 [tɕʰi³³] | 挂 [kua²⁴] | 贴 [tʰie²²]"等。

828）渠在讲话，紧讲得紧讲得，讲起我又不好走得。
他在（跟我）说话，老说老说，我又不好走。
tɕi³³ tsai²¹³ kuan³³ fa²¹³, tɕin³³ kuan³³ te²² tɕin³³ kuan³³ te²², kuan³³ tɕʰi³³ ŋo³³ iu²¹³ pu²² xau³³ tsəu³³ te²².

829）讲那前唧咯事哦……那当真紧哒讲得。说那时候的事呀，那真是说不完。
kuan³³ na²¹³ tɕien¹¹ · tɕi ko²² sɿ²¹³ o¹¹… na²¹³ tan²⁴ tɕin⁴⁵ tɕin³³ ta²² kuan³³ te²².

830）紧哒讲别个做吗咯啰！老说别人干什么！
tɕin³³ ta²² kuan³³ pie¹¹ · ko tsu²⁴ ma⁴⁵ ko²² lo³³!

这三例中"紧讲得"可变换为"紧哒讲得"，都表示一直在讲，讲了很长时间了（已然），或能讲很长时间（未然），"哒"的作用是强化。"紧哒讲"带宾语，仅表示一直讲了很长时间了（已然），不表示能讲很长时间，不能换成"紧讲得"或"紧哒讲得"。表进行的"紧"相当于普通话的"老""一直"。"紧"字句没有否定形式。

8.2.8　下

"下［xa$^{213/21}$］"① 在衡阳话中与普通话相同可以用作量词，用来表短时态，可以单独表短时，也可以与"唧""一"一起表动态，如：

831）你讲下，箇东西吗样用法唧。你说说这东西怎么个用法。
　　　ni^{33} kuan^{33} xa^{21}, ko^{33} tən^{45} · ɕi ma^{45} ian^{213} in^{213} fa^{22} · tɕi.

832）走下唧有好处。走走对身体有好处。
　　　tsəu^{33} xa^{21} · tɕi iu^{33} xau^{33} · tɕʰy.

833）你等一下，我就来。
　　　ni^{33} ten^{33} i^{22} xa^{21}, ŋo^{33} tɕiu^{213} lai^{11}.

普通话一般用于重叠的动词，都可以转换为衡阳话的"V下"或"V下唧"。

"等一下"的"一"可以略去不说，但当说话人要强调短时的状态时，"一"不能省略，"下"为重音，需要说出全调调值213，比较：

a. 你等（一）下［xa^{21}]，我就来。
b. 你等一下［xa^{213}］啰，我就来。

8.2.9　嗟

8.2.9.1　衡阳话表体的"嗟"

"嗟［tɕia^{33}］"在衡阳话是语气词，第7章介绍了该词在陈述语气、疑问语气里的羡余强化作用。如：

834）你不喊渠，渠不得喊你嗟。你不叫他，他不会叫你的呢。
835）那吗要得嗟？那怎么行呢？

"嗟"作为语气词还具有表体作用，可表示先行态，它的使用范围狭窄，通常在会话中用于句子末尾，表示首先要做某事，"嗟"关涉的

---

① "下"单字调值为213，在句中不重读的时候弱化为21。

不是孤立的动词，而是整个动词短语（VP），"VP＋嗟"表示说话人的意愿，首先要完成某事，至于这以后是否有新动作并不重要，"嗟"字句的 VP 前可以有羡余成分"先""得等"与之共现。如：

A：

836）有话等下讲，买咖票嗟。有话待会儿再说，先买票。
　　　iu³³ fa²¹³ te³³ xa²¹ kuan³³，mai³³ ka³³ pʰiau²⁴ tɕia³³.

837）吃饭，我要梳咖头嗟。等我梳完头再说。
　　　tɕʰia²² fan²¹³，ŋo³³ iau²⁴ su⁴⁵ ka³³ təu¹¹ tɕia³³.

838）打牌啊？得渠里走咖嗟。等他们走了再说。
　　　ta³³ pai¹¹ a²¹？te²² tɕi³³ · nin tsəu³³ ka³³ tɕia³³.

839）我不着急，得你讲完嗟。我不急，等你说完了再说。
　　　ŋo³³ pu²² tɕio¹¹ tɕi²²，te²² tɕi³³ · nin tsəu³³ ka³³ tɕia³³.

840）得我洗完衣服嗟，洗完再出去。等我洗完衣服再说，洗完再出去。
　　　te²² ŋo³³ ɕi³³ uen¹¹ i⁴⁵ · fu tɕia³³，ɕi³³ uen¹¹ tsai²⁴ tɕʰy²² kʰe²⁴.

841）你先去占只位子嗟，我就来。你先去占个位子再说，我马上就来。
　　　ni³³ ɕian⁴⁵ kʰe²⁴ tɕien²⁴ tɕia²² ui²¹³ · tsŋ tɕia³³，ŋo³³ tɕiu²¹³ lai¹¹.

842）甲：今日吗时候喊奶奶过来？今天什么时候叫奶奶过来？
　　　　　tɕi⁴⁵ ɕi¹¹ ma⁴⁵ sŋ¹¹ · x əu xan³³ ne³³ · ne ko²⁴ lai¹¹？
　　　乙：得我走菜场买菜回来嗟。等我去菜场买菜回来。
　　　　　te²² ŋo³³ tsəu³³ tsʰai²⁴ tɕian¹¹ mai³³ tsʰai²⁴ fei¹¹ lai¹¹ tɕia³³.

843）莫急嗟，歇一下嗟。先别急，休息一下再说。
　　　mo¹¹ tɕi²² tɕia³³，ɕie²² i²² xa²¹³ tɕia³³.

　　这组例子都是话轮语境下呼应对方的表达，表先行态的句子都不能作为始发句，只能作为应对句，通常是对方提出一个建议或要求，说话人并不急于满足对方的要求而作的回答。这八例中，前四例"嗟"前有呼应主题提示成分，第五、六例的呼应主题提示成分"洗完再出去""我就来"在"嗟"后出现，第七例给出了完整话轮，紧接对话，乙方的呼应提示成分往往可略去，最后一例与第七例的呼应方式是一样的，话语能推出这是在回应甲方的要求，所不同的是这一例前后两个分句都是"嗟"字句。

B：

844）肚子饿咖哒，先吃点东西嗟。肚子饿了，先吃点东西再说。

tu³³·tsʅ ŋo²¹³ ka³³ ta²², ɕian⁴⁵ tɕʰia²² tie³³ ton⁴⁵·ɕi tɕia³³.

845）（那天我买东西，买吗咯呢？）我心里想，把我娘买样东西嗟，买点好东西得我娘吃嗟。我心里想，先给我妈妈买样东西再说，先要买点好东西给我妈妈吃。

ŋo³³ ɕin⁴⁵ li³³ ɕian³³, pa³³ ŋo³³ nian¹¹ mai²¹ ian²¹³ tən⁴⁵·ɕi tɕia³³, mai³³ tie³³ xau³³ tən⁴⁵·ɕi te²² ŋo³³ nian¹¹ tɕʰia²² tɕia³³.

这组例子可以不受话轮限制，不作为应对句出现，都可能是自言自语。

以上表体的"嗟"字句，较多可换成"再说"，但有的不能换。比较：

a. 肚子饿咖哒，先吃点东西嗟→肚子饿咖哒，先吃点东西再讲

b. 莫急嗟，歇一下嗟→﹡莫急再讲，歇一下再讲→莫急嗟，歇一下再讲

c. 有话等下讲，买咖票嗟→？有话等下讲，买咖票再讲→有话等下讲，先买票再讲

句 a 可以换用，意思不变；句 b 不能说"莫急再讲"，"再讲"不与否定词搭配；句 c "有话等下讲，买咖票再讲"意思上成立，但现实不顺，加上"先"就行。

8.2.9.2　相关讨论

方言中表示先行态的语法现象较多，湖南方言中就比较普遍，《湖南方言的动态助词》（伍云姬，1996）后附例句对照中，除了衡阳方言之外，还辑录了 20 个点对"我先去睡一个小时再说"的方言反应：

长沙：我去睏一个钟头着。

常宁：我睏一个钟头着。

攸县：我去睏点把基钟只。

醴陵：我去睏一个钟头□［tsã］。

茶陵：我去睏点把钟暂。

安乡：我去睏一个钟头着/哈着。

石门：我去睏一个钟头着/多/倒。

常德：我去睡一个钟头啊着。

辰溪：我去睏点把钟呦。

岳阳：我去睏个把钟头着。
益阳：我去歇个把唧钟头咋。
湘潭：我去睏餐饭久扎。
娄底：我去睏一个钟头带。
涟源：我去睏一个钟头哒。
邵阳：我去睏一个钟头觉者。
隆回：我去睏一个钟点着。
湘乡：我去睏一个钟头嗒。
洞口：我去睏半个时辰仔。
衡山：我去睏一个钟头□［ȵiæ］
绥宁：我去睏一个钟头唊

这 20 个点无一不是采用先行态标记，其中安乡话有"着、哈着"两个标记，石门话有"着、多、倒"三个标记。

本节主要以伍云姬的长沙方言和汪国胜等的祁东方言成果为讨论对象。这类体标记，衡阳话用［tɕia³³］写作"嗟"，长沙方言用［tso²⁴］写作"着"（伍云姬，1996：202），祁东方言有两个标记［tɕia⁰］［tsʰai¹³］，写作"着、才"（汪国胜，王毅，2021：41）。关于该体标记的词类性质，我们归为语气词，伍云姬归为语气助词，汪国胜等归为助词。关于该体标记的表体名称，伍云姬称为已然态，汪国胜等称为先事。

关于体标记"嗟"的表体性质。"嗟"不表示已然态，表示的是先达到某种已然状态再说。

本书讲"嗟"归为语气词有几个方面的考虑。

首先，语法单位具有多功能性，不必先入为主地认定"嗟"有表体作用就应该跟表示体的"了、着、过"一样是助词。从必要性上看，语气词表示语气有的是羡余的，有的是足调的、必需的（详见第 7 章）。从功能上看，语气词可能是单纯的语气功能，表示疑问、感叹、肯定等语气，也可能兼顾其他功能。比如"嗟"在"渠好了不起嗟他很了不起呢"里表示肯定语气，它是羡余的；在"我到公司打只转嗟我要先去一下公司/我先去公司一下再说"里表示先行事态，同时又是足调必需的，也就是说，"嗟"有足句作用同时也有表体作用，去掉"嗟"的"我到公司打只转"作为静态单位没有问题，作为交际单位是不自足的；在"你先莫着急嗟你先别急"里也表示先行事态，但因为有"先"，此句的"嗟"可以不说。

其次，"嗟"的句法分布总是在句尾或分句尾，不能用在句中的动词后，这个位置分布是由它的管辖范围决定的，"嗟"不管是否表体，其辖域是整个句子或分句，如"还冇到上班时间哪会有人嗟?"里，"嗟"的反问语气是覆盖全句的，不限于"哪会有人"，"看完箇本书嗟"里，"嗟"表示事态，不是动态。

再次，句尾的语气词并非只能有一个，可以叠加。衡阳话就是语气词比较丰富的方言，"哎呀"后面可以步步升级成为"哎呀嘞""哎呀嘞喈""哎呀嘞喈哒"，"嗟"后面在累加别的语气词并不一定说明"嗟"就不是语气词，如"得我回来嗟啰等我回来再说吧"。

8.2.10 咑

"咑 [ta³³]"是与体貌有关系的语气副词，"咑"字句在话篇中较多作后续句（或称后事句）、中介句，一般不用于起始句，其总体语义特征是：附加性肯定。"咑"总是用在谓词前，使用频率高，根据其分布特点可以分为两个"咑"。

"咑₁"的分布特点：用在谓词前，必须主谓俱全，即主语不可少，句末语气词限于"嘞"。如：

846）我咑不得去嘞。我倒是不会去。ŋo³³ ta³³ pu²² te²² kʰe²⁴ le¹¹.
箇只咑还是不难看。这个倒是不难看。ko³³ ta³³ xai¹¹ sʅ²¹³ pu²² nan¹¹ kʰan²⁴.
那咑搞完哒嘞。那倒是搞完了。na²¹³ ta³³ kau³³ uen¹¹ ta²² le¹¹.
那咑冇关系。那倒没关系。na²¹³ ta³³ mau²¹³ kuen⁴⁵·ɕi.
那咑不是嘞。那倒不是。na²¹³ ta³³ pu²² sʅ²¹³ le¹¹.
做娘咯讲你几句咑冇关系嘞。当娘的说你几句倒是没关系。
tsu²⁴ nian¹¹ ko²² kuan³³ ni³³ tɕi³³ tɕy²⁴ ta³³ mau²¹³ kuen⁴⁵·ɕi le¹¹.

这一组例句的主语是典型主语或者叫真主语，前几句是表人、表物、表事的代词性成分充当主语，最后一句是小句充当主语，也可以是动词性成分充当主语，如"试一下咑冇关系嘞"。句子语义自足，独立性较强。

847）可咑还可以。可以倒还可以。k^{h}o^{33} ta^{33} xai^{11} k^{h}o^{33} i^{33}.

要咑还是要得。行倒是还行。iau^{24} ta^{33} xai^{11} sʅ^{24} iau^{24} te^{22}.

在咑在嘞。在倒是在。tsai^{213} ta^{33} tsai^{213} le^{11}.

试咑可以试一下。试倒是可以试一下。sʅ^{24} ta^{33} k^{h}o^{33} i^{33} sʅ^{24} i^{22} xa^{21}.

认咑认得，不是很熟。认识倒是认识，不是很熟。ɕin^{213} ta^{33} ɕin^{213} te^{22} le^{11}, pu^{22} sʅ^{213} xe^{45} ɕiu^{11}.

讲咑易得讲，做起来就难。说起来倒是容易，做起来就难了。kuan^{33} ta^{33} i^{213} te^{22} kuan^{33}, tsu^{24} tɕ^{h}i^{33} lai^{11} tɕiu^{21} nan^{11}.

这一组例句的主语由谓词性成分充当，与谓语动词同形或部分同形，形成一种拷贝、半拷贝句式，这里的主语可称为准主语，是语用话题化的结果，这一组句子前面还可以加一个上位话题，全句构成特殊的主谓谓语式，如："箇衣服可哒还可以""渠在咑在嘞""箇事讲咑讲得嘞"，后面可以接转折性的后续句，如最后两句的"不是很熟""做起来就难"，也可以不接。

"咑$_1$"相当于普通话的"倒""倒是"，其附加性肯定的语义特征表现为转折性肯定，即肯定语态＋转折语气，整个句式为判断句。

"咑$_2$"的分布特点：用在谓词前，主语可能不出现，即使出现也不用准主语，句末语气词不用"嘞"而用感叹语气词"啦"。如：

848）咑落雨哒啦，带把伞啰。外面下雨了呢，带把伞吧。
ta^{33} lo^{11} y^{33} ta^{22} la^{33}, tai^{24} pa^{22} san^{33} lo^{33}.

不开风扇啊？咑热死哒啦！不开风扇吗？热死了呢！
pu^{22} k^{h}ai^{45} xon^{45} ɕien^{24} a^{11}? ta^{33} ɕie^{11} sʅ^{33} ta^{22} la^{33}!

不早哒，咑两点钟哒啦。这还早吗？都两点钟了。
pu^{22} tsau^{33} ta^{22}, ta^{33} lian^{33} tien^{33} tsən^{45} ta^{22} la^{33}.

咑有一米八高啦。有一米八高呢。
ta^{33} iu^{33} i^{22} mi^{33} pa^{22} kau^{45} la^{33}.

咑烧咖哒啦，赶快掭开。烧掉了呢，赶快拿开。
ta^{33} ɕiau^{45} ka^{33} ta^{22} la^{33}.

咑烂咖哒啦。烂了呢。
ta^{33} lan^{213} ka^{33} ta^{22} la^{33}.

849) 箇吶焦干咯啦。这个已经很干了。

ko³³ ta³³ tɕiau⁴⁵ kan⁴⁵ ko²² la³³.

箇吶干咖哒啦。这个干了呢。

ko³³ ta³³ kan⁴⁵ ka³³ ta²² la³³.

拖鞋吶烂咖哒啦。拖鞋已经穿破了呢。

tʰo⁴⁵ xai¹¹ ta³³ lan²¹³ ka³³ ta²² la³³.

我吶调走哒啦,关我吗事? 我已经调走了,关我什么事?

ŋo³³ ta³³ tiau²⁴ tsəu³³ ta²² la³³, kuen⁴⁵ ŋo³³ ma⁴⁵ sʅ²¹³?

箇条鱼吶还活生生咯啦,莫丢。这条鱼还活溜溜的,别扔了。

ko³³ tiau¹¹ y¹¹ ta³³ xai¹¹ fe¹¹ sen⁴⁵ sen⁴⁵ ko²² la³³, mo¹¹ tiu⁴⁵.

我吶捞好多来哒啦。我拿了很多来了呀。

ŋo³³ ta³³ lau⁴⁵ xau³³ to⁴⁵ lai¹¹ ta²² la³³.

箇吶有只眼啦。这里有个小洞呢。

ko³³ ta³³ iu³³ tɕia²² ŋan³³ la³³.

渠吶回去哒啦。他已经回去了呢。

tɕi³³ ta³³ fei¹¹ kʰe²⁴ ta²² la³³.

以上两组用例,前一组在特定语境之下没有主语或主语隐去,后一组有主语,都是典型主语、真主语。

由"吶₂"构成的句子,都是已然的陈述句。以上句子中除了"吶"之外,还有其他已然义标记,如"哒""咖哒""有""咯"等,但"吶"并非多余,它有强调突出事态已然的作用。

"吶₂"句也可没有其他已然态标记,如:

850) 渠吶要走,你莫留渠。他已经决定要走了,别留他。

tɕi³³ ta³³ iau²⁴ tsəu³³, ni³³ mo¹¹ liu¹¹ tɕi³³.

你吶得我两千块钱啦。你给了我两千块钱呢!

ni³³ ta³³ te²² ŋo³³ lian³³ tɕʰien⁴⁵ kʰuai³³ tɕien¹¹ la³³.

你吶讲有关系啦。你说过没关系的呀。

ni³³ ta³³ kuan³³ mau²¹³ kuen⁴⁵·ɕi la³³.

渠吶不肯啦。他不愿意呢。

tɕi³³ ta³³ pu²² kʰen³³ la³³.

渠吶不晓得啦。他不知道呢。

tɕi³³ ta³³ pu²² ɕiau³³ te²² la³³.

你哒讲冇空啦。你说了没时间呢。

ni³³ ta³³ kuan³³ mau²¹³ mau²¹³ kʰon²⁴ la³³.

"哒₂"的附加性肯定的语义特征表现为【肯定】【已然】【意外】。【肯定】是语态，是所有"哒"字句的共性，【已然】是事态，是"哒₂"的特性，【意外】是情态，包括惊讶、不如意等抒情色彩，是"哒₂"的另一特性。值得注意的是，【意外】有时候语义指向跨越"哒"字结构，指向连带的事件。比较：

a. 哒落雨哒啦（肯定、已然、意外）

b. 渠哒要走，你莫留渠。（肯定、已然、意外）

c. 箇条鱼哒还活生生咯啦，莫丢（肯定、已然、意外）

不管有没有其他已然态标记，a 句和 b 句的语气肯定、事件已然、情感意外等几个特点是"哒"字结构里共同显现的。b 句的语气肯定、事件已然特点是"哒"字结构里共同显现的，但情感意外是由后面的"莫丢"引发的，意外的不是鱼没有死，而是鱼没有死为什么要丢掉。

8.2.11 咯

"咯 [ko²²]"是衡阳方言使用频率很高的词，前面在说其他问题的时候所举的例子多次出现"咯"，"咯"与体貌标记有关，但并不限于表示体貌意义。在此把"咯"的用法做一个较为全面的阐述。

"咯"在衡阳方言中有三种用法。

第一，用于构词语素。此用法限于与合成代词，如："吗咯""箇咯"，详见代词一章的介绍。

第二，用于结构助词，表示结构关系。此用法相当于普通话的结构助词"的""地"，如：

851）箇是我咯书。这是我的书。

ko³³ sɿ²¹ ŋo³³ ko²² ɕy⁴⁵.

852）箇书是图书馆咯，你咯在渠手里。这书是我的，你的在他手上。

ko³³ ɕy⁴⁵ sɿ²¹ tu¹¹ ɕy⁴⁵ kuen³³ ko²², ni³³ ko²² tsai²¹ tɕi³³ ɕiu³³ li³³.

以上两例的"咯"构成定中结构或"咯"字结构，表示某物属于某人或某机构，上一句"我咯书"是典型的领属结构，"咯"用于两个词的中间，下一句"图书馆咯""你咯"是省略了领属事物的"咯"字结构。

853）裙子有条精致咯边。裙子有一条精致的边。
tçyn¹¹ · tsʅ³³ iu³³ tiau¹¹ tçin⁴⁵ tsʅ²⁴ ko²² pien⁴⁵.

854）渠是只听话咯人。他是个听话的人。
tçi³³ sʅ²¹ tçia²² tʰian²⁴ fa²¹³ ko²² çin¹¹.

855）箇条毛巾浇湿咯。这条毛巾湿漉漉的。
ko³³ tiau¹¹ mau¹¹ tçin³³ tçiau⁴⁵ çi²² ko²².

856）渠箇里，打牌咯、喝茶咯，吗人都有。他这儿打牌的、喝茶的，什么人都有。
tçi³³ ko³³ · li, ta³³ pai¹¹ ko²², xo²² tsa¹¹ ko²², ma⁴⁵ çin¹¹ tu⁴⁵ iu³³.

以上四例的"咯"也构成定中结构或"咯"字结构，表示某物或某人具有某性质特点。前两例是形容词或动词性成分充当定语，说明事物的性质特点，"咯"用于修饰语和被修饰名词中间，是典型的性质结构。后两例的"咯"字结构是省略形式，"浇湿咯"所说明的对象在前面，不能再补充说成"＊箇条毛巾浇湿咯毛巾"；"打牌咯、喝茶咯"说明的对象下文虽然也出现了，但仍然可以补充出来说成"打牌咯人、喝茶咯人，吗人都有"，也可以把"人"放到前面，整个句子说成"渠箇里咯人，打牌咯、喝茶咯，下都有"。

857）你慢慢咯走，莫走快哒。你慢慢地走，别走快了。
ni³³ man²¹³ man²¹ ko²² tsəu³³, mo¹¹ tsəu³³ kʰuai²⁴ ta²².

858）渠笑眯眯咯望哒我。她笑眯眯地看着我。
tçi³³ çiau²⁴ mi⁴⁵ mi⁴⁵ ko²² man²¹³ ta²² ŋo³³.

859）稀里糊涂咯又是一年。稀里糊涂的又是一年。
çi⁴⁵ li³³ fu¹¹ tu¹¹ ko²² iu²¹³ sʅ²¹³ i²² nian¹¹.

以上三例的"咯"构成状中结构，表示动作或事件的状态，"咯"用于描写性成分与被描写的实义动词或虚义动词之间，构成描写与被描写的结构关系，这种状态描写结构一般不能省略成"咯"字结构。

第三，用于事态助词，表示事件已经发生。"咯"用于陈述句中间的动词后，表示事件是已然的，是体貌标记。如：

860）我在食堂吃咯中饭。我在食堂吃的午饭。

ŋo³³ tsai²¹ ɕi¹¹ tan¹¹ tɕʰia²² ko²² tsoŋ⁴⁵ fan²¹.

861）我在城里读咯高中。我在城里读的高中。
ŋo³³ tsai²¹ tɕin¹¹ li³³ tu¹¹ ko²² kau⁴⁵ tsoŋ⁴⁵.

862）你吗上咯车？你怎么上的车？
ni³³ ma⁴⁵ ɕiaŋ²¹³ ko²² tɕʰie⁴⁵?

863）渠是前年去咯美国。他是前年去的美国。
tɕi³³ sɿ²¹ ɕien¹¹ nien¹¹ khe²⁴ ko²² mei³³ kue²².

864）箇是我去年得咯奖。这是我去年获得的奖品。

以上四句有"咯"和没"咯"意思不同，加"咯"则添加了体貌义。如"我在食堂吃中饭"可理解为打算这么做，"我在食堂吃咯中饭"则已经如此，最后一句如果不加"咯"则句子不自足。这些"咯"虽然用在动词后，但并非表示动作状态已经完成，而是表示整个事情已经成为过去。它与动态助词的功能不同，比较：

865）a. 我在外面吃咯饭。
　　 b. 我在外面吃哒饭。

a 句的"咯"是事态标记，表示我不但吃过饭了，而且是在外面吃的，"吃咯饭"是整个句子的有机部分，不能离开"在外面"而独立存在。b 句的"哒"是动态标记，"吃哒饭"表示动作状态已经实现，它是句子要说明的主体，可以离开"在外面"而独立存在。

第四，用于语气词，兼为体貌标记，表示事态已经如此的肯定语气。"咯"用于陈述句句末，表示事件是已然的。如：

866）我中饭在食堂吃咯。
ŋo³³ tsoŋ⁴⁵ fan²¹ tsai²¹ ɕi¹¹ tan¹¹ tɕʰia²² ko²².

867）渠两点钟走咯。他两点走的。
tɕi³³ lian³³ tien³³ tsoŋ⁴⁵ tsəu³³ ko²².

868）锅子得几根棍子架起咯。锅是用几根棍子支着的。
ko⁴⁵·tsɿ te²² tɕi³³ ken⁴⁵ kun²⁴·tsɿ ka²⁴ tɕʰi³³ ko²².

869）摊子摆起咯吵，摆哒那里。摊子摆着的呀，摆在那里。
tʰan⁴⁵·tsɿ pai³³ tɕʰi³³ ko²² sa¹¹, pai³³ ta²² na²¹·ti.

以上四例若去掉"咯"句子即为未然句。前三句"咯"用在句末，第四句"咯"与语气词"吵"一起用在分句句末。

870）我才吃咯，不想吃哒。我才吃的，不想吃了。

　　　　ŋo^{33} tsai^{22} tɕ^{h}ia^{22} ko^{22}, pu^{22} ɕian^{33} tɕ^{h}ia^{22} ta^{22}.

871）渠吗话咯？他怎么说的呢？

　　　　tɕi^{33} ma^{45} ua^{213} ko^{22}?

以上两例去掉"咯"即为未然句。

8.2.12　不啰

如同语气词一章所介绍的，"不啰 [pu^{22} lo^{33}]"是语气短语词，在表语气的同时，还可能有表体作用。总体上，"不啰"有三个层面的功能：一是形式上作为疑问句标记，它是必有的；二是语义上是肯定明确的，并非存疑；三是语用上兼有对整个事情的某种已然状态的提示作用，也就是事态的标记作用。这三个层面的功能内部有制约关系，形式上的必有疑问标记是由说话人想用疑问语气决定的，疑问语气是由强化提示事态的语用目标决定的。也就是说，"不啰"的强结构性、弱疑问性都是落脚在对事态的提示上，这也是语气词兼表体貌的内因之一。

"不啰"句疑问、搭配需求以及表体上有自己的特点。

首先，"不啰"式疑问句与反问句、设问句一样都是无疑而问，但它与反问句、设问句不同，反问句可以用来质问对方或者用来回答问题，也就是可以用于后续句，而"不啰"疑问句不行。比较：

872）箇只道理难道我还不懂啊？这个道理难道我还不懂吗？

873）甲：不晓得就不要乱讲。乙：我哪里乱讲哒？

874）箇只道理我还是晓得不啰？就主动去找渠。这个道理我当然明白不是吗？就主动去找他。

上面三句，前两句是典型的反问句，质问语气强烈，后一句"不啰"疑问句总是发话人自己提出来，后面再接另一个句子。

设问句和"不啰"式问句后面都有后续句，但设问句是自问自答，后续句的内容是来回答所设的问题的，"不啰"式问句的后续句内容不是用来回答问句的，可以称为提示问句。比较：

875）箇只问题重要呗？当然很重要。这个问题重要吗？当然很重要。

　　　　ko^{33} tɕia^{22} fen^{213} ti^{11} tson^{213} tiao^{24} pe^{11}? tan^{45} ɕien^{11} xe^{45} tson^{213} tiao^{24}.

876）箇只问题有箇重要不啰？渠就亲自管。这个问题比较重要不是吗？他就亲自抓。

ko^{33} tɕia^{22} fen^{213} ti^{11} iu^{33} ko^{33} tson^{213} tiao^{24} pu^{22} lo^{33}？tɕi^{33} tɕiu^{21} tɕʰin^{45} tsɿ^{21} tsua^{45}.

877）两点钟哒还有吃饭，肚子就饿不啰？吗办呢？就找东西吃。两点钟还没吃饭，肚子不就很饿了吗？怎么办呢？就找东西吃。

lian^{33} tien^{33} tson^{45} ta^{33} xai^{11} mau^{213} tɕʰia^{22} fan^{213}，tu^{33} tsɿ^{22} tɕiu^{21} ŋo^{213} pu^{22} lo^{33}？ma^{45} ban^{213} ne？tɕiu^{21} tsau^{33} ton^{45}·ɕi tɕʰia^{22}.

这三句前一句是设问，后续句是对设问问题的直接回答，后两句都是提示问，提示一个已然的事件，这个已然事件是后续句的前提条件，与后续句构成因果条件的联系。后续句"渠就亲自管"是个简单句，后续句"吗办呢？就找东西吃"是复杂的设问形式，这两例都可以在后续句开始的地方加"所以""于是"之类的连词将因果条件关系显化。

其次，"不啰"提示问句可以有呼应成分，且呼应成分固定为"不是"，但不能反过来说"不是"只能与"不啰"句呼应。比较：

878）渠不是很胖不啰？箇些人下喊渠团长。他不是很胖吗？大家就都叫他团长。

tɕi^{33} pu^{22} sɿ^{213} xe^{45} pʰan^{24} pu^{22} lo^{33}？ko^{55}·ɕi ɕin^{11} xa^{213} xan^{33} tɕi^{33} tuen^{11} tɕian^{33}.

879）渠不是很胖吗？他不是很胖吗？

880）渠不是不肯去不啰？就拖渠去。他不是不愿意去吗？就硬拉着他去。

tɕi^{33} bu^{22} sɿ^{21} bu^{22} kʰen^{33} kʰe^{24} pu^{22} lo^{33}？tɕiu^{21} tʰo^{45} tɕi^{33} kʰe^{24}.

881）渠不是不肯去吗？他不是不愿意去吗？

我们把"不啰"问句称为提示问，实际上是通过语气词"不啰"来实现事态转述，转述已然的某件事或某种情况，或单独、或与"不是"配合来达到提示听话人的目的。

最后，"不啰"作为体貌标记与"哒""咖哒"可以不共现，也可以共现。不共现的"哒""咖哒"句可以没有后续句，比较：

882）开会我请哒10分钟假。开会我请了10分钟假。（"哒"字句可独立运用）

883）早饭我已经吃咖哒。（"咖哒"句可独立运用）

884）开会渠冇请假不啰？就刮渠胡子。开会他不是没请假吗？就批评他。（"不啰"句需要有后续句）

"不啰"与"哒""咖哒"共现或连用时，体貌标记的作用不同，各司其职，比较：

885）开会渠不是请哒假不啰？就冇哪个讲。开会他不是请了假吗？就没有谁说他。（"不啰"与"哒"共现）

886）箇几年有点钱唧哒不啰？就乱用。这几年不是有点儿钱了吗？就乱花。（"不啰"与"哒"连用）

ko^{33} tɕi^{33} nien^{11} iu^{33} tie^{33} tɕien^{11} tɕi^{33} ta^{22} pu^{22} lo^{33}? tɕiu^{213} luen^{213} in^{213}.

887）两点钟哒，肚子就饿咖哒不啰？就喊外卖。两点钟了，肚子就饿了不是？就叫外卖。（"不啰"与"咖哒"连用）

以上三句，前两句的"哒"表示动态完成，"不啰"表示事态已然；后一句"哒"表示时间变化，"咖哒"表示饿的结果已经达成，它们的辖域在具体的点上，"不啰"表事态已然，是对整件事情而言。

8.2.13 去哒

动词"去"后面加"哒"有时动作趋向意义很虚，有时甚至失去了动词特点，二者紧密结合，变成表体形式"去哒 [kʰe^{24} ta^{22}]"，表示事件已然。比较：

888）我去哒。我去了。
ŋo^{33} kʰe^{24} ta^{22}.

889）我去睏觉去哒。我去睡觉了。
ŋo^{33} kʰe^{24} kʰun^{24} kau^{24} kʰe^{24} ta^{22}.

890）你等下，渠去喊人去哒。你等一下，他去叫人了。
ni^{33} ten^{33} xia^{21}, tɕi^{33} kʰe^{24} xan^{33} ɕin^{11} kʰe^{24} ta^{22}.

891）我不记得去哒。我忘了。
ŋo^{33} pu^{22} tɕi^{33} te^{22} kʰe^{24} ta^{22}.

892）把渠咯当成你咯去哒。我把他的当成你的了。
ŋo^{33} pa^{33} tɕi^{33} ko^{22} tan^{24} tɕin^{11} ni^{33} ko^{22} kʰe^{24} ta^{22}.

这五个"去哒"相连的句子中，第一例是动词+体貌标记；第二三例前面有实义趋向动词"去",后面有"去哒","去哒"结合较紧密,趋向意义虚化了,可以看成具备了表体功能;最后两例"去哒"跟在非动作动词后面,无所谓趋向,完全就是"不记得"和"当成你咯"事件的已然表达,属于纯体貌标记。

8.3 网状分析

8.3.1 体貌形式表

以上体貌标记的核心分布及语法意义列表归纳如下,V 表示动词可以单独与体貌形式结合,VP 表示动词不能单独结合。

V + 咖	完成
V + 哒	实现　持续　变化
V + 咖哒	完成
V + 咖……哒	完成
V + 咖 + V + 咖	完成
V + 起	持续　起始
V + 起来	起始
V + 过	经历
紧 + V	进行
在 + V	进行
V + 哒 + V + 哒	进行
V + 起 + V + 起	进行
V + 看	尝试
V + 下	短时
V + 下去	继续
还要 + V	继续
接哒 + V	继续
VP + 嗟	先行
吀 + VP	已然
VP + 咯	已然
VP + 不啰	已然

VP + 去哒	已然
还 + VP	仍然
VP + 吵	未然
VP + 嗨	未然
快 + V 哒	未然
要 + V 哒	未然
冇 + V	未然
不 + V	未然
莫 + V	未然
去 + V	未然

8.3.2 时间序列上的体貌层次

动态也好，事态也好，语言中的体貌标记不是没有关联一盘散沙的，下面讨论情态的层次和关联。

8.3.2.1 动作情态

动作变化在时间上的序列为：

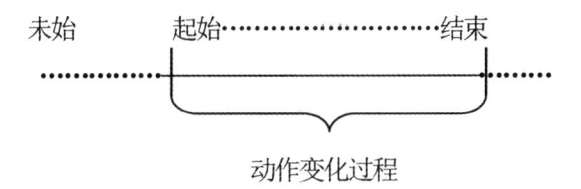

```
未始        起始……………………结束
……………………⎧         ⎫
          ⎩  动作变化过程  ⎭
```

由变化开始到变化结束中间是个连续体，变化结束后带来的影响可能滞存，用虚线表示。整个动作变化在时间上的序列特征都得以在语言中找到标记。体貌标记可能用于观察动作变化本身，也可能用来观察动作发生后施于事物的情态是否持续（图8—3）。就变化本身而言，有开始阶段、中间阶段、完成阶段之别，体貌标记也可以用于关注这同一过程中的不同阶段，以区别动作变化是否有了、是否仍在进行、是否结束（图8—1），或者用来表现由起始到结束的一个完整过程的经历（图8—2）。

普通话的持续态标记明确，只用"着"置于 V 后，实现和完成标记则模糊，都用"了"。衡阳方言相反，实现态用"哒"，完成态用"咖"，分工明确，由于动作实现后便可能保持，所以持续态与实现态同形。

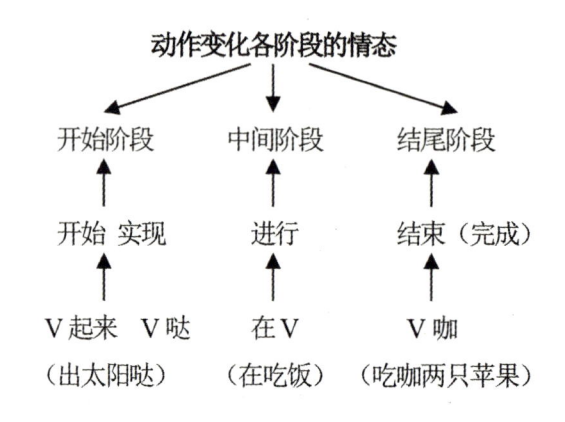

动作变化各阶段的情态

```
        开始阶段      中间阶段      结尾阶段
          ↑            ↑            ↑
        开始 实现      进行        结束（完成）
          ↑            ↑            ↑
        V起来 V哒      在V          V咖
        （出太阳哒）   （在吃饭）   （吃咖两只苹果）
```

图 8—1

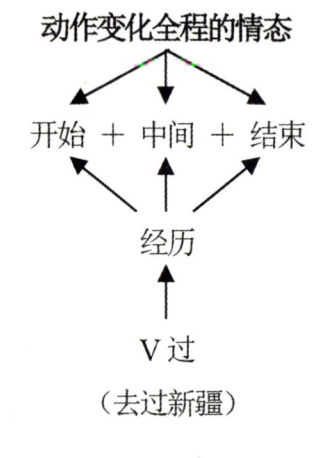

动作变化全程的情态

```
        开始 + 中间 + 结束
         ↑    ↑    ↑
            经历
             ↑
            V过
         （去过新疆）
```

图 8—2

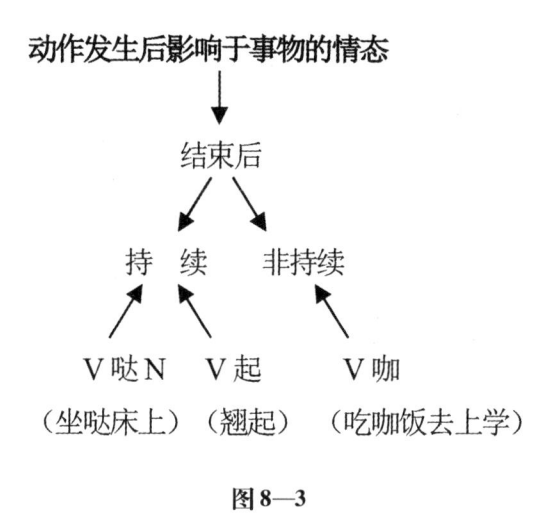

```
                动作发生后影响于事物的情态
                          ↓
                        结束后
                        ↙    ↘
                    持  续    非持续
                    ↑  ↑       ↑
                   V哒N  V起   V咖
                 (坐哒床上)(翘起)(吃咖饭去上学)
```

图 8—3

8.3.2.2 事件情态

从变化的角度，初次感受的事态为元时情态，如"在开会"，过了一段时间的再感受为加时情态，如"还在开会"，也可称为事态持续。总体上元情态只有已然和未然之分，在事件已然的状态下，对应于动作变化的时间序列也便有已实现、已进行、已完成的不同，在事件未然的状态下，同样可以着眼于事件的未开始、未继续和未结束（图8—4），"穿下看"是没开始，"接哒写"是开始了但没继续，"写完嗟"表示已在写但没完成。

加时情态（图8—5）表示事态持续到另一时段有没有发生变化，有变化情况通常是行为终止（冇看哒）或结束（看完哒），无论是行为终止还是结束都表现为现未然涵盖前已然。无变化的情况表现为元情态的继续保持，属仍然态，衡阳话用"还"字标记，事件发生与否随副词"还"后面的所附成分性质而定，"还冇来"是未然的，"还在写"为已然。

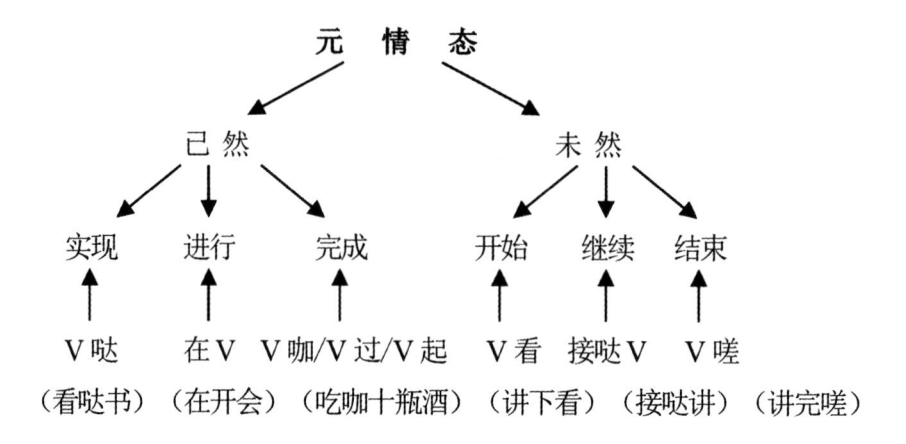

```
                          元  情  态
                    ↙              ↘
                 已 然             未 然
              ↙   ↓   ↘          ↙   ↓   ↘
           实现  进行  完成     开始  继续  结束
            ↑    ↑     ↑        ↑    ↑    ↑
           V哒  在V  V咖/V过/V起  V看  接哒V  V嗟
         （看哒书）（在开会）（吃咖十瓶酒）（讲下看）（接哒讲）（讲完嗟）
```

图 8—4

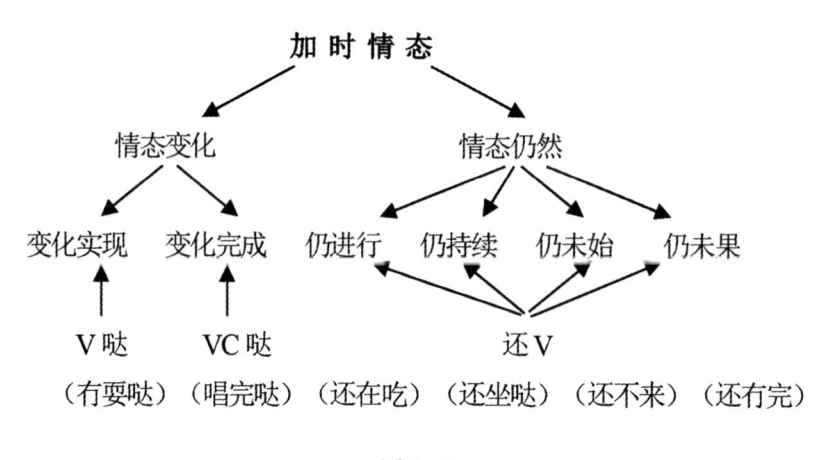

```
                        加 时 情 态
                    ↙              ↘
                情态变化            情态仍然
                ↙    ↘        ↙    ↓    ↓    ↘
            变化实现  变化完成  仍进行 仍持续 仍未始 仍未果
              ↑       ↑           ↘   ↓    ↓   ↙
             V哒     VC哒              还V
           （冇要哒）（唱完哒）（还在吃）（还坐哒）（还不来）（还冇完）
```

图 8—5

8.3.3 体貌的交互关系

由上，体貌是时间轴上的变化形式，时间是个连续统，体貌之间也就存在交互关系。一方面，一个语法形式可能承担多种体貌意义，如衡阳话的"哒""起"，另一方面，不同体貌形式可能连用，出现事态与动态、实现与完成、短时与尝试等许多交合的情况。体貌的交互关系普遍存在于各语言和方言中，下面仅以个例展现这一现象：

893）吃咖嗟。（完成＋先行＝先做完某事）tɕʰia²² ka³³ tɕia³³.

894）吃哒嗟。（实现＋先行＝先做某事）tɕʰia²² ta²² tɕia³³.

895）吃咖哒。（完成＋实现＝实现且完成）tɕʰia²² ka³³ ta²².

896）洗咖咯。（完成＋已然＝已完成）ɕi³³ ka³³ ko²².

897）得坛子盛哒咯。（实现＋已然＝已实现）
　　　te²² tan¹¹·tsɿ ɕin¹¹ ta²² ko²².

898）摆起咯。pai³³ tɕʰi³³ ko²². （持续＋已然＝已然持续）

899）你扯下看，看扯得开不。（短时＋尝试＝尝试一下）
　　　ni³³ tɕʰia³³ xa²¹³ kʰan²⁴, kʰan²⁴ tɕʰia³³ te²² kʰai⁴⁵ pu²².

第9章 程度的表达

9.1 概说

万事万物的差别包括质的差别和量的差别，程度是量的差别。程度在语言中的反映有两个特点，第一，事物的程度性是客观存在的，对程度认识的客观性却要受到参照物和心理因素的影响。这样，参照物不同，程度所指不一，如果拿两个大东西相比，有一个可能是"更大"，再拿一个比这个更大的东西还要大的东西，"更大"的就是另一个了。心理因素的多寡也使程度标记的覆盖面参差不齐，有的标记可以通用，有的标记只能限用或专用，如，衡阳方言中通比性的"很"可以通用，"死"则限于消极词，"恰"专用于"□恰哒"讨厌透了/恼火透了$\lfloor$xəŋ^{11}tɕʰia^{22}ta$^{22}\rfloor$。第二，事物的程度有强有弱，表达强弱程度的手段可能是词法手段如"冰冷"，可能是句法手段如"好冷""冷死了"。

衡阳方言的程度表示法很丰富，从程度的性质上有强程度、弱程度，从表示程度手段的范畴上有词法范畴、句法范畴，从程度标记与对象的相对位置上有前加程度法、后加程度法、固定格式法，从程度表现的形式上有肯定法、否定法。我们分别对强程度表示法和弱程度表示法进行考察。

9.2 强程度肯定式

9.2.1 状态词法

第3章所述状态词中，有的只是模拟状态，有的则与强程度肯定式有关。与强程度肯定式有关的状态词都与双音节组合性状态词有关，可以把它叫作原型，在它的基础上衍生出来的各种变化形式也与强程度表达有关。

9.2.1.1 双音节组合性状态词都可以表示强程度。

举例如：

900）箇只东西<u>清甜</u> tɕʰin⁴⁵ tien¹¹。这东西非常甜。

901）葡萄冇熟，<u>溜酸</u> liu⁴⁵ suen⁴⁵。葡萄没熟，太酸。

902）苦瓜<u>抓苦</u> ya⁴⁵ kʰu³³，我不喜欢吃。苦瓜好苦，我不喜欢吃。

903）箇边肩膀<u>尖痛</u> tɕien⁴⁵ tʰən²⁴咯。这边肩膀好痛好痛的。

904）今日箇饭煮起<u>稀烂</u> ɕi⁴⁵ lan²¹³，和只稀饭样。今天这饭煮得太烂，像稀饭一样。

905）饼干下得你崽搞起<u>稀碎</u> ɕi⁴⁵ sui²⁴哒。饼干让孩子全弄碎了。

906）莫<u>飞恶</u> fei⁴⁵ o²²，会吓到细阶级。别那么凶，会吓到孩子的。

双音节组合性状态词中间插入中缀可变成 bxya 式，与原型一般有转换关系。比较：

a. 今日<u>清老巴早</u> tɕʰin⁴⁵ lau³³ pa³³ tsau³³就起来哒，连冇睏足。今天一大清早的就起来了，没睡足。

→今日<u>清早</u> tɕʰin⁴⁵tsau³³就起来哒，连冇睏足。

b. 身上得蚊子咬ŋe¹¹起<u>糜老巴痒</u> mi⁴⁵ lau³³ pa³³ ian³³。身上被蚊子咬得痒痒的。

→身上得蚊子咬ŋe¹¹起<u>糜痒</u> mi⁴⁵ian³³。

c. 馒头炸起<u>梆老巴硬</u> pe⁴⁵ lau³³ pa³³ ŋen²¹³，吃不烂。馒头炸得硬硬邦邦的，咬不动。

→馒头炸起<u>梆硬</u> pe⁴⁵ŋen²¹³，吃不烂。

d. 渠煮菜<u>瘪老巴淡</u> pia⁴⁵ lau³³ pa³³ tan²¹³，不好吃。他做菜非常淡，不好吃。

→渠煮菜<u>瘪淡</u> pia⁴⁵tan²¹³，不好吃。

转换前后在程度上没有明显不同，原型描摹程度强，bxya 式描摹强程度之外还加强了情态色彩。

9.2.1.2 状态词的重叠形式或部分重叠形式中，大多用于对强程度的进一步加强。

具体情况可分为以下几种。

A：baba 式

907）你拷箇里吃咖<u>区光区光</u> tɕʰy⁴⁵ kuan⁴⁵ tɕʰy⁴⁵ kuan⁴⁵，我吃吗咯？

你把这些东西全吃完了，我吃什么？

908）渠嘴巴铁紧铁紧 $t^hie^{22} tɕin^{33} t^hie^{22} tɕin^{33}$ 咯，你莫想走渠箇里讨只吗信息。他的嘴很紧的，你别想从他这儿得到什么想要的信息。

909）箇是吗东西诶？喷香喷香 $p^hən^{24} ɕian^{45} p^hən^{24} ɕian^{45}$ 咯。这是什么东西？好香好香的。

此式均为双音节组合性状态词的重叠，重叠形式比单用形式表达的程度更强。

B：bbaa 式

重叠的四音节 bbaa 式，它的程度性比 baba 式要减弱一些，重在模拟状态。从构成成分的自由度而言，有的是双音节组合性状态词的重叠，有的是单纯词。比较：

a. 碗里咯饭吃咖区光区光 $tɕ^hy^{45} kuan^{45} tɕ^hy^{45} kuan^{45}$。碗里的饭吃得干干净净。

碗里咯饭吃咖区区光光 $tɕ^hy^{45} tɕ^hy^{45} kuan^{45} kuan^{45}$。碗里的饭吃得干干净净

b. 蛮蛮好好 $man^{11} man^{11} xau^{33} xau^{33}$ 咯一个人吗变成箇样哒？很好的人怎么变成这样了？

c. 箇桌子摸起来勒勒刮刮 $le^{213} le^{213} kua^{22} kua^{22}$ 咯。这桌子摸上去不平滑。

句 a 句 b 是双音节组合性状态词的重叠，句 a 可以有两种说法，都有强程度性，但"区区光光"更重描摹；句 b 一般不用 baba 式，重叠不在于强调程度，而在于描摹状态。句 c 的"勒勒刮刮"表示桌面不光滑的感觉，是单纯词，不能拆解。

C：bba 式

此式是组合性状态词的前部重叠式，用在句中与非重叠式相比，主观程度评价更强。

910）箇碗饭装起拍拍满 $p^ha^{22} p^ha^{22} men^{33}$，不好放菜得。这碗饭装得太满了，放不了菜。

911）我跟哒渠跑，跑起我糜糜劳 $mi^{45} mi^{45} lau^{11}$。我跟着他跑，跑得我蔫了，一点力气也没有了。

"拍拍满""糜糜劳"比"拍满""糜劳"程度更强。

D：abb 式

此式为表性质状态的谓词加叠音后缀，可分成两种情况。比较：

a1. 箇条鱼活拉拉 fe^{11} lan^{45}lan^{45}咯。→箇条鱼拉活。这条鱼活蹦乱跳的。

a2. 渠恶稀稀 o^{22} çi^{45}çi^{45}咯，我不想跟渠讲。→渠稀恶，我不想跟渠讲。他很凶，我不想跟他说话。

a3. 捆起松垮垮 son^{45} k^{h}ua^{33}k^{h}ua^{33}咯，东西下会□［t^{h}en］咖去。→捆起松松垮垮咯，东西下会□［t^{h}en］咖去。捆得松松的，（就这样拎着走）东西会掉的。

b1. 那时候我爷拢两个人活生生 fen^{11} sen^{45}sen^{45}拆开。→＊那时候我爷拢两个人生活拆开。那时候我父亲把两个人活生生地拆开（不让他们在一起）。

b2. 你箇病怏怏 pian^{213} ian^{45}ian^{45}咯样子要去看医生嘞。→＊你箇怏病咯样子要去看医生嘞。你这病恹恹的样子应该去医院。

以上用例都表示强程度。a 组句子左右具有转换关系，左边的 abb 式强程度感更明显，右边的原型 ba 式是变化的基础。b 组句子左右不能转换，也就是没有原型 ba 式。这里反映出 abb 状态词的内在轨迹是：ba→abb1，abb1→abb2。

9.2.2　前加程度标记

除了用词法手段强化程度，更方便的是用句法手段，在目标成分前面加程度副词或程度代词便是常见的句法手段。

9.2.2.1　死［sɿ^{33}］

"死"可作为程度副词用于自感性差的形容词前，或者用于动词性短语前表强程度，尤其是"死"重读时表极强程度。如：

9.2.2.1.1　死＋A 形容词

死丑 很小气 sɿ^{33} tɕ^{h}iu^{33}　　　　死矮 sɿ^{33} ŋai^{33}

死重 sɿ^{33} tsən^{213}　　　　死热 sɿ^{33} çie^{11}

死冲 言语灼人 sɿ^{33} ts^{h}ən^{24}　　死狠 sɿ^{33} xen^{33}

死小气 sɿ^{33} çiau^{33}·tɕ^{h}i　　　死古板 sɿ^{33} ku^{33} pan^{33}

死辣 sɿ^{33} la^{11}　　　　　死滑 sɿ^{33} ua^{11}

死难看 sɿ^{33} nan^{11} k^{h}an^{24}　　死坏 sɿ^{33} fai^{213}

死懒 sɿ^{33} lan^{33}　　　　死难 sɿ^{33} nan^{11}

死自私 sɿ^{33} tsɿ^{213} sɿ^{45}　　死霸蛮 sɿ^{33} pa^{24}man^{11}

死来头sʅ³³ lai¹¹·təu　　　　死邋遢sʅ³³ la¹¹·tʰa

这类前加程度标记现象与第3章的组合性状态词表义类似，因"死"标记是能广泛运用的，不但可以用在单音节词前面，也可用在多音节词前面，还可用在词组结构前面，与组合性状态词内部松散程度不同。

9.2.2.1.2　死+VP动词性成分

死追sʅ³³ tsui⁴⁵

死怕热sʅ³³ pʰa²⁴ɕie¹¹

死抓哒不放紧紧抓住不放sʅ³³ tɕya⁴⁵ ta²² pu²² fan²⁴

表程度的"死"字句句末常有语气词"咯""哒""嗟"收尾。如：

912) 箇东西死辣咯。这东西非常辣。ko³³ tən⁴⁵·ɕi sʅ³³ la¹¹ ko²².

913) 渠现在死懒哒。他现在很懒了。tɕi³³ ɕien²¹³ tsai²¹³ sʅ³³ lan³³ ta²².

914) 渠总总死盯哒别个不放嗟！他总是死缠着别人不放呢！
tɕi³³ tsən¹¹·tsən sʅ³³ tian⁴⁵ ta²² pie¹¹·ko pu²² fan²⁴ tɕia³³！

"死+形容词"中，如果形容词是单音节的，则可形成局部间隔重叠形式"死a巴a"，也是强程度肯定用法，这种形式的a限于单音形容词，插入中缀"巴"，固定性强，不可拆解，可以看作是状态词的一种，表示加强程度、加强描摹，与"死a"型在语用上一般有转换关系。比较：

a. 我咯画<u>死丑巴丑</u> sʅ³³ tɕʰiu³³ pa³³ tɕʰiu³³，莫得渠里看。我的画画得很难看，别给他们看。

→我咯画<u>死丑</u>①sʅ³³ tɕʰiu³³，莫得渠里看。

b. 箇只人<u>死丑巴丑</u> sʅ³³ tɕʰiu³³ pa³³ tɕʰiu³³，你莫想挼渠一分钱。这个人很小气，你别想拿他一分钱。

→箇只人<u>死丑</u> sʅ³³ tɕʰiu³³，你莫想挼渠一分钱。

c. 箇只人<u>死坏巴坏</u> sʅ³³ fai²¹³ pa³³ fai²¹³，少跟渠要。这个人很坏的，少跟他玩儿。

→箇只人<u>死坏</u> sʅ³³ fai²¹³，少跟渠要。

---

① "死丑"在衡阳话里有本义和引申义两种用法，a例用的是本义，表示事物不美、不好看，b例用的是引申义，表示行为方式不大方、小气。

d. 渠做只死狠巴狠 sɿ³³ xen³³ pa³³ xen³³ 咯样子，其实是只好人。他做出一种非常凶的样子，其实是个好人。

→渠做只死狠 sɿ³³ xen³³ 咯样子，其实是只好人。

e. 箇菜搞起死辣巴辣 sɿ³³ la¹¹ pa³³ la¹¹，我怕吃得。这菜做得太辣了，我不敢吃。

→箇菜搞起死辣 sɿ³³ la¹¹，我怕吃得。

上面五对例子中，"死 a"式是直接表示强程度，"死 a 巴 a"则是一种具有描摹色彩的强程度。

9.2.2.2 很、好、蛮、怪、叻、几

"很〔xe⁴⁵〕｜好〔xau³³〕｜蛮〔man¹¹〕｜怪〔kuai²⁴〕｜叻〔le²²〕｜几〔tɕi³³〕"也都表示程度强，意思可以用普通话的"很"来统括。根据受限制的程度可以分为两组。

①很〔xe⁴⁵〕、好〔xau³³〕、蛮〔man¹¹〕

第 5 章把这三个副词归为"通用性程度副词"，所谓通用性就是受限制最少，搭配能力强。它们都是强程度副词，在用法上主要根据说话人的态度或意愿，用"好"是客观一般地表现程度，用"很"显得语气更强，用"蛮"则有本来就这样的意味。如：

A：

今日咯饭好好吃。今天的米饭很好吃。tɕi⁴⁵ ɕi¹¹·ko fan²¹³ xau³³ xau³³ tɕʰia²².

今日咯饭很好吃。tɕi⁴⁵ ɕi¹¹·ko fan²¹³ xe⁴⁵ xau³³ tɕʰia²².

今日咯饭蛮好吃。tɕi⁴⁵ ɕi¹¹·ko fan²¹³ man¹¹ xau³³ tɕʰia²².

B：

箇已经好多哒。这已经很多了。ko³³ i³³ tɕin⁴⁵ xau³³ to⁴⁵ ta²².

箇已经很多哒。ko³³ i³³ tɕin⁴⁵ xe⁴⁵ to⁴⁵ ta²².

箇已经蛮多哒。ko³³ i³³ tɕin⁴⁵ man¹¹ to⁴⁵ ta²².

C：

渠走箇一转好不易得嗟。他走这一趟很不容易呢。tɕi³³ tsu³³ ko³³ i²² tɕuen³³ xau³³ pu²² i²¹³ te²² tɕia³³.

渠走箇一转很不易得嗟。tɕi³³ tsu³³ ko³³ i²² tɕuen³³ xe⁴⁵ pu²² i²¹³ te²² tɕia³³.

渠走箇一转蛮不易得嗟。tɕi³³ tsu³³ ko³³ i²² tɕuen³³ man¹¹ pu²² i²¹³ te²² tɕia³³.

②怪［kuai²⁴］、叻［le³³］、几［tɕi³³］

这三个程度副词的通用性不如"很"类，第5章归为限用性程度副词。

"怪"表示某性状或感觉的程度有不可思议、说不出味儿的强的意思，相当于"特别"，不用加语气词，如果是用在单音词前，通常要加后缀"子"。如：

怪痛子 kuai²⁴ kʰən²⁴·tsɿ　　　怪闷子 kuai²⁴ mən²¹³·tsɿ
怪热子 kuai²⁴ ɕie¹¹·tsɿ　　　怪冷子 kuai²⁴ len³³·tsɿ
怪怕子 kuai²⁴ pʰa²⁴·tsɿ　　　怪甜子 kuai²⁴ tien¹¹·tsɿ
怪苦子 kuai²⁴ kʰu³³·tsɿ　　　怪臭子 kuai²⁴ tɕʰiu²⁴·tsɿ
怪慢子 kuai²⁴ man²¹³·tsɿ　　　怪滑子 kuai²⁴ ua¹¹·tsɿ
怪乱子 kuai²⁴ luen²¹³·tsɿ　　　怪好子 kuai²⁴ xau³³·tsɿ
怪难子 kuai²⁴ nan¹¹·tsɿ　　　怪懒子 kuai²⁴ lan³³·tsɿ
怪难看 kuai²⁴ nan¹¹ kʰan²⁴　　　怪神气 kuai²⁴ ɕin¹¹·tɕʰi
怪便宜 kuai²⁴ pien¹¹·ni　　　怪舒服 kuai²⁴ ɕy⁴⁵·fu
怪打眼 kuai²⁴ ta³³ ŋan³³　　　怪自私 kuai²⁴ tsɿ²¹³ sɿ⁴⁵
怪写屎赖皮 kuai²⁴ ɕia³³ sɿ³³　　　怪小气 kuai²⁴ ɕiau³³·tɕʰi
怪好吃 kuai²⁴ xau³³ tɕʰia²²　　　怪好耍 kuai²⁴ xau³³ sua³³
怪想看 kuai²⁴ nan¹¹ kʰan²⁴

"怪+X"可以转换为"X+得+怪"，但限于单音节的形容词和心理动词，如：

丑得怪_{非常保守小气} tɕʰiu³³ te²² kuai²⁴
热得怪 ɕie¹¹ te²² kuai²⁴
懒得怪 lan³³ te²² kuai²⁴
慢得怪 man²¹³ te²² kuai²⁴
痛得怪 tʰən²⁴ te²² kuai²⁴
怕得怪 pʰa²⁴ te²² kuai²⁴
*舒服得怪 ɕy⁴⁵·fu te²² kuai²⁴
*神气得怪 ɕin¹¹·tɕʰi te²² kuai²⁴

* 想吃得怪 ɕian³³tɕʰia²⁴te²² kuai²⁴

* 好耍得怪 xau³³sua³³te²² kuai²⁴

"怪+X"偏向于表程度,"X+得+怪"偏向于表评议,常常是贬义的。

"叻"带有较强的抒情色彩,所表程度有明显的主观性,与所评价的性质状态词语一起总是充当句子的谓语,用来强调,而且不能单独用在谓词性词语前表程度,必须固定地与"哒"配合使用。如:

915)箇只毛毛<u>叻好耍哒</u> le³³ xau³³ sua³³ ta²²。这个小宝宝特别好玩儿。

916)渠对人<u>叻好哒</u> le³³ xau³³ ta²²,自己不吃都要得。他待人可好了,自己不吃都行。

917)冬天到海南去那<u>叻舒服哒</u> le³³ ɕy⁴⁵·fu ta²²。冬天去海南特别舒服。

918)现在有高铁,<u>叻方便哒</u> le³³ fan⁴⁵·pien ta²²,走女那去喊走就走。现在有高铁特别方便,去女儿家随时都可以走。

919)我娘屋和我婆婆住得<u>叻近哒</u> le³³ tɕin²¹³ ta²²,就在一只院子里。我妈与婆婆住得很近,就在一个院子里。

920)那时候冇吗东西吃,<u>叻苦哒</u> le³³ kʰu³³ ta²²。那时候没什么吃的,很苦。

921)箇人<u>叻自私哒</u> le³³ tsʅ²¹³ sʅ⁴⁵ ta²²,除脱自己咯事,吗咯都不得管。这人很自私,除了自己的事情其他什么都不会管。

"几"总是修饰褒义词语,"几"字句末可加"咯""啊""啰"等语气词。如:

A:

几好看 tɕi³³ xau³³ kʰan²⁴→很 X

几好走 tɕi³³ xau³³ tsəu³³→很 X

几好咯 tɕi³³ xau³³ ko²²→很 X 的

几快咯 tɕi³³ kʰuai²⁴ ko²²→很 X 的

B:

几舒服啊 tɕi³³ ɕy⁴⁵·fu a¹¹→多么 X

几吃香啊 tɕi³³ tɕʰia²² ɕian⁴⁵ a¹¹→多么 X

几易得啰 多容易啊 tɕi³³ i²¹³ te²² lo³³→多 X

几划得来啰 多划算啊 tɕi³³ fa¹¹ te²² lai¹¹ lo³³→多 X

A 组的"几"相当于"很",可用语气词"咯"表示加强肯定语气。B 组的"几"受语气词"啊""啰"的语气影响相当于"多么",用"啊"是抒情性强调,用"啰"是传信性强调。

9.2.2.3 太 [tʰai²⁴]、箇 [ko³³]

"太"为程度副词,"箇"为程度代词,相当于"这么",这两个程度词的通用性也较强,与"很"类不同的是,"太"用在形容词前面表示程度强过了头,用在动词前表示"比很 VP 更 VP"的意思。"箇"不是直接表示程度,而是对他人程度描摹的总结。"太"字句是判断句,"箇"字句是应对句,"太"字句末往往加"哒","箇"需要加语气词"啊"或"啊"的变体"呀"才能成句。比较:

922) 太大哒。太大了。tʰai²⁴ tai²¹³ ta²².

箇大呀?这么大呀?ko³³ tai²¹³ ia¹¹?

923) 太想出去耍哒。太想出去玩了。tʰai²⁴ çian³³ tçʰy²² kʰe²⁴ sua³³ ta²².

箇想出去耍呀?这么想出去玩呀?ko³³ çian³³ tçʰy²² kʰe²⁴ sua³³ ia¹¹?

924) 太自由哒。太自由了。tʰai²⁴ tsʅ²¹³ iu¹¹ ta²².

箇自由呀?这么自由呀?ko³³ tsʅ²¹³ iu¹¹ ia¹¹?

925) 太便宜哒。太便宜了。tʰai²⁴ pien¹¹ ni¹¹ ta²².

箇便宜呀?这么便宜呀?ko³³ pien¹¹ ni¹¹ ia¹¹?

926) 太聪明哒。太聪明了。tʰai²⁴ tsʰəŋ⁴⁵ min¹¹ ta²².

箇聪明啊?这么聪明呀?ko³³ tsʰəŋ⁴⁵ min¹¹ a¹¹?

927) 太好动哒。太好动了。tʰai²⁴ xau²⁴ təŋ²¹³ ta²².

箇好动啊?这么好动?ko³³ xau²⁴ təŋ²¹³ a¹¹?

928) 太好吃哒。太好吃了。tʰai²⁴ xau²⁴ tçʰia²² ta²².

箇好吃呀?这么好吃呀?ko³³ xau²⁴ tçʰia²² ia¹¹?

929) 太伤心哒。太伤心了。tʰai²⁴ çian⁴⁵ çin⁴⁵ ta²².

箇伤心啊?这么伤心?ko³³ çian⁴⁵ çin⁴⁵ a¹¹?

930) 太走远哒。走得太远了。tʰai²⁴ tsəu³³ yen³³ ta²².

走箇远啊?走这么远?tsəu³³ ko³³ yen³³ a¹¹?

931) 太冇得钱哒。太没钱了。tʰai²⁴ mau²¹³ te²² tçien¹¹ ta²².

箇冇得钱啊?这么没钱?ko³³ mau²¹³ te²² tçien¹¹ a¹¹?

如果"箇"前再加"有"则可能独立成句构成弱程度手段,"有"

重读，参见9.4.2.2，也可能作为条件分句，表示前提，"箇"重读，比较：

932）有箇自由。比较自由。

iu³³ ko³³ tsɿ²¹³ iu¹¹.

有箇自由就好哒。有这么自由就好了。

iu³³ko³³tsɿ²¹³ iu¹¹ tɕiu²¹³ xau³³ ta²².

有箇想出去。比较想出去。

iu³³ ko³³ ɕian³³ tɕʰy²² kʰe²⁴.

有箇想出去你就得渠出去啰。这么想出去你就让他出去嘛。

iu³³ko³³ ɕian³³ tɕʰy²² kʰe²⁴ ni³³ tɕiu²¹³ te²² tɕi³³ tɕʰy²² kʰe²⁴lo³³.

9.2.2.4 越发［ye¹¹ fa²²］、最［tsui²⁴］、更［ken²⁴］、还［xai¹¹］

以上程度词的程度比较对象是同类的一般事物，属于通比，"越发、最、更、还"的程度比较对象是同类的特定事物，属于特比（参见第5章）。

"越发"是因果性强级程度标记，要求出现产生这一程度的条件或原因。如：

933）得渠舞起舞起，越发下小咖哒。让他弄得越发小了。

te²² tɕi³³ u³³ tɕʰi³³ u³³ tɕʰi³³, ye¹¹ fa²² xa²¹³ ɕiau³³ ka³³ ta²².

934）要渠慢点走，渠越发走得快。让他走慢点儿，他却走得更快。

iau²⁴ tɕi³³ man²¹³ tie³³ tsəu³³, tɕi³³ ye¹¹ fa²² tsəu³³ te²² kʰuai²⁴.

"最、更、还"在用法上的差异第5章有较具体的对比分析，这里分别就语法分布再比较几组例子。

A：在谓语位置。

箇样做最讨嫌。｜渠不来最好。

箇样做更讨嫌。｜渠不来更好。

＊箇样做还讨嫌。｜＊渠不来还好。

箇样做还讨嫌些。｜渠不来还好些。

"最、更"可以单独表示程度的极差，"还"需要有不定数的"些"搭配才能表示程度的极差。

B：在主语位置。

最不顶事要算箇只倈唧哒。最不顶事的要算这个男的了。

更不顶事要算箇只倮唧哒。更不顶事的要算这个男的了。

＊还不顶事要算箇只倮唧哒。

"最、更"可以与限定对象一起充当主语，"还"不行。

C：在不用"比"的比较句。

＊你好，我最好。

你好，我更好。

？你好，我还好。

你好，我还好些。

"最"不能用，"更、还"可以。

D：在"相比"的比较句。

我三个摘咯苹果相比，我咯最多。

我三个摘咯苹果相比，我咯更多。

我三个摘咯苹果相比，我咯还多些。

"最、更、还"都能用。

9.2.3 后加程度标记

用后加程度标记来强调程度也是常用的，而且很丰富，可能用程度词，可能用短语，可能用小句形式，小句形式范围很宽，本章不作讨论。就短语形式和词形式而言，消极色彩的程度后标记比积极色彩的程度后标记发达得多，如果要说"蠢"的程度，可以说"蠢死哒 [tɕʰyn^{33}sʅ^{33} ta^{22}] ｜蠢得要死 [tɕʰyn^{33} te^{22} iau^{24} sʅ^{33}] ｜蠢绝哒 [tɕʰyn^{33} tɕye^{11} ta^{22}] ｜蠢得伤心 [tɕʰyn^{33} te^{22} ɕian^{45} ɕin^{45}] ｜蠢起冇边 [tɕʰyn^{33} tɕʰi^{33} mau^{213} pien^{45}] ｜蠢不过哒 [tɕʰyn^{33} pu^{22} ko^{24} ta^{22}] ｜蠢死人哒 [tɕʰyn^{33} sʅ^{33} ɕin^{11} ta^{22}] ｜蠢起阿牛屎 [tɕʰyn^{33} tɕʰi^{33} o^{45} niu^{11} sʅ^{33}]"等，没有哪个褒义性状可以有这么多程度标记，而后程度标记"伤心｜冇边｜死人｜阿牛屎"等都只有贬义色彩。下面将双音节以内的常见后程度标记根据音节特点分为两组，所列的程度词入句后都可以加"嗟 [tɕia^{33}]"，加强感叹和传信意识。

9.2.3.1 **要死** [iau^{24}sʅ^{33}]、**伤心** [ɕian^{45} ɕin^{45}]、**冇边** [mau^{213} pien^{45}]、**死火** [sʅ^{33} xo^{33}]、**不过** [pu^{22} ko^{24}]、**死人** [sʅ^{33} ɕin^{11}]

这些后程度标记总是用于动词或形容词后作补语来说明动作、心理、性状的程度。"要死｜伤心｜冇边"入句时后面不一定要加语气词，但一般要有补语标记"得"或"起"。如：

935）吵得要死。太吵了。tsʰau³³ te²² iau²⁴ sʅ³³.
　　　少得伤心。太少了。ɕiau³³ te²² ɕian⁴⁵ ɕin⁴⁵.
　　　讲起冇边。说得太远了。kuan³³ tɕʰi³³ miau²¹³ pien⁴⁵.
　　　懒得要死。太懒了。lan³³ te²² iau²⁴ sʅ³³.
　　　懒得伤心。太懒了。lan³³ te²² ɕian⁴⁵ ɕin⁴⁵.
　　　懒起冇边。太懒了。lan³³ tɕʰi³³ miau²¹³ pien⁴⁵.
　　　邋遢得要死。太脏了。la¹¹ tʰa²² te²² iau²⁴ sʅ³³.
　　　邋遢冇边。太脏了。la¹¹ tʰa²² miau²¹³ pien⁴⁵.
　　　坏得伤心。太坏了。fai²¹³ te²² ɕian⁴⁵ ɕin⁴⁵.
　　　想得要死嗟！太想念了。ɕian³³ te²² iau²⁴ sʅ³³ tɕia³³！
　　　赔得伤心嗟！赔得太多了。pei¹¹ te²² ɕian⁴⁵ ɕin⁴⁵ tɕia³³！
　　　胖起冇边嗟！太胖了。pʰan²⁴ tɕʰi³³ miau²¹³ pien⁴⁵ tɕia³³！

三个程度标记中，"要死""伤心"入句都带补语标记"得"，但"要死"的适用范围宽，"伤心"限于少数单音形容词，适用范围窄，"冇边"入句带补语标记"起"，如果描写对象是双音词，则"起"标记可省。

"死火、不过、死人"入句时总要附语气词"哒"，但不需要附补语标记，如：

936）凑死火哒。凑得太巧了。tsʰəu²⁴ sʅ³³ xo³³ ta²².
　　　好不过哒。太好了。xau³³ pu²² ko²⁴ ta²².
　　　气死人哒。太气人了。tɕʰi²⁴ sʅ³³ ɕin¹¹ ta²².
　　　热死火哒。太热了。ɕie¹¹ sʅ³³ xo³³ ta²².
　　　热不过哒。太热了。ɕie¹¹ pu²² ko²⁴ ta²².
　　　热死人哒。太热了。ɕie¹¹ sʅ³³ ɕin¹¹ ta²².
　　　唱死火哒。唱绝了。tɕʰian²⁴ sʅ³³ xo³³ ta²².
　　　好吃不过哒。好极了。xau³³ tɕʰia²² pu²² ko²⁴ ta²².
　　　走死人哒。太难走了。tsəu³³ sʅ³³ ɕin¹¹ ta²².
　　　贵死火哒嗟！太贵了。kui²⁴ sʅ³³ xo³³ ta²² tɕia³³！
　　　简单不过哒嗟！太简单了。tɕien³³ tan⁴⁵ pu²² ko²⁴ ta²² tɕia³³！

抄死人哒嗟！太难抄了。tsʰau⁴⁵ sʅ³³ ɕin¹¹ ta²² tɕia³³！

"死火""死人"一般只用在单音词后，三个程度标记中，适用范围的强弱为：不过 > 死人 > 死火。

9.2.3.2 死 [sʅ³³]、饱 [pau³³]、绝 [tɕye¹¹]、恰 [tɕʰia²²]、稀 [ɕi⁴⁵]

这些单音程度标记都是直接作补语的，构成"V＋C"，这种"V＋C"在陈述句中用得比较普遍，句尾要附语气词"哒"，否则句子不自足，如：

937）紧死哒。担心极了。tɕin³³ sʅ³³ ta²².

痛死哒。痛极了。tʰəŋ²⁴ sʅ³³ ta²².

恼死哒。讨厌极了。nau³³ sʅ³³ ta²².

气死哒嗟！气极了。tɕʰi²⁴ sʅ³³ ta²²！

饿饱哒。饿够了。ŋo²¹³ pau³³ ta²².

笑饱哒。笑够了。ɕiau²⁴ pau³³ ta²².

急饱哒。急够了。tɕi²² pau³³ ta²².

赚饱哒嗟！赚够了呢！tsuen²¹³ pau³³ ta²² tɕia³³！

讲绝哒。说绝了。kuan³³ tɕye¹¹ ta²².

写屎绝哒。太赖皮了。ɕia³³ sʅ³³ tɕye¹¹ ta²².

丑绝哒。小气极了。tɕʰiu³³ tɕye¹¹ ta²².

苦绝哒嗟！苦极了！kʰu³³ tɕye¹¹ ta²² tɕia³³！

□恰哒（嗟）。讨厌极了。xəŋ¹¹ tɕʰia²² ta²²（tɕia³³）.

恶稀哒。太凶了。o²² ɕi⁴⁵ ta²².

滥稀哒嗟！太泼辣了！lan²¹³ ɕi⁴⁵ ta²² tɕia³³！

上面带"哒"的句子都表示事态已然，"哒"既是肯定语气，也是体貌标记。"死、饱、绝、恰、稀"五个后程度标记中，"死、饱、绝"独立性强，"恰"次之，"稀"的独立性最弱。

"V＋C"用在非陈述句中，句末不带"哒"。如：

938）你箇样讲那渠会气死。你这么说他会气死。

渠讲话你会笑饱去。他说话会让你笑死。

话莫讲绝，事莫做绝。话不要说绝，事不要做绝。

这三句中，前两句是条件句，后一句是劝诫性否定句，非陈述句一般不用"恰、稀"式。

这五个程度标记中，适用范围的强弱顺序为：死 > 绝 > 饱 > 稀 > 恰。

9.2.4 固定格式法

有些套子是专门表示程度的，表示强程度的典型套子有两式，一是小句套子，二是句套子。

9.2.4.1 箇只/那只 + X + 法子

939）箇只热法子，冇埗去得。这么热，热得没地方可去。
　　　　ko^{33} tɕia^{22} ɕie^{11} fa^{22}·tsɿ, mau^{213} tan^{24} k^{h}e^{24} te^{22}.

940）箇只搞法子，怕不行啊。这么搞，怕不行。
　　　　ko^{33} tɕia^{22} kau^{33} fa^{22}·tsɿ, p^{h}a^{24} pu^{22} ɕin^{11} a^{11}.

941）箇只奶法子吗得了啊！这么懒洋洋的，怎么得了！
　　　　ko^{33} tɕia^{22} nai^{45} fa^{22}·tsɿ ma^{45} te^{22} liau^{33} a^{11}！

套子"箇只/那只 + X + 法子"总是作为总结小句，它需要有后续句进行评判。具体分析参见 2.3.3，此处不赘。

9.2.4.2 "V/A + （咖/哒）+ 数 + 量 + X + 咯"

"V/A + （咖/哒）+ 数 + 量 + X + 咯"是句套子，这样的格式描写起来显得冗长而抽象，先看由它产生的实例：

A：

搞咖几年狠咯 猛搞了几年 kau^{33} ka^{33} tɕi^{33} nien^{11} xen^{33} ko^{22}

吃哒几碗狠咯 猛吃了好几碗 tɕ^{h}ia^{22} ta^{22} tɕi^{33} uen^{33} xen^{33} ko^{22}

抄哒几页狠咯 猛抄了好几页 ts^{h}au^{45} ta^{22} tɕi^{33} ie^{22} xen^{33} ko^{22}

想去想咖几天狠咯 想去想了好几天 ɕian^{33} k^{h}e^{24} ɕian^{33} ka^{33} tɕi^{33} t^{h}ien^{45} xen^{33} ko^{22}

渠在箇里跏哒几天狠咯 他在这儿纠缠了好几天
tɕi^{33} tsai^{213} ko^{33}·ti tɕia^{11} ta^{22} tɕi^{33} t^{h}ien^{45} xen^{33} ko^{22}

鱼死咖几条狠咯 鱼死了好几条 y^{11} sɿ^{33} ka^{33} tɕi^{33} tiau^{11} xen^{33} ko^{22}

气哒两天饱咯 气了好几天 tɕ^{h}i^{24} ta^{22} tɕi^{33} t^{h}ien^{45} xen^{33} ko^{22}

吵咖一架猛咯 狠狠地吵了一架 ma^{213} ta^{22} tɕi^{33} t^{h}ien^{45} xen^{33} ko^{22}

摆格摆哒几天好咯 摆阔气好好地摆了几天 pai^{33} ke^{22} pai^{33} ta^{22} tɕi^{33} t^{h}ien^{45}

xau³³ ko²²

讨账讨咖几个月足咯 讨账足足讨了几个月
tʰau³³ tɕian²⁴ tʰau³³ ka³³ tɕi³³ ko²⁴ ye¹¹ tsu²² ko²²

补衣补咖几件好咯 补衣补了好几件衣 pu³³ i⁴⁵ pu³³ ka³³ tɕi³³ tɕien²¹³ xau³³ ko²²

B：

忙咖一天扎实咯 扎扎实实地忙了一几天 man¹¹ ka³³ tɕi³³ tʰien⁴⁵ tsa²² ɕi¹¹ ko²²
累哒几天狠咯 累了整整两天 lui²¹³ ta²² tɕi³³ tʰien⁴⁵ tsa²² xen³³ ko²²
痛哒几年饱咯 痛了好几天 tʰən²⁴ ta²² tɕi³³ nien¹¹ pau³³ ko²²
舒服哒几天狠咯 舒服了好几天 ɕy⁴⁵·fu ta²² tɕi³³ tʰien⁴⁵ xen³³ ko²²

A组为动词性主体句，B组为形容词性主体句。进入此格式的动词比形容词占优势，形容词入句限于自感性形容词。"几"表约数，"量"多数是时间量，整个格式基础语义表示行为性状在某一量的范围内持续，或是持续一定时间或是行为连续发生。语气词"咯"不能省。表示程度的标记是"狠"，用在句子的尾部，表示行为性状持续的扎实程度强。

在普通话中这样的程度词"狠"一般用于谓词前，如：狠狠地说了他几句，衡阳话说的是：讲哒渠几句狠咯〔kuan³³ ta²² tɕi³³ tɕi³³ tɕy²⁴ xen³³ ko²²〕。

此式中X在动词和数量后的句末位置，X的语义指向有多种情况。X可能指向动作，如"忙咖几天扎实咯"，"扎实"指动作的辛劳程度。X可能指向数量，如"讨账讨咖几个月足咯"，"足"指几个月的全部时间，时间程度强。X可能指向整个事情，如"鱼死咖几条狠咯"，"狠"指鱼死的状况，主观认为程度强。

9.3　强程度否定式

9.3.1　连不、连冇、连莫

衡阳方言中的副词"连"表程度时不单用，总是与"不""冇""莫"结合来表示对行为性状的彻底否定，"连不X""连冇X""连莫X"都可独立成句。第5章分析了副词"连"用在陈述句、祈使句、疑问句的情况，这里讨论相关使用与限制的情况。

"连"用在"不"字句构成"连不［lien¹¹pu²²］"连用形式，"连不"的活动能力很强，单音双音，形容词动词，褒义贬义都可以前加"连不"，表示"一点也不""根本不"的意思，上面所述的程度词中，除了"箇"外，都可用"连不"来彻底否定，"连不"彻底否定人或事物的性质、特点。如：

连不丑 lien¹¹ pu²² tɕʰiu³³
连不红 lien¹¹ pu²² xəŋ¹¹
连不胖 lien¹¹ pu²² pʰan²⁴
连不香 lien¹¹ pu²² ɕian⁴⁵
连不多 lien¹¹ pu²² to⁴⁵
连不大 lien¹¹ pu²² tai²¹³
连不吵 lien¹¹ pu²² tsʰau³³
连不怕 lien¹¹ pu²² pʰa²⁴
连不行 lien¹¹ pu²² ɕin¹¹
连不睏 lien¹¹ pu²² kʰuən²⁴
连不聪明 lien¹¹ pu²² tsʰəŋ⁴⁵min¹¹
连不后悔 lien¹¹ pu²² xəu²¹³ fei³³
连不讲话 lien¹¹ pu²² kuan³³fa²¹³
连不想去 lien¹¹ pu²² ɕian³³ kʰe²⁴
连不主动 lien¹¹ pu²² tɕy³³tən²¹³
连不大方 lien¹¹ pu²² tai²¹³fan⁴⁵
连不方便 lien¹¹ pu²² fan⁴⁵ pien²¹³
连不好耍 lien¹¹ pu²² xau³³ sua³³
连不热闹 lien¹¹ pu²² ɕie¹¹ nau²¹³
连不清白 lien¹¹ pu²² tɕʰin⁴⁵ pe¹¹
连不懂胃 不识时局 lien¹¹ pu²² təŋ³³ uei²¹³
连不逗人喜欢 lien¹¹ pu²² təu⁴⁵ ɕin¹¹ tɕʰi³³fuen⁴⁵

"连不"常常连在一起用，但如果动词带补语，就不能连用。
比较：

＊连不卖脱 lien¹¹ pu²² mai²¹³ tʰo²²

→连卖不脱 lien¹¹ mai²¹³ pu²² tʰo²²

连不舍得出力 lien¹¹ pu²² çia³³ te²² tɕʰy²² li¹¹

→连舍不得出力 lien¹¹ çia³³ pu²² te²² tɕʰy²² li¹¹

连不放心 lien¹¹ pu²² fan²⁴ çin⁴⁵

→连放不得心 lien¹¹ fan²⁴ pu²² te²² çin⁴⁵

表程度的"连"不用于"有"字句中，可用于"冇"字句构成"连冇［lien¹¹mau²¹³］"连用，强烈否定事情的存在性。如：

连冇得本事 lien¹¹ mau²¹³ te²² pin³³·sʅ

连冇红 lien¹¹ mau²¹³ xəŋ¹¹

连冇好 lien¹¹ mau²¹³ xau³³

连冇出去 lien¹¹ mau²¹³ tɕʰy²² kʰe²⁴

连冇打架 lien¹¹ mau²¹³ ta³³ tɕia²⁴

这几例中，第一例与后面几例不同，后面的"冇"是独立的否定词，第一例是"连+冇得"。

"连"用在"莫"字否定句构成"连莫［lien¹¹mo¹¹］"连用，"连莫"一般用在动词前表示"一点也别""根本不要"，是对行为的否定，对祈使程度的加强。如：

连莫怕 lien¹¹ mo¹¹ pʰa²⁴

连莫喊 lien¹¹ mo¹¹ xan³³

连莫想 lien¹¹ mo¹¹ çian³³

连莫追 lien¹¹ mo¹¹ tsui⁴⁵

连莫花时间 lien¹¹ mo¹¹ fa⁴⁵ sʅ¹¹·kan

连莫伤脑筋 lien¹¹ mo¹¹ çian⁴⁵ nau³³·tɕin

连莫逗渠 lien¹¹ mo¹¹ təu⁴⁵ tɕi³³

当 VP 是动宾结构时，"连莫"也可换说为"连不要"，如：

连不要花时间 lien¹¹ pu²² iau²⁴ fa⁴⁵ sʅ¹¹·kan

连不要伤脑筋 lien¹¹ pu²² iau²⁴ çian⁴⁵ nau³³·tɕin

连不要逗渠 lien¹¹ pu²² iau²⁴ təu⁴⁵ tɕi³³

9.3.2 笡不

表程度的"笡不［ko³³ pu²²］"是"笡"的否定式，"笡不 X"表示

"这么不 X","箇"要重读,"箇"后没有停顿,否则"箇"为普通的指示代词,相当于"这",作为指示代词用的"箇 X"可独立成句,作为程度性状用的"箇 X"不独立成句。比较:

942) 箇 ‖ 不方便。这样不方便。(主谓结构)
ko³³ pu²² fan⁴⁵ · pien.

943) 我晓得不方便,但是冇想到箇不方便。我知道不方便,但没想到这么不方便。
ŋo³³ ɕiau³³ · te pu²² fan⁴⁵ · pien, tan²¹³ sɿ²¹ mau²¹³ ɕian³³ tau ko³³ pu²² fan⁴⁵ · pien.

程度否定标记"箇不"如修饰双音词则限于褒义的,单音词不限。如:

箇不争气 ko³³ pu²² tsen⁴⁵ tɕʰi²⁴
箇不听话 ko³³ pu²² tʰian²⁴ fa²¹³
箇不重视 ko³³ pu²² tsəŋ²¹³ sɿ²¹³
箇不舍得 ko³³ pu²² ɕia³³ te²²
箇不经穿 ko³³ pu²² tɕin⁴⁵ tɕʰyen⁴⁵
箇不放心 ko³³ pu²² fan²⁴ ɕin⁴⁵
箇不清白 ko³³ pu²² tɕʰin⁴⁵ pe¹¹
箇不谦虚 ko³³ pu²² tɕʰien⁴⁵ ɕy⁴⁵
箇不方便 ko³³ pu²² fan⁴⁵ · pien
箇不吃香 ko³³ pu²² tɕʰia²² ɕian⁴⁵
箇不舒服 ko³³ pu²² ɕy⁴⁵ · fu
箇不主动 ko³³ pu²² tɕy³³ · tən
箇不急 ko³³ pu²² tɕi²²
箇不忙 ko³³ pu²² man¹¹
箇不好 ko³³ pu²² xau³³

9.3.3 蛮不

"蛮不 X"是"蛮 X"的否定式,其语用色彩与"蛮"相同,但适用面不如"蛮",被修饰成分一般限于双音词。如:

蛮不情愿 man¹¹ pu²² tɕin¹¹ yen²¹³

蛮不耐烦 man¹¹ pu²² nai²¹³ fan¹¹
蛮不高兴 man¹¹ pu²² kau⁴⁵ ɕin²⁴
蛮不老实 man¹¹ pu²² lau³³ ɕi¹¹
蛮不负责 man¹¹ pu²² fu²¹³ tse²²
蛮不服气 man¹¹ pu²² fu¹¹ tɕʰi²⁴
蛮不自在 man¹¹ pu²² tsɿ²¹³ tsai²¹³
蛮不舒服 man¹¹ pu²² ɕy⁴⁵ · fu
蛮不谦虚 man¹¹ pu²² tɕʰien⁴⁵ ɕy⁴⁵
蛮不顺眼 man¹¹ pu²² ɕyn²¹³ ŋan³³
蛮不打眼 man¹¹ pu²² ta³³ ŋan³³
* 蛮不高 man¹¹ pu²² kau⁴⁵
* 蛮不坏 man¹¹ pu²² fai²¹³
* 蛮不胖 man¹¹ pu²² pʰan³³

9.3.4 很不　好不

"很不 X"是"很 X"的否定式，"好不 X"是"好 X"的否定式，其语用区别与肯定式相同，但适用面不如肯定式，被修饰成分也限于双音词，"很不 X"的活动能力强于"好不 X"。如：

很不讲卫生 xe⁴⁵ pu²² kuan³³ uei²¹³ sen⁴⁵
很不重视 xe⁴⁵ pu²² tsəŋ²¹³ sɿ²¹³
很不舍得 xe⁴⁵ pu²² ɕia³³ te²²
很不随便 xe⁴⁵ pu²² tsui¹¹ pien²¹³
很不简单 xe⁴⁵ pu²² kan³³ tan⁴⁵
很不谦虚 xe⁴⁵ pu²² tɕʰien⁴⁵ ɕy⁴⁵
很不聪明 xe⁴⁵ pu²² tsʰəŋ⁴⁵ · min
很不得体 xe⁴⁵ pu²² te²² tʰi³³
很不好吃 xe⁴⁵ pu²² xau³³ tɕʰia²²
很不好看 xe⁴⁵ pu²² xau³³ kʰan²⁴
好不讲卫生 xau³³ pu²² kuan³³ uei²¹³ sen⁴⁵
好不重视 xau³³ pu²² tsəŋ²¹³ sɿ²¹³
好不随便 xau³³ pu²² tsui¹¹ pien²¹³

好不简单 xau³³ pu²² kan³³ tan⁴⁵

好不谦虚 xau³³ pu²² tɕʰien⁴⁵ ɕy⁴⁵

好不耐烦 xau³³ pu²² nai²¹³ fan¹¹

虽然"蛮不 X""很不 X""好不 X"可以各自对其肯定式加以否定，但这三式的使用频率远不及"连不 X"。

9.4 弱程度肯定式

9.4.1 状态词法

第 3 章所述的黏合性状态词十种形式中，有两种是表示弱程度的状态词。相关分析参见第 3 章，这里再补充分析一些句子的用例。

9.4.1.1 aa 的唧

"aa 的唧"主要用于说事物的形态特点，用"aa 的唧"表示程度较低。以形容词"白"为例，衡阳话说白的程度有深浅不同的表达形式，比较：

a. □白 ɕya⁴⁵pe¹¹ | 很白 xe⁴⁵pe¹¹

箇墙壁□白。这面墙雪白。| 箇墙壁很白。这面墙很白。

b. 白白咯

箇墙壁白白咯。这面墙白白的。

c. 白白的唧

箇墙壁白白的唧。这面墙白白的。

这三式，从形式构成上说，a 式是程度副词直接修饰"白"构成偏正结构，b 式是"白"重叠带助词"咯"，c 式是"白"重叠带后缀"的唧"。三式的程度表现依次递减，a 式极言白的程度强，b 式相当于比较白，c 式相当于有些白。"白白的唧"与"白白咯"是有区别的，用加了后缀的"白白的唧"带有程度不强、讨人喜爱的色彩。再举几例：

944）粑子煎得黄黄的唧，好看又好吃。粑子煎得黄黄的，好看又好吃。

945）箇种糯米粉细细的唧，我奶奶最喜欢哒。这种糯米粉细细的，我奶奶最喜欢了。

946）包鼓鼓的唧好看些，那只包瘪瘪咯，不好看。包包鼓鼓的好看，那个包瘪瘪的，不好看。

947）钵子里咯土湿湿的唧正好种花。钵子里的土湿湿的正好种花。

9.4.1.2　a里a气

"a里a气"大多用来说人的某方面特点，带有程度不强、讨人厌的色彩。与强程度方式比较：

　　a. 好蠢很蠢 xau⁴⁵ tɕʰyn³³

　　b. 蠢死哒蠢死了 tɕʰyn³³ sɿ³³ ta²²

　　c. 蠢里蠢气 tɕʰyn³³ li³³ tɕʰyn³³ ·tɕʰi

a式是前加程度的偏正式，b式是后加程度的补充式，这两式都是极言程度强，不能加减量词说成"有点好蠢""有点蠢死哒"。作为弱程度的c式则可以加减量词说成"有点蠢里蠢气"。再举几例：

948）你吗有点哈里哈气诶？箇话也讲得啊？你怎么有点儿傻呀？这话也能说吗？

949）箇件衣服乡里乡气，我不穿。这件衣有点儿土，我不穿。

950）做事莫猛里猛气啊，多动下脑筋。做事别不知深浅，多动动脑子。

951）娇里娇气咯人冇得吗用。娇气的人没啥用。

9.4.2　前加程度法

用前加程度标记来表示弱程度远不如用前加程度标记表示强程度来得丰富。衡阳方言中前加弱程度标记主要有"有点［iu³³ tie³³］"和"有箇［iu³³ ko³³］"。

9.4.2.1　有点［iu³³ tie³³］

一般程度的弱减或弱升都可以用"有点"来统而管之。"有点"多直接用于形容词前，用于动词前要受限制，心理动词如"怕"或自感动词如"饿"前可直接用"有点"，动词性短语前可用"有点"。下面A组是"有点+A"，B组是"有点+V"：

　　A：

　　有点白 iu³³ tie³³ pe¹¹

　　有点烂 iu³³ tie³³ lan²¹³

　　有点蠢 iu³³ tie³³ tɕʰyn³³

　　有点泻耍赖 iu³³ tie³³ ɕia²⁴

有点琢好刨根 iu^{33} tie^{33} tso^{11}

有点紧 iu^{33} tie^{33} tɕin^{33}

有点长 iu^{33} tie^{33} tɕian^{11}

有点胖 iu^{33} tie^{33} p^{h}an^{24}

有点大 iu^{33} tie^{33} tai^{213}

有点贵 iu^{33} tie^{33} kui^{24}

有点闷 iu^{33} tie^{33} mən^{213}

有点热 iu^{33} tie^{33} ɕie^{11}

有点冷 iu^{33} tie^{33} len^{33}

有点粗 iu^{33} tie^{33} ts^{h}u^{45}

有点滑 iu^{33} tie^{33} ua^{11}

有点坏 iu^{33} tie^{33} fa^{213}

有点乱 iu^{33} tie^{33} luen^{213}

有点急 iu^{33} tie^{33} tɕi^{22}

有点懒 iu^{33} tie^{33} lan^{33}

有点难 iu^{33} tie^{33} nan^{11}

有点软 iu^{33} tie^{33} nyen^{33}

有点酸 iu^{33} tie^{33} suen^{45}

有点生 iu^{33} tie^{33} sen^{45}

有点吵 iu^{33} tie^{33} ts^{h}au^{33}

有点挤 iu^{33} tie^{33} tɕi^{33}

有点过火 iu^{33} tie^{33} ko^{24} xo^{33}

有点可惜 iu^{33} tie^{33} k^{h}o^{33} ɕi^{22}

有点打眼 iu^{33} tie^{33} ta^{33} ŋan^{33}

有点复杂 iu^{33} tie^{33} fu^{22} tsa^{11}

有点讨嫌 iu^{33} tie^{33} t^{h}au^{33} ɕien^{11}

有点灰心 iu^{33} tie^{33} fei^{45} ɕin^{45}

有点聪明 iu^{33} tie^{33} ts^{h}əŋ^{45} · min

B：

有点怕 iu^{33} tie^{33} p^{h}a^{24}

有点饿 iu^{33} tie^{33} ŋo^{213}

有点后悔 iu³³ tie³³ xəu²¹³ fei³³

有点喜欢 iu³³ tie³³ tɕʰi³³ fen⁴⁵

有点乱来 iu³³ tie³³ luen²¹³ lai¹¹

有点吃油 费油 iu³³ tie³³ tɕʰia²² iu¹¹

有点爱赌博 iu³³ tie³³ ŋai²⁴ tu³³ po²²

有点喜欢吃酒 iu³³ tie³³ tɕʰi³³ fen⁴⁵ tɕʰia²² tɕiu³³

有点走歪门邪道 iu³³ tie³³ tsəu³³ uai⁴⁵ min¹¹ tɕia¹¹ tau²¹³

有点放不得心 iu³³ tie³³ fan²⁴ pu²² te²² ɕin⁴⁵

有点花时间 iu³³ tie³³ fa⁴⁵ sʅ¹¹ ·kan

"有点"较少用于褒义，用于贬义表示少许过头或不太满意。

9.4.2.2 有箇 [iu³³ ko³³]

"有箇"用于形容词性或描摹性成分前，表示程度不强但够了。如：

有箇黑 iu³³ ko³³ xe²²

有箇瘦 iu³³ ko³³ səu²⁴

有箇黄 iu³³ ko³³ uan¹¹

有箇出色 iu³³ ko³³ tɕʰy²² se²²

有箇蠢 iu³³ ko³³ tɕʰyn³³

有箇热 iu³³ ko³³ ɕie¹¹

有箇聪明 iu³³ ko³³ tsʰəŋ⁴⁵ ·min

有箇呆 iu³³ ko³³ ŋai¹¹

有箇松 iu³³ ko³³ sən⁴⁵

有箇窄 iu³³ ko³³ tse²²

有箇合身 iu³³ ko³³ xo¹¹ ɕin⁴⁵

有箇快 iu³³ ko³³ kʰuai²⁴

有箇好看 iu³³ ko³³ xau³³ kʰan²⁴

有箇懒 iu³³ ko³³ lan³³

有箇难受 iu³³ ko³³ nan¹¹ ɕiu²¹³

有箇偏 iu³³ ko³³ pʰien⁴⁵

有箇顺利 iu³³ ko³³ ɕyn²¹³ li²¹³

有箇着急 iu³³ ko³³ tɕio¹¹ tɕi²²

有箇难 iu³³ ko³³ nan¹¹
有箇喜欢 iu³³ ko³³ tɕʰi³³ fen⁴⁵
有箇爱干净 iu³³ ko³³ ŋai²⁴ kan⁴⁵·tɕin
有箇要面子 iu³³ ko³³ iau²⁴ mien²¹³·tsʅ
有箇划得来 iu³³ ko³³ fa¹¹ te²² lai¹¹
有箇伤脑筋 iu³³ ko³³ ɕian⁴⁵ nau³³ tɕin⁴⁵
有箇放心 iu³³ ko³³ fan²⁴ ɕin⁴⁵

"有箇"的用法限制与"有点"大致相当。语义色彩上,"有点 X""有箇 X"在普通话里都可以说成"比较 X",但有两点不同。

①"有点 X"表示程度很弱,"有箇 X"表示的程度稍强于"有点 X"。比较:

渠有点懒［tɕi³³ iu³³ tie³³ lan³³］:偶尔懒

渠有箇懒［tɕi³³ iu³³ ko³³ lan³³］:常常懒,但不是太懒

"有点懒"的参照基础是"勤快","有箇懒"参照基础是"懒",因此,在区分度上,"有箇 X"体现得更明显。

②两种说法都可表示与心理标准有些距离,"有点 X"表示略微超过标准,有不太满意的贬义色彩,"有箇 X"表示接近标准,有程度够了的认可心理。比较:

有点大［iu³³ tie³³ tai²¹³］:大了一点。

有箇大［iu³³ ko³³ tai²¹³］:够大了。

9.4.3 固定格式法

弱程度还可通过固定格式"有点 + A/V + 气(唧)"来实现。"有点"常与"气(唧)"呼应,构成"有点……气(唧)"表示弱程度(参见 2.9)。进入式中的 A 或 V 通常是词而非短语,用于表人的性状时可不加"唧",表事物性状的习惯加"唧",否则句子难以自足。比较:

952) 有点蠢气。iu³³ tie³³ tɕʰyn³³·tɕʰi.

有点蠢气唧。iu³³ tie³³ tɕʰyn³³·tɕʰi·tɕi.

*有点白气 * iu³³ tie³³ pe¹¹·tɕʰi.

有点白气唧。iu³³ tie³³ pe¹¹·tɕʰi·tɕi.

*有点乱气 * iu³³ tie³³ luen²¹³·tɕʰi.

有点乱气唧。iu^{33} tie^{33} luen^{213}·tɕ^{h}i·tɕi.

9.5 弱程度否定式

弱程度否定，常见的是前加否定词"不""冇"。

9.5.1 不吗、不太、不蛮

"不吗 [pu^{22} ma^{45}]"相当于"不怎么"，"不太 [pu^{22} t^{h}ai^{24}]、不蛮 [pu^{22} man^{11}]"相当于"不很"，三个程度标记语义相通，也都可以独立成句。以下用"不吗 X"的都可分别换说成"不太 X"和"不蛮 X"：

A：

不吗痛 pu^{22} ma^{45} t^{h}əŋ^{24}

不吗长 pu^{22} ma^{45} tɕian^{11}

不吗痒 pu^{22} ma^{45} ian^{33}

不吗大 pu^{22} ma^{45} tai^{213}

不吗红 pu^{22} ma^{45} xəŋ^{11}

不吗便宜 pu^{22} ma^{45} pien^{11}·ni

不吗圆 pu^{22} ma^{45} luen^{11}

不吗湿 pu^{22} ma^{45} ɕi^{22}

不吗亮 pu^{22} ma^{45} lian^{213}

不吗皱 pu^{22} ma^{45} tsəu^{24}

不吗苦 pu^{22} ma^{45} k^{h}u^{33}

不吗老 pu^{22} ma^{45} lau^{33}

不吗精 pu^{22} ma^{45} tɕin^{45}

不吗恶 pu^{22} ma^{45} o^{22}

不吗想走 pu^{22} ma^{45} ɕian^{33} tsəu^{33}

不吗负责 pu^{22} ma^{45} fu^{213} tse^{22}

不吗重视 pu^{22} ma^{45} tsəŋ^{213} sʅ^{213}

不吗难看 pu^{22} ma^{45} nan^{11} k^{h}an^{24}

不吗聪明 pu^{22} ma^{45} ts^{h}əŋ^{45}·min

不吗讨嫌 pu²² ma⁴⁵ tʰau³³ ɕien¹¹

不吗随便 pu²² ma⁴⁵ tsui¹¹ pien²¹³

不吗麻烦 pu²² ma⁴⁵ ma¹¹ ·fan

不吗来头 不检点不修边幅 pu²² ma⁴⁵ lai¹¹ təu¹¹

B：

不吗喜欢 pu²² ma⁴⁵ tɕʰi³³ fen⁴⁵

不吗爱讲 pu²² ma⁴⁵ ŋai²⁴ kuan³³

不吗吃东西 pu²² ma⁴⁵ tɕʰia²² tən⁴⁵ ·ɕi

不吗看电视 pu²² ma⁴⁵ kʰan⁴² tien²¹³ sʅ²¹³

不吗扯卵谈 pu²² ma⁴⁵ tɕʰia³³ luen³³ ·tan

不吗会唱歌 pu²² ma⁴⁵ fei²¹³ tɕʰian²⁴ ko⁴⁵

不吗好耍 pu²² ma⁴⁵ xau³³ sua³³

不吗做事 pu²² ma⁴⁵ tsu²⁴ sʅ²¹³

用"不吗"类程度词否定的动词限于心理动词和动词性短语，形容词单双音、褒贬义不限。

"不吗""不蛮"的地方色彩浓，"不太"比较文气，是普通话的渗透语形。"不吗"除了可以单独用在形容词动词之前表弱程度外，还可与"蛮""太"结合表程度，如：

不吗蛮痛 pu²² ma⁴⁵ man¹¹ tʰən²⁴

不吗蛮痒 pu²² ma⁴⁵ man¹¹ ian³³

不吗蛮吃东西 pu²² ma⁴⁵ man¹¹ tɕʰia²² tən⁴⁵ ·ɕi

不吗蛮负责 pu²² ma⁴⁵ man¹¹ fu²¹³ tse²²

不吗太精 pu²² ma⁴⁵ tʰai²⁴ tɕin⁴⁵

不吗太蠢 pu²² ma⁴⁵ tʰai²⁴ tɕʰyn³³

不吗太会唱歌 pu²² ma⁴⁵ tʰai²⁴ fei²¹³ tɕʰian²⁴ ko⁴⁵

不吗太随便 pu²² ma⁴⁵ tʰai²⁴ tsui¹¹ pien²¹³

9.5.2 冇好、冇蛮

程度标记"冇好［mau²¹³ xau³³］、冇蛮［mau²¹³ man¹¹］"分别是对"好、蛮"的否定，下面的"冇好 X"与"冇蛮 X"可以互换：

冇好多 mau²¹³ xau³³ to⁴⁵→冇蛮多 mau²¹³ man¹¹ to⁴⁵

冇好忙 mau²¹³ xau³³ man¹¹→冇蛮忙 mau²¹³ man¹¹ man¹¹

冇好累 mau²¹³ xau³³ lui²¹³→冇蛮累 mau²¹³ man¹¹ lui²¹³

冇好痛 mau²¹³ xau³³ tʰəŋ²⁴→冇蛮痛 mau²¹³ man¹¹ tʰəŋ²⁴

冇好难 mau²¹³ xau³³ nan¹¹→冇蛮难 mau²¹³ man¹¹ nan¹¹

冇好松 mau²¹³ xau³³ səŋ⁴⁵→冇蛮松 mau²¹³ man¹¹ səŋ⁴⁵

冇好宽 mau²¹³ xau³³ kʰuen⁴⁵→冇蛮宽 mau²¹³ man¹¹ kʰuen⁴⁵

冇好长 mau²¹³ xau³³ tɕian¹¹→冇蛮长 mau²¹³ man¹¹ tɕian¹¹

冇好大 mau²¹³ xau³³ tai²¹³→冇蛮大 mau²¹³ man¹¹ tai²¹³

冇好邋遢 mau²¹³ xau³³ la¹¹·tʰa→冇蛮邋遢 mau²¹³ man¹¹ la¹¹·tʰa

冇好滑 mau²¹³ xau³³ ua¹¹→冇蛮滑 mau²¹³ man¹¹ ua¹¹

冇好高 mau²¹³ xau³³ kau⁴⁵→冇蛮高 mau²¹³ man¹¹ kau⁴⁵

冇好红 mau²¹³ xau³³ xən¹¹→冇蛮红 mau²¹³ man¹¹ xən¹¹

冇好快 mau²¹³ xau³³ kʰuai²⁴→冇蛮快 mau²¹³ man¹¹ kʰuai²⁴

冇好熟 mau²¹³ xau³³ ɕiu¹¹→冇蛮熟 mau²¹³ man¹¹ ɕiu¹¹

冇好粗 mau²¹³ xau³³ tsʰu⁴⁵→冇蛮粗 mau²¹³ man¹¹ tsʰu⁴⁵

冇好满 mau²¹³ xau³³ men³³→冇蛮满 mau²¹³ man¹¹ men³³

冇好重 mau²¹³ xau³³ tsən²¹³→冇蛮重 mau²¹³ man¹¹ tsən²¹³

以上词语表示程度不够。

两个否定式表示的弱程度有别，"冇好X"即"不怎么X"，程度极低，心理语义是"不X"，"冇蛮X"表示"不太X"，心理意思是"X"，程度较之"冇好X"高。比较：

冇好多［mau²¹³ xau³³ to⁴⁵］：字面意思是不太多，要说的意思是不多。

冇蛮多［mau²¹³ man¹¹ to⁴⁵］：要说的是多，但是不太多。

第 10 章 疑问句

10.1 概说

本章拟对衡阳方言中的疑问句作一初步考察。衡阳疑问句和普通话一样可以分为是非问、特指问、选择问和正反问四种类型，但这并不等于说衡阳话和普通话问句的特点都相同，衡阳问句有不同于普通话问句的种种个性，下面试以描写和比较的方法，从语法语义语用相结合的角度讨论衡阳方言中的疑问句，无疑而问的反问句不在讨论之列。

10.2 是非问

10.2.1 衡阳话是非问的格式

衡阳是非问句的总特点是：句式表现为陈述句形式，句末用降调，常用语气词"啊、吧"，有的也用"呀"。衡阳是非问句可为两类四式：

第一类：一般是非问。一般是非问依语尾词的不同可以归纳为以下两种格式：

A 式：S + 啊/呀

a1. 你今日不去啊？你今天不去吗？ ni^{33} $tçi^{45}$ $çi^{11}$ pu^{22} $k^h e^{24}$ a^{11}？

a2. 石生唧硬要走啊？石生非要走吗？
    $çian^{11}$ sen^{45} · $tçi$ $ŋen^{213}$ iau^{24} $tsəu^{33}$ a^{11}？

a3. 渠不吃辣椒呀？他不吃辣椒吗？
    $tçi^{33}$ pu^{22} $tç^h ia^{22}$ la^{11} $tçiau^{45}$ ia^{11}？

a4. 你晓得箇事啊？你知道这件事吗？
    ni^{33} $çiau^{33}$ te^{22} ko^{33} $sŋ^{213}$ a^{11}？

A 式的疑问信息都是由句尾语气词负载的，降调只是一个补充要素，没有语气词就没有疑问信息，只能表一般的陈述，所以语气词"啊""呀"在衡阳话里的一个重要功能是表示疑问语气。此式的语气词用"啊"还是用"呀"是自由的，看个人习惯。

B 式：S + 哒（呀/啊）

b1. 你打赢哒（呀/啊）？你赢了吗？

　　ni^{33} ta^{33} ian^{11} ta^{22}（ia^{11}）？

b2. 王老师病咖哒（呀/啊）？王老师病了吗？

　　uan^{11} lau^{33} s$_1^{45}$ pian^{213} ka^{33} ta^{22}（ia^{11}）？

b3. 你不记得哒（呀/啊）？你忘了吗？

　　ni^{33} pu^{22} tɕi^{24} te^{22} ta^{22}（ia^{11}）？

b4. 今日不开会哒（呀/啊）？今天不开会了吗？

　　tɕi^{45} ɕi^{11} pu^{22} k^{h}ai^{45} fei^{213} ta^{22}（ia^{11}）？

B 式的语气词可以出现也可以不出现，它不负载疑问信息，构成 B 式的必要因素是降调和"哒"，不过两个要素的职能作用有别，降调是疑问信息的主要负载者，没有降调的 B 式不表疑问。比较：

b1. 渠打赢哒。他打赢了。tɕi^{33} ta^{33} ian^{11} ta^{22}.（→平调，表陈述）

　　渠打赢哒？他打赢了？tɕi^{33} ta^{33} ian^{11} ta^{21}？（↘降调，表疑问）

　　渠打赢哒呀？他打赢了？tɕi^{33} ta^{33} ian^{11} ta^{21} ia^{11}？（↘降调 + 呀，表疑问）

　　*渠打赢他打赢 tɕi^{33} ta^{33} ian^{11}（降调或平调，句子均不自足）

b3. 你不记得哒。你忘了。ni^{33} pu^{22} tɕi^{24} te^{22} ta^{22}.（→平调，表陈述）

　　你不记得哒？你忘了？ni^{33} pu^{22} tɕi^{24} te^{22} ta^{21}？（↘降调，表疑问）

　　你不记得哒呀？你忘了？ni^{33} pu^{22} tɕi^{24} te^{22} ta^{21} ia^{11}？（↘降调 + 呀，表疑问）

　　你不记得。你忘了。ni^{33} pu^{22} tɕi^{24} te^{22}.（降调或平调，表陈述）

以上两组比较，每组四例，有"哒"而不使用降调的第一例不构成疑问句，没有"哒"时不管是否使用降调都不构成疑问句，而且句子都可能不成立（"渠打赢"只是短语不是句子），带不带语气词对是否形成疑问句不是最重要的，重要的是使用降调和"哒"。句中的"哒"有两个功能，作为体标记它有成句功能，表实现，相当于普通话的"了";作为补充要素它有助疑功能。

第二类:猜度是非问。这是一种说话人已经有所肯定或有所否定的问句,这种问句一般信大于疑,依语气词的不同也可分为两种格式:

C式:S+吧

c1. 今日不开会吧? tɕi⁴⁵ ɕi¹¹ pu²² kʰai⁴⁵ fei²¹³ pa¹¹?

c2. 渠明日走吧? tɕi³³ mian¹¹ ɕi¹¹ tsəu³³ pa¹¹?

c3. 你怕我不来哒吧? ni³³ pʰa²⁴ ŋo³³ pu²² lai¹¹ ta²² pa¹¹?

c4. 老师刮你咯胡子哒吧? 老师批评你了吧?
　　lau³³ sʅ⁴⁵ kua²² ni³³ ko²² fu¹¹·tsʅ ta²² pa¹¹?

D式:S+噢

d1. 箇也可以煮哒吃噢? 这也可以煮来吃吧?
　　ko³³ ia³³ kʰo³³ i³³ tɕy³³ ta²² tɕʰia²² o¹¹?

d2. 我明年就可以上学哒噢? 我明年就可以上学了吧?
　　ŋo³³ mian¹¹ nien¹¹ tɕiu²¹³ kʰo³³ i³³ ɕian²¹³ ɕio¹¹ ta²² o¹¹?

d3. 嫂子是礼拜天来咯噢? 嫂子是星期天来的吧?
　　sau³³·tsʅ sʅ²¹³ ti³³ pai²⁴ tʰien⁴⁵ lai¹¹ ko²² o¹¹?

d4. 收音机坏咖哒噢? 收音机坏了吧?
　　ɕiu⁴⁵ in⁴⁵ tɕi⁴⁵ fai²¹³ ka³³ ta²² o¹¹?

C式疑问信息的语法标记是"吧",D式疑问信息的语法标记是"噢","噢"式比"吧"式的肯定性高,比如"收音机坏咖哒吧?"是觉得收音机坏了而提出问题,"收音机坏咖哒噢?"是判定收音机坏了而提出问题。说话人在使用"吧"式的时候,信与疑的程度也有差异,详见语气词一章里关于"吧"的分析。

A式B式如果将语尾词换成"吧"就可转化为C式,如:

953)你明日走啊? →你明日走吧?
　　ni³³ mian¹¹ ɕi¹¹ tsəu³³ a¹¹? →ni³³ mian¹¹ ɕi¹¹ tsəu³³ pa¹¹?

954)你不记得哒? →你不记得哒吧?
　　ni³³ pu²² tɕi²⁴ te²² ta²²? →ni³³ pu²² tɕi²⁴ te²² ta²² pa¹¹?

箭头右边的句子表示说话人已有所肯定或否定,但因把握不准所以询问。D式疑问信息表现在"噢"上,这种问句信的成分更大些,整句表示说话人已有某种看法,说出来征询对方的观点,对肯定答句的期望很大，也就是说期望对方的回答是与之一致的、肯定的。李永明（1986）认为 D 式是表示征询的陈述句，细察一下，我们还是把它归为疑问句，"噢"固然不等于"吧"，不过它相当于"是不是""对不对"，说话人用"噢"是要征询回答，希望自己的判断得到证实，而回答可以是肯定也可以是否定的。

是非问的疑问点（即疑问信息焦点）不固定，要依赖于语境确定，在话语中大多可依语音重读而定。如"渠明日走啊［tɕi³³ mian¹¹ ɕi¹¹ tsəu³³ a¹¹］"中，"渠［tɕi³³］、明日［mian¹¹ ɕi¹¹］、走［tsəu³³］"都可能重读而成为疑问点。对是非问的回答可以是简单的肯定或否定，有疑问点时先作肯定或否定回答，再补充对疑问点的回答，如"渠明日走？""诶，是明日。是的，是明天。［e³¹, sʅ²¹³ mian¹¹ ɕi¹¹.］"

10.2.2 衡阳话与普通话是非问的比较

衡阳是非问的结构形式与陈述句完全相同，是非问句中的 C 式疑问特征是降调和语气词"吧"，这些是与普通话问句构成规则相一致的地方。二者的不一致，我们从两个方面来比较。

第一，语法选择不同。普通话是非问可以只要语调不用语气词，衡阳话却必须有语尾词，并可以依此把是非问分成四个小类。在语气词的选择上，衡阳话和普通话除了"吧"相同以外，普通话的是非问常用"吗"表疑问，衡阳话常用"啊、哒、噢"。进一步考察，一般是非问中，衡阳话的"啊"与普通话的"吗"并不完全相当，如果句子是否定形式，那么衡阳话的"啊"的询问作用相当于普通话的"吗"：

普通话：你不去吗？→你不去，是吗？

衡阳话：你不去啊？→你不去，是吧？

ni³³ pu²² kʰe²⁴ a¹¹？ → ni³³ pu²² kʰe²⁴, sʅ²¹³ pa¹¹？

肯定形式中的"啊"则不同于普通话的"吗"：

普通话：你去吗？→你是不是去？

衡阳话：你去啊？→你要去是不是？

ni³³ kʰe²⁴ a¹¹？ → ni³³ iau²⁴ kʰe²⁴ sʅ²¹³ pu²² sʅ²¹³？

第二，语音选择不同。普通话是非问如果用了语气词，则句调不作要求，表现灵活，如果不用语气词，则常常用升调表示疑问，陈述句不加语气词只要句尾语调升高都可直接转化为是非问。衡阳话是非问一般都用降调配合语尾词表示疑问，降调不一定表疑问信息，但是非问句都用降调，不用升调。比较：

普通话：

李明要走？（↗）

李明要走吗？（↗或→）

李明要走吧？（→或↘）

衡阳话：

李明要走？（↘）

李明要走哒（呀）？（↘）

李明要走吧？（↘）／李明要走噢？（↘）

10.3　特指问

10.3.1　衡阳话特指问句的两种类型

A 类：有疑问代词的特指问

a1. 今日几号？tɕi^{45} ɕi^{11} tɕi^{33} xau^{213}？

你走哪里去？ni^{33} tsəu^{33} na^{33}·ti k^{h}e^{24}？

你吗不吃？ni^{33} ma^{45} pu^{22} tɕ^{h}ia^{22}？

a2. 今日几号啦？tɕi^{45} ɕi^{11} tɕi^{33} xau^{213} la^{33}？

你走哪里去啦？ni^{33} tsəu^{33} na^{33}·ti k^{h}e^{24} la^{33}？

a3. 今日几号诶？tɕi^{45} ɕi^{11} tɕi^{33} xau^{213} e^{11}？

你走哪里去诶？ni^{33} tsəu^{33} na^{33}·ti k^{h}e^{24} e^{11}？

这类问句结构形式上的因素有三：疑问代词、句调和语气词，但疑问信息均由疑问代词承担，具体说来疑问代词代替了未知部分，说话人希望对方就未知部分作答。至于这类问句的句调则是比较灵活的，a1 组一般用降调，有时也用曲折调，a2 组可用平调可用降升调，a3 组可降亦可升，这些语调从信息论角度都存在羡余信息（陆俭明，1984）。有疑问代词的特指问可用可不用语气词，语气词"啦、诶"也是羡余信息，但从表达的角度、它不是多余的，它使问句又多了疑惑、关注、焦虑的意思。

值得注意的是，A类问句也可加"啊"，但加不加意思可能不同。比较：

a. 箇是吗东西？这是什么东西？ko³³ sʅ²¹³ ma⁴⁵ tən⁴⁵·çi？

b. 甲：箇是吗东西啊？这是什么东西呢？ko³³ sʅ²¹³ ma⁴⁵ tən⁴⁵·çi a¹¹？

　　乙：箇是擦脸咯。这是擦脸的东西。ko³³ sʅ²¹³ tsʰa²² lien³³ ko²².

c. 箇是吗东西啊，可能是糖。(你问)这是什么东西，可能是糖。
　　ko³³ sʅ²¹³ ma⁴⁵ tən⁴⁵·çi a¹¹, kʰo³³ nen¹¹ sʅ²¹³ tan¹¹.

a句是问话人说的始发句；b句如果没有给出语境则有歧义，在上面对话语境中，"箇是吗东西啊"也是问话人的始发问句；c句语境下，常常是答话人对问话的回应语（后续句），可作为答话人的话题，用"啊"来提顿，表示"你问的是这个"的意思，往往意不在问，而在于对前面问题作答的准备。

B类：无疑问代词的特指问如：

b1. 我咯帽子诶？ŋo³³ ko²² mau⁴⁵·tsʅ e³³？

b2. 老王诶？lau³³ uan¹¹ e³³？

B类问句句末语调上升，必用语气"诶"，不用"啦"，"诶"在语义上理解为"在哪儿、怎么样、怎么办"等，这种句子结构模式有时与是非问相当，因语气词的选择不同、作用不同，分属不同的问句类别。比较：

955) 特指问：今日不开会诶？↗
　　　　tçi⁴⁵ çi¹¹ pu²² kai⁴⁵ fei²¹³ e³³？
　　　是非问：今日不开会啊？↘
　　　　tçi⁴⁵ çi¹¹ pu²² kai⁴⁵ fei²¹³ a¹¹？

956) 特指问：你讲诶？↗
　　　　ni³³ kuan³³ e³³？
　　　是非问：你讲啊？↘
　　　　ni³³ kuan³³ a¹¹？

是非问的"啊"如前所说它是疑问信息的负载者，不能去掉，不仅如此，"啊"与句中各词义没有直接联系，句调为降调。特指问的"诶"也是疑问信息的负载体，而且是疑问焦点，不能去掉，与"啊"不同的是，在结构上"诶"是问句中某词义的替身，它隐含了问句中疑问代词的内容，或者说"诶"是个形式问点，真正的疑问点不出现，但依照语境可以理解或补出来，一旦补出真正疑问点，整个问句语调就不是非用升调不可，往往变为降调，语气词"诶"也就可用可不用了：

957）我咯帽子诶？↗

ŋo³³ ko²² mau²¹³ · tsʅ e³³？

958）我咯帽子在哪里（诶）？↘

ŋo³³ ko²² mau²¹³ · tsʅ tsai²¹³ na³³ · ti（e¹¹）？

10.3.2 衡阳话与普通话特指问的比较

衡阳话和普通话特指问的次类划分是一致的，都有用疑问代词和不用疑问代词两类。在有疑问代词的 A 类问句里，衡阳话和普通话问句的疑问点相同，都是疑问代词，问句要求就代词所指内容作答，但对语调的选择不同，普通话的 A 类如果不用语气词，语调可升可降，表现灵活，如果用语气词"呢"，句调就只能用升调，如：

959）他上哪儿去了？（↘）

他上哪儿去呢？（↗）

衡阳话相反，不用语气词时整个句子一般用降调，用语气词时语调灵活，可降可平。如：

960）箇是吗东西？（↘）

ko³³ sʅ²¹³ ma⁴⁵ tən⁴⁵ · ɕi？

箇是吗东西啦？（↘或→）

ko³³ sʅ²¹³ ma⁴⁵ tən⁴⁵ · ɕi la³³？

箇是吗东西诶？（↘或→）

ko³³ sʅ²¹³ ma⁴⁵ tən⁴⁵ · ɕi e¹¹？

除语调上的差别外，A 类问句的语气词选择也不相同，普通话常用"呢"（他上哪儿去呢），衡阳话常用"啦、诶"。在无疑问代词的 B 类里，衡普都要用疑问语气词，而且语气词的作用相同（替代了疑问代词），句调也相同，都用升调：

961）你说呢？↗（普）

你讲诶？↗（衡）

总之，衡阳话和普通话的特指问有表现形式上的区别，没有本质上的不同。

10.4 选择问

选择问句提出两种或几种看法，希望对方选择一种来作答，问句内容可分化为两个分句但表现形式上用"还是"将两个分句连接呼应，例如：

962）你去还是我去？

ni^{33} k^{h}e^{24} xai^{11} sγ^{213} ŋo^{33} k^{h}e^{24}？

你去还是我去诶/啦？

ni^{33} k^{h}e^{24} xai^{11} sγ^{213} ŋo^{33} k^{h}e^{24} e^{11}/la^{33}？

你去（呢）还是我去呢？

ni^{33} k^{h}e^{24}（le^{33}）xai^{11} sγ^{213} ŋo^{33} k^{h}e^{24} le^{33}？

（是）你去诶还是我去？

（sγ^{213}）ni^{33} k^{h}e^{24} xai^{11} sγ^{213} ŋo^{33} k^{h}e^{24}？

衡阳话与普通话的选择问基本相同，疑问点都在"A 还是 B"格式中，只是句调和语气选择不同，普通话选择问句调可平可升，衡阳话是可平可降。用词上，普通话可用"啊"及变体"呀、哇、哪"，但最常用的是"呢"，"呢"既可用在句尾，也可用于句中，如：

963）是去还是不去啊？

这是驴还是鹿哇？

这是驴还是马呀？

这是易还是难哪？

964）我们去北京是今天还是明天呢？

我们去北京是今天呢还是明天？

我们去北京是今天呢还是明天呢？

衡阳话选择问常用语气词"诶"，有时也用"啦""呢"，语义上"诶、啦"相当于"呢"，但"啦"不能用在句中只能放在句尾，"诶"可用在句中也可用在句尾，但不在句中句尾同时出现。

10.5 正反问

10.5.1 衡阳话正反问句的类型

正反问把可能有的事情的正面（肯定）和反面（否定）并列说出来，让人选择一项作答。衡阳正反问句按照疑问语气词的特点可以分为四种类型：

A 式：S + 不

a1. 你喜欢渠不？ni^{33} tɕʰi^{33} fen^{45} tɕi^{33} pu^{22}？

还要汤不？xai^{11} iau^{24} tʰan^{45} pu^{22}？

a2. 你起得来不？ni^{33} tɕʰi^{33} te^{22} lai^{11} pu^{22}？

箇还来得赢不？ko^{33} xai^{11} lai^{11} te^{22} ian^{11} pu^{22}？

a3. 箇样讲对不？ko^{33} ian^{213} kuan^{33} tui^{24} pu^{22}？

你现在走不？ni^{33} ɕien^{213} tsai^{213} tsəu^{33} pu^{22}？

A 式询问意愿或结果，a1 组的动词（VP）带宾语，a2 组的动词带补语，a3 组的谓语（也记作 VP）不带宾语或补语。从回答问题的角度看，因为疑问点是"VP 不"，根据这个疑问点，回答时 a1 组和 a3 组只需就动词作肯定或否定回答，如"喜欢/不喜欢"，"走/不走"，a2 组一般需要对整个动词短语的内容作答：

965）问：起得来不？

答：起得来。/起不来。

＊来。/＊不来。

在语调上，A 式一般用平调；语气词可用"嘞 [le]、啦 [la]、诶 [e]、啰 [lo]"，如：

你起得来不嘞/啊/啰/诶？

表示请求帮忙的正反问只能用"啦、啰"，如：

帮我挼一下不啦/啰？

用"诶"的正反问语调趋降，有加强询问的意思，而且语音上常有语流音变，"诶"与"不"形成合音，如：

走不？→走不诶？→走呗？

tsəu^{33} pu^{22} → tsəu^{33} pu^{22} e^{11} → tsəu^{33} pe^{21}

汪国胜调查大冶方言，认为该方言可以用增音的方式来构成反问句，这种增音反问句句末不能再用语气词，句中常用表示强调的"还"，如：①

我在底，渠还敢来［la^{31}+a^{35}］我在这里，他还敢来?

果个破衣裳，渠还要［ie^{35}+e^{35}］这么破的衣服，他还要?

带各个话咱还能得说［çya^{13}+a^{35}］

带还用得着顶想［çiã^{53}+ã^{35}］

增音说也可从另一角度解释，之所以增音后不能再用语气词，可以看作所增的音就是语气词，只是语气词在句末，声音随着前一个读音而产生同化语流音变，看似无实则有。

句末语气词读音不稳定常有之，衡阳话的"不诶"合音成为"呗"也是连读同化的结果，大冶方言的"我在底，渠还敢来［la^{31}+a^{35}］"，在衡阳话中可说成"我在箇里，渠还敢来诶?"这句话说慢点儿可分成"来 lai+诶 e"，说快点儿则"来"弱化为 le，构成［le^{11}+e^{33}］。

B 式：S+冇

b1. 渠走咖冇②? tçi^{33} tsəu^{33} ka^{33} mau^{213}?

菜热哒冇? ts^{h}ai^{24} çie^{11} ta^{22} mau^{213}?

电影开始冇? tien^{213} in^{33} k^{h}ai^{45} sʅ^{45} mɑu^{213}?

感冇好哒冇? kan^{33} mau^{213} xau^{33} ta^{22} mau^{213}?

b2. 有时间冇? iu^{33} sʅ^{11}·kan mau^{213}?

你有针冇? ni^{33} iu^{33} tçin^{45} mau^{213}?

有病冇? iu^{33} pian^{213} mau^{213}?

还有吗咯问题冇? xai^{11} iu^{33} ma^{45} ko^{22} fen^{213} ti^{11} mau^{213}?

B 式询问是否实现或具备，疑问点是"V 冇"，"冇"的意思是"没有"。对 b1 和 b2 的回答方式不同，回答 b1 的肯定式是"V 哒"，否定式是"冇 V"，回答 b2 的肯定式是"有"，否定式是"冇得"：

966）问：渠走咖冇? tçi^{33} tsəu^{33} ka^{33} mau^{213}?

---

① 参见汪国胜《湖北大冶方言两种特殊的问句》，《方言》2011 年第 1 期，第 9—13 页。例句调值原文用的是竖标形式。

② "冇"在句尾总是轻化，记作 mau^{21}，在句中或单独回答问题的时候读原调 mau^{213}。

答：走咖哒。/冇走。tsəu³³ ka³³ ta . /mau²¹³ tsəu³³.

967）问：你有针冇？ni³³ iu³³ tɕin⁴⁵ mau²¹³？

答：有。/冇得。iu³³ . / mau²¹³ te²².

B式语调用降调，语气词同A式。

走冇？→走冇诶？→走嘛？

tsəu³³ mau²¹→ tsəu³³ mau²¹ e¹¹→ tsəu³³ me²¹

C式：S + 要不

c1. 你缓点唧来要不？ni³³ fen³³ tie³³ · tɕi lai¹¹ iau²⁴ pu²²？

c2. 把渠烘哒吃要不？pa³³ tɕi³³ xəŋ⁴⁵ ta²² tɕʰia²² iau²⁴ pu²²？

c3. 煎荷包蛋要不？tɕien⁴⁵ xo¹¹ pau⁴⁵ tan²¹³ iau²⁴ pu²²？

c4. 来点酒要不？lai¹¹ tie³³ tɕiu³³ iau²⁴ pu²²？

C式询问对所述问题的态度，"要不"中间可以加进一个"得"，所以"要不"的意思相当于"好吗""行吗"，而不是"要不要"。"要（得）不"也就是该式疑问点，依此回答的两种形式是"要得""不/不要"。C式语气词选用同A式B式，语调可降可平。

D式：X不X

d1. 考得好不好？kʰau³³ te²² xau³³ pu²² xau³³？

d2. 你是不是不肯？ni³³ sŋ²¹³ pu²² sŋ²¹³ pu²² kʰen³³？

d3. 看不看电影？kʰan²⁴ pu²² kʰan²⁴ tien²¹³ in³³？

d4. 箇表准不准？ko³³ piau³³ tɕyn³³ pu²² tɕyn³³？

D式疑问点是"X不X"，回答的两种形式是"X"或"不X"，语气词选用同上，语调灵活，可升可平可降。D式与A式存在变换关系：

渠是北京人不↔渠是不是北京人

tɕi³³ sŋ²¹³ pe²² tɕin⁴⁵ ɕin¹¹ pu²²↔tɕi³³ sŋ²¹³ pu²² sŋ²¹³ pe²² tɕin⁴⁵ ɕin¹¹

你喜欢渠不↔你喜不喜欢渠

ni³³ tɕʰi³³ fen⁴⁵ tɕi³³ pu²²↔ni³³ tɕʰi³³ pu²² tɕʰi³³ fen⁴⁵ tɕi³³

零零起得来不↔零零起来得起不来

tin¹¹ tin¹¹ tɕʰi³³ te²² lai¹¹ pu²²↔tin¹¹ tin¹¹ tɕʰi³³ pu²² tɕʰi³³ te²² lai¹¹

D式有六种变化形式（林裕文，1985），这六种形式在衡阳话里的运用以出现频率为序可排列如下：

X不X：

好不好 xau³³ pu²² xau³³

晓得不晓得 ɕiau³³ te²² pu²² ɕiau³³ te²²

X 不：

好不 xau³³ pu²²

晓得不 ɕiau³³ te²² pu²²

X……不：

晓得箇事不 ɕiau³³ te²² ko³³ sʅ²¹³ pu²²

X 不 X……：

晓不晓得箇事 ɕiau³³ pu²² ɕiau³³ te²² ko³³ sʅ²¹³

X……不 X……：

晓得箇事不晓得箇事 ɕiau³³ te²² ko³³ sʅ²¹³ pu²² ɕiau³³ te²² ko³³ sʅ²¹³

X……不 X：

晓得箇事不晓得 ɕiau³³ te²² ko³³ sʅ²¹³ pu²² ɕiau³³ te²²

从语用的角度看，以上 A、B、C、D 四式中，A、B、D 三式表现出说话人对回答偏于采取"中立"的态度，C 式则是非中立的，说话人对于肯定答句的期望大些。

10.5.2 衡阳话与普通话的比较

衡阳正反问中的 A、D 两式与普通话相同，C 式是方言特有式，B 式的"冇"普通话用"没、没有"表现，形式不同。另外，B 式在普通话中有三种变化形式："V 没""V 没 V""有没有 V"，衡阳话只有前两种，比较：

普通话	衡阳话
他来了没有	渠来冇 [tɕi³³ lai¹¹ mau²¹³]
他来没有来	渠来冇来 [tɕi³³ lai¹¹ mau²¹³ lai¹¹]
？他有没有来	*渠有冇有来 [tɕi³³ iu³³ mau²¹³ iu³³ lai¹¹]

A 式 D 式在普通话中可变换为带"吗"的是非问，变换后基本语义不变；衡阳话不能变换，或者变后语义不同：

普：还要什么不｜还要不要什么 → 还要什么吗

他来不｜他来不来 → 他来吗

衡：还要吗咯不｜还要不要吗咯 → 还要吗咯啊（非问句）

xai¹¹ iau²⁴ ma⁴⁵ ko²² pu²²｜xai¹¹ iau²⁴ pu²² iau²⁴ ma⁴⁵ ko²²

→xai¹¹ iau²⁴ ma⁴⁵ ko²² a¹¹

渠来不｜渠来不来 → 渠来啊 他来，是吗

tɕi³³ lai¹¹ pu²²｜tɕi³³ lai¹¹ pu²² lai¹¹→tɕi³³ lai¹¹ a¹¹

普通话是非问的包容量大些，它的肯定形式，在衡阳话里大多用正反问表现而不用是非问：

普通话	衡阳话
你是王老师吗？	你是王老师呗？ ni³³ sɿ²¹³ uan¹¹ lau³³ sɿ⁴⁵ pe²¹？
你好吗？	你好呗？ ni³³ xau³³ pe²¹？
他高吗？	渠高呗？ tɕi³³ kau⁴⁵ pe²¹？
喜欢吃吗？	喜欢吃呗？ tɕʰi³³ fen⁴⁵ tɕʰia²² pe²¹？
你今天不去吗？	*你今日不去呗？ ni³³ tɕi⁴⁵ ɕi¹¹ pu²² kʰe²⁴ pe²¹？

在语调上，普通话正反问趋升调，衡阳话趋降调。语气词方面，普通话常用"呢"，也有用"啊"的，衡阳用"诶、啦、啰"。

第11章 "得"字句 "有"字句

11.1 概说

句子的语法分析有句型、句类、句式之说。句型主要考察句子的内部结构,是否主谓俱全,谓语有什么下位特点,衡阳话在句型上有语序带来的特点,这个问题将在下一章"语序倒装与语序类型"讨论。句类主要考察句子的外部功能,是用来陈述、疑问、感叹还是命令,上一章讨论的疑问句属于句类。句式主要考察特定标记构成的句子或特殊形式的句子,本章讨论衡阳话比较有特点的"得"字句、"有"字句,出于对方言的多方认知需要,这两种句子指的是带"得"的句子和带"有"的句子,不限定某一种功能的句式。

11.2 "得"字句

衡阳话的"得"可以成为构词语素进入合成词,如"记得、晓得、易得、难得、得到、懒得、要得"。"得"更多的是用在句中充当动词、语气词、助词、介词,用于动词的"得"有两种功能,一是实义动词,表示得到或给予,二是助动词,表示推测性、可能性,前者本章称为"得$_1$",后者本章记为"得$_2$";用于语气词的"得"本章称为"得$_3$",起舒缓语气的作用,用于助词的"得"是结构助词,本章称为"得$_4$",表示结构关系为心补关系;用于介词的"得"起引介对象的作用,句子表示主动或被动语态,本章称为"得$_5$"。下面通过对"得"的语法分布来描写其语法功能。

11.2.1 "得₁"字句

衡阳话的实义动词"得"既能表示获得,也能表示给予,语法分布不同,一般不会有歧义。

11.2.1.1 得₁ + NP

此式中的"得"是动词,表示获得,NP 可以是具体名词,也可以是抽象名词。根据结构的复杂程度可分为两组。

968)箇一次摸奖,得哒一只杯子。这一次摸奖,得了一个杯子。

你得只吗东西?你得了个啥东西?

得哒箇多钱还不好啊?得到这么多钱还不好吗?

箇是我得咯奖品,那是小李得咯,莫搞□tsau²¹³哒。这是我得的奖品,那是小李得的,别弄混了。

我得哒第一名。我得了第一名。

渠得咖两次奖励。他得了两次奖励。

你问我得哒吗箇,我得哒一餐骂。你问我得到了什么,我得到一顿骂。

以上为单纯的陈述性用例,"得"常与完成体标记或已然标记"哒""咖""咯"配合使用,与"咯"配合使用时 NP 可以略而不说。

下面是复杂句,句中有两个谓核,构成条件关系:

969)只要得哒冠军就有大奖。只要得了冠军就有大奖。

冇得表扬就生气。没得到表扬就生气。

得第一名不易得。得第一名不容易。

走哪去可以得箇好咯路子啊?去哪儿能得到这么好的机会呢?

得箇点唧不够用。给这么一点儿不够用。

得两千得多哒。给两千给多了。

以上是条件句,句一用了"只要……就",是全标记的条件句,句二用了"就",是半标记的条件句,后面四句是无标记的条件句。

有的复杂句两个谓核是套叠关系,如:

970)我还以为会得好大咯路哦。我还以为会得到很大好处呢。

复杂句一般不关心体貌,不需要用"哒""咖"。

11.2.1.2 得₁ + N₁ + N₂

此式"得"也是动词,表示给予,用于双宾句中,N₁ 表给予的对象，N_2 为给予的内容，这是双宾句常见的语序。举一组例句：

971）渠得我一桶油。他给我一桶油。

我娘每天得我 10 块钱吃早餐。我妈每天给我 10 块钱吃早餐。

要不要得渠点钱？要不要给他一点儿钱？

我得哒渠好多东西，渠不记得哒。我给了他很多东西，他忘了。

得渠一百就可以哒。给他一百块钱就行了。

得你点唧，得渠点唧，我自己都冇得哒。给你一点儿，给他一点儿，我自己都没有了。

得你机会你又搞不好。给你机会你又没抓住。

得你八个人够哒不？给你八个人够了么？

那渠得哒我好大咯面子。那他给了我很大的面子。

别个得我只挣钱的机会，我冇要。有人给我一个赚钱的机会，我没有接受。

11.2.1.3　得$_1$ + N_1 + 得$_1$ + N_2

此式减少"得"带双宾语的负担，重复"得"，让它各带一个宾语，与双宾句不同的是，此式 N_1 是给予的内容，N_2 是给予的对象。如：

972）奶奶得哒一只箱子得渠。奶奶给了一只箱子给他。

你等一下，我要得只东西得你。你等等，我要给个东西给你。

你已经得咖好多东西得我哒，莫再得哒。你已经给了很多东西给我了，别再给了。

以上"得"字结构用于独立陈述。

973）再得一百块钱得你零用。再给一百块钱给你零用。

得点资金得渠起家。给点儿资金给他起家。

你就是得只房子得渠也冇得用。你就是给个房子给他也没有用。

你得再多东西得渠渠都不得听你咯。你给再多东西给他他都不会听你的。

以上"得"字结构用于复杂句，前两句是目的句，后两句是条件句。

11.2.1.4　拸 + N_1 + 得$_1$ + N_2

此式的"得"也是给予性动词，N_1 是给予的内容，N_2 是给予的对象。

974）拁本书得渠。拿本书给他。

　　拁点钱得渠做本钱。拿点钱给他当本钱。

　　我冇拁棍子得渠，渠也走得蛮好。我没有把拐棍拿给他，他也走得好好的。

　　你帮我拁衣服得渠穿起。你帮我拿衣服给他穿上。

　　我屋爷拁箇两套房子得我两个一人一套。我爸把这两套房子分给我们俩一人一套。

衡阳话的"拁"本义是动词，发展出介词用法，以上五例，前四例是动词用法，后一例是介词用法（详见介词章里"拁"的分析）。

上面的双宾句和"得"字重复句都能转换成带"拁"的"得"字句。比较：

　　得渠一百就可以哒。→拁一百得渠就可以哒。

　　你得再多东西得渠渠都不得听你咯。→你拁再多东西得渠渠都不得听你咯。

11.2.1.5　$N_受$ + 得$_1$ + N

此式"得"表示给予义。如：

975）裙子莫得别个哒，我自己要。裙子别给出去了，我自己要。

　　箇些我不要，下得你。这些我不要，都给你。

　　书是上个礼拜得你咯，你还记得不？书是上周给的，你还记得吗？

　　箇些东西得我也冇用。这些东西给我也没有用。

11.2.1.6　$N_受$ + 得$_1$ + X + VP

此式"得"也表示给予义，VP 代表谓词性成分，包括谓词的说明性成分。如：

976）钱早就得咖出去哒。钱早就给出去了。

　　奖金得咖好久哒，早用完哒。奖金得了很长时间了，早用完了。

　　生活费得咖两个月哒。生活费已经给了两个月了。

以上三句，句一的 VP 是动词类，句二的 VP 是形容词类，句三的 VP 是说明动作的时间词。

11.2.2　"得$_2$"字句

11.2.2.1　得$_2$ + VP

此式"得"是助动词，用于光杆动词的前面，表示可能性判断。如：

977）甲：渠得来不？乙：得来。甲：他会来吗？乙：会来。

天晓得渠得不得来。天知道他会不会来。（谁也不知道他会不会来）

那我吗得肯啦？那不得肯。那样我怎么会同意呢？那是不会同意的。

你讲箇多，渠得去做不啦？不做有吗用啦？你说这么多，他会去做吗？不做有什么用？

箇样煮法也不晓得得不得熟。这样煮不知道能不能煮熟。

箇事渠肯定不得参加。这种事他肯定不会参加。

你里聚餐我不得来，我有事。你们聚餐我不会来，我有事。

衡阳话用于动词前面的助动词"得"不是很自由，一般不用于陈述句或陈述性始发句，较多出现在问句形式和答句的语境中。

11.2.2.2　VP+得$_2$

此式"得"是助动词，用于光杆动词的后面，表示可能性判断。如：

978）箇事讲得呗？冇关系，讲得，随你吗讲。这事儿能说吗？没关系，能说，随你怎么说。

有些事讲得，有些事讲不得。有些事能说，有些事不能说。

小龙那讲渠不得，你要讲渠，渠就记仇。小龙啊不能说他，你若说他，他就会记仇。

箇条路走得呗？走得，已经修好哒。这条路能走吗？能走，已经修好了。

你讲咯事又做得啰，划得来。你说的事值得做，划得来。

吃得咯菜就吃，吃不得咯菜就倒咖，莫不舍得。能吃的菜就吃，不能吃的就倒掉，不要舍不得。

以上"得$_2$"两式的否定式，一是"不+得+VP"，二是"VP+不+得"。

11.2.3　"得$_3$"字句

"得$_3$"是语气词，参见语气词一章里的"得"。这类"得"用在有特定标记的句子里。

11.2.3.1　不好……得$_3$

979）箇凳子不平，连不好坐得。这个凳子没放平，不好坐。

第 11 章 "得"字句 "有"字句

我哒吃只哑巴亏，连不好声得。我吃了个哑巴亏，不好做声。

渠是我亲戚，我不好讲得，你讲啰。他是我亲戚，我不好说什么，你说吧。

箇窄咯路车子不好走得。这么窄的路，车不好走。

渠睏区着，不好喊渠得。他睡得很熟，不好叫他。

此类句子的"得"前面有"不好"配合，"不好"是必有成分，"得"是可有成分，"得"的作用是舒缓语气。

11.2.3.2　吗好……得$_3$

如：你箇只态度，我吗好帮你得嘞？你这箇态度，我怎么好帮你呢？

别个有事，箇吗好催得嗟。人家有事，这怎么好催呢？

此类句子的"得"前面有"吗好"配合，"吗好"是必有成分，"得"是可有成分，句子都是反问语气，"得"的作用是舒缓、弱化反问语气。

11.2.4　"得$_4$"字句

"得$_4$"是结构助词，衡阳话与普通话用法相同，语序有时不同。

11.2.4.1　V + 得$_4$ + A/V

此式的"得"可能表示可能性，也可能表示结果。如：

A：

睏得着。睡得着。

做得到。做得到。

煮得烂。煮得烂。

讲得通。说得通。

这一组例子结构上是心补，语义上动词后面的补语只能理解为可能补语，否定式是"V 不 A/V"。

B：

讲得好。说得好。

跑得快。跑得快。

长得高。长得高。

用得全。用得全。

这一组例子结构上是心补，语义上补语与动词的关系有歧义，可能表示已有结果或效果好，也可能表示可能性、能达成某结果，需要补充语境成分才能消歧。比较：

渠讲得好→渠讲得真好_{他说得真好}

渠讲得好→渠如果讲得好就得渠讲_{他如果说得好就让他说}

B 组若表示可能，否定式是"V 不 A"，若表示结果，否定式是"V 得不 A"。

11.2.4.2　V + 得$_4$ + NP$_{受}$ + VP

980) 冇哪个讲得渠听。没有谁能说动他。

箇里可以看得你屋到。这里能看到你家。

你箇小就挑得箇重咯担子起哒，好不错！你这么小就挑得起这么重的担子，很不错！

你吃得箇多苹果完不？你吃得完这么多苹果吗？

此式助词"得"表示可能性，NP 为动作的受事，VP 为动作的结果，语序上先受事后结果（参见 12.2.4 语序倒装与语序类型），此式的否定式是"V + 不 + VP + NP"，如"我讲不听渠"。

11.2.4.3　V + 得$_4$ + S

此式的"得"也是助词，用法同普通话。如：

981) 昨日咯电影看得我想哭。昨天的电影看得我想哭。

箇样搞，搞得我左也不是右也不是。这样搞，弄得我左右不是。

11.2.5　"得$_5$"字句

"得$_5$"是介词，是动词"得"的延伸。

11.2.5.1　得$_5$ + N + VP

982) 渠冇礼貌，我得渠讲哒两句。他没礼貌，我给他说了两句。

你吗理得我打两拳啊？你为什么要打我两拳？

冇得你穿小鞋够好哒。没给你穿小鞋就够好了。

此式 N 是表人名词，"得"是虚义"给"的意思，动词性痕迹还没有完全消失。

11.2.5.2　得$_5$ + NP + VP

此式的"得"用作介词，有"被"或"让"的意思，可分为被动句和主动句两种。

A：

我得箇只狗吓怕哒。我被这条狗吓怕了。

你不怕得口水淹死啊？你不怕被闲言碎语淹死吗？

莫拐衣服得渠搞皱哒。别让衣服被他弄皱了。

脚得箇钩子挂哒一下，袜子挂烂哒。脚被钩子挂了一下，袜子被挂破了。

B：

拐垫子垫一下，莫得杯子直接放台板高头。你用一本书垫一下，别让杯子直接放在台板上。

莫得别个讲闲话。别让人说闲话。

得箇多人站哒箇里做吗咯？让这么多人站在这儿干吗？

A 组是被动句，B 组是主动句。有时，信息量不够则被动、主动不明，会产生歧义，如：

983）得渠打哒一餐。

此例有歧义，可能是"打了他一顿"，也可能是"被他打了一顿"，在语用中一般不会出现歧义，此例只是静态结构，它不能独立成为话语句，话语句总会有语境成分，如"气不过就得渠打哒一餐"表示打了别人，"冇躲过，得渠打哒一餐，划不来"表示挨打。

11.3 "有"字句

衡阳话的"有"字句用法灵活，可以与名词、动词、代词组合。

11.3.1 有+NP

此式具有普遍性，结构上构成动宾，语义上是存在句、拥有句等的一般形式，与普通话用法相同。仅举例如下：

A

屋里有人。屋里有人.

抽屉有书冇？抽屉有书没？

以上是存在句。

B

如果<u>有足够咯</u>货就好哒。如果有足够多的货就好了。

今日你有空不？今天你有空没？

等你有时间哒就告诉我一声啊。等你有时间了就告诉我一下。

以上可视为拥有句。

C

又有箇久冇来哒。又有这么长时间没来了。

渠有路子，你得渠去搞。他有办法，你让他去搞。

箇只事又有路哟。这件事有好处呢。

以上可视为权衡句。

11.3.2　有+VP

此式在方言中比较普遍，当代社会使用频率也越来越高。根据衡阳话使用情况可分为两组，如：

A：

你喊我，我有不来冇？你教我，我没来吗？

我有讲过箇样咯话呀？我说过这种话吗？

箇只事我也有想，但冇得渠想得多。这件事我也想过，但没有他想得多。

以上的"有+VP"是单纯句。

B：

有耍哪省。有玩耍的机会不要放过。

有吃有喝，生活蛮好嘛。有吃有喝的，生活挺好的呀。

以上的"有+VP"嵌入在复杂句中。句一是紧缩条件复句，句二是常态性状态话题。

11.3.3　有+箇+A

前面曾经说到，"有箇"可分可合，在第9章程度表达中，讨论了合与分的差异可以通过语音重音来鉴别，重音在"箇"上则为"有+箇"，表示有这么、有这般等意思，重音在"有"上或没有明显的重音则为"有箇"，相当于说"比较"。如：

984）有箇黑呀，那我不去哒。有这么黑吗？那我不去了。

里头有箇黑，你莫怕。里面比较黑，你别怕。

从分的"有+箇"用于模拟句：常见于现场比划的情境，可配手势。如：

985）那台子有箇高唧，你要不要？那张台子这么高，你要吗？

有箇长就够了。有这么长就够了

箩里咯花生只有箇多唧哒，下得你。箩筐里的花生只有这么些了，都给你。

从合的"有箇"用于程度句：表示对中等偏高程度的肯定语气，所述程度在说话人看来够到形成特点、可以评价的标准了。如：

986）渠有箇好嗟，对人好客气咯。他人挺好的，待人很客气。

人有箇老实，你看到就晓得哒。人比较老实，你看到就会明白。

箇妹唧有箇勤快，屋里总是捡得干干净净。这个姑娘挺勤快的，家里总是收拾得干干净净的。

箇只毛毛有箇好耍，我里下喜欢逗渠。这小宝宝挺好玩儿的，我们都喜欢逗她。

箇就有箇缺德啦。这就缺德了。

莫讲哒，渠有箇□dian。别说了，他很偏的。

模拟句的"有"与"箇"结合不紧密，可以针对"箇+A"提问，可以用"有冇有"隔离，后面可以带语缀"老巴"突出"箇"的情状，多数情况还可以对"箇"进行量化。程度句的"有"与"箇"结合紧密，不能拆开说，不能量化。如：

A：模拟句

棍子有箇长就够哒。棍子有这样长久够了。

棍子有箇长冇？棍子够长吗？

有冇有箇长量一下就晓得哒。有没有这么长量一下就知道了。

棍子有箇老巴长，太长哒。棍子这么长，太长了。

棍子有3米长冇？棍子有3米长没？

B：程度句

问：渠有箇勤快冇？他够勤快吗？

模拟句"有箇"后面带的形容词限于长宽高类可量化的形容词，程度句"有箇"后面带的形容词范围广，既能是可量化的，也能是不可量化的，既能是褒义的，也能是中性的或贬义的。

11.3.4 有+箇+N

此式也是动宾结构，但宾语都是有定的、特指的。有定、特指是由指示代词"箇这"决定的。如：

987）有箇条件那还讲吗咯诶！_{有这样的条件那还说什么呢！}

哪会有箇事啊？_{哪里会有这种事呢?}

你店里有箇书冇？_{你店里有这书没?}

前面的"有＋NP"式与此式一般不构成转换关系。比较：

988）屋里有人→＊屋里有箇人

抽屉有书冇？→≠抽屉有箇书冇？

今日有空→≠今日有箇空

第 12 章 汉语方言语法研究的比较

12.1 概说

语音、词汇、语法是构成语言的三要素，所谓语言研究，就是研究语言的语音系统、词汇系统、语法系统。汉语方言的语音系统和词汇系统的调查研究，已经卓有成效，方言间的语法差异，远不如语音和词汇差异那样容易觉察，因而方言语法调查研究比起语音、词汇调查来要困难许多。这也是这些年方言语法研究的学术力量虽然日渐充实却仍不如语音、词汇研究那么有起色的原因之一。本章对方言研究在材料识别、材料收集、材料用字及研究方法上的现象作一综合分析。

12.2 方言语法材料的识别

虽然有的人认为，方言调查并非只调查土特产，但不管是只调查土特产还是兼顾其他，在方言语法的调查工作中，不可避免地会遇到对语料性质的识别问题，这个语料是方言语法现象，还是普通话中不规范的语法现象，抑或是语言接触融合产生的语法现象，常常是我们要面对的。普通话的推行、方言与方言的接触融合，使我们很难在现实的语言生活中找到我们研究所需要的纯净的方言语法材料，要作研究，首先须作一番语言材料的筛选过滤工作。

12.2.1 方言现象与普通话现象

有时候，一种结构在各地都能说，但在普通话里却不能说，比如"请医生不来"，诗经中就有此结构（如"求之不得"），现在许多方言都能说，某官话区的一位先生说他们那里也说，可是在一次语法和语法教学讨论会上，当有人提出"'请不来医生'和'请医生不来'语义相同却要作不同的结构分析，前者分析为动+补+宾，后者分析为动+兼+补（宾补），似不太合理"时，当时就有一位北京的先生解释说，"请医生不来"，北京人是不说的，除非是小孩儿才可能这么说。这就是说"请医生不来"是非普通话说法。有时候，一种说法被作为方言现象来描写，而普通话却也能这么说，比如"老王大老李三岁"之类的句子是湖北随县、广东汕头等地比较句的典型用例（黄伯荣，1996），湘方言和其他一些方言也说，我们问过一些北京人，他们也这么说，这应算作什么现象呢？是不是北京话能说，就是属于一般用例，是普通话现象，不说或不能说或小孩儿才说属于特殊用例，是非普通话现象呢？

　　到底是方言现象还是普通话现象，理论上至少有两个问题需要弄清楚，一是书面语或口语的问题，二是共有或独有的问题。就第一个问题而言，在"普通话"的定义中，北京话是语音方面的标准，典范的现代白话文著作才是语法的规范，但一方面，书面语是会写的人加工的结果，它可能典范，但它可能部分失真，有教条化成分；另一方面，什么是典范的现代白话文缺少可操作性，所以现实的普通话研究虽然存在程度不等的书面意识，人们心里通常还是以北京话为语法标准。方言的调查大多是以口语为对象的，说某某现象是方言现象其实就是口语现象，如果把方言口语也规范一下可能就没有那么多方言色彩了，或者如果把北京口语看成是普通话，则普方的差别可能会小一些。我们的比较应该把前提设立好。除了这个问题，我们以为，一种语法现象的方言性和普通性的判定，应该建立在共有还是独有的调查基础上。绝对独有的现象无论是北京话还是非北京话都是典型的方言现象，绝对共有的现象一定是典型的普通话现象，还有一些语法现象是相对共有或者说是相对独有的，共有性多一些还是独有性多一些需要作广泛的调查，我们需要有一个"独有——独有+（共有）——（独有）+共有——共有"的观念，属于"独有+（共有）"的，其方言性强，属于"（独有）+共有"的，其普通性强。

12.2.2 规范用法与不规范用法

语言生活中可能把非规范问题看成是规范问题，而规范问题不看成规范问题。比如有的人说，"五十来岁"这样的说法在普通话里是有的，但五十来岁是将近五十呢，还是五十过头呢，抑或五十上下呢？哪一种说法是规范的呢？这不是规范问题，而是语义域的理解问题，"五十来岁"是个相对模糊的语义域，在语言意义层面五十来岁是个约数可以理解为五十上下或五十左右，在言语运用层面五十八九的可以说是五十来岁，五十一二的可以说是五十来岁，五十岁的也可以说是五十来岁。另外，普通话水平测试中有一种现象引起了笔者的注意，有一个应试者说话中有这样的句子："将翘舌发成平舌，这与普通话是非常相背离的。"没有人判它为语法错误，另一应试者说话中有"有一段时间他设计在事业方面的一些工作"一句，多数人认为应判"设计……工作"为方言语法错误。其实这不是方言现象，而是普通话规范问题，是口语的粗糙性使然。

语言调查中语料是否规范既有标准又不容易把握。什么是规范呢？如前所说，普通话语法规范是以典范的著作为依据的，其目的是要剔除千变万化的口语的随境性因素，但著作并非就是书面语，它也可能反映的是口语状况，如果说典范的口语也是规范的话，那么衡量典范的度是什么，这是目前学界没有能系统回答的。普通话有规范问题，方言语法的调查也应有规范的要求，方言语料的规范只能从口语上要求，方言语法的著述，时有发现当地人并不那么说的情况，如果当地人不是这么说的，这种语料就是不规范的，换句话说是不真。不真的语料可能是根本不这么说，也可能是在某种条件下才这么说。所以方言研究总是以母语方言为胜。

是不是当地人有这种说法就一定是规范的呢？也不尽然，有一位先生由衡阳话"你明日买来，我就得钱你"得出结论，认为普通话说"给你钱"，衡阳话说成"给钱你"，这是双宾语位置的颠倒，其实，衡阳话的双宾结构并不特殊，如"得我钱 给我钱、得哒渠好多好处 给了他很多好处、得你两天时间 给你两天时间"，而"得钱你 给钱你"不可类推，不具代表性，它是"得钱得你 给钱给你"在一定语境之中的不固定的省略说法，换句话说，"我就得钱得你 我就给钱给你"是衡阳话的规范说法，"我就得钱你 我就给钱你"是衡阳话的偶发性变异说法。非规范说法拿来作一般特点的归纳势必错位。

此外，有的语法词的用法在这个方言里是这样，在那个方言里也这么用，四川达县大树"呱"的用法，与湖南常宁"刮"的用法非常相似，这种共有现象的产生，是由于方言接触和融合的结果呢？还是偶然现象呢？也是值得研究的。

由于普通话的标准并不太明确，加上语言历史变迁的复杂原因可能使不同方言能有共同语法现象，同一方言能有不同语法现象，需要我们细致全面深入地考察、辨认。

12.2.3　词汇现象与语法现象

语法有词法和句法两个内容，但语法中的词法不等于词汇。在方言语法研究中，对语料的识别应该辨别清楚到底是方言语法问题还是方言词汇问题。《汉语方言语法类编》（1996：728）介绍："衡阳话有些句子结构，在词序的安排上，跟普通话不完全一致。"并举例如"睡到咯前子还没眼张，都快八点哒！"对译成普通话为"睡到现在还没睁眼，都快八点了！"这里有两个问题，首先是框定"眼张"是句子结构层面上的成分，其次是在这个前提下用普通话结构来套。笔者的母语方言是衡阳话，为进一步验证，在18名衡阳籍（包括城区、衡阳县、衡南县）大学生中作了下列调查：（1）用衡阳话口述"毛毛眼张哒""睏到箇前唧还冇眼张"，要求被调查者写出普通话相应的句子，结果18人全写成"毛毛醒来哒""睏到现在还冇醒（来）"；（2）写好"睡到现在还没睁眼"，让被调查者说出衡阳相应的说法，结果18人全说成"睏到箇前唧还冇光开眼珠（睡到这时候还没睁开眼睛）"；（3）用衡阳话口述"还冇睡醒"，让被调查者写出普通话相应的句子，结果是"还没睡够/还没睡足"。可见，"眼张"是个凝固性成分，是方言词汇现象，并非一个句中临时组合的方言结构，它的意思就是普通话的"醒"，"眼张"是睡醒的具化。回答了这个问题，再来看它的语法构造就不会有困惑了，作为动词的"眼张"，与"地震、月食"等一样是主谓构造体，并无特殊语序问题。

12.2.4　语序倒装与语序类型

上述"眼张"不属语序倒装，不等于没有不同于普通话的语序情况。

语法研究语序问题，需要区分语序倒装和语序类型。语序倒装应该是语用结构的概念，它是临时的、与常态相对应的非常态表达结果，与静态的、常态的、非临时的语法结构不同。这方面学界讨论较多，就普通话而言，倒装的语用价值要分文学描写和生活口语，文学描写上较多是有意突出脱离常序轨道的那个异位成分，使之成为信息焦点，生活口语上则较多是补充说明。如何判定某成分脱离了常序轨道成为易位成分呢？邢福义（2019：93①）给出了"停顿"标准，书面上就是有表示停顿的标点，但陆俭明（1980）认为停顿不是必然的，书面上的逗号不代表停顿，是易位的标记。其实两位依据的材料性质有区别，前者重在比较正式的描写，如"这叫声，留在堂林嫂心里，永远永远"，后者重在日常口语，如"他们走了，都？"材料性质不同，语用效果也就不同，前者易位重在易位部分，突出"永远永远"，后者易位重在前面部分，后面部分是零碎信息的追补。

方言语法研究方面，有多篇成果专门讨论状语后置，比如以普通话语序为参照，把长沙话的"明里子记得要起早点啦""小王睏咖一觉舒服的"归为状语后置，并认为长沙话的状语后置不必有语音停顿或逗号隔开（危丽芳：2012），至于长沙话状语后置不停顿的原因，解释为因为长沙话的后置状语是新信息，不是补充说明信息，符合信息结构由旧到新的规律，能引起注意和重视，用逗号隔开会影响表达的完整和流畅。这样的讨论逻辑，要么有把方言正常语序当作语用结构之嫌，要么有把普通话语用结构当作语法结构之嫌。

方言语序，也要区分语用结构的语序和语序类型意义上的语序。张振兴（2003）根据大量的语言事实说明状语后置主要分布于粤语、闽语、吴语、湘语、客家话、赣语等南部汉语方言，而且早期汉语文献也

---

① 邢福义在1996年出版的《汉语语法学》中提出停顿标准，该书在2019年收入《邢福义文集》。

有很多宾语前置的语言事实，由此提出汉语现在的 SVO 型是早期汉语 SOV 型发展来的，这种类型学角度的语序研究应该是讨论方言语序问题的科学方法。"语序倒装""状语后置"应该是就某种语言内部运用具体情况而言的，这种语用上的语序倒装是不同语言或方言的共有现象；"语序差异""修饰语后置"才是观察不同语言或方言进行横向研究或者观察历史演变的视角，这种语法上的语序差异具有类型学意义。与普通话相比，方言的词法和句法都有语序差异。

词法有语序差异。普通话合成词中分总式的"公鸡、母鸡"很多方言都是总分式的"鸡公、鸡婆"，衡阳话也是如此。普通话说的"来客人了"，衡阳话和不少南部方言一样说的是"来人客哒"。这种现象就是类型意义上的语序。

句法有语序差异。这个方面的材料见于多种研究，下面仅以衡阳话部分事实为例。

先动作后修饰说明：V + modifier

昨日吃哒餐猛咯①。昨天大吃了一顿。

在外地搞咖几年狠咯。在外地搞了好几年。

你不做事，吃净咯、耍净咯，那吗行嗟？你不干活，完全就是吃和玩儿，那怎么行呢？

莫吃净菜，吃点唧饭。别只吃菜，也要吃点儿饭。

你走头，我就来。你先走，我就来。

箇本书你看头，看咖得我，我看咖得渠。这本书你先看，看完给我，我看完再给他。

渠讲第一，我讲第二，你讲第三。他第一个说，我第二个说，你第三个说。

这一类前三句难以另有意义完全匹配的方言说法，后四句已经可以说成"净吃菜""你先走""你先看""渠第一个讲"了。

先受事后结果：V + NP_受 + result

箇两个人一餐吃得两瓶白酒完。这两人一顿能喝完两瓶白酒。

吃得箇碗饭完。吃得完这碗饭。

箇小就听得英语懂哒。这么小就能听懂英语。

---

① "狠"类表达在"程度的表达"一章里的固定格式法中有具体讨论。

搬得<u>箇块石头起</u>。搬得起这块石头。

只有爷爷才喊得<u>渠</u>听。他只有爷爷才能喊得听。

我哪喊得<u>渠到</u>啦。我哪里能管得住他呀。

从箇里才看得<u>人到</u>。从这里才能看到人。

只要赚得<u>钱到</u>就要得。只要能赚到钱就行。

那牛背高头放得<u>鸡蛋稳</u>。牛背上放得稳鸡蛋。

箇样搞吗对得<u>人住</u>啰！这样做怎么对得住别人呢！

你请得<u>假到</u>不？你能请到假吗？

只有你响得<u>渠住</u>，我响<u>渠不住</u>。只有你能管得住他，我管不住他。

你搬<u>箇东西不起</u>，喊渠来搬。你搬不动这个，让他来搬吧。

我哪一点对<u>你不起</u>啊？我哪一点对不起你呢？

追哒渠跑，搞起出<u>气不赢</u>。追着他跑，跑得喘不过气来。

讲<u>你不赢</u>，打得<u>你赢</u>。说不过你，打得过你。

快两岁哒还走<u>路不稳</u>。快两岁了走路还走不稳。

搞<u>坨不清</u>。搞不清事情的究竟。

我吃<u>箇多不完</u>。我吃不完这么多。

箇只键盘吗打<u>字不出</u>诶？这个键盘怎么打不出字呢？

这一类现在都有语序置换的说法，如"搞坨不清"也说"搞不清坨"，前者说法比后者更像地道的衡阳话。

先受事后动作：S + NP_受 + VP

你<u>饭吃</u>咖冇？你吃饭了没？→你吃咖饭冇？

你<u>作业写</u>咖冇？你写了作业没？→你写咖作业冇？

渠<u>一手字写</u>得几好咯。他唱歌唱得好。→渠咯字写得几好。

渠<u>歌唱</u>得好，<u>菜也煮</u>得好。他唱歌唱得好，菜也做得好。→渠咯歌唱得好。

我箇次<u>图书馆冇白</u>来。我这次没白来图书馆。→我箇次冇白来图书馆。

这一类在普通话里可能都归为主谓谓语句，句首连用的两个体词被当作大主语 S1、小主语 S2，张斌主张区别对待，"奶奶腰扭了""上海你去过吗？""这事我没办法""他学习认真""早饭他们都没吃""这椅子坐着不舒服""我这次没白来"之类可视为主谓谓语句，"我图书馆没白来"之类可视为宾语前置，《现代汉语描写语法》对主谓谓语句进行了详细描写(2010:471—483),所用例句都不包含"他歌唱得好"这样的类型。衡阳话这样的句子都有其他的转换式,但不是简单地换序,如同上面给出的转换式,"你饭吃咖冇"可说成"你吃咖饭冇","渠一手字写得几好咯"不能简单换序说成"渠写一手字几好咯"或"渠写一手字写得几好咯",只能说"渠咯字写得几好咯"。

先否定后结果:不 + V + 见/得

口头墨黑咯,<u>不望见</u>。外面黑黑的,看不见。

大点声,奶奶<u>不听见</u>。大点儿声,不然奶奶听不见。

渠好省咯,连<u>不舍得</u>丢东西。他非常节约,什么东西都舍不得扔掉。

这一类受限制较多,类推性不强,但也是常说的,并非特殊语用情境下的临时说法。

12.3 方言语法的用字

12.3.1 用字关乎语法分析

目前的方言语法研究成果中,存在较多的自行用字现象。用字不同,作语法分析得出的结论就可能不一样,这是每个学者都会碰到的也是应该引起重视的问题。张振兴、何瑞编著的《全国汉语方言用字表稿》(2023)对十大方言区的用字按照严式方言字、宽式方言字、其他方言字进行了汇总,为了方便比较,我们主要以伍云姬主编的湖南方言语法系列(1996,1998,2000)为例,从功能、记录者、记录方式等角度来看方言用字表现情况。

12.3.1.1 相同功能,同一读音,用一个字

这种同义同音同形字不少,比如动态助词,在湖南话同义同音同形用字大多有两个,读音为[ta˫]的,都记为"哒",读音为[˨tɕʰi]①的,都记为"起"。这种用字不会引起混乱。

12.3.1.2 同一功能的语法词用不同的字

这是最普遍的用字现象。湖南方言表示先行态的标记所用的书面符

---

① "哒"在湖南普遍存在,为入声字,调值各地不同,故以"˫"标记调类。同理"起"以"˨"标记上声调类。

号有十几种，如："着、只、暂、咋、扎、带、哒、嗒、咖、嗟、唊、者、□［tsā］"，用"吃了饭再说"这样的意思来回答"去看戏吧?"这句话，普通话和湖南13个方言点的相应的答句形式是：

0 普通话　吃了饭再说。
1 长沙话　吃哒饭着［tso²⁴］。
2 湘乡话　吃夹饭嗒［ta⁴］。
3 醴陵话　吃咖饭□［tsā］。
4 茶陵话　吃了饭暂［tsā］。
5 石门话　吃哒饭着（多，倒）［tʂo⁴⁴（to⁴⁴，tɑn⁴⁴）］。
6 益阳话　吃哒饭咋［tsa］。
7 湘潭话　吃咖饭扎［tʂɒ⁵⁵］。
8 娄底话　吃咖饭带［ta⁵］。
9 涟源话　吃介饭哒［tɑ］。
10 绥宁话　呷嘎饭唊［ɬa⁵⁵］。
11 衡阳话　吃咖饭嗟［tɕia³³］。
12 洞口话　吃瓜饭咖［tɕia⁴⁴］。
13 攸县话　吃过饭只［tɕia］。

其中石门话除了可以说"着"，更多的是说"多"或"倒"。

普通话"把书卖了"中的"卖了"，在湖南方言中就有记为"卖咖［kɑ⁴¹］""买介［kɑ］""卖嘎［kɑ⁵³］""卖夹［ka³］""卖刮［kua³³］""卖呱［kua］""卖瓜［kua²¹］""卖过［kuo］""卖破［pʰo］""卖它［tʰa］""卖了［dia³¹］""卖落［lo］""卖咕［ku²¹］"的不同。

普通话的助词"的"，在湖南的用字有"格""箇""的""咯""个""咕"等的不同。

普通话代词"这"在湖南方言资料中的用字有十来种，比如"这条狗"，湖南方言调查成果记为"咯［ko²⁴］只狗""箇［ko³³］只狗""固［ku¹¹］只狗""果［ko⁵³］只狗""该［kəɯ⁵⁵］只狗""兀［u¹¹³］只狗""台［i¹³］只狗""已［i⁴²］只狗""依［i³³］只狗"等。

12.3.1.3　相同功能，同一读音，用不同的字

这也是屡见不鲜的。如普通话表范围的副词"都"，许多方言里都读［xa］，标记用字则不同。在湖南方言里读音为［xa］的有衡阳、攸

县、长沙、岳阳、常宁、隆回等地，标记用字有两个：或"下"或"咸"，如：

衡阳、常宁、攸县：<u>下</u>是靠工资吃饭

长沙、岳阳、隆回：<u>咸</u>是靠工资吃饭

湖北英山话用"哈"（这些书哈是我的）。

再看看动态助词用字，表完成的动态助词读音为［ka］的，用字有"咖、介、嘎、夹"，读音为［kua］的，用字有"瓜、呱、刮"。对比举例如下：

完成体　　［ka］　　　　　　完成体　　［kua］

长沙：把书卖咖［ka^{41}］。　　　　常宁：拿书卖刮［kua^{33}］。

涟源：把书买介［kA］。　　　　茶陵：码书卖呱［kua］。

邵阳：把书卖嘎［kA^{53}］。　　　　洞口：书担去卖瓜［kua^{21}］。

湘乡：把书卖夹［ka^{3}］。

先行体的动态助词读音为［tɕia］的，用字有"嗟、咖、只"。如前面例11、12、13。

其他如：把"［tɕʰia］吃"记为"呷、吃"，把"［tɕi］他"记为"佢｜其｜己"，把"［ŋ］你"记为"你｜嗯｜尔"。

12.3.1.4　同一个字，在不同方言里被作为不同语法词来标记

"哒"在长沙、衡阳等地是实现体或持续体的标记，如"莫睏哒看书别躺着看书"，在涟源却作为先行体标记，如问"看戏去不？"回答是"吃介饭哒"，意思是吃了饭再说。此外，"咖"不少人用来标记完成体，如"把书卖咖"，在洞口却用来标记先行体，如"吃瓜饭咖吃了饭再说"。

12.3.1.5　同一人，前后用字记录不同

比如同一人调查醴陵茶陵语法现象，所记的待续体助词读音都是［tsa］，但在醴陵话的句中使用"□［tsã］"，在茶陵话中使用"暂"。再如，同一人记同一方言，对相同功能的近指代词"这"的标记用字在这篇文章里用"咯"，在另一文章里用"箇"。

12.3.1.6　同一语法词，有的按变音用字，有的按本音用字

按本音用字当然是多的，但字音在语流当中是有变化的，如果说变调情况不会影响用字的话，声韵的音变可能会影响用字。比如人称代词

的复数形式，普通话无论是第一第二第三人称都用"们"来标记，娄底、韶山话却不同，第三人称记为"他㑆"，第二人称分别记为"尔㑆""嗯㑆"，第一人称分别记为"嗡伢""卬俺"，第三和第二人称复数用的是本音字，第一人称复数标记存在语音同化现象，所用的字是变音字。

12.3.2 合理性关系

以上用字状况，可谓多姿多彩，用字的这种非约定性状态，有其合理性，也有其不合情性。方言调查大多是原始口语态的，语言单位到底用哪一个视觉符号来代表是非规定的，这里体现出语言符号的任意性的一面。但是汉语方言终归是汉语，汉语是一种社会统一语，汉字是一种自源的、体现民族文化的、约定统一的视觉符号系统，方言用字要受到约定心理的制约，总是偏离约定心理就会显得不合情。这样一来，方言用字就关涉历史溯源、音义发展、通用状况和新创需要等方面的问题，换句话说，这里纠缠着实与源、实与流、实与俗、实与新的关系问题，方言语法把这几个关系处理好了，语料所用的字才能合情合理。

12.3.2.1 实与源

客家话的第一人称代词大多读作［ŋai］，项梦冰（1997）认为［ŋai］的本字是"我"不是"𠊎"，"客家话第一人称代词说［ŋai］，跟用'我'的方言相比较，并不是一种词汇上的歧异，而是语音演变的不同。使用方言字'𠊎'容易使人误以为［ŋai］音另有来源。"（第148页）客家话的第二人称代词通常写作"你"，张振兴写作"尔"，项梦冰考本字认为写作"尔"字更合适些。这是从源。任何语言单位的形成都有源头，所有的语法单位若都能从源用字，有利于从字形与字音的比较中反映音韵变化特点，表现方言貌离而神合的关系，当然很好，问题是要解决语源的问题，需要花大气力，而方言语法不能说在语源问题没有证实之前不宜研究。

12.3.2.2 实与流

虽然"尔"字是客家话第二人称的本字，但多数学者写作"你"，"你"是唐以后出现、源于"尔"的一个形式，写作"你"是从流。从流用字反映的是当代音义状貌主流，有利于读者由字形识别字义，便于交流，具有现实意义。但我们也会遇到构成特别、无流可遵的方言现象，比如由音变产生的语法单位就无法从流处理，连城客家话的第三人称代词主宾格记为"佢"［tnɪə］（他），第三人称属格记为"其"［tnɪa］（他的），有理由认为"其"是"佢"与"的"在语流中合音的结果。

12.3.2.3 实与俗

衡阳话的［ko］代表"这"和"的"两个语法单位，伍云姬主编的语法著述中（1996）记为"咯"，因为当地人已经习惯这个字，在表示"这""的"的意思时不作区分，地方台电视节目里也时常可见斗大的"咯"字，这是从当地之俗。有一个否定副词，在湖南隆回、新化话中读［ŋ］，隆回话记为"勿"，新化话却记为"唔"（伍云姬，1998），这个字用得最多的是广东方言（唔好睇），可以说新化用"唔"从的是他乡之俗。从俗用字如若是音训字，有利于同音联想，具有表层写实的意义，但语法功能可能不容易分清；如若是义训字，可能有意义的联想功能，却可能在准确地反映语音面貌上不如人意。

12.3.2.4 实与新

方言口语之中常有一些语素无字可写，于是人们跳出主流汉字的范围，根据需要，新用或者新造一些字。新用字即借用现有汉字表示方言意义，上面所说的"唔"在广东话表"不"，在上海话表自称（辞海：746），就是新用字，新用字现象很多，前面所举的用"下"表示"都"的意思、用"固、果、台"等表示"这"的意思、用"己"表示"他"的意思都属此类。新造字是以汉字偏旁为基础，以记音为标准造出原来没有的字，如客家话的"偃"表示"我"的意思，衡阳话的"拸"表示"拿"的意思，是方言的形声同音造字；江苏吕四话用"赠未曾［vəŋ］"表示"没有"、福建莆田用"𣍐"表示"不会"的意思是合义合音造字（黄伯荣，1996：425，703）；衡山话"吃哒饭□［ȶiæ］（"着嘅"的合音）"是合音空位造字（伍云姬，1996：475）。新创用字的天空广阔，无所不能，但如果不受"从源、从流、从俗"等原则的制约则可能扰乱视听，令人无所适从。

由上，方言口语是现实，记录这个现实的用字可能从源、从流、从俗、从新，这四个原则也可以归纳为两条用字策略，一是从义，二是从音。从认知的角度上说,人的认知有一个时间优先原则,即先发生的事情先认识、先感知,而先感知的事物总是对后感知的事物施加影响,此所谓先入为主。汉字作为书写符号,给现代人以声音和意义的联想,这种联想是以普通话标记为一级触发器的,也就是人们对汉字的认识是以共同语为基础的。在这种认知环境的感染下,方言研究采用同音字或义近字的用字策略都有弊端。如果你用的是同音字,你的读者在阅读时可能启动字义联想功能,产生字义误会,造成阅读不流畅;如果你用的是义近字,读者可能启动字音的联想功能,结果是方言与普通话同音,方言与方言同音,抹杀了语言间的显性区别特征。最佳用字策略应该是既能体现语音特征又有助于领会语义内容的综合性手段。以共同语为参照,与共同语用字音义相通的属于共有用字,就直接记录,与普通话标记的音义相悖的就综合记录,比如方言把第二人称单数写作"你"与现代共同语相通,好理解,写作"尔"与古代共同语相通,可理解,写作"嗯"就不好理解了,宜采用音义综合记录。综合记录在新创用字中显得尤为重要。

12.4　方言语法材料的收集

语言研究,材料要先行。材料的真实性、典型性直接关系到研究结论的可靠性。语言材料的收集有两类途径,一是依寻文献,二是源于口头。材料收集者也有两类,一是熟悉或通晓对象语,二是对对象语陌生。布龙菲尔德所研究的印第安语是无文献可寻的陌生语,语料的收集只能从口语形式入手,从纯描写的方法开始,这种研究困难很多,但少有母语带来的定势思维的干扰,只要方法得当、调查细致全面便能使研究客观、结论合理;对汉语普通话的研究大多是对母语作研究,且有丰富的文献资料,语料收集依赖于各种文献,或平时摘录积累,或临时从书刊中寻找,或从别的论著中借用,也可能由于对普通话相当熟悉而自行编排,这种研究进入状态方便快捷,但很可能存在"身在此山中"的困扰。汉语方言语法研究的材料既不同于布氏的印第安语那样绝对陌生,也不同于普通话那样有丰富的文献,它既可能受普通话这一共同参照语的影响抹杀区别,也可能受母语定势思维影响把本无特色的现象辩称为有特色。它要面临的问题很多,如口头材料有典型的也有非典型的,如何区别?语料有年龄、性别、社会地位、文化程度、生活环境等的差别,如何处理?如何做到重要材料无遗漏?我们以为这些问题可以溶入材料收集的三步程序中去,即广泛记录、认真核对、归纳分类。

12.4.1 广泛记录

与语音和词汇不同,即便新有《汉语方言调查手册》(黄伯荣,2001),方言语法调查仍可以说至今没有一份完备的可供各地方言语法调查使用的调查表格,这多少有碍于客观全面反映方言语法特点,所以充分的调查就更重要了。没有足够的语料,结论就可能片面,这一点吕叔湘也有体验,关于时间长短的表示法,他先后作了三次归纳,在《中国文法要略》中说:"表示时间长短的词语通常放在动词后头。若是在否定句里头,就是说,某一时期内没有某事,这个时间放在动词之前。"在1956年修订版里改为"表示时间长短的词语,放在动词的后头,表示动作持续多久。表示时间长短的词语,放在动词的前头,表示某一时期之内有过或没有过这个动作。"1977年在《通过对比研究语法》中又说:"现在看来,这里的说明还是不够,因为表示时间长短的词语放在动词后头,还可以表示一个动作完成之后已经有多久,例如'我来了三年了'不是'来'这个动作持续三年,而是从我来到算起已经有三年。表示时间长短的词语放在动词前头,也不全是表示这一时期之内有过或者没有过这个动作,也可以表示一个动作持续多久,但必须两件事情一块儿说,例如'半天工作,半天学习',还可以表示经过多久之后发生某件事情,如'这趟车一天到长沙,两天到贵阳'。"对同一问题的三次总结,是语料增加、对比域拓宽的结果。有的语言学家认为,"如能收集、记录30万个音节以上的自然语料,该语言或方言的语法系统就能相当全面地得到反映。"(詹伯慧,1991:242)虽然这一论断尚未得到证明,由量与质的关系所反映的广泛调查的重要性却是不可忽视的,调查越广泛,重要材料越可能无遗漏。

12.4.2 认真核对

如果说广泛记录是先拿来,那么认真核对就是再确定,以使语料翔实无误。所要核对确定的方面是多样的，如不同的调查对象是否有年龄、性别、社会地位、文化程度、生活环境等的不同造成说法的不一，在与普通话的对译上是否恰到好处，如何注释确切含义等。比如衡阳话的动态助词"咖"经过核对会发现有年龄大小的 [ko] 和 [ka] 两种读法；广州话"我食啦"不宜简单地对译为"我吃过了"，应核实说明"食"通过变调表示动词完成体的情况；关于苏州话的"阿 VP"问句究竟是是非问句还是反复问句的问题，王福堂先生作了语料的多人对译核实（黄伯荣，1996：711-714），由苏州话对译为普通话，多数人写成是非问句，少数人写成反复问句，在核实的现象中进行分析，提出"阿 VP"问句是是非问句而非反复问句，这多少说明把"阿 VP"问句归为反复问句在语料核实方面有失全面。衡阳话的"眼张"，如果以所记的汉字来看，很容易被引导到与普通话的"睁眼"对比之中去，如果离开汉字魔方，从口语中寻求解释，核对译文，所记结果就会更准确，更符合实际。由此，作为材料收集基础环节的一个方面，核对的客观性程度如何直接影响结论，所以，为了保证客观性，不至于遗漏信息或误解信息，首先，核对工作与调查记录不宜分离脱节，应该相伴而行，在调查记录的同时，与当事人一起把所要核对的内容敲定；其次，遇到新问题宜再调查再核实，多人核实，多面核实。

12.4.3　归纳分类

记录与核对，是对语料面貌的确认，归纳分类则是对语料性质的确认。在方言语法研究的各个环节，归纳总是与演绎交叉运用的，总是在比较之中进行的，对语料的收集也是如此，如果不作对比演绎和归纳的工作，不进行分类，语料便是一盘散沙，难以解释。归纳分类不仅可以按词法的类、句法的类进行提取，也应对语料的共有性与独有性、文用与白用、典型性与非典型性等作出甄别，既要有普通话的参照，又不能光从普通话出发，让普通话模式束缚方言的个性，既要以方言事实为依据，又不能不分轻重，胡子眉毛一把抓。前面所述"方言语法材料的识别"可以看作材料收集中的一个环节，不赘。

12.5　方言语法的研究方法

12.5.1　传统描写法

语法研究的理论和方法五花八门，而真正称得上成体系又为大家熟悉的理论和方法是传统理论，这是方言研究的基础方法。传统描写法主要是对语言现象进行形式描写和意义描写，其目的是摆出事实。它是其他方法得以运用的起点。

12.5.2　比较法

如果说传统描写法是基础方法，那么比较法就是方言研究的基本方法。有三种类型：A. 与普通话比较，B. 与方言或其他语言比较，C. 与历史比较。用来比较的方言，可以是同区方言，也可以是异区方言，根据比较的意图而定。比较的目的是找出异同，通过比较发现特点，确定区域归属，了解历史渊源。

12.5.3　认知分析法

认知语言的目的在于解释语言符号与客观事物的联系。汉语用认知的理论来进行汉语分析，已成流派，成果颇丰，用这种方法来分析方言语法现象在张敏著述中（1998）有宏观的横向的讨论。罗昕如（2001）从认知的角度探讨了湖南方言实体词的构成基础，本书用认知理论对状态词的构成进行解释，这一方法应有广阔的方言前景。

12.5.4　变换分析法

变换的目的和作用在于给语言单位定性、分类或分化多义句式，这种方法虽然晚于比较法，却是很有借鉴作用的方法，在普通话语法分析中应用广泛，并逐步应用在方言语法分析中，但如若将方言语法研究向深度和广度扩展，这种方法无论在纵向比较还是在横向比较中，都能发挥它的优势。

12.5.5 配价分析法

这种方法与认知方法一样在汉语普通话语法研究中已成流派，有一系列成果，但在方言研究领域尚属空白。有理由认为把配价分析法引入方言语法分析是有意义有价值的。配价分析是一种以核心和卫星格局观来看待语言成分之间的关系的方法，一般认为，"给"是三价的动词，理由是它有三个必有名词性成分，而说它有三个必有名词性成分的认识环境是汉语普通话，典型句可写作"我给你钱"。可是在宁夏中宁、山西交城等地方言中，"给"要出现两次，说成"给给你钱"或者"给你给钱"，如果说这里的两个"给"是两个动词，那么是否可以说"给"不是三价动词？如果说这里两个"给"是一个动词（不等于同一动词），那么为何可以分离，分别带宾语？把配价理论引入方言语法研究是否能反过来充实汉语的配价研究？

附录一

语法 50 个例句的衡阳话表现①
（带编号出条的为普通话例句）

01 小张昨天钓了一条大鱼，我没有钓到鱼。

张俫唧昨日钓哒一条大鱼，我冇钓到。

ɕian⁴⁵ nai³³ · tɕi tso¹¹ ɕi¹¹ tiau²⁴ ta²² i²² tiau¹¹ tai²¹³ y¹¹，ŋo³³ mau²¹³ tiau²⁴ tau³³.

02 a. 你平时抽烟吗？b. 不，我不抽烟。/抽一点儿。

a. 你平常吃烟不？

ni³³ pin¹¹ tɕian¹¹ tɕʰia²² ien⁴⁵ pu²²？

b. 不诶，我不吃烟。/吃，吃得不多。

pu²² e³³，ŋo³³ pu²² tɕʰia²² ien⁴⁵. /tɕʰia³³，tɕʰia³³ te²² pu²² to⁴⁵.

03 a. 你告诉他这件事了吗？b. 是，我告诉他了。/没有，还没告诉他。

a. 箇件事你告诉渠哒冇？

ko³³ tɕien²¹³ sʅ²¹³ ni³³ kau²⁴ · su tɕi³³ ta²² mau²¹？

b. 告诉哒，已经告诉渠哒。/冇，还冇告诉渠。

kau²⁴ · su ta²²，i³³ tɕin⁴⁵ kau²⁴ · su tɕi³³ ta²². /mau²¹³，xai¹¹ mau²¹³ kau²⁴ · su tɕi³³.

04 a. 你吃米饭还是吃馒头？b. 吃米饭。

---

① 本语法例句采用《中国语言资源调查手册·汉语方言》供调查用的 50 个方言语法调查对照用例句，有的例句本书补充了答话形式，包括原问句不设答话的和答话设置只有肯定或否定的。

a. 你吃饭还是吃馒头？

ni³³tɕʰia²²fan²¹³xai¹¹sɿ²¹³tɕʰia²²man¹¹təu¹¹？

b. 吃饭。

tɕʰia²²fan²¹³.

05 a. 你到底答应不答应他？ b. 行，答应他。

a. 你到底肯还是不肯啦？

ni³³tau²⁴ti³³kʰen³³xai¹¹sɿ²¹³⁻²¹pu²²kʰen³³la³³？

b. 好啰，要得啰。

xau³³lo³³，iau²⁴te²²lo³³.

06 a. 叫小强一起去电影院看《刘三姐》。b. 这部电影他看过了。/他这部电影看过了。/他看过这部电影了。

a. 喊强俫唧一路去看《刘三姐》。

xan³³tɕian¹¹lai³³·tɕi i²²lu²¹³tɕʰie²²kʰan²² < tiu¹¹san³³tɕie³³ >.

b. 箇电影渠看咖哒。/渠箇电影看咖哒。/渠看咖箇电影哒。

ko³³tien²¹³⁻²¹in³³tɕi³³kʰan²⁴ka³³ta²².

/tɕi³³ko³³tien²¹³⁻²¹in³³kʰan²⁴ka³³ta²².

/ tɕi³³kʰan²⁴ka³³ko³³tien²¹³⁻²¹in³³ta²².

07 你把碗洗一下。

你拵碗洗一下啰。

ni³³lau⁴⁵⁻³³uen³³ɕi³³i²²xa²¹³⁻²¹lo³³.

08 他把橘子剥了皮，但是没吃。

渠拵橘子皮剥咖哒，冇吃。

tɕi³³lau⁴⁵⁻³³tɕy²²·tsɿ pi¹¹po²²ka³³ta²²，mau²¹³⁻²¹tɕʰia²².

09 他们把教室都装上了空调。

渠里拵教室下装咖空调哒。

tɕi³³·nin lau⁴⁵⁻³³tɕiau²⁴ɕi²²xa²¹³⁻²¹tsuan⁴⁵ka³³kʰon⁴⁵tiau¹¹ta²².

10 帽子被风吹走了。

帽子得风吹走咖哒。

mau²¹³·tsɿ te²²xon⁴⁵tɕʰy⁴⁵tsəu³³ka³³ta²².

风拵帽子吹走咖哒。

xon⁴⁵lau⁴⁵⁻³³mau²¹³·tsɿ tɕʰy⁴⁵tsəu³³ka³³ta²².

11 张明被坏人抢走了一个包，人也差点儿被打伤。

　　张俫唧渠只包得别个抢走哒，人也差点唧得别个打哒。

　　tɕian⁴⁵ lai³³·tɕi tɕi³³ tɕia²² pau⁴⁵ te²² pie¹¹·ko tɕʰian³³ tsəu³³ ta²², ɕin¹¹ ia³³ tsʰa⁴⁵ tie³³·tɕi te²² pie¹¹·ko ta³³ ta²².

12 快要下雨了，你们别出去了。

　　快落雨哒，你里莫出去哒。

　　kʰuai²⁴ lo¹¹ y³³ ta²², ni³³·nin mo¹¹ tɕʰy²² kʰe²² ta²².

13 这毛巾很脏了，扔了它吧。

　　箇帕子好邋遢哒，丢咖算哒啰。

　　ko³³ pʰa²⁴·tsɿ xau³³ la¹¹·tʰa ta²², tiu⁴⁵ ka³³ suen²⁴ ta²² lo³³.

14 我们是在车站买的车票。

　　我里是在站里买咯票。

　　ŋo³³·nin sɿ²¹³⁻²¹ tsai²¹³⁻²¹ tsan²¹ li³³ mai³³ ko²² pʰiau²⁴.

15 墙上贴着一张地图。

　　壁头高头贴哒张地图。

　　pia²²·təu kau⁴⁵·təu tʰie²² ta²² tɕian⁴⁵ ti²¹³ tu¹¹.

16 床上躺着一个老人。

　　床高头睏哒只老唧。

　　tsuan¹¹ kau⁴⁵·təu kʰun²⁴ ta²² tɕia²² lau³³·tɕi.

17 河里游着好多小鱼。

　　箇只河里好多小鱼。

　　ko³³ tɕia²² xo¹¹·li xau³³ to⁴⁵ ɕiau³³ y¹¹.

　　好多小鱼在箇河里头游。

　　xau³³ to⁴⁵ ɕiau³³ y¹¹ tsai²¹ ko³³ xo¹¹·li·təu iu¹¹.

18 前面走来了一个胖胖的小男孩。

　　头前来哒一个雷壮咯小俫唧。

　　təu¹¹ tɕien¹¹ lai¹¹ ta²² i²² ko²⁴ lui⁴⁵ tsuan²⁴ ko²² xiau³³ lai³³·tɕi.

19 他家一下子死了三头猪。

　　渠屋一下死咖三头猪。

　　tɕi³³ u²² i²² xa²¹³ sɿ³³ ka⁴⁵ san⁴⁵ təu¹¹ tɕy⁴⁵.

20 这辆汽车要开到广州去。／这辆汽车要开去广州。

箇（只）车要开广州去。

ko^{33} (tɕia^{22}) tɕ^{h}ie^{45}iau^{22}k^{h}ai^{45}kuan^{33}tɕiu^{33}k^{h}e^{24}.

/箇（只）车要开哒到广州去。

ko^{33} (tɕia^{22}) tɕ^{h}ie^{45}iau^{22}k^{h}ai^{45}ta^{22}tau^{24}kuan^{33}tɕiu^{33}k^{h}e^{24}.

21 学生们坐汽车坐了两整天了。

箇些学生车坐咖两天整咯。

ko^{33}·ɕie ɕio^{11}·sen tɕ^{h}ie^{45}tso$^{213-21}$ka^{22}lian^{33}t^{h}ien^{45}ken^{33}ko^{22}.

/箇些学生坐车坐咖两天整咯哒。

ko^{33}·ɕie ɕio^{11}·sen tso$^{213-21}$tɕ^{h}ie^{45}tso$^{213-21}$ta^{22}lian^{33}t^{h}ien^{45}ken^{33}ko^{22}ta^{22}.

22 你尝尝他做的点心再走吧。

你尝下渠做咯点心再走啰。

ni^{33}ɕian^{11}xa$^{213-21}$tɕi^{33} tsu^{24}ko^{22}tien^{33}·ɕin tsai^{24}tsəu^{33}lo^{33}.

/渠做咯点心你尝下再走啰。

tɕi^{33}tsu^{24}ko^{22}tien^{33}·ɕin ni^{33}ɕian^{11}xa$^{213-21}$tsai^{24}tsəu^{33}lo^{33}.

23 a. 你在唱什么？b. 我没在唱，我放着录音呢。/我在唱山歌。

a. 你在唱吗咯？

ni^{33}tsai$^{213-21}$tɕ^{h}ian^{24}ma^{45}ko^{22}?

b. 我冇唱吗咯，我在放录音/我在唱山歌。

ŋo^{33} mau^{213} tɕ^{h}ian^{24} ma^{45} ko^{22}, ŋo^{33} tsai$^{213-21}$fan^{24} lu^{11} in^{45}. /ŋo^{33} tsai$^{213-21}$tɕ^{h}ian^{24}san^{45}ko^{45}.

24 a. 我吃过兔子肉，你吃过没有？b. 我也吃过。/没有，我没吃过。

a. 我吃过兔子肉，你吃过冇？

ŋo^{33}tɕ^{h}ia^{22}·ko t^{h}u^{24}·tsɿ ɕiu^{11}, ni^{33}tɕ^{h}ia^{22}·ko mau^{11}?

b. 我也吃过。/冇，我冇吃过。

ŋo^{33}ia^{33}tɕ^{h}ia^{22}·ko. /mau^{213}, ŋo^{33}mau^{213}tɕ^{h}ia^{22}·ko.

25 我洗过澡了，今天不打篮球了。

我洗咖澡哒，今日不打篮球哒。

ŋo^{33}ɕi^{33}ka^{33}tsau^{33}ta^{22}, tɕi^{45}ɕi^{11}pu^{22}ta^{33}lan^{11}tɕiu^{11}ta^{22}.

26 我算得太快算错了，让我重新算一遍。

我算得太快哒，下错咖哒，得我来再算一到。

ŋo³³ suen²⁴ te²² tʰai²⁴ kʰuai²⁴ ta²², xia²¹³⁻²¹ tsʰo²⁴ ka³³ ta²², te²² ŋo³³ lai¹¹ tsai²⁴ suen²² i²² tau²⁴.

27 他一高兴就唱起歌来了。

渠一高兴，下唱起来哒。

tɕi³³ i²² kau⁴⁵ ɕin²⁴, xa²¹³⁻²¹ tɕʰian²⁴ tɕʰi³³ lai¹¹ ta²².

28 谁刚才议论我老师来着？

刚刚哪个讲我老师啊？

kan⁴⁵·kan na³³·ko kuan³³ ŋo³³ lau³³ sɿ⁴⁵ a¹¹?

29 只写了一半，还得写下去。

只写哒一半，还要写。

tsɿ²² ɕia³³ ta²² i²² pen²⁴, xai¹¹ iau²² ɕia³³.

30 你才吃了一碗米饭，再吃一碗吧。

你才吃一碗饭，还吃一碗啰。

ni³³ tsai¹¹ tɕʰia²² i²² uen³³ fan²¹, xai¹¹ tɕʰia²² i²² uen³³ lo³³.

31 让孩子们先走，你再把展览仔仔细细地看一遍。

得细阶唧走咖，你再把展览看细点唧。

te²² ɕi²² kai⁴⁵·tɕi tsəu³³ ka³³, ni³³ tsai²² pa³³ tɕien³³ lan³³ kʰan²⁴ ɕi²⁴ tie³³·tɕi.

得细阶唧先走，你再细看一下展览。

te²² ɕi²² kai⁴⁵·tɕi ɕien⁴⁵ tsəu³³, ni³³ tsai²² ɕi²⁴ kʰan²⁴ i²² xa¹¹ tɕien³³ lan³³.

32 他在电视机前看着看着睡着了。

渠看电视，看哒看哒就睏着哒。

tɕi³³ kʰan²⁴ tien²¹³ sɿ²¹³⁻²¹, kʰan²⁴ ta²² kʰan²⁴ ta²² tɕiu²¹³⁻²¹ kʰun²⁴ tɕio¹¹ ta²².

33 你算算看，这点钱够不够花？

你算下看，箇点钱有哒不？

ni³³ suen²⁴ xa²¹³⁻²¹ kʰan²², ko³³ tie³³ tɕien¹¹ iu³³ ta²² pu²²?

34 老师给了你一本很厚的书吧？

老师得哒你一本很厚咯书吧？

lau³³ sɿ⁴⁵ te²² ta²² ni³³ i²² pin³³ xe⁴⁵ xəu²¹³⁻²¹ ko²² ɕy⁴⁵ pa¹¹?

老师得本很厚咯书得你哒吧？

lau³³ sʅ⁴⁵ te²² pin³³ xe⁴⁵ xəu²¹ ko²² çy⁴⁵ te²² ni³³ ta²² pa¹¹?

35 那个卖药的骗了他一千块钱呢。

那只卖药咯骗咖渠一千块钱嗟。

na²¹³ tɕia²² mai²¹³⁻²¹ io¹¹ ko²² pʰien²⁴ ka³³ tɕi³³ i²² tɕʰien⁴⁵ kʰuai³³ tɕien¹¹ tɕia³³.

36 a. 我上个月借了他三百块钱。b. 我上个月借了他三百块钱。

　a. 我上个月借哒渠三百块钱。（借入）

ŋo³³ çian²¹³ ko²² ye¹¹ tɕia²⁴ ta²² tɕi³³ san⁴⁵ pe²² kʰuai³³ tɕien¹¹.

　b. 我上个月借得渠三百块钱。（借出）

ŋo³³ çian²¹³ ko²² ye¹¹ tɕia²⁴ te²² tɕi³³ san⁴⁵ pe²² kʰuai³³ tɕien¹¹.

37 a. 王先生的刀开得很好。b. 王先生的刀开得很好。

　a. 渠咯刀开得蛮好。（渠是医生）

tɕi³³ ko²² tau⁴⁵ kʰai⁴⁵ te²² man¹¹ xau³³.

　b. 渠箇刀开得蛮好。（渠是病人）

tɕi³³ ko³³ tau⁴⁵ kʰai⁴⁵ te²² man¹¹ xau³³.

38 我不能怪人家，只能怪自己。

我不能怪别个，只能怪自家。

ŋo³³ pu²² nən¹¹ kuai²² pie¹¹ · ko, tsʅ³³ nən¹¹ kuai²² tsʅ²¹ ka³³.

39 a. 明天王经理会来公司吗？b. 会来的。/我看他不会来。

　a. 明日王经理会来公司不？

mian¹¹ çi¹¹ uan¹¹ tɕin⁴⁵ li³³ fei¹¹ lai¹¹ kon⁴⁵ sʅ⁴⁵ pu²²?

　b. 会来咯。/我看渠不得来。

fei²¹³ lai¹¹ · ko. / ŋo³³ kʰan²² tɕi³³ pu²² te²² lai¹¹.

40 我们用什么车从广州往这里运家具呢？①

我里得只吗咯车从广州运家具到箇来啰？

ŋo³³ · nin te²² tɕia²² ma⁴⁵ ko²² tɕʰie⁴⁵ tson¹¹ kuan³³ tɕiu⁴⁵ yn²¹³ tɕia⁴⁵ tɕy²¹³⁻²¹ tau²⁴ ko³³ lai¹¹ lo³³?

41 他像个病人似的靠在沙发上。

---

① 原例句为"南京"，衡阳通常从广州运家具，故改。

渠和只病人样靠哒沙发高头。

tɕi³³ xo¹¹ tɕia²² pian²¹³ ɕin¹¹ ian²¹³⁻²¹ kʰau²⁴ ta²² sa⁴⁵ fa²² kau⁴⁵ ·təu.

42 这么干活连小伙子都会累坏的。

照箇样咯做，连只俫唧都会吃不消。

tɕiau²⁴ ko³³ ian²¹³⁻²¹ ko²² tsu²⁴, lien¹¹ tɕia²² lai³³ ·tɕi tu⁴⁵ fei¹¹ tɕʰia²² pu²² ɕiau⁴⁵.

43 他跳上末班车走了。我迟到一步，只能自己慢慢走回学校了。

渠赶哒末班车走咖哒。我来暗哒点唧，只有走哒去学校。

tɕi³³ kan³³ ta²² mo¹¹ pan⁴⁵ tɕʰie⁴⁵ tsəu³³ ka³³ ta²², ŋo³³ lai¹¹ ŋan²⁴ ta²² tie³³ ·tɕi, tsɿ²² iu³³ tsəu³³ ta²² kʰe²⁴ ɕio¹¹ ɕiau²¹.

44 这是谁写的诗？谁猜出来我就奖励谁十块钱。

箇是哪个写咯诗？你哪个猜出来，我奖得你十块钱。

ko³³ sɿ²¹³⁻²¹ na³³ ·ko ɕia³³ ko²² sɿ⁴⁵？ ni³³ na³³ ·ko tsʰai⁴⁵ tɕʰy²² lai¹¹, ŋo³³ tɕian³³ te¹¹ ni³³ ɕi¹¹ kʰuai³³ tɕien¹¹.

45 我给你的书是我教中学的舅舅写的。

我得你咯书是我教中学咯舅舅写咯．

ŋo³³ te²² ni³³ ko²² ɕy⁴⁵ sɿ²¹³⁻²¹ ŋo³³ kau²⁴ tson⁴⁵ ɕio¹¹ ko²² tɕiu²¹ ·tɕiu ɕia³³ ko²².

46 你比我高，他比你还要高。

你比我高，渠比你还要高。

ni³³ pi³³ ŋo³³ kau⁴⁵, tɕi³³ pi³³ ni³³ xai¹¹ iau²⁴ kau⁴⁵.

47 老王跟老张一样高。

老王跟老张一样高。／老王跟老张差不多高。

lau³³ uan¹¹ ken⁴⁵ lau³³ tɕian⁴⁵ i²² ian²¹ kau⁴⁵. ／ lau³³ uan¹¹ ken⁴⁵ lau³³ tɕian⁴⁵ tsʰa⁴⁵ pu²² to⁴⁵ kau⁴⁵.

48 我走了，你们俩再多坐一会儿。

我走哒，你两个多坐下唧。

ŋo³³ tsəu³³ ta²², ni³³ lian³³ ·ko to⁴⁵ tso²¹³ xa²¹³⁻²¹ ·tɕi.

49 我说不过他，谁都说不过这个家伙。

我讲渠不赢，哪个都讲渠不赢。

ŋo³³ kuan³³ tɕi³³ pu²² ian¹¹, na³³ ·ko tu³³ kuan³³ tɕi³³ pu²² ian¹¹.

50 上次只买了一本书，今天要多买几本。

上回只买哒一本书，今日要多买几本。

ɕian²¹³ fa¹¹ tsʅ²² mai³³ ta²² i²² pin³³ ɕy⁴⁵，tɕi⁴⁵ ɕi¹¹ iau²⁴⁻²² to⁴⁵ mai³³ tɕi³³ pin³³.

附录二

语篇转写

1. 你走哪里去哒

甲：你走哪里去哒？

tɕia²² ：ni³³ tsəu³³ na³³ · ti kʰe²⁴ ta²² ?

乙：我走公园去哒。

ie²² ：ŋo³³ tsəu³³ kən⁴⁵ yen¹¹ kʰe²⁴ ta²² .

甲：你到公园去哒，那动物园去冇啦？

tɕia²² ：ni³³ tau²⁴⁻²² kən⁴⁵ yen¹¹ kʰe²⁴ ta²² , na²¹³⁻²¹ tən²¹³ fu¹¹ yen¹¹ kʰe²⁴ mau²¹³⁻²¹ la³³ ?

乙：冇去。

ie²² ：mau²¹³ kʰe²⁴⁻²² .

甲：那里有只长尾巴猴子，新来咯，你看到哒冇？

tɕia²² ：na²¹³ · ti iu³³ tɕia²² tɕian¹¹ ui³³ · pa xəu¹¹ · tsʅ , ɕin⁴⁵ lai¹¹ ko²² , ni³³ kʰan²⁴ tau³³ ta²² mau²¹³⁻²¹ ?

乙：我看到哒，那死猴子尾巴下刁哒我脑高头来哒。

ie²² ：ŋo³³ kʰan²⁴ tau³³ ta²² , na²¹³ sʅ³³ xəu¹¹ · tsʅ ui³³ · pa xa²¹³⁻²¹ tiau⁴⁵ ta²² ŋo³³ nau³³ kau⁴⁵ təu¹¹ lai¹¹ ta²² .

甲：你冇走动物园去吗又看到哒？你不是讲冇去，你吗又去哒啦？

tɕia²² ：ni³³ mau²¹³⁻²¹ tsəu³³ tən²¹³ fu¹¹ yen¹¹ kʰe²⁴ ma⁴⁵ iu²¹³⁻²¹ kʰan²⁴ tau³³ ta²² ? ni³³ pu²² sʅ²¹³⁻²¹ kuan³³ mau²¹³ kʰe²⁴⁻²² , ni³³ ma⁴⁵ iu²¹³⁻²¹ kʰe²⁴ ta²² la³³ ?

乙：讲错哒。我不记得哒。

ie^{22}：kuan^{33} ts^{h}o^{24} ta^{22}. ŋo^{33} pu^{22} tɕi^{24} te^{22} ta^{22}.

　　甲：那你看到那猴子哒啰？

　　tɕia^{22}：na^{213} ni^{33} k^{h}an^{24} tau^{33} na$^{213-21}$ xəu^{11}·tsɿ ta^{22} lo^{33}？

　　乙：那，看到哒。猴子尾巴刁我脑头上来哒。

　　ie^{22}：na^{213}, k^{h}an^{24} tau^{33} ta^{22}. xəu^{11}·tsɿ ui^{33}·pa tiau^{45} ŋo^{33} nau^{33} təu^{11} xan$^{213-21}$ lai^{11} ta^{22}.

　　甲：那你到游乐园去冇啦？

　　tɕia^{22}：na^{213} ni^{33} tau^{33} iu^{11} lo^{11} yen^{11} k^{h}e^{24} mau$^{213-21}$ la^{33}？

　　乙：到游乐园我冇去哒。

　　ie^{22}：tau^{33} iu^{11} lo^{11} yen^{11} ŋo^{33} mau^{213} k^{h}e^{24} ta^{22}.

　　甲：你吗理冇去啦？

　　tɕia^{22}：ni^{33} ma$^{45-33}$ li^{33} mau$^{213-21}$ k^{h}e^{24} la^{33}？

　　乙：冇得时间哒吵。

　　ie^{22}：mau$^{213-21}$ te^{22} sɿ^{11} kan$^{45-33}$ ta^{22} sa^{11}.

　　甲：那你去箇久做吗咯去？

　　tɕia^{22}：na^{213} ni^{33} k^{h}e^{24} ko^{33} tɕiu^{33} tsu$^{24-21}$ ma^{45} ko^{22} k^{h}e^{24} ta^{22}？

　　乙：我碰到一个老邻居，渠在讲话，紧讲得紧讲得，讲起我又不好走得。

　　ie^{22}：ŋo^{33} pən^{24} tau^{33} i^{22}·ko lau^{33} tin^{11}·tɕy, tɕi^{33} tsai$^{213-21}$ kuan^{33} fa^{213}, tɕin^{33} kuan^{33} te^{22} tɕin^{33} kuan^{33} te^{22}, kuan^{33} tɕ^{h}i^{33} ŋo^{33} iu$^{213-21}$ pu^{22} xau^{33} tsəu^{33} te^{22}.

　　甲：我要你带点小菜回来你带哒冇诶？

　　tɕia^{22}：ŋo^{33} iau$^{24-21}$ ni^{33} tai^{24} tie^{33} ɕiau^{33} ts^{h}ai$^{24-21}$ fei^{11} lai^{11} ni^{33} tai^{24} ta^{22} mau$^{213-21}$ e^{11}？

　　乙：不记得哒。

　　ie^{22}：pu^{22} tɕi^{24} te^{22} ta^{22}.

　　甲：那你现在赶快去买点唧来。

　　tɕia^{22}：na^{213} ni^{33} ɕien^{213} tsai$^{213-21}$ kan^{33} k^{h}uai$^{24-21}$ k^{h}e$^{24-21}$ mai^{33} tie^{33}·tɕi lai^{11}.

　　乙：莫着急啊，歇一下嗟。

　　ie^{22}：mo^{11} tɕio^{11} tɕi^{22} a^{11}, ɕie^{22} i^{22} xa$^{213-21}$ tɕia^{33}.

甲：还不去诶？要吃饭哒啦！

tçia^{22}：xai^{11} pu^{22} k^{h}e^{24} e^{33}？iau^{24} tç^{h}ia^{22} fan^{213} ta^{22}la^{33}！

乙：我在外面吃咖哒耶。

ie^{22}：ŋo^{33} tsai$^{213-21}$ uai^{213}·mien$^{213-21}$ tç^{h}ia^{22} ka^{33} ta^{22} ie^{33}.

甲：哦，你吃饱哒你就不管别个哒？

tçia^{22}：o^{11}，ni^{33} tç^{h}ia^{22} pau^{33} ta^{22} ni^{33} tçiu$^{213-21}$ pu^{22} kuen^{33} pie^{11}·ko ta^{22}？

乙：今日随便吃点唧算哒啰，明日再去买啰。

ie^{22}：tçi^{45} çi^{11} tsui^{11} pien$^{213-21}$ tç^{h}ia^{22} tie^{33}·tçi suen^{24} ta^{22} lo^{33}，mian^{11} çi^{11}tsai^{24} k^{h}e^{24} mai^{33} lo^{33}.

丙：今日随便吃点唧算哒，今日我买哒鳅鱼和鳝鱼。

pin^{33}：tçi^{45} çi^{11} tsui^{11} pien$^{213-21}$ tç^{h}ia^{22} tie^{33}·tçi suen^{24} ta^{22}，tçi^{45} çi^{11}ŋo^{33} mai^{33} ta^{22} tç^{h}iu^{45} y^{11} xo^{11} çien^{213} y^{11}.

甲：你明日要走哒，明日买吗东西你也吃不到哒吵。

tçia^{22}：ni^{33} mian^{11} çi^{11} iau^{24} tsəu^{33} ta^{22}，mian^{11} çi^{11} mai^{33} ma^{45} təŋ^{45}·çi ni^{33} ia^{33} tç^{h}ia^{22} pu^{22} tau^{33} ta^{22} sa^{11}.

丙：吃不到回来再吃吵。

pin^{33}：tç^{h}ia^{22} pu^{22} tau^{33} fei^{11} lai^{11} tsai^{24} tç^{h}ia^{22} sa^{11}.

甲：回来再吃，有些东西回来就冇得哒。

tçia^{22}：fei^{11}lai^{11}tsai^{24}tç^{h}ia^{22}，iu^{33} çi təŋ^{45}·çi fei^{11}lai^{11}tçiu$^{213-21}$mau$^{213-21}$ te^{22} ta^{22}.

丙：冇得就算哒啰。

pin^{33}：mau$^{213-21}$ te^{22}tçiu$^{213-21}$ suen^{24} ta^{22} lo^{33}.

甲：好啰好啰。

tçia^{22}：xau^{33} lo^{33} xau^{33} lo^{33}.

普通话大意

甲：你上哪儿去了？

乙：我到公园去了。

甲：你到公园去，那动物园去了吗？

乙：没去。

甲：那里有只长尾巴猴子，新来的，你看到了吗？

乙：我看到了，那死猴子尾巴都扫到我头上来了。

甲：你没去动物园怎么又看到了？你不是说没去，怎么你又去了呢？

乙：说错了。我忘了。

甲：那你看到那猴子了？

乙：那，看到了。猴子尾巴甩到我头上来了。

甲：那你到游乐园去了吗？

乙：到游乐园我没去了。

甲：你为什么没去呢？

乙：没时间了嘛。

甲：你去这么长时间干什么去了？

乙：我碰到一个老邻居，他在说话，老说老说，说得我又不好意思走。

甲：我要你带点小菜回来你带了吗？

乙：忘了。

甲：那你现在赶快去买点儿来。

乙：别着急，休息一下再说。

甲：还不去呀？该吃饭了呢！

乙：我在外面吃了。

甲：哦，你吃饱了你就不管别人了吗？

乙：今天随便吃点算了，明天再去买吧。

丙：今天随便吃点算了，今天我买了鳅鱼和鳝鱼。

甲：你明天要走了，明天买什么东西你也吃不到了呀。

丙：吃不到回来再吃嘛。

甲：回来再吃，有些东西回来就没有了。

丙：没有就算了嘛。

甲：好吧。

2. 捡被筒菇

甲：那时候天天捡被筒菇。

tɕia^{22}：na^{213} sʅ^{11}·xəu t^{h}ien^{45} t^{h}ien^{45} tɕien^{33} pi^{213} tən^{11} ku^{45}.

乙：被筒菇捡哒做吗咯啦？

ie²²：pi²¹³ tən¹¹ ku⁴⁵ tɕien³³ ta²² tsu²⁴ ma⁴⁵ ko²² la³³?

甲：捡得猪吃咻，捡篮咯篮咻。别个落起箇雨在屋里头烀火喋，我落起箇雨在晾里捡被筒菇。

tɕia²²：tɕien³³ te²² tɕy⁴⁵ tɕʰia²² sa¹¹, tɕien³³ lan⁴⁵ ko²² lan⁴⁵ sa¹¹. pie¹¹·ko lo¹¹ tɕʰi³³ ko³³ y³³ tsai²¹³⁻²¹ u²² ti·təu tɕia²² xo²² tie, ŋo³³ lo¹¹ tɕʰi³³ ko³³ y³³ tsai²¹³ tian²¹³·ti tɕien³³ pi²¹³ tən¹¹ ku⁴⁵.

丙：你吗哈来！烀火咯天哪有被筒菇嗟？

pin³³：ni³³ ma⁴⁵ xa³³ lai¹¹! tɕia²² xo³³ ko²² tʰien⁴⁵ na³³ iu³³ pi²¹³ tən¹¹ ku⁴⁵ tɕia³³?

甲：箇是三月前唧咻，箇就开始捡被筒菇哒咻，箇前唧落雨不坐哒屋里头啊？

tɕia²²：ko³³ sʅ²¹³⁻²¹ san⁴⁵ ye¹¹ tɕien¹¹·tɕi sa¹¹, ko³³ tɕiu²¹³⁻²¹ kʰai⁴⁵ sʅ³³ tɕien³³ pi²¹³ tən¹¹ ku⁴⁵ ta²² sa¹¹, ko³³ tɕien¹¹·tɕi lo¹¹ y³³ pu²² tso²¹³ ta²² u²²·li təu¹¹ a¹¹?

乙：那吗被筒菇是不是有点像木耳样啦？

ie²²：na²¹³ ma⁴⁵ pi²¹³ tən¹¹ ku⁴⁵ sʅ²¹³ pu²² sʅ²¹³ iu³³ tie³³ tɕian²¹³⁻²¹ mu²² e³³ ian²¹³⁻²¹ la³³?

丙：是啰。

pin³³：sʅ²¹³ lo³³.

乙：以前别个拗被筒菇当木耳卖得你，是不是那样咯啦？

ie²²：i³³ tɕien¹¹ pie¹¹·ko lau⁴⁵ pi²¹³ tən¹¹ ku⁴⁵ tan²⁴ mu²² e³³ mai²¹³ te²² ni³³, sʅ²¹³ pu²² sʅ²¹³ na²¹³ ian²¹³⁻²¹ ko²² la³³?

丙：是咯。

pin³³：sʅ²¹³ ko²².

乙：那不是讲猪吃咯东西你也买回来哒？

ie²²：na²¹³ pu²² sʅ²¹³ kuan³³ tɕy⁴⁵ tɕʰia³³ ko²² tən⁴⁵·ɕi ni³³ ia³³ mai³³ fei¹¹ lai¹¹ ta²²?

甲：那你莫话，被筒菇调起煮起又好吃嗟。捡得人吃咯被筒菇要捡哪里咯啊，要捡那陡塝上咯，那柴窝里咯被筒菇，很大老只，肉力很厚咯耶，要捡那被筒菇吃，干净些，你捡箇平垱唧咯，猪屎牛屎，那是肥咯，不干净。

tçia²²：na²¹³ ni³³ mo¹¹ ua²¹³，pi²¹³ tən¹¹ ku⁴⁵ tiau¹¹ tçʰi³³ tçy³³ tçʰi³³ iu²¹³⁻²¹ xau³³ tçʰia²² tçia³³. tçien³³ te²² çin¹¹ tçʰia²² ko²² pi²¹³ tən¹¹ ku⁴⁵ iau²⁴ tçien³³ na³³ · ti ko²² a¹¹，iau²⁴ tçien³³ na²¹³⁻²¹ təu³³ kʰuen²⁴ xan²¹³⁻²¹ ko²²，na²¹³⁻²¹ tsai¹¹ xo⁴⁵ · ti ko²² pi²¹³ tən¹¹ ku⁴⁵，xe³³ tai²¹³ lau³³ tçia²²，çiu¹¹ ti¹¹ xe⁴⁵ xəu²¹³ ko²² ie³³，iau²⁴⁻²¹ tçien³³ na³³ pi²¹³ tən¹¹ ku⁴⁵ tçʰia²²，kan⁴⁵ tçin²¹³⁻²¹ · çi，ni³³ tçien³³ ko³³ pian¹¹ tan²⁴ · tçi ko²²，tçy⁴⁵ sʅ³³ niu¹¹ sʅ³³，na²¹³ sʅ²¹³⁻²¹ fei¹¹ ko²²，pu²² kan⁴⁵ · tçin.

乙：洗干净就是哒吣。

ie²²：çi³³ kan⁴⁵ · tçin tçiu²¹³⁻²¹ sʅ²¹³⁻²¹ ta²² sa¹¹.

甲：再洗洗不干净啦！渠是淤里长出咯啦！好，捡被筒菇呢卖咖卖咖，扯只箇白洋布煮起煮起，得我连只箇抄头裤放身上穿起。

tçia²²：tsai²⁴ çi³³ çi³³ pu²² kan⁴⁵ · tçin la³³！tçi³³ sʅ²¹³ y⁴⁵ · ti tçian³³ tçʰy²² ko²² la³³！xau³³，tçien³³ pi²¹³ tən¹¹ ku⁴⁵ ne³³ mai²¹³ ka³³ mai²¹³ ka³³，tçʰia³³ tçia²² ko³³ pe¹¹ ian¹¹ pu²⁴ tçy³³ tçʰi³³ tçy³³ tçʰi³³，te²² ŋo³³ tien¹¹ tçia²² ko³³ tsʰau⁴⁵ təu¹¹ kʰu²⁴⁻²² fan²⁴⁻²² çin⁴⁵ · xan tçʰyen⁴⁵ tçʰi³³.

普通话大意

甲：那呀，天天捡被筒菇。

乙：被筒菇捡来干什么用？

甲：捡给猪吃，一篮一篮地捡。人家下着这样的雨就在家里烤火，我呢，下着这样的雨却在野外捡被筒菇。

丙：你发傻呀，烤火的天哪有被筒菇呢？

甲：这是三月时候了，这时候就开始捡被筒菇了嘛，这时候下雨不是坐在家里吗？

乙：那种被筒菇是不是有点像木耳的样子？

丙：是的。

乙：以前别人拿被筒菇当木耳卖给你，是不是那样的呢？

丙：是的。

乙：那不就是说猪吃的东西你也买回来了？

甲：那你可别说，被筒菇煮起来又好吃呢。捡给人吃的被筒菇要捡哪里的呢，要捡那陡坡上的、柴堆里的，很大一个，肉很厚的，要捡那被筒菇吃，干净一点，你若捡平地的，猪屎牛屎，那是肥里（长出）的，不干净。

乙：洗干净就行了呗。

甲：再怎么洗也洗不干净的呀！它是淤里长出的！好了，捡被筒菇卖掉，扯上个白布煮上颜色，给我做这么一条抄头裤穿在身上。

3. 现在咯细阶唧

现在咯细阶唧，落实话，比我里那前唧好哪里去哒。我那前唧哪有吗条件啰！想读箇多书啊，莫消话。那呀，总总天天不是瞑牛打草就是砍柴，那前唧有得煤烧，天天要箇细阶唧出去杀柴。别个有些人杀柴还是有薯巴子带哒身上吃，我冇得。

çien²¹³ tsai²¹³ ko²² çi²⁴ kai⁴⁵·tçi , lo¹¹ çi¹¹ ua²¹³⁻²¹ , pi³³ ŋo³³·ninna²¹³ tçien¹¹·tçi xau³³ na³³·ti kʰe²⁴ ta²². ŋo³³ na²¹³ tçien¹¹·tçi na³³ iu³³ ma⁴⁵ tiau¹¹ tçien²¹³⁻²¹ lo³³！çian³³ tu¹¹ ko³³ to⁴⁵⁻³³ çy⁴⁵ a¹¹ , mo¹¹ çiau⁴⁵ ua²¹³·na²¹³ ia¹¹ , tsən¹¹·tsən tʰien⁴⁵ tʰien⁴⁵ pu²² sʅ²¹³⁻²¹ ian²⁴ niu¹¹ ta³³ tsʰau³³ tçiu²¹³ sʅ²¹³⁻²¹ kʰan³³ tsai¹¹ , na²¹³ tçien¹¹·tçi mau²¹³ te²² mei¹¹ çiau⁴⁵ , tʰien⁴⁵ tʰien⁴⁵ iau²⁴ ko³³ çi²⁴ kai⁴⁵·tçi tçʰy²² kʰe²⁴⁻²² sa²² tsai¹¹·pie¹¹·ko iu³³·çi çin¹¹ sa²² tsai¹¹ xai¹¹ sʅ²¹³⁻²¹ iu³³ çy¹¹ pa⁴⁵·tsʅ tai²⁴ ta²² çin⁴⁵ xan²¹³⁻²¹ tçʰia²² , ŋo³³ mau²¹³⁻²¹ te²² .

箇些人杀柴也有巧，秀唧呢，渠就杀那硬柴，根咯根，箇就好背不啰？但那冇好多。我呢，我就杀那毛柴子，我怕讲我有好多，毛柴子庞货大些哟，背就难背些。

ko³³·çi çin¹¹ sa²² tsai¹¹ ia³³ iu³³ tçʰiau³³ , çiu²⁴·tçi ne³³ , tçi³³ tçiu²¹³⁻²¹ sa²² na²¹³⁻²¹ ŋen²¹³ tsai¹¹ , ken⁴⁵ ko²² ken⁴⁵ , ko³³ tçiu²¹³⁻²¹ xau³³ pei⁴⁵ pu²² lo³³？ tan²¹³ na²¹³⁻²¹ mau²¹³⁻²¹ xau³³ to⁴⁵ . ŋo³³ ne³³ , ŋo³³ tçiu²¹³⁻²¹ sa²² na²¹³⁻²¹ mau¹¹ tsaʅ¹¹·tsʅ , ŋo³³ pʰa²⁴ kuan³³ mau²¹³⁻²¹ xau³³ to⁴⁵ , mau¹¹ tsai¹¹·tsʅ pan¹¹ xo²⁴⁻²¹ tai²¹³·çi sa¹¹ , pei⁴⁵ tçiu²¹³⁻²¹ nan¹¹ pei⁴⁵·çi .

我里那前唧总总不爱声话，冇得别个有欢乐。有一回，渠人杀柴打叉耍，拷只叉下打哒柴堆里去哒，找不到哒，正好我走渠边唧过，好，就话我拷去哒，话我吗理捡渠只叉，结果一找一找还是在柴窝里。那前唧得我哥哥扯只箇红格子布得我连只抄头裤，我都欢喜倒哒，那哪有箇前唧好，那当真是不一样嗟！

ŋo³³·nin na²¹³tɕien¹¹·tɕi tsən¹¹·tsən pu²² ai²⁴ ɕian⁴⁵ fa²¹³, mau²¹³ te²² pie¹¹·ko iu³³ fen⁴⁵ lo¹¹. iu³³ i²² fa¹¹, tɕi³³·nin sa¹¹ tsai¹¹ ta³³ tsʰa⁴⁵ sua³³, lau⁴⁵ tɕia²² tsʰa⁴⁵ xa²¹³⁻²¹ ta³³ ta²² tsai¹¹ tui⁴⁵·li kʰe²⁴ ta²², tsau³³ pu²² tau³³ ta²², tɕin²⁴ xau³³ ŋo³³ tsəu³³ tɕi³³ pien⁴⁵·tɕi ko²⁴, xau³³, tɕiu²¹³⁻²¹ ua²¹³ ŋo³³ lau⁴⁵ kʰe²⁴ ta²², ua²¹³⁻²¹ ŋo³³ ma⁴⁵·ti tɕien³³ tɕi³³ tɕia²² tsʰa⁴⁵, tɕie²² ko³³ i²² tsau³³ i²² tsau³³ xai¹¹ sɿ²¹³⁻²¹ tsai²¹³ tsai¹¹ xo⁴⁵·ti. na²¹³ tɕien¹¹·tɕi te²² ŋo³³ ko⁴⁵·ko tɕʰia³³ tɕia²² ko³³ xəŋ¹¹ ke²²·tsɿ pu²⁴ te²² ŋo³³ tien¹¹ tɕia²² tsʰau⁴⁵ təu¹¹ kʰu²⁴, ŋo³³ tu⁴⁵⁻³³ fuen⁴⁵ tɕʰi³³ tau³³ ta²², na²¹³ na³³ iu³³ ko³³ tɕien¹¹·tɕi xau³³, na²¹³ tan²⁴ tɕin⁴⁵ sɿ²¹³⁻²¹ pu²² i²² ian²¹³ tɕia³³！

普通话大意

现在的小孩儿，说真的，比我们那时候强到哪里去了。我那时候哪里有什么条件呢，读这么多书，没门儿。每天不是放牛打草就是砍柴，那时候没有煤烧，每天要这些小孩儿出去砍柴（来烧），人家有的人砍柴还有薯饼吃，我没有。

我们这些人砍柴也有窍门，秀秀她就砍那些硬柴，一根一根的，背起来方便，但那（看起来）不多。我呢，就砍那些毛柴，（因为）怕说我（砍的）不多，毛柴架得高，看起来大而多，但背起来不方便。

我那时候总不爱说话，不像别人那样高兴快乐，有一次，他们打柴的时候玩起了打叉的游戏，结果把一根叉打到柴堆里找不着了，正好我从那旁边经过，（他们）就说是我拿了，问我为什么捡他们的叉，结果找来找去还是在柴堆里。那时候我哥哥买了这么块红格布，给我缝一条抄头裤，我都欢喜得不得了，那哪有这时候好呀，那真是不一样！

4. 日想郎来夜想郎

日想郎来夜想郎，

zɿ¹¹ ɕian³³ lan¹¹ lai¹¹ ie²¹³ ɕian³³ lan¹¹,

好比蚕子想嫩桑。

xau³³ pi³³ tsan¹¹ tsɿ³³ ɕian³³ nun²¹³ suan⁴⁵.

蚕子想桑日子短，

tsan¹¹ tsɿ³³ ɕian³³ suan⁴⁵ zɿ¹¹·tsɿ tuen³³,

妹想郎来日子长。
mei²¹³ ɕian³³ lan¹¹ lai¹¹ ɕi¹¹ ·tsʅ tɕian¹¹.
不知何日郎家去，
pu²² tsʅ⁴⁵ xo¹¹ ɕi¹¹ lan¹¹ tɕia⁴⁵ tɕʰy²⁴,
不知何时才成双。
pu²² tsʅ⁴⁵ xo¹¹ ɕi¹¹ tsai¹¹ tɕin¹¹ suan⁴⁵.

普通话大意

日也想郎夜也想郎，好比蚕儿想桑叶。蚕儿想桑叶时间是有限的，妹妹想郎是无限的。不知道什么时候才能去郎家，不知道什么时候我们才能成双成对。

5. 朱陵洞咯故事

今天跟大家讲一只故事，箇只故事呢，连哒我里衡阳市古八景中间咯三只景。箇是哪三只景呢？一只是"石鼓江山锦绣华"，一只是"朱陵洞内诗千首"，还有"青草桥头酒百家"。

tɕin⁴⁵ tʰien⁴⁵ ken⁴⁵ ta²¹³ tɕia⁴⁵ kuan³³ i²² tɕia²² ku²⁴ ·sʅ, ko³³ tɕia²² ku²⁴ ·sʅ ne³³, lien¹¹ ta²² ŋo³³ ·nin xen¹¹ ian¹¹ sʅ²¹³ ku³³ pa²² tɕin³³ tson⁴⁵ kan⁴⁵ ko²² san⁴⁵ tɕia²² tɕin³³. ko³³ sʅ²¹³ na³³ san⁴⁵ tɕia²² tɕin³³ ne³³? i²² tɕia²² sʅ²¹ "ɕi¹¹ ku³³ tɕian⁴⁵ san⁴⁵ tɕin³³ ɕiu²⁴ fa¹¹", i²² tɕia²² sʅ²¹ "tɕy⁴⁵ lin¹¹ ton²¹³ nui²¹³ sʅ⁴⁵ tɕʰien⁴⁵ ɕiu³³", xai¹¹ iu³³ "tɕʰin⁴⁵ tsʰau³³ tɕiau¹¹ təu¹¹ tɕiu³³ pe²² tɕia⁴⁵".

箇只故事是箇样咯：
ko³³ tɕia²² ku²⁴ sʅ²¹ sʅ²¹ ko³³ ian²¹ ko²²:

青草桥头自古以来呢，就是我里衡阳市很繁荣咯地方，在古时候，箇只青草桥头呢，开哒很多箇咯酒家，所以呢箇只八景之一呢就有"青草桥头酒百家"。既然酒家很多，那么呢人口也多。

tɕʰin⁴⁵ tsʰau³³ tɕiau¹¹ təu¹¹ tsʅ²¹³ ku³³ i³³ lai¹¹ ne³³, tɕiu²¹³ sʅ²¹ ŋo³³ ·nin xen¹¹ ian¹¹ sʅ²¹³ xe⁴⁵ fan¹¹ yn¹¹ ko²² ti²¹³ faŋ⁴⁵, tsai²¹³ ku³³ sʅ¹¹ xəu²¹, ko³³ tɕia²² tɕʰin⁴⁵ tsʰau³³ tɕiau¹¹ ne³³, kai⁴⁵ ta²² xe⁴⁵ to⁴⁵ ko³³ ko²² tɕiu³³ tɕia⁴⁵, su³³ i³³ ne³³ ko³³ tɕia²² pa²² tɕin³³ tsʅ⁴⁵ i²² ne³³ tɕiu²¹ iu³³ "tɕʰin⁴⁵ tsʰau³³ tɕiau¹¹ təu¹¹ tɕiu³³ pe²² tɕia⁴⁵". tɕi²⁴ ɕien¹¹ tɕiu³³ tɕia⁴⁵ xe⁴⁵ to⁴⁵, na²¹³ ·mo ne³³ ɕin¹¹ kʰəu³³ ia³³ to⁴⁵.

相传呢，箇当地咯老百姓呢，每天会发现呢，有一个衡山人，在箇挑豆干子卖。衡山咯豆干子呢好出名，几好吃。但是，箇只豆制品渠有只特点，就是易得坏，不好保存。衡山呢离我里衡阳市呢，有50公里，100华里远。在古时候又冇得高速公路，又冇得汽车。靠两只脚走呢，那至少也要走一天整咯。但是，每天早上就有衡山人挑哒新鲜咯豆干子在箇卖。好，箇些老百姓就问渠：

ɕian⁴⁵ tɕyen¹¹ ne³³, ko³³ tan⁴⁵ ti²¹³ ko²² lau³³ pe²² ɕin²⁴ ne³³, mei³³ tʰien⁴⁵ fei²¹ fa²² ɕien²⁴ ne³³, iu³³ i²² ko²⁴ xen¹¹ san⁴⁵ ɕin¹¹, tsai²¹ ko³³ tʰiau⁴⁵ təu²¹³ kan⁴⁵ · tsɿ mai²¹³. xen¹¹ san⁴⁵ ko²² təu²¹³ kan⁴⁵ · tsɿ ne³³ xau³³ tɕʰy²² mian¹¹, tɕi³³ xau³³ tɕʰia²². tan²¹³ sɿ²¹, ko³³ tɕia²² təu²¹³ tsɿ²⁴ pʰin³³ tɕi³³ iu³³ tɕia²² te¹¹ tien³³, tɕiu²¹³ sɿ²¹ i²¹³ te²² fai²¹³, pu²² xau³³ pau³³ tsun¹¹. xen¹¹ san⁴⁵ ne³³ li¹¹ ŋo³³ · nin xen¹¹ ian¹¹ sɿ²¹³ ne, iu³³ u³³ ɕi¹¹ ko⁴⁵ li³³, i²² pe²² fa¹¹ li³³ yen³³. tsai²¹³ ku³³ sɿ¹¹ xəu²¹ iu²¹³ mau²¹³ te²² kau⁴⁵ su²² kon⁴⁵ lu²¹, iu²¹³ mau²¹³ te²² tɕʰi²⁴ tɕʰe⁴⁵. kʰau²⁴ lian³³ tɕia²² tɕio²² tsəu³³ ne³³, na²¹³ tsɿ²⁴ ɕiau³³ ya³³ iau²⁴ tsəu³³ i²² tʰien⁴⁵ ken³³ ko²². tan²¹³ sɿ²¹³, mei³³ tʰien⁴⁵ tsau³³ · xan tɕiu²¹³ iu³³ tɕia²² xen¹¹ san⁴⁵ ɕin¹¹ tʰiau⁴⁵ ta²² ɕin⁴⁵ ɕyen⁴⁵ ko²² təu²¹³ kan⁴⁵ · tsɿ tsai²¹ ko³³ mai²¹³. xau³³, ko³³ ɕie²² lau³³ pe²² ɕin²⁴ tɕiu²¹ uen²¹³ tɕi³³：

"诶，你是吗样走箇来咯诶？"

"e³³, ni³³ sɿ²¹³ ma⁴⁵ ian²¹³ tsəu³³ ko³³ lai¹¹ ko²² e¹¹？"

渠就讲："哦，衡山那里有只洞，我从那只洞进去，就走石鼓山底下箇只洞里头出来。"

tɕi³³ tɕiu²¹ kuan³³: "o²¹³, xen¹¹ san⁴⁵ na²¹³ li³³ iu³³ tɕia²² ton²¹³, ŋo³³ tson¹¹ na²¹³ tɕia²² ton²¹³ tɕin²⁴ kʰe²⁴, tɕiu²¹³ tsəu³³ ɕi¹¹ ku³³ san⁴⁵ ti³³ xa²¹ ko³³ tɕia²² ton²¹³ li³³ təu¹¹ tɕʰy²² lai¹¹."

好，老百姓就好奇，于是跟哒渠去看，箇只洞呢，就在石鼓山底下。石鼓山箇只风景呢是非常咯漂亮，所以古八景当中呢，就有"石鼓江山锦绣华"箇一景。

xau³³, lau³³ pe²² ɕin²⁴ tɕiu²¹³ xau²⁴ tɕi¹¹, y¹¹ sɿ²¹ ken⁴⁵ ta²² tɕi³³ kʰe²⁴ kʰan²⁴, ko³³ tɕia²² ton²¹³ ne³³, tɕiu²¹³ tsai²¹ ɕi¹¹ ku³³ san⁴⁵ ti³³ xa²¹. ɕi¹¹ ku³³ san⁴⁵ ko³³ tɕia²² xon⁴⁵ tɕin³³ ne³³ sɿ²¹ fei⁴⁵ ɕian¹¹ ko²² pʰiau²⁴ lian²¹, su³³ i³³ ku³³ pa²² tɕin³³ tan⁴⁵ tson⁴⁵ ne³³, tɕiu²¹³ iu³³ "ɕi¹¹ ku³³ tɕian⁴⁵ san⁴⁵ tɕin³³ ɕiu²⁴ fa¹¹" ko³³ i²² tɕin³³.

箇朱陵洞呢，就是在箇只石鼓山底下。箇只朱陵洞呢，就喊朱陵后洞，箇只衡山人讲咯，渠从衡山一只洞进来，从箇只洞出来，渠那只洞呢也喊朱陵洞，那只洞叫朱陵前洞，箇只呢叫朱陵后洞。箇只故事有箇神奇。后来讲，有好多咯文人骚客来石鼓山底下呢，到哒箇朱陵洞里面呢，就题词啊，写诗啊，于是就有哒"朱陵洞内诗千首"，成哒另外一景。

ko³³ tɕy⁴⁵ lin¹¹ ton²¹³ ne³³, tɕiu²¹³ sɿ²¹³ tsai²¹³ ko³³ tɕia²² ɕi¹¹ ku³³ san⁴⁵ ti³³ xa²¹. ko³³ tɕia²² tɕy⁴⁵ lin¹¹ ton²¹³ ne³³, tɕiu²¹³ xan³³ tɕy⁴⁵ lin¹¹ xəu²¹³ ton²¹³. ko³³ tɕia²² xen¹¹ san⁴⁵ ɕin¹¹ kuan³³ ko²², tɕi³³ tson¹¹ xen¹¹ san⁴⁵ i²² tɕia²² ton²¹³ tɕin²⁴ lai¹¹, tson¹¹ ko³³ tɕia²² ton²¹³ tɕʰy²² lai¹¹, tɕi³³ na²¹³ tɕia²² ton²¹³ ne³³ ia³³ xan³³ tɕy⁴⁵ lin¹¹ ton²¹³. na²¹³ tɕia²² ton²¹³ tɕiau²⁴ tɕy⁴⁵ lin¹¹ tɕien¹¹ ton²¹³, ko³³ tɕia²² ne³³ tɕiau²⁴ tɕy⁴⁵ lin¹¹ xəu²¹³ ton²¹³. ko³³ tɕia²² ku²⁴ sɿ²¹ iu³³ ko³³ ɕin¹¹ tɕi¹¹. xəu²¹³ lai¹¹ kuan³³, iu³³ xau³³ to⁴⁵ ko²² uen¹¹ ɕin¹¹ sau⁴⁵ kʰe²² lai¹¹ ɕi³³ ku³³ san⁴⁵ ti³³ xa²¹ ne³³, tau²⁴ ta²² ko³³ tɕy⁴⁵ lin¹¹ ton²¹³ li³³ mien²¹ ne³³, tɕiu²¹³ ti¹¹ tsɿ¹¹ a³³, ɕie³³ sɿ⁴⁵ a³³, y¹¹ sɿ²¹ tɕiu²¹³ iu³³ ta²² "tɕy⁴⁵ lin¹¹ ton²¹³ nui²¹³ sɿ⁴⁵ tɕʰien⁴⁵ ɕiu³³", tɕin¹¹ ta²² lin²¹³ uai²¹³ i²² tɕin³³.

普通话大意

今天跟大家讲个故事，这个故事与我们衡阳市古八景里的三个景有关。

是哪三个景呢？一个是"石鼓江山锦绣华"，一个是"朱陵洞内诗千首"，还有一个是"青草桥头酒百家"。

这个故事是这样的：青草桥头，自古以来就是我们衡阳市非常繁荣的一个地方，古时候，这里开了很多酒家，所以八景之一就有"青草桥头酒百家"。既然酒家很多，那么人也一定是多的。相传，当地百姓每天都会看到有个衡山人挑了豆腐干在这里卖。衡山的豆腐干很有名，很好吃，但是豆制品有个特点，就是很容易坏，不好保存。衡山离市里有50公里，古时候有没有高速公路，也没有汽车，靠两只脚走路至少也要走一天才能到市里。但是，每天早上都有个衡山人挑了新鲜的豆腐干在青草桥头卖。所以百姓就有人问他：

"喂，你是怎样走到这里来的呢？"

他就说："哦～，衡山那边有个洞，我从那个洞里进去，就能从石鼓山下这个洞出来。"

老百姓就很好奇，跟着他去看现场，石鼓山底下确实有个洞。石鼓山的风景好，所以古八景当中就有"石鼓江山锦绣华"这一景。朱陵洞就是在这石鼓山底下。这个朱陵洞就叫朱陵后洞，衡山人说他从衡山一个洞进去，从这个洞出来，他那个洞也叫朱陵洞，那个洞叫朱陵前洞，这个叫朱陵后洞。这个故事很神奇。后来据说，很多文人墨客都来到石鼓山下，到朱陵洞里题词、写诗，玉石就有"朱陵洞内诗千首"，这个洞也就成了另外一景。

6. 来雁塔和珠晖塔

衡阳市呢自古以来呢都是风水宝地，但是箇只风水宝地呢并不是讲一开始就是咯。

xen^{11} ian^{11} sʅ^{213} · ne tsʅ$^{213-21}$ ku^{33} i^{33} lai^{11} · ne tu^{45} sʅ$^{213-21}$ fon^{45} sui^{33} pau^{33} ti$^{213-21}$, tan^{213} sʅ$^{213-21}$ ko^{33} tɕia^{22} fon^{45} sui^{33} pau^{33} ti$^{213-21}$ · ne pin^{24} pu^{22} sʅ$^{213-21}$ kuan^{33} i^{22} kʰai^{45} sʅ^{45} tɕiu^{213} sʅ^{213} ko^{22}.

相传在箇只湘江和蒸水还有耒水三江交界咯地方在古时候咯三江交汇之处呢，滩浅，浪多，很多箇些渔船和商船路过箇里，会受到风浪咯影响，好多船就沉，好多渔民就在箇里经常遇难。

ɕian^{45} tɕyen^{11} tsai$^{213-21}$ ko^{33} tɕia^{22} ɕian^{45} tɕian^{45} xo^{11} tɕin^{45} sui^{33} xai^{11} iu^{33} lui^{213} sui^{33} san^{45} tɕian^{45} tɕiau^{45} kai^{24} ko^{22} ti$^{213-21}$ · fan tsai^{213} ku^{33} sʅ^{11} · xəu ko^{22} san^{45} tɕian^{45} tɕiau^{45} fei^{21} tsʅ^{33} tɕʰy^{33} · ne, tʰan^{45} tɕʰien^{33}, lan$^{213-21}$ to^{45}, xe^{45} to^{45} ko^{33} ɕie^{33} y^{11} tɕyen^{11} xo^{11} ɕian^{45} tɕyen^{11} lu^{213} ko^{24} ko^{33} · ti, fei^{213} ɕiu^{213} tau^{24} fon^{45} lan^{21} ko^{22} in^{33} ɕian^{33}, xau^{33} to^{45} tɕyen^{11} tɕiu^{213} tɕin^{11}, xau^{33} to^{45} y^{11} min^{11} tɕiu^{213} tsai^{213} ko^{33} ti^{22} tɕin^{45} tɕian^{11} y^{213} nan^{213}.

后来有个人就请哒一个风水先生来看，箇只风水先生看咖箇只地方就讲，箇只地方是只鳌鱼所在地。箇只鳌鱼呢，冇事啊就喜欢动一下背，个一动背，箇只河啊就会掀起风浪。使得箇些渔船啊、商船啊、渔民啊，做生意咯人啊，就纷纷腾哒水里头死咖哒。

xəu^{213} · lai iu^{33} ko^{22} ɕin^{11} tɕiu$^{213-21}$ tɕʰian^{33} ta^{22} i^{22} ko^{24} fon^{45} sui^{33} ɕien^{45} sen^{45} lai^{11} kʰan^{24}, ko^{33} tɕia^{22} fon^{45} sui^{33} ɕien^{45} sen^{45} kʰan^{24} ka^{33} ko^{33} tɕia^{22}

ti²¹³⁻²¹ · fan tɕiu²¹³⁻²¹ kuan³³, ko³³ tɕia²² ti²¹³⁻²¹ · fan sʅ²¹³⁻²¹ tɕia²² ŋau¹¹ y¹¹ su³³ tsai²¹³ ti²¹³. ko³³ tɕia²² ŋau¹¹ y¹¹ · ne, mau²¹³ sʅ²¹³ a¹¹ tɕia²¹³⁻²¹ ɕi³³ · fen ton²¹³ i²² xa²¹³⁻²¹ pei²⁴, ko³³ i²² ton²¹³ pei²⁴, ko³³ tɕia²² xo¹¹ a¹¹ tɕiu²¹³ fei²¹³ ɕien⁴⁵ tɕʰi³³ xon⁴⁵ lan²¹³. sʅ³³ te²² ko³³ ɕie²² y¹¹ tɕyen¹¹ a¹¹, ɕian⁴⁵ tɕyen¹¹ a¹¹, y¹¹ min¹¹ a¹¹, tsu²⁴ sen⁴⁵ · i ko²² ɕin¹¹ a¹¹, tɕiu²¹³⁻²¹ fen⁴⁵ fen⁴⁵ tʰen³³ ta²² ɕy³³ li³³ · təu sʅ³³ ka³³ ta²².

  吗样能破解呢？好就请哒只道士，在河西呢，修哒一座塔，箇座塔呢是为哒镇箇只鳌鱼咯。塔修咖以后呢，当时箇只道士呢，就和箇只鳌鱼作法。作法呢为哒让箇只鳌鱼呢失去箇只法力。箇只道士呢就把箇只塔命名为来雁塔。在箇塔高头作法呢，使得箇只大雁啊，就往箇里飞，箇只雁呢在飞咯过程当中呢就屙屎，屙屎就腾哒箇只鳌鱼咯眼睛高头诶，就把箇只鳌鱼咯眼睛呢，就搞瞎咖哒，于是箇只鳌鱼就暂时平息下来哒。

ma⁴⁵ ian²¹³⁻²¹ nen¹¹ pʰo²⁴ kai³³ · ne? xau³³ tɕiu²¹³⁻²¹ tɕʰian³³ ta²² tɕia²² tau²¹³ · sʅ, tsai²¹³ xo¹¹ ɕi⁴⁵ · ne, ɕiu⁴⁵ ta²² i²² tso²¹³ tʰa²², ko³³ tso²¹³⁻²¹ tʰa²² · ne sʅ²¹³⁻²¹ ui²¹³ ta²² tɕin²⁴ ko³³ tɕia²² ŋao¹¹ y¹¹ ko²². tʰa²² ɕiu⁴⁵ ka³³ i³³ xəu²¹³ · ne, tan⁴⁵ sʅ¹¹ ko³³ tɕia²² tau²¹³ · sʅ · ne, tɕiu²¹³⁻²¹ xo¹¹ ko³³ tɕia²² ŋao¹¹ y¹¹ tso²² fa²². tso²² fa²² · ne ui²¹³ ta²² nian²¹³ ko³³ tɕia²² ŋao¹¹ y¹¹ · ne sʅ²² tɕʰy²⁴ ko³³ tɕia²² fa²² li¹¹. ko³³ tɕia²² tau²¹³ · sʅ · ne tɕiu²¹³⁻²¹ pa³³ ko³³ tɕia²² tʰa²² min²¹³ min¹¹ ui¹¹ lai¹¹ ien²⁴ tʰa²². tsai²¹³ ko³³ tʰa²² kau⁴⁵ · təu tso²² fa²² · ne, sʅ³³ te²² ko³³ tɕia²² ta²¹³ ien²⁴ a¹¹, tɕiu²¹³⁻²¹ uan³³ ko³³ · li fei⁴⁵, ko³³ tɕia²² ien²⁴ · ne tsai²¹³⁻²¹ fei⁴⁵ ko²² ko²⁴ tɕin¹¹ tan⁴⁵ tson⁴⁵ · ne tɕiu²¹³⁻²¹ o⁴⁵ sʅ³³, o⁴⁵ sʅ³³ tɕiu²¹³⁻²¹ tʰen³³ ta²² ko³³ tɕia²² ŋau¹¹ y¹¹ ko²² ŋan³³ · tɕin kau⁴⁵ təu¹¹ e³³, tɕiu²¹³⁻²¹ pa³³ ko³³ tɕia²² ŋau¹¹ y¹¹ ko²² ŋan³³ tɕin³³ · ne, tɕiu²¹³⁻²¹ kau³³ xa²² ka³³ ta²², y¹¹ sʅ²¹³⁻²¹ ko³³ tɕia²² ŋau¹¹ y¹¹ tɕiu²¹³⁻²¹ tsan²¹³ sʅ¹¹ pin¹¹ ɕi²² xa²¹³ lai¹¹ ta²².

  平息哒一段时间以后呢，鳌鱼并冇被镇住，过咖几百年以后呢，到哒清朝时期，又开始在作乱哒。箇时候呢老百姓又在想，呃，箇吗起哒一座宝塔吗还冇镇住箇只鳌鱼？

pin¹¹ ɕi²² ta²² i²² tuen²¹³ sʅ¹¹ kan⁴⁵ i³³ xəu²¹³ · ne, ŋau¹¹ y¹¹ pin²⁴ mau²¹³ pi²¹³ tɕin²⁴ tɕy²¹³, ko²⁴ ka³³ tɕi³³ pe²² nien¹¹ i³³ xəu²¹³ · ne, tau²⁴ ta²² tɕʰin⁴⁵ tɕiau¹¹ sʐ¹¹ tɕi¹¹, iu²¹³ kʰai⁴⁵ sʐ³³ tsai²¹³⁻²¹ tso²² luen²¹³ ta²². ko³³ sʐ¹¹ · xəu · ne lau³³ pe²² ɕin²⁴ iu²¹³ tsai²¹³⁻²¹ ɕian³³, e¹¹, ko³³ ma⁴⁵ tɕʰi³³ ta²² i²² tso²¹³ pau³³ tʰa²² ma⁴⁵ xai¹¹ mau²¹³ tɕin²⁴ tɕy²¹³ ko³³ tɕia²² ŋau¹¹ y¹¹?

好，后头又有一只法师就来哒，就讲：西边咯来雁塔只是镇住哒箇只鳌鱼咯一边，另外一边还有完全镇住，于是呢，就要在东边呢也起一座宝塔，而且起哒宝塔以后呢，就要在里头呢，要放一颗夜明珠，放哒夜明珠以后，利用夜明珠咯箇只光明咯力量，把箇只鳌鱼呢，彻底咯镇住。于是呢，就在东边呢，又起哒一座宝塔，箇只宝塔就命名为珠晖塔。

xau³³, xəu²¹³ · təu iu²¹³ iu³³ i²² tɕia²² fa²² · sʐ tɕiu²¹³⁻²¹ lai¹¹ ta²², tɕiu²¹³⁻²¹ kuan³³ : ɕi⁴⁵ pien⁴⁵ ko²² lai¹¹ ien²⁴ tʰa²² tsʐ²² sʐ²¹³⁻²¹ tɕin²⁴ tɕy²¹³ ta²² ko³³ tɕia²² ŋau¹¹ y¹¹ ko²² i²² pien⁴⁵, lin²¹³ uai²¹³ i²² pien⁴⁵ xai¹¹ mau²¹³ uen¹¹ tɕyen¹¹ tɕin²⁴ tɕy²¹³, y¹¹ sʐ²¹³ · ne, tɕiu²¹³ iau²⁴ tsai²¹³⁻²¹ ton⁴⁵ pien⁴⁵ · ne ia³³ tɕʰi³³ i²² tso²¹³ pau³³ tʰa²², e¹¹ tɕʰie⁵³ tɕʰi³³ ta²² pau³³ tʰa²² i³³ xəu²¹³ ne, tɕiu²¹³ iau²⁴ tsai²¹³ li³³ · təu · ne, iau²⁴ fan²⁴ i²² kʰo³³ ie²¹³ min¹¹ tɕy⁴⁵, fan²⁴ ta²² ie²¹³ min¹¹ tɕy⁴⁵ i³³ xəu²¹³, li²¹³ in²¹³ ie²¹³ min¹¹ tɕy⁴⁵ ko²² ko³³ tɕia²² kuan⁴⁵ min¹¹ ko²² li¹¹ lian²¹³⁻²¹, pa³³ ko³³ tɕia²² ŋau¹¹ y¹¹ · ne, tɕʰie²² ti³³ ko²² tɕin²⁴ tɕy²¹³. y¹¹ sʐ²¹³ · ne, tɕiu²¹³ tsai²¹³ ton⁴⁵ pien⁴⁵ · ne, iu²¹³ tɕʰi³³ ta²² i²² tso²¹³ pau³³ tʰa²², ko³³ tɕia²² pau³³ tʰa²² tɕiu²¹³⁻²¹ min²¹³ min¹¹ ui¹¹ tɕy⁴⁵ fei⁴⁵ tʰa²².

自从箇只珠晖塔修起以后，箇只三江交汇之处诶，从此诶，就冇得那多咯风浪哒，箇只地方就很平静哒，箇些渔民也好啊，三江也好啊，船啊就来往自由，就再也冇出现过事故。所以从那个时候开始呢，箇里就成为衡阳咯风水宝地哒。

tsʐ²¹³ tson¹¹ ko³³ tɕia²² tɕy⁴⁵ fei⁴⁵ tʰa²² ɕiu⁴⁵ tɕʰi³³ i³³ xəu²¹³, ko³³ tɕia²² san⁴⁵ tɕian⁴⁵ tɕiau⁴⁵ fei²¹ tsʐ³³ tɕʰy³³ · e①, tson¹¹ tsʰʐ³³ · e, tɕiu²¹³ mau²¹³ te²² na²¹³ to⁴⁵ ko²² xon⁴⁵ lan²¹³ ta²², ko³³ tɕia²² ti²¹³ · fan tɕiu²¹³ xe⁴⁵ pin¹¹ tɕin²¹³⁻²¹ ta²², ko³³ ɕie³³ y¹¹ min¹¹ ia³³ xau³³ a¹¹, san⁴⁵ tɕian⁴⁵ ia³³ xau³³ a¹¹, tɕyen¹¹ a¹¹ tɕiu²¹³⁻²¹ lai¹¹ uan³³ tsʐ²¹³ iu¹¹, tɕiu²¹³⁻²¹ tsai²⁴ ia³³ mau²¹³ tɕʰy²² ɕien²⁴ ko²⁴ sʐ²¹³ · ku. su³³ i³³ tson¹¹ na²¹³ · ko sʐ¹¹ · xəu kʰai⁴⁵ sʐ³³ · ne, ko³³ · ti

---

① 此处"诶"的轻声读音可以是 21。

tɕiu²¹³⁻²¹ tɕin¹¹ ui¹¹ xen¹¹ ian¹¹ ko²² xon⁴⁵ sui³³ pau³³ ti²¹ ta²².

普通话大意

衡阳市古来就是风水宝地，但这个风水宝地呢并非一开始就是的。古时候，相传在湘江、蒸水、耒水三江交界的地方，滩浅、浪多，很多渔船和商船路过这里，会受到风浪影响，很多船沉了，不少渔民遇难。后来有个人请了风水先生来看风水，这风水先生看了这个地方就说，这里是鳌鱼所在地。这鳌鱼没事就喜欢动动背，只要动一下背，河水就会掀起风浪。使得这些渔船、商船、渔民以及做事的人，纷纷掉到水里。

怎么能破解呢？人们就请来道士，在河西修一座塔，想要镇住这只鳌鱼。当时塔修好以后，道士就作法，作法是为了让鳌鱼失去身上的法力。这个道士将这个塔命名为来雁塔，在塔上作法，让大雁都往塔里飞，大雁飞的过程中会拉屎，屎掉在鳌鱼的眼睛上，将鳌鱼的眼睛弄瞎了，于是这鳌鱼就暂时安静下来了。

安静了一段时候以后，鳌鱼并没有被完全被镇住，过了几百年后，到清朝时，它又开始作乱了。这时候百姓又想，为什么建了一座宝塔还没镇住这只鳌鱼呢？后来又有一位法师来看，说西边的来雁塔只是镇住了这鳌鱼的这一边，另一边还没完全镇住，所以，要在东边也建一座宝塔，而且建了宝塔以后，还要在塔里放一颗夜明珠，利用夜明珠的这种光明力量，把鳌鱼彻底镇住。于是，人们在东边又建了一座宝塔，这个宝塔被命名为珠晖塔。自从这个珠晖塔建了以后，三江交汇处从此就没那么多的风浪了，这个地方就很平静了，这些渔民也好、船也好，在三江来往自如，再也没有出过事故。所以从那时候开始，这里就成为衡阳的风水宝地了。

7. 笑可以减肥

有一回，我和我一只耍得好箇妹唧在讲话，我两个下是衡阳咯，但是我两个讲咯话有时候一样，有时候连不一样，渠总总笑我。我不晓得讲只吗东西去哒，渠连笑起不得了嗟，还蒙只嘴巴只箇笑，笑起那只眼珠水都出来哒。

iu³³ i²² fa¹¹, ŋo³³ xo¹¹ ŋo³³ i²² tɕia²² sua³³ te²² xau³³ ko²² mei²¹³·tɕi tsai²¹³ kuan³³ fa²¹³, ŋo³³ lian³³·ko xa²¹³ sɿ²¹³ xen¹¹ ian¹¹ ko²², tan²¹³ sɿ²¹³ ŋo³³ nian³³ ko²² kuan³³ ko²² fa²¹³ i əu³³ sʅ¹¹ xəu²¹³ i²² ian²¹³, i əu³³ sʅ¹¹ · xəu lie¹¹ pu²² i²² ian²¹³, tɕi³³ tsən¹¹ · tsən ɕiau²⁴ ŋo³³. ŋo³³ pu²² ɕiau³³ te²² kuan³³ tɕia²² ma⁴⁵ ton⁴⁵ · ɕi tɕʰie²⁴ ta²², tɕi³³ lie¹¹ ɕiau²⁴ tɕʰi³³ pu²² te²² tiau³³ tɕia³³, xai¹¹ məŋ⁴⁵ tɕia²² tɕy³³ · pa tsʅ²² ko³³ ɕiau²⁴, ɕiau²⁴ tɕʰi³³ na²¹³ tɕia²² ŋan³³ tɕy⁴⁵ ɕy³³ tu⁴⁵ tɕʰy²² lai¹¹ ta²².

我晓得渠现在在减肥，我就流势逗渠讲："笑可以减肥嗟，你看我身材箇好，就是因为我每天都在笑。"渠不信："你净是箇捏怪，我吖不得上你当诶。"我就讲："我路来不捏怪，你死懒吗减得下来嗟，我稗要想只箇办法帮你减肥。"渠一默，诶，也有点道理，默起默起，把前头略话把下打脱哒，就也不笑哒。

ŋo³³ ɕiau³³ te²² tɕi³³ ɕien²¹³ tsai²¹³ tsai²¹ kan³³ fei¹¹, ŋo³³ tɕiu²¹³ tiu¹¹ ɕi⁴⁵ təu⁴⁵ tɕi³³ kuan³³ : "ɕiau²⁴ ko³³ i²² kan³³ fei¹¹ tɕia³³, ni³³ kʰan²⁴ ŋo³³ ɕin⁴⁵ tsai¹¹ ko³³ xau³³, tɕiu²¹³ sʅ²¹³ in⁴⁵ uei¹¹ ŋo³³ mei³³ tien⁴⁵ tu⁴⁵ tsai²¹³ ɕiau²⁴." tɕi³³ pu²² ɕin²⁴: "ni³³ tɕin²¹³ sʅ²¹³ ko²² nie¹¹ kuai²⁴, ŋo³³ ta³³ pu²² te²² ɕian²¹³ ni³³ tan²⁴ e¹¹." ŋo³³ tɕi əu²¹³ kuan³³: "ŋo³³ lu²⁴ lai¹¹ pu nie²² kuai²⁴, ni³³ sʅ¹¹ lan ma⁴⁵ kan³³ te²² xa²¹³ lai¹¹ tɕia³³, ŋo³³ pai²¹³ iau²⁴ ɕian³³ tɕia²² ko³³ pan²¹³ fa²² pan⁴⁵ ni³³ kan³³ fei¹¹." tɕi³³ i²² me¹¹, e⁴⁵, ia³³ iu³³ tie³³ tau²¹³ li³³, me¹¹ tɕʰi³³ me¹¹ tɕʰi³³, pa³³ tɕien¹¹ təu¹¹ ko²² fa²¹³ pa²⁴ xa²¹³ ta³³ tʰo²² ta²², tɕi əu²¹³ ia³³ pu²² ɕiau²⁴ ta²².

普通话大意

有一次，我和一个要好的女孩儿在聊天。我们两个都是衡阳人，但是我们说的话有时候一样，有时候一点儿都不同，她总是笑我。我不记得我说了什么，她笑得不行，还蒙着嘴巴一个劲儿地笑，笑得眼泪都流出来了。我知道她现在在减肥，我就马上逗她说："笑可以减肥呢！你看我身材这么好，就是因为我每天都在笑。"她不相信："你净骗人，我才不会上你的当呢！"我就说："我一向不骗人，你这么懒怎么减得下来啊？我特意想这个办法帮你减肥。"她一想，诶，也有点道理，想着想着，就把前面说的话忘了，也就不笑了。

参考文献

著作类

鲍厚星、崔振华：《长沙方言词典》，江苏教育出版社1993年版。

鲍厚星、崔振华、沈若云、伍云姬：《长沙方言研究》，湖南教育出版社1999年版。

北京大学中文系现代汉语教研室：《现代汉语专题教程》，北京大学出版社2003年版。

曹广顺：《近代汉语助词》，语文出版社1995年版。

陈晖：《涟源方言研究》，湖南教育出版社1999年版。

陈建民：《汉语口语》，北京出版社1984年版。

储泽祥：《邵阳方言研究》，湖南教育出版社1998年版。

范继淹：《范继淹语言学论文集》，语文出版社1986年版。

龚千炎：《中国语法学史》，语文出版社1997年版。

贺凯琳：《溆浦方言研究》，湖南教育出版社1999年版。

衡阳市地方志编撰委员会：《衡阳市志》，湖南人民出版社1998年版。

衡阳县民间文学集成编委会：《中国民间故事集成·湖南卷·衡阳县资料本》1987年版。

衡南县民间文学集成编委会：《中国民间故事集成·湖南卷·衡南县资料本》1987年版。

胡附：《数词和量词》，上海教育出版1984年版。

胡明扬：《汉语方言体貌论文集》，江苏教育出版1996年版。

胡裕树：《现代汉语》，上海教育出版社1998年版。

黄伯荣、廖序东：《现代汉语》，高等教育出版社1984年版。

黄伯荣：《汉语方言语法类编》，青岛出版社1996年版。

黄伯荣：《汉语方言语法调查手册》，广东人民出版社2001年版。

蒋冀骋、吴福祥：《近代汉语纲要》，湖南教育出版社1997年版。

教育部语言文字信息管理司、中国语言资源保护研究中心：《中国语言资源调查手册·汉语方言》，商务印书馆2017年版。

李临定：《现代汉语句型》，商务印书馆1986年版。

李临定：《现代汉语动词》，中国社会科学出版社1990年版。

李如龙、张双庆：《代词》（中国东南部方言比较研究丛书），暨南大学出版社1999年版。

李如龙、张双庆：《介词》（中国东南部方言比较研究丛书），暨南大学出版社2000年版。

李向农：《现代汉语时点时段研究》，华中师范大学出版社1997年版。

李小凡：《苏州方言语法研究》，北京大学出版社1998年版。

李英哲：《实用汉语参考语法（熊文华译）》，北京语言学院出版社1990年版。

李永明：《衡阳方言》，湖南人民出版社1986年版。

林玉山：《汉语语法学史》，湖南教育出版1983年版。

刘丹青：《语法调查研究手册》，上海教育出版社2008年版。

刘月华：《实用现代汉语语法》，外语教学与研究出版社1983年版。

陆俭明、马真：《现代汉语虚词散论》，北京大学出版社1985年版。

陆俭明：《八十年代中国语法研究》，商务印书馆1997年版。

吕叔湘：《汉语语法分析问题》，商务印书馆1979年版。

吕叔湘：《汉语语法论文集》，商务印书馆1984年版。

吕叔湘著、江蓝生补：《近代汉语指代词》，学林出版社1985年版。

吕叔湘：《现代汉语八百词（增订本）》，商务印书馆1999年版。

罗昕如：《湖南方言与地域文化研究》，湖南师范大学出版社2001年版。

马庆株：《汉语动词和动词性结构》，北京语言学院出版社1992年版。

孟琮、郑怀德、孟庆海、蔡文兰：《动词用法词典》，上海辞书出版社1987年版。

缪锦安：《汉语的语义结构和补语形式》，上海外语教育出版社1990年版。

彭兰玉、张登岐：《现代汉语》，高等教育出版社2013年版。

彭泽润：《衡山方言研究》，湖南教育出版社 1999 年版。

齐沪杨：《现代汉语空间问题研究》，学林出版社 1998 年版。

乔全生：《晋方言语法研究》，商务印书馆 2000 年版。

邵敬敏：《现代汉语疑问句研究》，华东师范大学出版社 1996 年版。

孙汝建：《语气和口气研究》，中国文联出版社 1999 年版。

孙锡信：《近代汉语语气词》，语文出版社 1999 年版。

汪国胜：《大冶方言语法研究》，湖北教育出版社 1994 年版。

王力：《汉语史稿》，中华书局 1980 年版。

王力：《王力文集（第九卷）》，山东教育出版社 1988 年版。

王力：《汉语语法史》，商务印书馆 1989 年版。

文炼：《处所时间和方位》，上海教育出版 1984 年版。

吴启主：《现代汉语教程》，湖南师范大学出版社 1990 年版。

吴启主：《汉语口语修辞研究》，文化教育出版社 1993 年版。

吴启主：《常宁方言研究》，湖南教育出版社 1998 年版。

伍云姬：《湖南方言语法系列》，湖南师范大学出版社 1996、1998、2000 年版。

夏俐萍、唐正大：《汉语方言语法调查问卷》，上海教育出版社 2021 年版。

项梦冰：《连城客家话语法研究》，语文出版社 1997 年版。

邢福义：《邢福义文集第六卷》，华中师范大学出版社 2019 年版。

邢福义：《现代汉语》，高等教育出版社 1991 年版。

徐慧：《益阳方言语法研究》，湖南教育出版社 2001 年版。

徐烈炯、邵敬敏：《上海方言语法研究》，华东师大出版社 1998 年版。

徐通锵：《历史语言学》，商务印书馆 1996 年版。

袁家骅：《汉语方言概要（第二版）》，文字改革出版社 1960 年版。

詹伯慧主：《汉语方言及方言调查》，湖北教育出版社 1991 年版。

张斌、胡裕树：《汉语语法研究》，商务印书馆 1989 年版。

张斌：《汉语语法学》，上海教育出版社 1998 年版。

张斌：《现代汉语描写语法》，北京：商务印书馆 2010 年版。

张斌：《新编现代汉语》，复旦大学出版社 2002 年版。

张敏：《认知语言学与汉语名词短语》，中国社会科学出版社 1998 年版。

张相：《诗词曲语辞汇释（上册）》，中华书局1956年版。

张晓勤：《宁远平话研究》，湖南教育出版社1999年版。

张一舟、张清源、邓英树：《成都方言语法研究》，巴蜀书社2001年版。

张谊生：《现代汉语副词研究》，学林出版社2000年版。

张谊生：《现代汉语副词探索》，学林出版社2004年版。

张振兴、何瑞：《全国汉语方言用字表稿》，中国社会科学出版社2023年版。

赵元任：《汉语口语语法》，商务印书馆1979年版。

曾毓美：《湘潭方言语法研究》，湖南大学出版社2001年版。

郑怀德、孟庆海：《形容词用法词典》，湖南出版社1991年版。

郑庆君：《常德方言研究》，湖南教育出版社1999年版。

周行健：《实用汉语用法词典》，国际文化出版社1990年版。

朱德熙：《现代汉语语法研究》，商务印书馆1980年版。

朱德熙：《语法讲义》，商务印书馆1982年版。

朱德熙：《语法答问》，商务印书馆1986年版。

论文类

鲍厚星、陈晖：《湘语的分区（稿）》，《方言》2005年第3期。

鲍厚星、陈晖：《湖南省的汉语方言（稿）》，《方言》2007年第3期。

陈重瑜：《"在+处所"的几个注脚》，《语言研究》1983年第1期。

陈芙、汪国胜：《汉语否定标记的语义指向》，《语言研究》2020年第4期。

陈平：《论现代汉语时间系统的三元结构》，《中国语文》1988年第6期。

崔振华：《长沙方言中的"起"》，《湖南师大学报》1985增刊。

范继淹：《是非问句的句法形式》，《中国语文》1982年第6期。

郭熙：《"放到桌子上""放在桌子上""放桌子上"》，《中国语文》1986年第1期。

胡明扬：《北京话的语气助词和叹词》，《中国语文》1981年第5—6期。

黄正德：《汉语正反问句的模组语法》，《中国语文》1988年第4期。

江蓝生：《汉语连—介词的来源及其语法化的路径和类型》，《中国语文》2012年第4期。

江蓝生：《连—介词表处所功能的来源及其非同质性》，《中国语文》2014年第6期。

金立鑫：《解决汉语补语问题的一个可行性方案》，《中国语文》2009年第5期。

劲松：《北京话的语气和语调》，《中国语文》1992年第2期。

李宇明：《动词重叠的若干句法问题》，《中国语文》1998年第2期。

林裕文：《谈疑问句》，《中国语文》1985年第2期。

刘月华：《动词重叠的表达功能及可重叠动词的范围》，《中国语文》1983年第1期。

陆俭明：《汉语口语句法里的易位现象》，《中国语文》1980年第1期。

陆俭明：《由"非疑问形式+呢"造成的疑问句》，《中国语文》1982年第6期。

陆俭明：《关于现代汉语里的疑问语气词》，《中国语文》1984年第5期。

吕叔湘：《疑问、否定、肯定》，《中国语文》1985年第4期。

梅祖麟：《汉语方言里虚词"著"字三种用法的来源》，《中国语言学报》1989年第3期。

彭兰玉：《变换分析法在汉语中的运用》，《衡阳师专学报》1996年第4期。

彭兰玉：《衡阳方言的语气词》，《方言》2003年第2期。

彭兰玉：《试析表示"体"的"在"》，《上海师范大学学报》1992年第3期。

彭兰玉：《湘乡方言的疑问句初探》，《语言研究》2006年第3期。

饶长溶：《福建长汀方言动词的体貌》，《中国语文》1996年第6期。

沈家煊：《跟副词"还"有关的两个句式》，《中国语文》2001年第6期。

石毓智：《论现代汉语的"体"范畴》，《中国社会科学》1992年第6期。

汪国胜：《大冶方言的"在里"和"过来"》，《中华学术》2016年第4期。

汪国胜：《关于现代汉语语法研究的思考》，《长江学术》2019年第

1 期。

汪国胜：《湖北大冶方言两种特殊的问句》，《方言》2011 年第 1 期。

汪国胜：《语法与邻里之间》，《长江学术》2021 年第 1 期。

汪国胜、刘大伟：《汉语方言的"儿类"小称》，《华中师范大学学报》2020 年第 2 期。

王还：《"把"字句中"把"的宾语》，《中国语文》1985 年第 1 期。

吴福祥：《汉语方言中的若干逆语法化现象》，《中国语文》2017 年第 3 期。

吴启主、彭兰玉：《从主宾问题的研究看汉语语法研究的发展方向》，《华文教学与研究》1999 年第 3 期。

谢一枝：《试论衡阳方言中的虚词"答"》，《衡阳师专学报》1980 年第 2 期。

谢自立、刘丹青：《苏州方言变形形容词研究》，《中国语言学报》1995 年第 5 期。

谢自立、刘丹青、石汝杰、汪平、张家茂：《苏州方言里的语缀》，《方言》1989 年第 2-3 期。

张大旗：《长沙话"得"字研究》，《方言》1985 年第 1 期。

张大旗：《长沙话的特殊语序现象》，《湖南师范大学学报》1985 年增刊。

张惠英：《汉语方言代词研究》，《方言》1997 年第 2 期。

张惠英：《海南临高话的动态助词 vɔi3/vɔ3 和 jou3》，《语文研究》2017 年第 2 期。

张振兴：《让我们重新认识汉语、定位汉语——兼论"中心论"和"扩展说"》，《山西师范大学学报》2021 年第 4 期。

张振兴：《现代汉语方言语序问题的考察》，《方言》2003 年第 2 期。

张振兴：《中国语言研究的两大战略导向》，《语言战略研究》2021 年第 3 期。

赵元任：《北京、苏州、常州语助词的研究》，《方言》1992 年第 2 期。

周振鹤、游汝杰：《湖南省方言区划及其历史背景》，《复旦学报》1985 年第 2 期。

朱德熙：《汉语方言里的两种反复问句》，《中国语文》1985 年第 1 期。

朱德熙：《变换分析中的平行性原则》，《中国语文》1986年第2期。

祝克懿：《中缀说略》，《贵州师范大学学报》1994年第4期。

危丽芳：《长沙话的状语后置》，湖南师范大学2012年硕士学位论文。

李如龙：《跳出汉字的魔方》，见刘坚、侯精一主编《中国语文研究四十年纪念文集》，北京语言学院出版社1993年版。

孙锡信：《"V在L"格式的语法分析》，见张志公主编《语文论集（四）》，外语教学与研究出版社1991年版。

詹伯慧：《四十年来汉语方言研究工作的回顾》，见刘坚、侯精一主编《中国语文研究四十年纪念文集》，北京语言学院出版社1993年版。

张振兴：《广州话状语后置的现象》，第八届国际粤方言研讨会2001年。

张振兴：《汉语方言研究的一次重大进展》，见刘坚、侯精一主编《中国语文研究四十年纪念文集》，北京语言学院出版社1993年版。

后 记

2019年10月，汪国胜教授跟我说他将主编一套汉语方言语法研究丛书，提议我将衡阳方言语法研究修订再版，纳入到丛书里。有机会修订再版，我非常高兴。

本书初版于2005年，它是博士学位论文修改后的成果。当年选题和研究得到导师吴启主教授的精心指导，恩师已离开我们多年，但他对我的教导从来没有远离，每次在跟师母的交流中，总有恩师慈祥的眼光在空间，总有恩师睿智悦耳的声音在回响。我后来继续选择方言板块做国家社科课题"湖南方言体貌范畴比较研究"，参加国家方言重大项目负责子课题，承担国家语保项目，都与恩师的培养分不开。深深感恩。

湖南师范大学的方言研究是全国的一个重镇，我的硕士、博士学习有幸都在此受熏陶，硕士论文关注的是现代汉语语法，这让我有了一些学术积累，硕士阶段在语法学方面的积累对博士阶段研究方言语法很有帮助。当时方言语法研究在学界比较薄弱，专著不多，汪国胜的《大冶方言语法研究》（1994）、项梦冰的《连成客家话语法研究》（1997）、李小凡的《苏州方言语法研究》等大大激发了我对衡阳方言语法研究的兴趣，衡阳话是我的母语，有不少有意思的语法现象，于是我的博士论文就以此为题了。

感谢导师群对我的培养和指导，鲍厚星教授对语气词部分作了耐心细致的指导，而且一直以来都有教诲、交流，我视为宝贵财富，储泽祥教授也见证了我的硕士、博士求学过程，并以其学术的敏锐眼光给予我很多点拨。

除了湖南师大，学界还有诸多先生对我的衡阳方言研究有直接指教，尤其是邢福义先生、张振兴先生、汪国胜先生，他们几位都对我的衡阳方言语法研究给予了肯定的评价，并提出了很好的修改建议，使得这项研究得以顺利地在中国社会科学出版社出版。

本次再版，对初版的所有章节内容都有增补和修改，此外，"副词"一章和"得"字句、"有"字句一章是新增的章节。

中国社会科学出版社责编张林女士为本书的出版做了大量的工作，使本书增色不少，在此表示衷心的感谢。

感谢所有的指导和帮助，感谢家人的支持。

2023 年 5 月

《汉语方言语法研究丛书》书目

安陆方言语法研究
安阳方言语法研究
长阳方言语法研究
崇阳方言语法研究
大冶方言语法研究
丹江方言语法研究
高安方言语法研究
河洛方言语法研究
衡阳方言语法研究
辉县方言语法研究
吉安方言语法研究
浚县方言语法研究
罗田方言语法研究
宁波方言语法研究
武汉方言语法研究
宿松方言语法研究
汉语方言持续体比较研究
汉语方言完成体比较研究
汉语方言差比句比较研究
汉语方言物量词比较研究
汉语方言被动范畴比较研究
汉语方言处置范畴比较研究
汉语方言否定范畴比较研究
汉语方言可能范畴比较研究
汉语方言小称范畴比较研究
汉语方言疑问范畴比较研究

石城方言语法研究
山西方言语法研究
固始方言语法研究
海盐方言语法研究
临夏方言语法研究
祁门方言语法研究
宁都方言语法研究
上高方言语法研究
襄阳方言语法研究
苏皖方言处置式比较研究